Dietrich Kruse

Automobiltechnik kompakt

4. Auflage

Bestellnummer 222491

westermann

Vorwort

Das Buch „Automobiltechnik kompakt“ bietet allen Kraftfahrzeugtechnik-Interessierten einen umfassenden Einblick in wesentliche technische Zusammenhänge der Personenwagen- und der Nutzfahrzeugtechnik. Mit Hilfe von mehr als 300 farbigen Abbildungen wird neben der Vermittlung der grundsätzlichen Wirkungsweise der einzelnen Baugruppen auch der aktuelle Stand der Automobiltechnik verständlich erklärt.
Hinweise auf Verschleißteile bzw. Wartungsarbeiten und auf Umweltschutz sind im Text besonders gekennzeichnet. Die Bedeutung wichtiger Abkürzungen und Fachbegriffe aus der Kfz-Technik, die insbesondere für eine Vielzahl von elektronischen Systemen verwendet werden, können in einem gesonderten Kapitel in alphabetischer Reihenfolge nachgeschlagen werden.
Für den Einsatz in der Berufsausbildung eignet sich „Automobiltechnik kompakt“ besonders für Ausbildungsberufe, deren Lehrpläne kraftfahrzeugtechnische Inhalte aufweisen, z. B. Automobilkaufleute, Automobilverkäufer, Berufskraftfahrer, Tankwarte, Fahrlehrer, Karrosserieberufe.
Darüber hinaus ist der Einsatz bei kraftfahrzeugtechnischen Inhalten in Berufsfachschulen, im Berufsgrundbildungsjahr u. a. zu empfehlen.

Braunschweig, Juli 2017

Bedeutung der gekennzeichneten Textstellen

(s. Kap. X.X.X)
Zu diesem Sachverhalt/Stichwort können weiterführende Informationen in diesem Buch im Kapitel Nummer X.X.X eingeholt werden.

Aufgaben
Die Aufgaben dienen der Lernzielkontrolle und der Wiederholung der Inhalte des voran gegangenen Abschnittes. Alle Aufgaben können mit Hilfe des vorliegenden Buches bearbeitet werden.

Die angegebenen Bauteile oder Betriebsstoffe altern vorzeitig oder unterliegen erhöhtem Verschleiß.
Ihre Betriebsdauer erreicht die des Fahrzeugs in der Regel nicht. Im Rahmen von Wartungsarbeiten kann eine Kontrolle bzw. ein Austausch erforderlich sein.

Die angegebenen Betriebsstoffe erfordern eine besondere Behandlung hinsichtlich des Umwelt- und Gesundheitsschutzes.

Die in diesem Werk aufgeführten Internetadressen sind auf dem Stand zum Zeitpunkt der Drucklegung. Die ständige Aktualität der Adressen kann vonseiten des Verlages nicht gewährleistet werden. Darüber hinaus übernimmt der Verlag keine Verantwortung für die Inhalte dieser Seiten.

Druck: westermann druck GmbH, Braunschweig

service@westermann-berufsbildung.de
www.westermann-berufsbildung.de

Bildungshaus Schulbuchverlage Westermann Schroedel Diesterweg Schöningh Winklers GmbH, Postfach 33 20, 38023 Braunschweig

ISBN 978-3-14-**222491**-6

westermann GRUPPE

Inhaltsverzeichnis

6th St
STAR COFFEE
ST
BIKE LANE
603
HOTEL
BB DE 5154

1 Baugruppen von Kraftfahrzeugen

Kraftfahrzeuge bestehen im Wesentlichen aus den folgenden Baugruppen (Abb. 1):

- **Motor** mit Gemischaufbereitungs- und Abgasanlage,
- **Kraftübertragung** mit Kupplung, Schaltgetriebe, Ausgleichsgetriebe und Antriebswellen,
- **Fahrwerk** mit Vorder- und Hinterachse, Federung, Dämpfung, Bremsen, Rädern und Lenkung,
- **Karosserie**
- **Elektrische Anlage** mit Stromversorgung, Beleuchtung, elektronische Systeme.

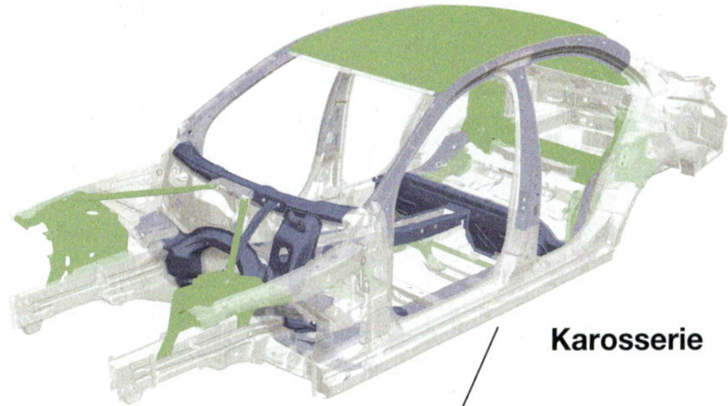

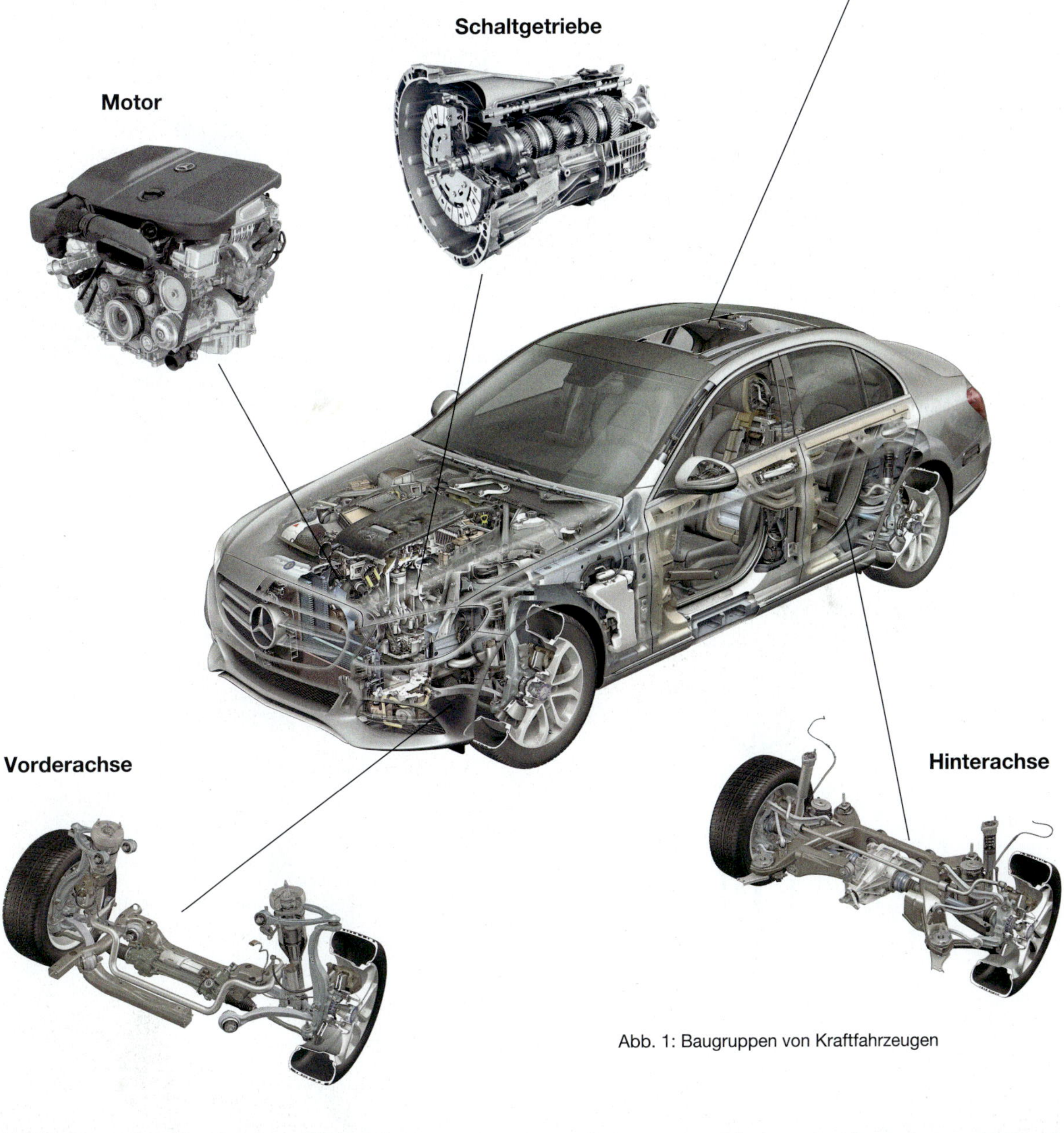

Abb. 1: Baugruppen von Kraftfahrzeugen

2 Motor

In Kraftfahrzeugen werden überwiegend **Hubkolben-Verbrennungsmotoren** (Abb. 3) eingebaut. Als Brennstoff wird aus Erdöl gewonnener Kraftstoff verwendet. Die im Kraftstoff enthaltene chemische Energie wird im Motor durch die Verbrennung in Wärmeenergie und diese zum Teil in mechanische Arbeit für den Antrieb des Fahrzeugs umgewandelt.

Der Motor hat die Aufgabe, die erforderliche Kraft für den Fahrzeugantrieb zu erzeugen.

2.1 Aufbau und Einteilung

Die wesentlichen Bauelemente eines Hubkolbenmotors sind:

- Motorgehäuse mit den Zylindern,
- Kurbeltrieb mit Kurbelwelle, Pleuelstange, Kolben und Schwungrad,
- Zylinderkopf mit den Verdichtungsräumen,
- Motorsteuerung mit Nockenwelle, Kipphebeln, Ein- und Auslassventilen, Ventilfedern,
- Hilfseinrichtungen, z. B. Einspritzanlage, Generator, Starter, Ölpumpe, Kühlmittelpumpe.

2.1.1 Bezeichnungen am Hubkolbenmotor

Der Begriff **Hubkolbenmotor** bezieht sich auf die Kolbenbewegung (Abb. 1). Der Kolben bewegt sich zwischen zwei Umkehrpunkten, dem **oberen Totpunkt (OT)** und dem **unteren Totpunkt (UT)**. Der Weg zwischen den beiden Totpunkten ist der **Kolbenhub *s***. Er entspricht einer halben Kurbelwellenumdrehung (180° Kurbelwinkel).

Der **Hubraum V_h** (Hubvolumen) des einzelnen Zylinders ist der Zylinderraum zwischen den beiden Totpunkten.

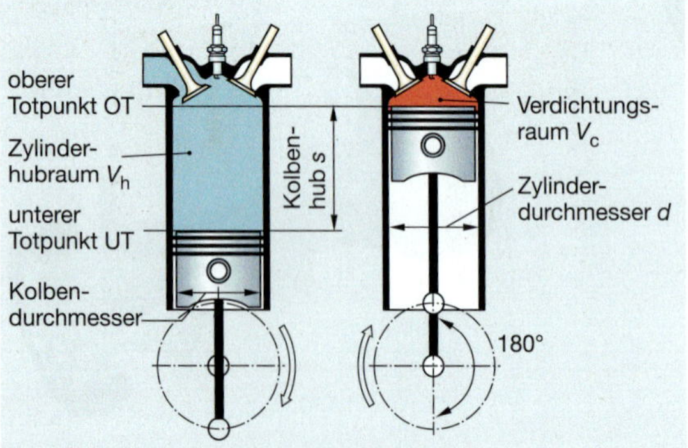

Abb. 1: Bezeichnungen am Hubkolbenmotor

2.1.2 Einteilung von Hubkolbenmotoren

Hubkolbenmotoren können nach der **Art der Zylinderanordnung** (Abb. 2) eingeteilt werden.

Eine weitere Art der Einteilung erfolgt über die **Gemischbildung**. Man unterscheidet

- **Ottomotoren** und
- **Dieselmotoren**.

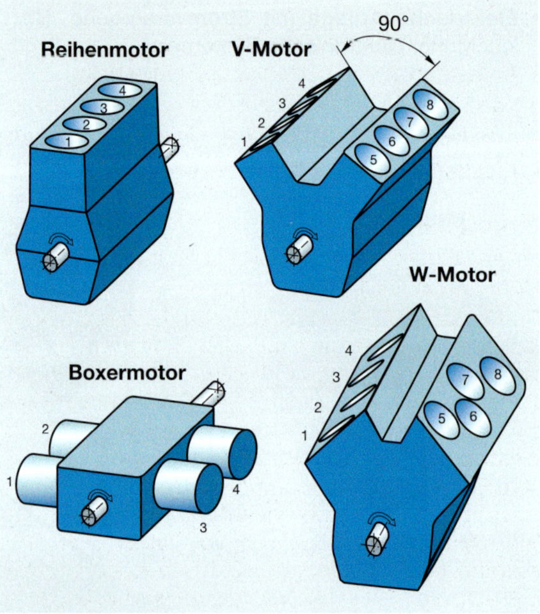

Abb. 2: Einteilung nach der Zylinderanordnung

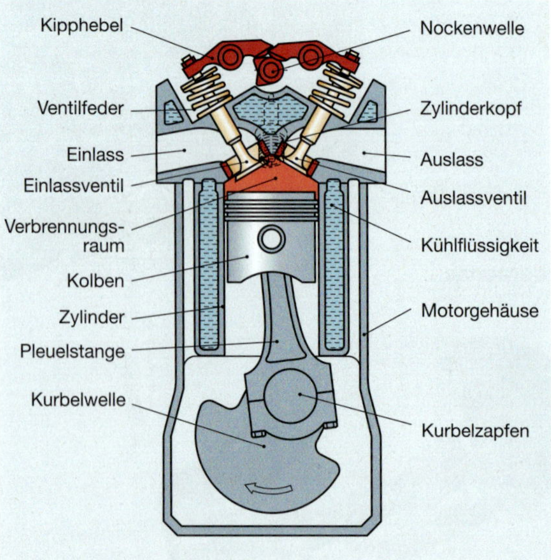

Abb. 3: Hubkolbenmotor

Ottomotoren werden überwiegend für Personenkraftwagen (Pkw) verwendet.

Dieselmotoren werden für Personenkraftwagen und Nutzkraftwagen (Nkw) verwendet. In Nkw mit einer zulässigen Gesamtmasse von mehr als 3,5 t werden fast ausschließlich Dieselmotoren eingebaut.

2.2 Viertakt-Ottomotor

Der Viertakt-Ottomotor, benannt nach seinem Konstrukteur August Nikolaus Otto (deutscher Kaufmann, 1832 bis 1891), benötigt zur Verrichtung von Arbeit zwei Kurbelwellenumdrehungen (720° Kurbelwinkel), die in **vier Takte** (Vorgänge) eingeteilt werden.

Die vier Takte (Abb. 4 bis 7) sind:

- **Ansaugen** des Kraftstoff-Luft-Gemisches,
- **Verdichten** des Gemisches,
- **Arbeiten**, d. h. Verbrennen des Gemisches,
- **Ausstoßen** der verbrannten Gase.

Ansaugtakt

Im Ansaugtakt (Abb. 4) soll der Zylinder mit Kraftstoff-Luft-Gemisch gefüllt werden.

Der Ansaugtakt beginnt bei Ottomotoren mit **indirekter Einspritzung** mit dem Öffnen des Einlassventils. Der Kolben bewegt sich vom oberen Totpunkt (OT) zum unteren Totpunkt (UT). Durch die Saugwirkung infolge der Volumenvergrößerung strömt das Kraftstoff-Luft-Gemisch durch das geöffnete Einlassventil in den Zylinder. Der Kraftstoff wird zuvor durch ein **Einspritzventil** genau dosiert und fein zerstäubt in das Saugrohr **vor das Einlassventil** gespritzt (Abb. 8 und Kap. 2.3.4), wo er sich mit der Luft vermischt. Die Gemischmenge wird vom Fahrer über die Drosselklappe gesteuert.

Bei einer **äußeren Gemischbildung** wird der Kraftstoff mit der Luft außerhalb des Verbrennungsraumes gemischt.

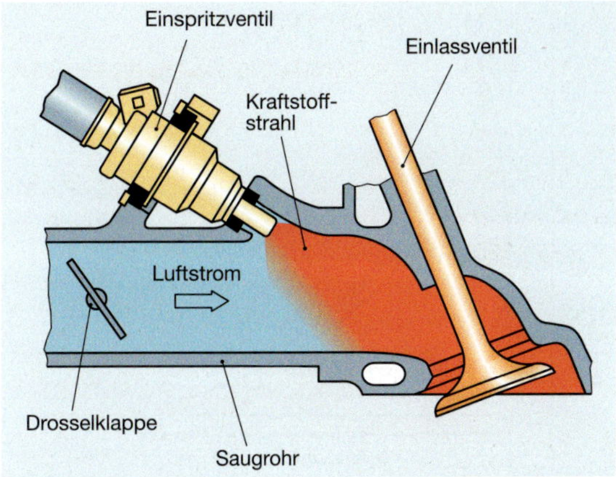

Abb. 8: Benzineinspritzung

Ottomotoren mit **direkter Einspritzung** saugen nur Luft an. Der Kraftstoff wird anschließend durch das Einspritzventil direkt in den Verbrennungsraum gespritzt (Kap. 2.3.3).

Bei einer **inneren Gemischbildung** wird der Kraftstoff mit der Luft innerhalb des Verbrennungsraumes gemischt.

Der Ansaugtakt ist beendet wenn das Einlassventil kurz nach dem UT schließt. Eine bessere Füllung des Zylinders mit Gemisch kann erreicht werden, indem mit einem **Kompressor** oder einem **Abgasturbolader** (Kap. 2.8.4) das Gemisch von außen durch das Saugrohr in den Zylinder gedrückt wird.

Verdichtungstakt

Im Verdichtungstakt (Abb. 5) sind Einlass- und Auslassventil geschlossen. Der Kolben bewegt sich zum OT. Das Gemisch wird auf einen Druck von 10 bis 16 bar verdichtet und erwärmt sich dadurch auf etwa 350 bis 450 °C. Durch die hohe Verdichtungstemperatur verdampft der Kraftstoff und vermischt sich mit der Luft.

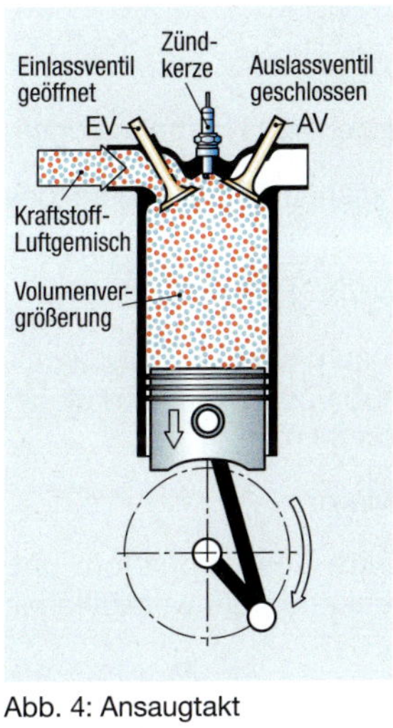

Abb. 4: Ansaugtakt

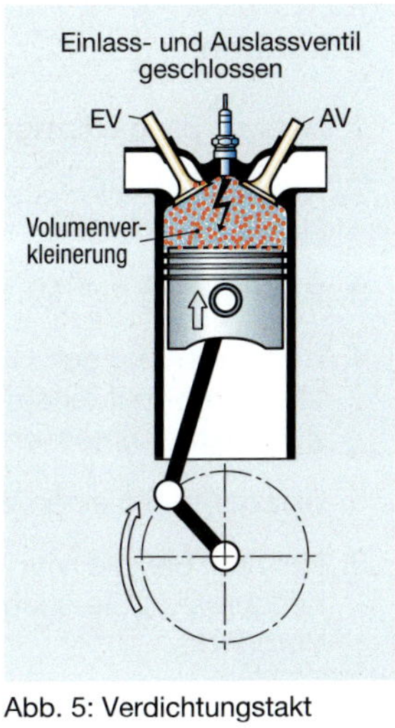

Abb. 5: Verdichtungstakt

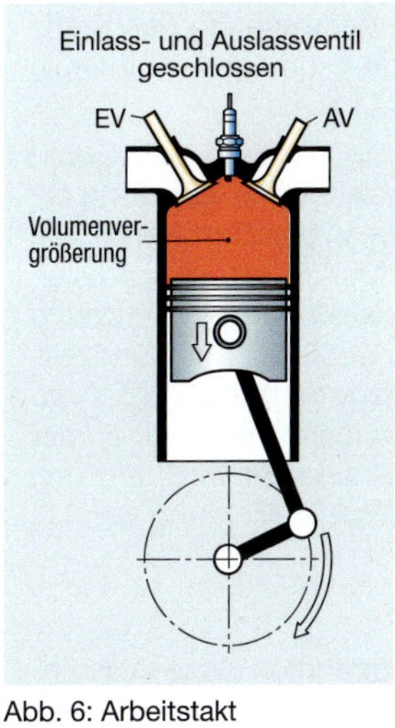

Abb. 6: Arbeitstakt

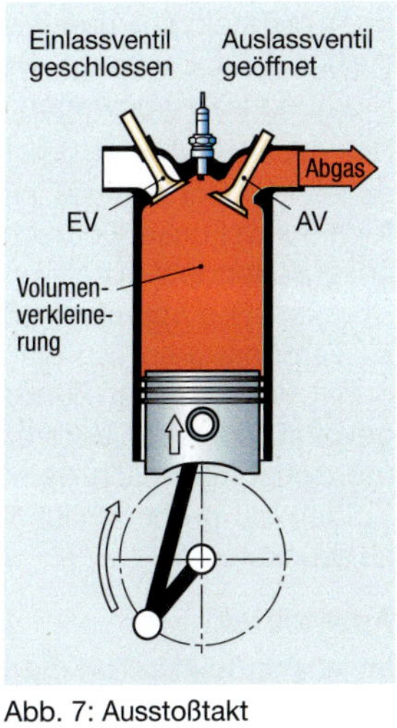

Abb. 7: Ausstoßtakt

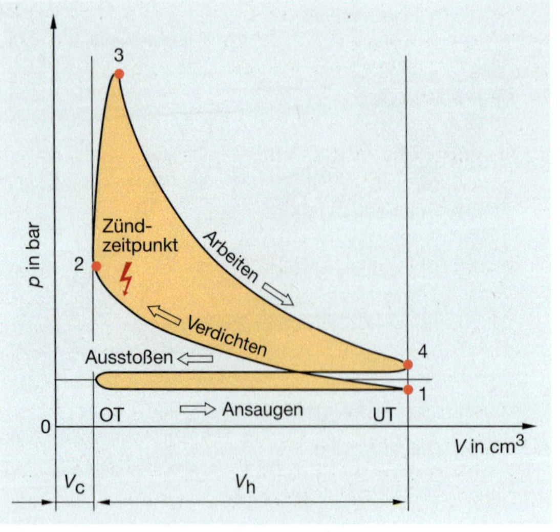

Abb. 1: p-V-Diagramm eines Viertakt-Ottomotors

Die Verdichtung und damit der Druck und die Temperatur werden durch das **Verdichtungsverhältnis** bestimmt.

Das Verdichtungsverhältnis ε ist das Verhältnis von Hubraum V_h + Verdichtungsraum V_c zu Verdichtungsraum V_c (Abb. 1, S. 6).

$$\varepsilon = \frac{(V_h + V_c)}{V_c}$$

Das Verdichtungsverhältnis wird so gewählt, dass es am Ende des Verdichtungstaktes zu keiner Selbstzündung des Gemisches **(klopfen)** und damit zu einer unkontrollierten Verbrennung kommen kann.

Motoren mit niedrigem Verdichtungsverhältnis ($\varepsilon <$ 8,5) können Normalbenzin verbrennen, Motoren mit hoher Verdichtung ($\varepsilon >$ 8,5) werden meist mit Superbenzin betrieben (s. Kap. 2.7).

Arbeitstakt

Im Arbeitstakt soll durch die Verbrennung des Kraftstoffes Druck erzeugt werden, um den Kolben in Richtung UT zu bewegen.

Der Arbeitstakt wird durch die Zündung des Gemisches kurz vor dem OT eingeleitet. Die **Zündung** erfolgt durch Funkenüberschlag an der **Zündkerze**. Die anschließende Verbrennung führt zu einem schnellen Druckanstieg von etwa 30 bis 50 bar und kurzzeitig zu Temperaturen von bis zu 2500 °C. Der Zündzeitpunkt wird von der Zündanlage (s. Kap. 2.3.5.2) so gewählt, dass der Verbrennungshöchstdruck immer möglichst kurz nach dem OT erreicht wird, um den Kolben mit größtmöglicher Kraft in Richtung des UT zu drücken.

Ausstoßtakt

Im Ausstoßtakt sollen die verbrannten Gase vollständig aus dem Verbrennungsraum ausgestoßen werden.

Der Ausstoßtakt beginnt mit dem Öffnen des Auslassventils kurz vor dem UT. Dadurch beginnt ein Teil der verbrannten Gase bei einem Druck von etwa 3 bis 5 bar mit hoher Geschwindigkeit durch das Auslassventil in die Auspuffanlage zu strömen. Die restlichen Abgase werden vom Kolben auf dem Weg vom UT zum OT durch das Auslassventil gestoßen.

Um die Abgase möglichst vollständig auch aus dem Verdichtungsraum entweichen zu lassen und um eine bessere Füllung mit Frischgasen zu erreichen, sind im OT noch kurzzeitig das Auslassventil und das Einlassventil gleichzeitig geöffnet. Durch diese **Ventilüberschneidung** können in Folge der Sogwirkung der ausströmenden Abgase schon Frischgase durch das Einlassventil in den Verbrennungsraum gezogen werden.

p-V-Diagramm

Das p-V-Diagramm (Abb. 1) des Viertakt-Ottomotors zeigt die Beziehungen zwischen dem **Druck** $\boldsymbol{p}$ und dem **Zylindervolumen** $\boldsymbol{V_h}$ während der Kolbenbewegungen zwischen dem OT und dem UT. Die Vorgänge während der vier Takte werden auch als **Arbeitsspiel** bezeichnet.

1. **Takt (Ansaugen):** Der Kolben bewegt sich vom OT zum UT und erzeugt einen „Unterdruck“. Gemisch wird angesaugt.
2. **Takt (Verdichten):** Der Kolben bewegt sich vom UT zum OT und verdichtet das Gemisch. Der Druck steigt.
3. **Takt (Arbeiten):** Das Gemisch wird entzündet. Der Kolben bewegt sich vom OT zum UT. Der Druck steigt zunächst an, und fällt anschließend durch die Volumenvergrößerung ab.
4. **Takt (Ausstoßen):** Der Kolben bewegt sich von UT nach OT. Die Abgase werden mit geringem „Überdruck“ durch das geöffnete Auslassventil gestoßen.

Aufgaben:

1. Nennen Sie die Baugruppen von Kraftfahrzeugen.
2. Nennen Sie alle wesentlichen Bauelemente des Hubkolbenmotors.
3. Beschreiben Sie den Begriff „Kolbenhub“.
4. Berechnen Sie den Hubraum eines 4-Zylindermotors in cm^3 mit einem Hub von 76 mm und einem Zylinderdurchmesser von 88 mm.
5. Skizzieren Sie einen V-Motor.
6. Nennen Sie die vier Takte des Ottomotors und beschreiben Sie stichpunktartig die wesentlichen Vorgänge.
7. Erklären Sie den Begriff „Ventilüberschneidung“.

2.3 Benzineinspritzanlagen

2.3.1 Grundlagen

Benzineinspritzanlagen für Ottomotoren haben die Aufgabe, den Kraftstoff **fein zerstäubt** in die angesaugte Luft einzuspritzen und die Kraftstoffmenge so zu **dosieren**, dass für jeden Betriebszustand (Belastung, Drehzahl, Temperatur) des Motors die optimale

- **Gemischzusammensetzung** und
- **Gemischmenge** bereitgestellt wird.

Gemischzusammensetzung

Für die theoretisch vollständige Verbrennung von 1 kg Normalkraftstoff werden 14,8 kg Luft benötigt oder

1 Liter Normalkraftstoff benötigt zur Verbrennung etwa 10 000 Liter Luft.

Das bedeutet, dass eine ideale, theoretisch vollständige Verbrennung im Ottomotor bei einem Mischungsverhältnis von Kraftstoff zu Luft von 1 : 14,8 stattfindet.

Das **Luftverhältnis** λ ist ein Kennzeichen dafür, wie weit die tatsächlich zugeführte Luftmasse von der zur Verbrennung theoretisch notwendigen Luftmasse abweicht (Abb. 2).

Das Luftverhältnis λ ist das Verhältnis zwischen der tatsächlich dem Kraftstoff zugeführten Luftmasse $\boldsymbol{L}$ und seinem theoretischen Luftbedarf $\boldsymbol{L_{th}}$.

$$\lambda = \frac{L}{L_{th}}$$

λ **= 1: ausgeglichenes oder stöchiometrisches Gemisch;** die zugeführte Luftmasse entspricht der theoretisch notwendigen.

λ **< 1: fettes Gemisch;** es herrscht Luftmangel oder Kraftstoffüberschuss.

λ **> 1: mageres Gemisch;** es herrscht Luftüberschuss.

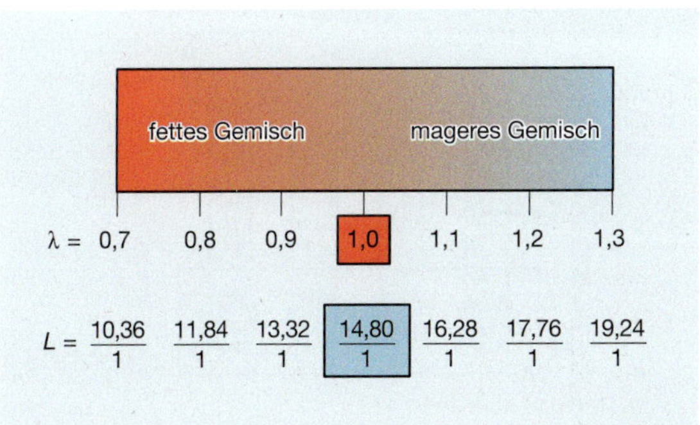

Abb. 2: Beziehung zwischen Luftverhältnis λ und Luftmenge L

Die Gemischzusammensetzung, die **ein Ottomotor mit Abgaskatalysator** (s. Kap. 2.3.5.4) für die Verbrennung benötigt, ist je nach Betriebszustand unterschiedlich:

Ausgeglichenes Gemisch (λ = 1) wird für den Betrieb des betriebswarmen Motors im **Leerlauf** und im **Teillastbetrieb** benötigt.

Fettes Gemisch (λ < 1) wird beim **Kaltstart** und in der **Warmlaufphase** benötigt, weil auf Grund der niedrigen Temperaturen der Kraftstoff unzureichend verdampft und sich ungenügend mit der Luft vermischt. Außerdem muss bei vollständig geöffneter Drosselklappe angefettet (λ = 0,85 bis 0,90) werden, weil der Motor nur bei fettem Gemisch seine größtmögliche Leistung bzw. sein größtmögliches Drehmoment erreicht **(Volllastanreicherung)**.

Mageres Gemisch (λ > 1) im Teillastbetrieb ermöglicht einen **geringen Kraftstoffverbrauch** (λ = 1,1 bis 1,2). Nur Motoren mit direkter Einspritzung (s. Kap. 2.3.3) und Motoren ohne Abgas-Katalysator können im Teillastbetrieb mit magerem Gemisch betrieben werden.

Gemischmenge

Die dem betriebswarmem Motor zugeführte Gemischmenge ist abhängig von der

- **Drosselklappenstellung** und
- **Motordrehzahl.**

Die Drosselklappe wird vom Fahrer über das Fahrpedal (Gaspedal) betätigt.

Ein großer Drosselklappenwinkel und eine hohe Motordrehzahl erfordern eine große Einspritzmenge und umgekehrt.

2.3.2 Einteilung der Benzineinspritzsysteme

Auf Grund der gestiegenen Anforderungen an die Abgasemissionen und den Kraftstoffverbrauch werden in Kraftfahrzeugen mit Ottomotoren ausschließlich **elektronisch gesteuerte Benzineinspritzanlagen** eingebaut. Es werden unterschieden:

- **Direkte Einspritzung** (s. Kap. 2.3.3): Die Einspritzung erfolgt in den Verbrennungsraum.
- **Indirekte Einspritzung** (s. Kap. 2.3.4): Die Einspritzung erfolgt in das Saugrohr.

Elektronisch gesteuerte Benzineinspritzanlagen bestehen aus den Teilsystemen

- **Kraftstoffsystem** (s. Kap. 2.3.4.1),
- **Steuersystem** (s. Kap. 2.3.4.2) und
- **Zusatzsystemen** (s. Kap. 2.3.5).

2.3.3 Direkte Einspritzung

Die direkte Benzineinspritzung erfolgt über elektromagnetisch betätigte Einspritzventile **direkt in den Verbrennungsraum**. Motoren mit direkter Einspritzung werden als **DI**- oder **GDI**-Motoren bezeichnet (**D**irect **I**njection bzw. **G**asoline **D**irect **I**njection).

Während Motoren mit indirekter Einspritzung auf ein ausgeglichenes Kraftstoff-Luft-Gemisch von 1 : 14,8 (λ =1) angewiesen sind, können Motoren mit direkter Einspritzung im Teillastbetrieb mit hohem Luftüberschuss betrieben werden. Dadurch wird ein niedriger Kraftstoffverbrauch erzielt.

Es werden zwei Betriebsarten unterschieden:

- **Schichtladebetrieb** und
- **Homogenbetrieb.**

Im **Schichtladebetrieb** (Abb. 1a) wird der Kraftstoff kurz vor dem Zündzeitpunkt direkt in den Verbrennungsraum gespritzt. Durch die besondere Form des Kolbens und des Saugrohrs entstehen durch eine gezielte Luftströmung im Verbrennungsraum zwei Zonen:

- eine zünd- bzw. brennfähige Gemischwolke an der Zündkerze, die in eine
- wärmeisolierende Schicht aus Restgas und Luft eingelagert ist.

Dadurch wird weniger Wärme an die Verbrennungsraumwände abgegeben, wodurch mehr Wärmeenergie in mechanische Arbeit umgesetzt werden kann. Im Teillastbereich kann der Motor bei Schichtladebetrieb mit λ = 1,5 bis 3 betrieben werden.

Auf **Homogenbetrieb** (Abb. 1b) wird mit steigender Einspritzmenge umgeschaltet. Der Motor wird nun mit ausgeglichenem (homogenem) Gemisch (λ = 1) betrieben, weil sonst die Gemischwolke an der Zündkerze zunehmend fetter und damit der Schadstoffanteil im Abgas zunehmen würde. Die sehr frühe Einspritzung erfolgt schon während des Ansaugvorgangs, um eine gute Durchmischung von Kraftstoff und Luft zu erreichen.

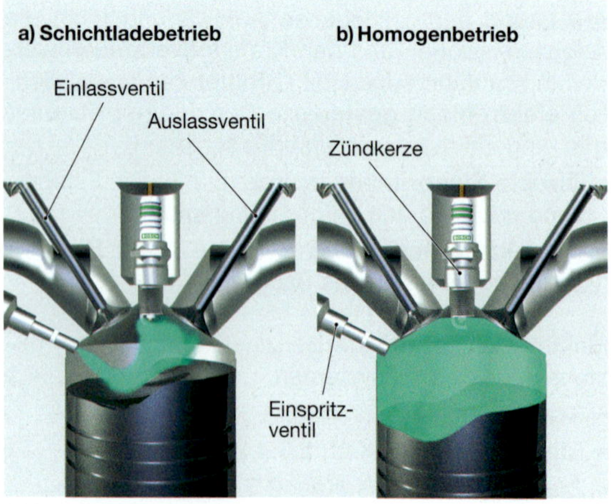

Abb. 1: Betriebsarten des DI-Motors

2.3.4 Indirekte Einspritzung

Die indirekte Benzineinspritzung erfolgt über elektromagnetisch betätigte Einspritzventile **in das Saugrohr** des Motors. Es wird unterschieden zwischen

- **Zentraleinspritzung** (**SPI**: **S**ingle-**P**oint-**I**njektion) und
- **Einzeleinspritzung** (**MPI**: **M**ulti-**P**oint-**I**njektion).

Zentraleinspritzanlagen (Abb. 2) sind einfacher aufgebaut als Einzeleinspritzanlagen. Sie werden für Motoren mit einem Hubraum bis etwa 2000 cm^3 verwendet. Der Kraftstoff wird durch **ein zentrales Einspritzventil** oberhalb der Drosselklappe in das Saugrohr gespritzt. Nachteilig sind die unterschiedlich langen Wege vom Einspritzventil bis zu den einzelnen Zylindern. Dies hat eine ungleichmäßige Versorgung mit dem Kraftstoff-Luft-Gemisch zur Folge.

Einzeleinspritzanlagen (Abb. 3 und Abb. 8 S. 7) verfügen über jeweils **ein Einspritzventil je Zylinder**. Der Kraftstoff wird direkt vor das Einlassventil des Zylinders gespritzt. Das hat den Vorteil, dass alle Zylinder gleichmäßig mit Kraftstoff versorgt werden.

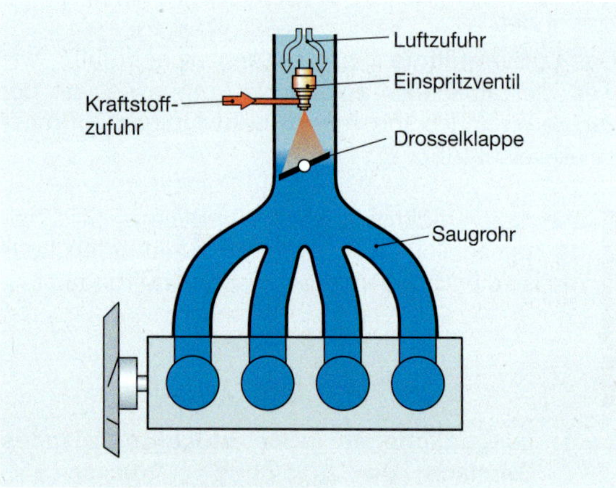

Abb. 2: Zentraleinspritzung

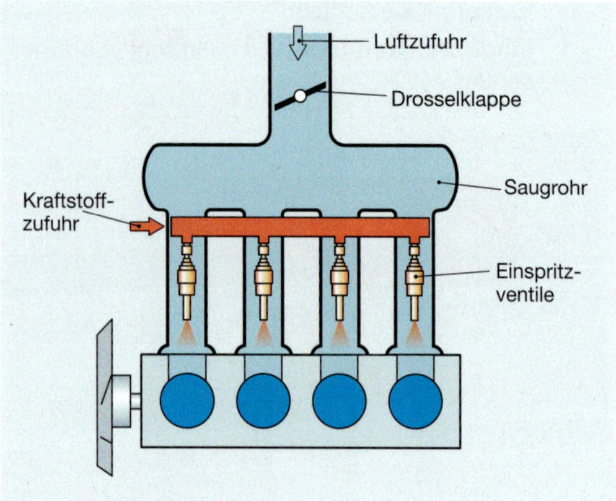

Abb. 3: Einzeleinspritzung

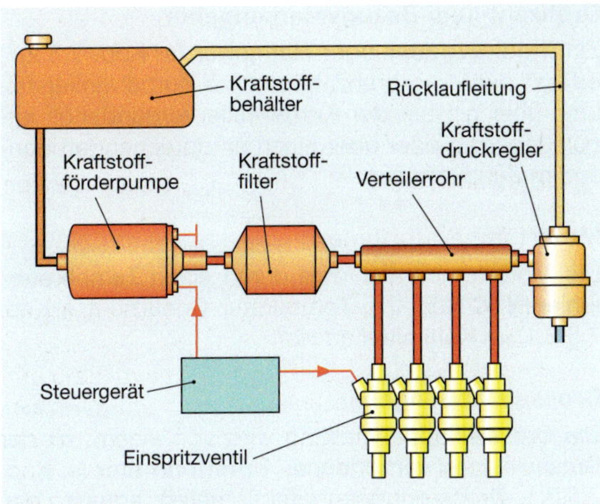

Abb. 4: Kraftstoffsystem

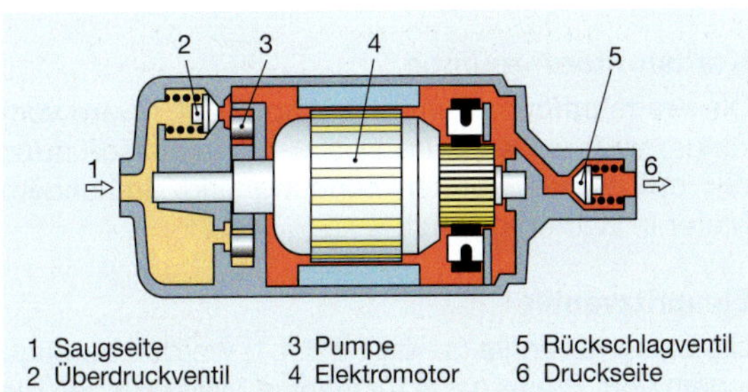

Abb. 5: Kraftstoffförderpumpe

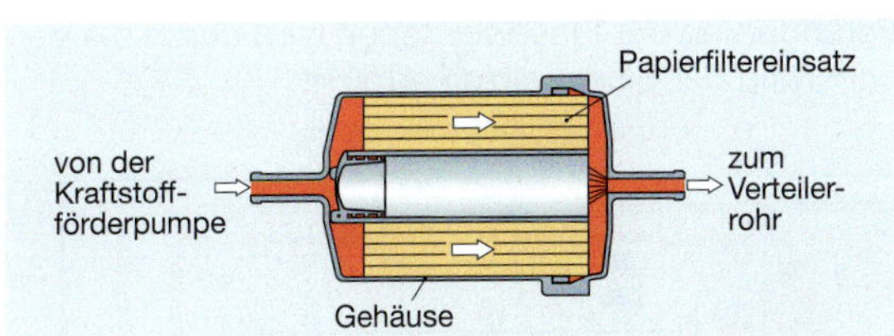

Abb. 6: Kraftstofffilter

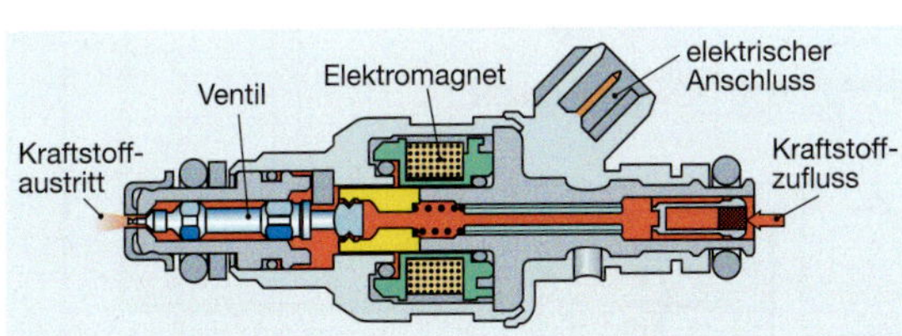

Abb. 7: Einspritzventil

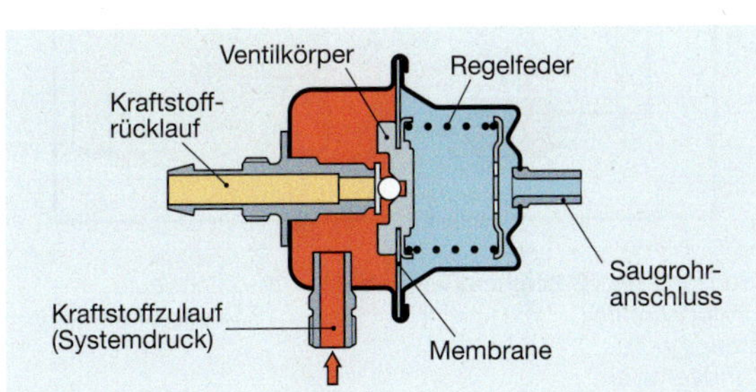

Abb. 8: Kraftstoffdruckregler

2.3.4.1 Kraftstoffsystem

Abb. 4 zeigt eine Übersicht über das Kraftstoffsystem einer Einzeleinspritzung für einen Vierzylindermotor.

Die **Kraftstoffförderpumpe** saugt den Kraftstoff aus dem Kraftstoffbehälter und fördert ihn durch den **Kraftstofffilter** in das Verteilerrohr und zu den damit verbundenen **Einspritzventilen**. Durch den **Kraftstoffdruckregler** wird unabhängig vom Kraftstoffverbrauch ein Systemdruck von etwa 3 bar zwischen der Pumpe und dem Druckregler und damit an den Einspritzventilen eingehalten. Der nicht verbrauchte Kraftstoff fließt vom Druckregler zum Kraftstoffbehälter zurück.

Kraftstoffförderpumpe

Die Kraftstoffförderpumpe (Abb. 5) besteht aus einer **mechanischen Pumpe**, die von einem **Elektromotor** (s. Kap. 7.5.3) angetrieben wird. Warmstartprobleme des Motors durch Dampfblasenbildung werden durch ein **Rückschlagventil** am Pumpenausgang verhindert, das den Druck im Verteilerrohr bei abgestelltem Motor aufrecht erhält. Ein **Überdruckventil** öffnet, falls z. B. durch einen verschmutzen Filter der Kraftstoffdruck zu stark ansteigt.

Kraftstofffilter

Der Kraftstofffilter (Abb. 6) hält Verunreinigungen aus dem Kraftstoff zurück, welche die Funktion der Einspritzventile und des Kraftstoffdruckreglers beeinträchtigen können.

> Kraftstofffilter müssen in regelmäßigen Abständen gewechselt werden. Durch stark verschmutzte Filter wird der Kraftstoffdurchfluss behindert.

Einspritzventile

Die Einspritzventile (Abb. 7) haben die Aufgabe, den Kraftstoff **dosiert** und fein **zerstäubt** in das Saugrohr zu spritzen (Abb. 8, S. 7).

Ein mit einem **Elektromagneten** (s. Kap. 7.5.3.1) verbundenes **Ventil** im Innern des Einspritzventils wird vom Steuergerät betätigt und öffnet bzw. verschließt in schneller Folge den Kraftstoffdurchfluss. Durch die Form der Ventilnadel und der Kraftstoffaustrittsöffnung wird der Kraftstoff fein zerstäubt.

Kraftstoffdruckregler

Eine Membrane im Innern des Druckreglers bewegt sich bei Erreichen des Systemdrucks gegen die Kraft der Regelfeder. Dadurch öffnet das Ventil und gibt den Kraftstoffrücklauf zum Kraftstoffbehälter frei (Abb. 8).

2.3.4.2 Steuersystem

Abb. 1 zeigt den Grundaufbau einer elektronischen Einzeleinspritzanlage mit den wesentlichen Bauelementen und Zusatzeinrichtungen, die für den Betrieb eines Ottomotors mindestens erforderlich sind.

Das **elektronische Steuergerät** ist die **Verarbeitungseinheit** und damit die Informationszentrale des Systems (s. Kap. 7.5.4). Es berechnet die Einspritzmenge entsprechend dem Betriebszustand des Motors (s. Kap. 2.3.1) und betätigt die **Einspritzventile** und die **Kraftstoffförderpumpe**.

Für die Berechnung der Einspritzmenge werden vom Steuergerät folgende Betriebsdaten durch **Sensoren** erfasst und ausgewertet:

- **zugeführte Luftmasse,**
- **Motordrehzahl** und **Kurbelwinkelstellung,**
- **Motortemperatur,**
- **Drosselklappenstellung.**

Luftmassenmesser

Der **Luftmassenmesser** ist im Saugrohr eingebaut und misst den angesaugten Luftmassenstrom. Er sendet ein dem Luftmassenstrom proportionales Spannungssignal zum Steuergerät (s. Kap. 7.5.2.2). Die Luftmasse kann auch indirekt über einen **Drucksensor** ermittelt werden, der den Saugrohrdruck zwischen Drosselklappe und Einlassventil erfasst (s. Kap. 7.5.3.2).

Drehzahl- und Bezugsmarkengeber

Ein **Induktivgeber** oder **Hallgeber** (s. Kap. 7.5.2.4) erfasst die Motordrehzahl und die Kurbelwinkelstellung über ein mit der Kurbelwelle verbundenes Impulsgeberrad oder über einen entsprechenden Sensor im Zündverteiler.

Motortemperaturfühler

Die Motortemperatur wird durch einen Temperaturfühler (**NTC N**egative-**T**emperatur-**C**oeffizient, s. Kap. 7.5.2.1) im Kühlmittel erfasst.

Drosselklappengeber

Die Drosselklappenstellung wird von einem mit der Drosselklappe verbundenen **Potentiometer** (s. Kap. 7.5.2.1 Drosselklappenpotentiometer) erfasst, das ein der Drosselklappenstellung proportionales Spannungssignal zum Steuergerät sendet.

Kraftstoffförderpumpe

Die Kraftstoffförderpumpe (s. Kap. 2.3.4.1) wird vom Steuergerät (s. Kap. 7.5.4) aus Sicherheitsgründen nur bei eingeschalteter Zündung und drehendem Motor in Betrieb gesetzt.

Einspritzventile

Die Einspritzventile (s. Kap. 2.3.4.1) werden betätigt, indem vom Steuergerät für wenige Millisekunden die Ströme für die Elektromagneten im Innern der Einspritzventile ein- bzw. ausgeschaltet werden. Eine Veränderung der Einspritzmenge wird durch die Veränderung der Einschaltzeit erreicht.

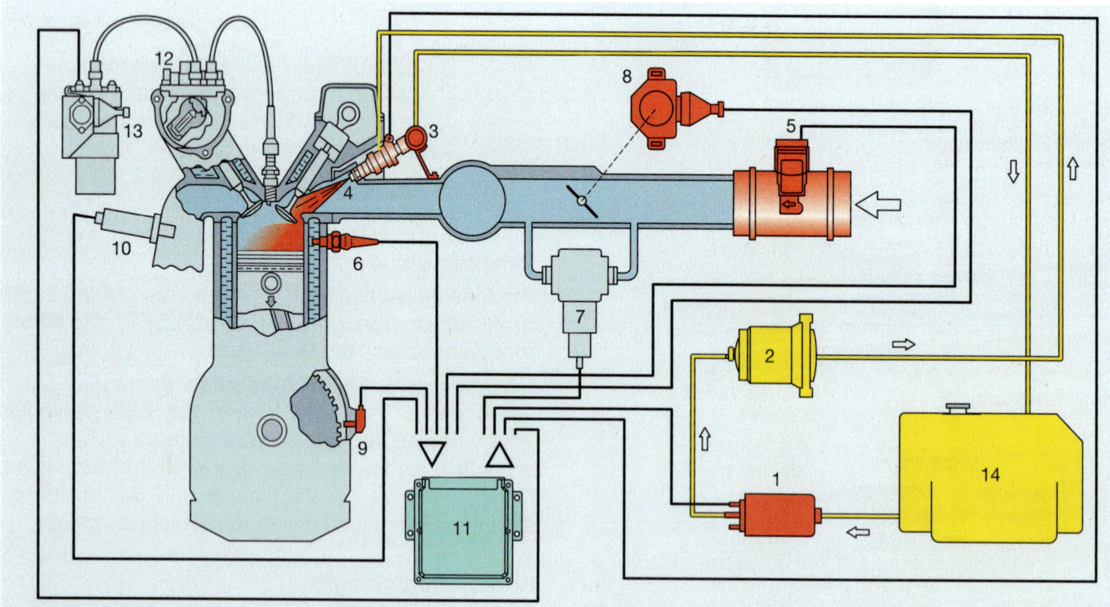

1 Kraftstoffförderpumpe
2 Kraftstofffilter
3 Kraftstoffdruckregler
4 Einspritzventil
5 Luftmassenmesser
6 Motortemperaturfühler
7 Leerlaufsteller
8 Drosselklappenpotentiometer
9 Drehzahl- und Bezugsmarkengeber
10 Lambdasonde
11 Steuergerät
12 Zündverteiler
13 Zündspule
14 Kraftstoffbehälter

Abb. 1: Kombinierte Einspritz- und Zündanlage (Motronic)

2.3.5 Zusatzsysteme

Zusatzsysteme von Zentral- und Einzeleinspritzanlagen beeinflussen die **Eigenschaften**, wie z. B. Kraftstoffverbrauch, Leistung, Drehmoment sowie das **Abgasverhalten** des Motors. Art und Umfang der Zusatzsysteme hängen weitgehend von dem im Herstellungsjahr aktuellen technischen Standard sowie der derzeit gültigen Abgasgesetzgebung ab.

Die wichtigsten Zusatzeinrichtungen sind:

- **Leerlaufregelung,**
- **Zündanlage,**
- **Abgasreinigung.**

2.3.5.1 Leerlaufregelung

Die Leerlaufregelung hat die Aufgabe, die Leerlaufdrehzahl des Motors durch einen **Leerlaufsteller** den jeweiligen Betriebsbedingungen anzupassen. Dadurch wird der Kraftstoffverbrauch im Leerlauf verringert und ein stabiler Leerlauf unabhängig von Belastungsänderungen wie z. B. durch die Motortemperatur oder die Klimaanlage erreicht.

Die Leerlaufregelung besteht aus einem **Elektromotor** (s. Kap. 7.5.3.2), der ein Ventil betätigt, das in einer Bypass-Leitung zur Drosselklappe eingebaut ist (Abb. 2). Der Elektromotor wird vom **Steuergerät** der Einspritzanlage betätigt.

> Die Leerlaufregelung wird aktiviert, wenn die Drosselklappe geschlossen ist.

Je nach Drehrichtung des Elektromotors wird das Ventil geschlossen oder geöffnet. Dadurch wird die Motordrehzahl abgesenkt bzw. erhöht.

Wird z. B. die Klimaanlage des Fahrzeugs eingeschaltet, sinkt die Leerlaufdrehzahl infolge der Belastung ab. Die Verringerung der Leerlaufdrehzahl wird vom Steuergerät durch den Drehzahl- und Bezugsmarkengeber erfasst. Das Steuergerät öffnet nun über den Elektromotor das Ventil bis die ursprüngliche Leerlaufdrehzahl wieder erreicht ist.

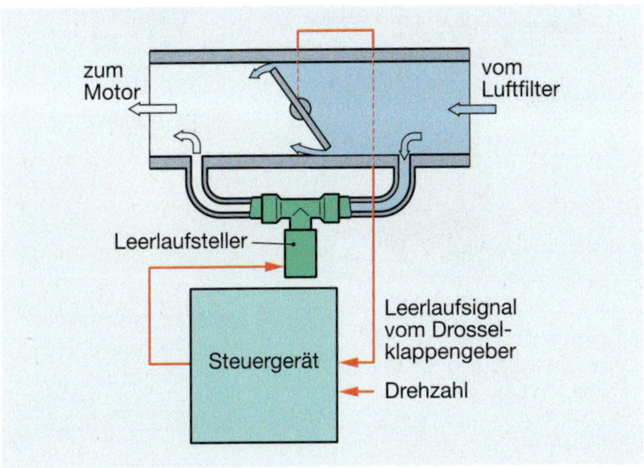

Abb. 2: Leerlaufregelung

2.3.5.2 Zündanlage

Die Zündanlage hat folgende Aufgaben:

- Erzeugung einer ausreichenden **elektrischen Energie**, damit ein Funke zur Entzündung des Kraftstoff-Luft-Gemisches an der Zündkerze überspringen kann.
- Selbsttätige **Verstellung** des Zündzeitpunktes zur Anpassung an die Betriebsbedingungen des Motors.
- **Verteilung** der Zündspannung auf die einzelnen Zylinder entsprechend der Zündfolge.

Entstehung des Zündfunkens

Der Zündfunke wird nach dem **Transformatorprinzip** erzeugt. Abb. 3 und Abb. 3, S. 14 zeigen die grundsätzliche Wirkungsweise einer Zündanlage. Durch das Einschalten der Zündung mit dem **Zündschalter** entsteht ein geschlossener Stromkreis (Primärstromkreis), dessen Strom (Primärstrom) durch die **Primärwicklung** der **Zündspule** und über einen **Transistor** im Innern des **Steuergerätes** fließt. Der Stromfluss bewirkt den Aufbau eines **Magnetfeldes** in der Primärwicklung.

Im Zündzeitpunkt wird der Transistor vom Steuergerät veranlasst, den Primärstrom zu unterbrechen. Das Magnetfeld wird abgebaut, wodurch in der **Sekundärwicklung** eine Hochspannung erzeugt wird. Die Spannung reicht aus, um einen Funken an der **Zündkerze** überspringen zu lassen (etwa 6 000 bis 25 000 Volt).

Zündverstellung

Eine ständige Anpassung des Zündzeitpunktes an den Betriebszustand des Motors ist erforderlich, weil

- Motorleistung,
- Kraftstoffverbrauch und
- Abgasverhalten

eines Ottomotors durch den Zündzeitpunkt entscheidend beeinflusst werden.

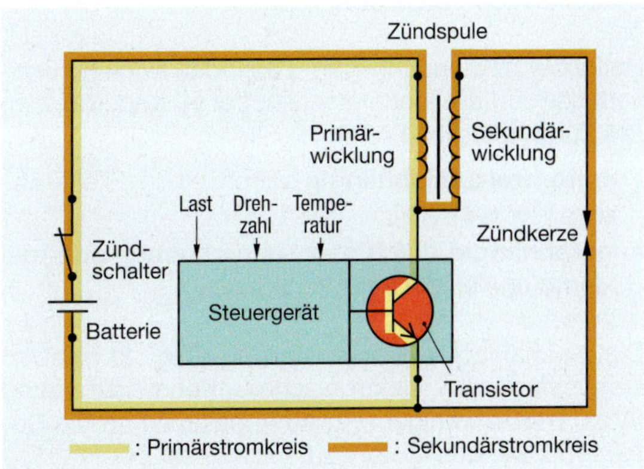

Abb. 3: Grundprinzip einer Zündanlage

Kombinierte Einspritz- und Zündanlagen

Die Verstellung des Zündzeitpunktes nach früh bzw. spät erfolgt durch das **Steuergerät**, indem es den Primärstrom früher oder später unterbricht.

Kombinierte Einspritz- und Zündanlagen (Abb. 1, S. 12) werden auch als **Motormanagementsysteme** oder **Motronic** bezeichnet.

Die Motronic steuert in ihrer Grundfunktion **Einspritzung und Zündung** durch ein gemeinsames Steuergerät. Die Sensoren für die Betriebsdatenerfassung der Einspritzung (s. Kap. 2.3.4.2) werden auch für die Verstellung der Zündung genutzt.

Die Zündverstellung auf die jeweiligen Sollwerte erfolgt durch das Steuergerät nach einem Vergleich mit den abgespeicherten Kennfeldern (**Kennfeldzündung**), die vom Motorhersteller durch Versuche ermittelt wurden.

In den Kennfeldern sind die Zündzeitpunkte für bis zu 4000 Betriebspunkte gespeichert, die vom Steuergerät zur Bestimmung des optimalen Zündzeitpunktes abgerufen werden können. Abb. 1 zeigt das Last-Drehzahl-Kennfeld einer Motronic.

Separate Zündanlagen

Ältere Fahrzeuge sind oft mit Zündsteuergeräten ausgerüstet, die unabhängig von der Einspritzung arbeiten.

Neben den Zündsteuergeräten mit elektronischer Kennfeldzündung gibt es auch Zündsteuergeräte in Verbindung mit **mechanischer Zündverstellung**.

Zündsteuergeräte mit einer mechanischen Zündverstellung benötigen für die Zündauslösung einen Impulsgeber. Es werden folgende Impulsgeber verwendet:

- **Schalter** (**TSZ-k**: Transistorspulenzündung, kontaktgesteuert)
- **Hallgeber** (**TSZ-h**: Transistorspulenzündung, hallgebergesteuert) oder
- **Induktivgeber** (**TSZ-i**: Transistorspulenzündung, induktivgebergesteuert)

Hallgeber bzw. Induktivgeber befinden sich im Zündverteiler und arbeiten verschleißfrei (s. Kap. 7.5.2.4). Die Zündverstellung erfolgt

- **motordrehzahlabhängig** durch einen Fliehkraftversteller und
- **lastabhängig** durch den Saugrohrdruck über die Membrane einer Unterdruckdose.

Die mechanische Zündverstellung (Abb. 2) lässt im Gegensatz zur elektronischen Kennfeldzündung (Abb. 1) eine weniger präzise Anpassung an die Betriebspunkte des Motors zu.

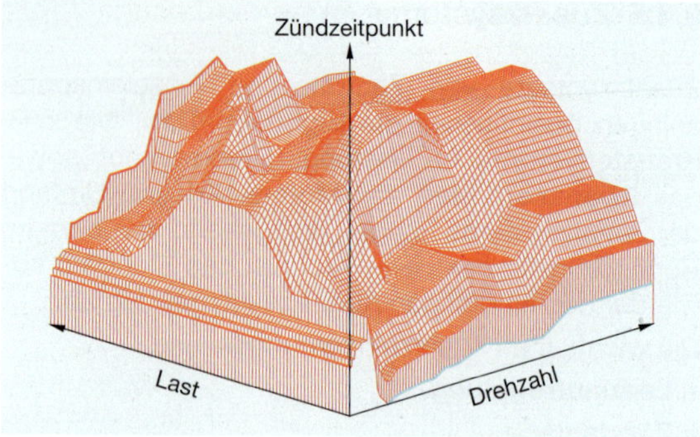

Abb. 1: Zündkennfeld einer Motronic (Last-Drehzahl)

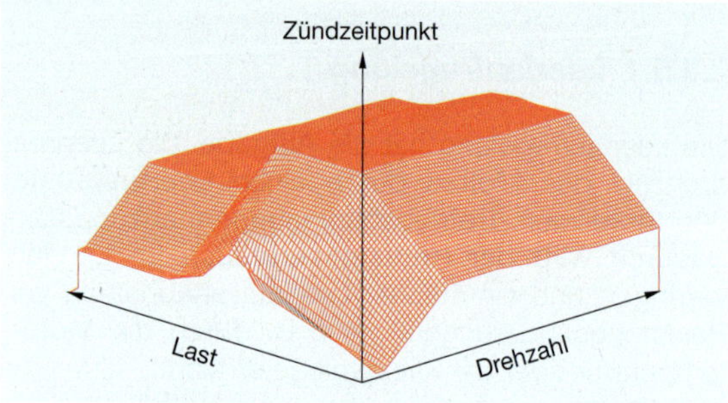

Abb. 2: Zündkennfeld einer mechanischen Zündverstellung

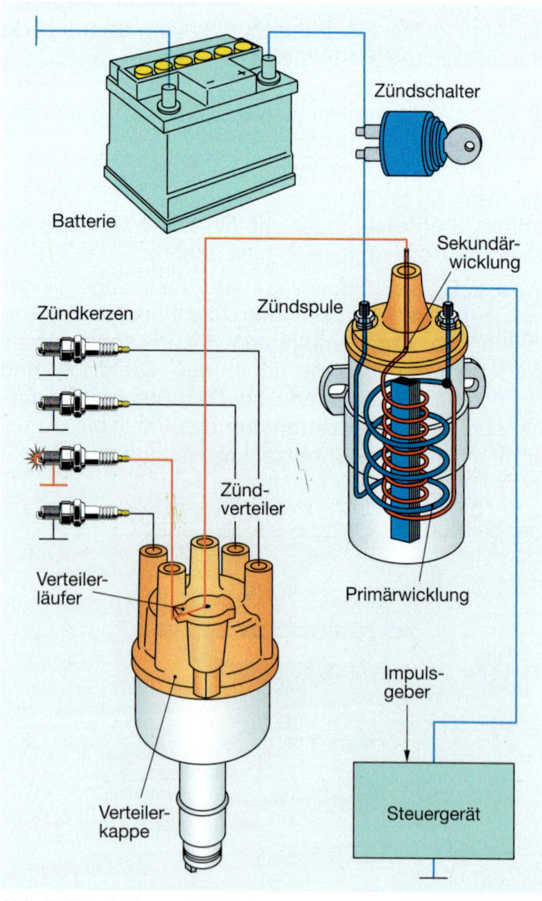

Abb. 3: Zündanlage mit Zündverteiler

Verteilung der Zündfunken auf die Zylinder

Die Verteilung der Zündfunken erfolgt durch

- **rotierende Hochspannungsverteilung (Zündverteiler)** oder durch
- **ruhende Hochspannungsverteilung.**

Zündverteiler werden für Motoren mit nur einer Zündspule verwendet. Die Zündspannung wird von der Zündspule über den mittleren Kontakt der **Verteilerkappe** und einer **gefederten Schleifkohle** auf den **Verteilerläufer** übertragen. Der Verteilerläufer dreht sich mit halber Motordrehzahl und leitet entsprechend der Zündfolge den Zündstrom über die Funkenstrecken der **Verteilerkappe** durch die Zündkabel zu den Zündkerzen (Abb. 3).

> Die Verteilerkappe und der Verteilerläufer unterliegen erhöhtem Verschleiß durch Abbrand an den Funkenstrecken. Sie müssen regelmäßig kontrolliert und ggf. gewechselt werden.

Die **ruhende Hochspannungsverteilung** arbeitet ohne mechanische Verschleißteile. Die Verteilung der Zündspannung erfolgt durch

- **Einzelfunken-Zündspulen** oder
- **Mehrfunken-Zündspulen.**

Einzelfunken-Zündspulen sind direkt auf den Zündkerzen der einzelnen Zylinder angeordnet. Es werden keine Zündkabel benötigt. Die Verwendung von Einzelfunken-Zündspulen erfordert einen zusätzlichen Sensor (Hallgeber) zur Erfassung der Nockenwellenstellung und für jeden Zylinder einen Transistor (Endstufe) zur Primärstromunterbrechung im Steuergerät.

Mehrfunken-Zündspulen sind meist Zweifunkenzündspulen, die kombiniert werden, sodass 4 bis 6 Zündkerzen versorgt werden können. Für einen Sechszylindermotor werden z. B. drei Zweifunken-Zündspulen benötigt. Zweifunken-Zündspulen haben zwei Hochspannungsausgänge. Dadurch werden immer zwei Zündfunken gleichzeitig erzeugt, sodass einer der Zündfunken immer in den Ausstoßtakt zündet (Abb. 4).

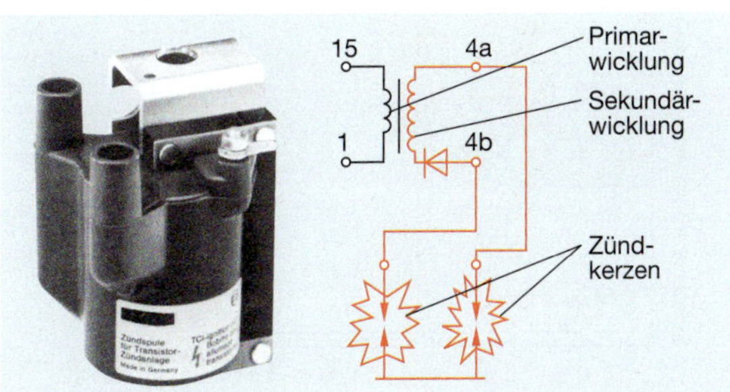

Abb. 4: Zweifunken-Zündspule

Zündkerzen

Zündkerzen haben die Aufgabe, mit der von der Zündspule erzeugten elektrischen Energie im Zylinder einen Zündfunken zu erzeugen.

Der Zündfunke springt an den Elektroden (Mittelelektrode und Masseelektrode) über und entzündet dadurch das Kraftstoff-Luft-Gemisch (Abb. 5).

> Zündkerzen müssen regelmäßig gewechselt werden. Sie verschleißen durch Elektrodenabbrand.

Zündkerzen sind auf den Motor abgestimmt. Sie unterscheiden sich deshalb durch:

- den Wärmewert,
- die Elektrodenform,
- die Art der Abdichtung (Abb. 5): Dichtring oder Kegeldichtsitz,
- Gewindelänge und -durchmesser.

Der **Wärmewert** einer Zündkerze ist ein Maß für ihre thermische Belastbarkeit. Er muss so gewählt werden, dass die Zündkerze ihre **Selbstreinigungstemperatur** erreicht. Sie darf aber nicht so warm werden,

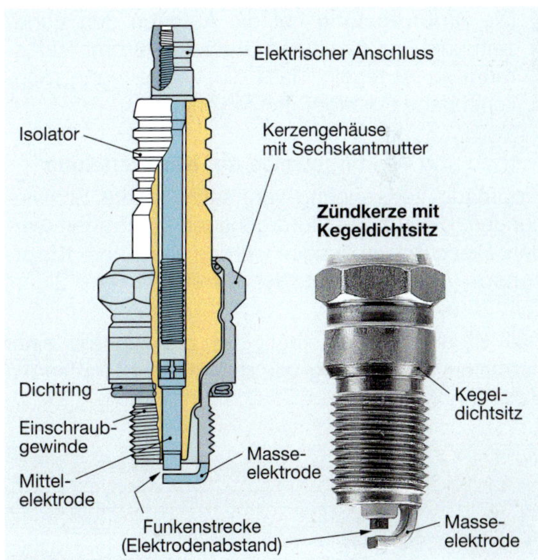

Abb. 5: Aufbau einer Zündkerze

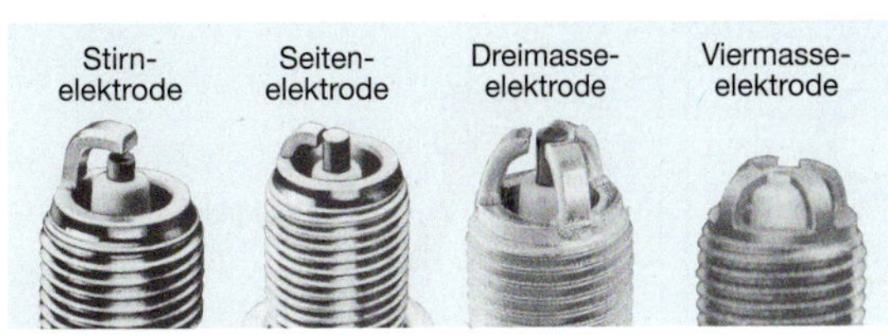

Abb. 6: Elektrodenformen von Zündkerzen

dass sich das Gemisch durch glühende Elektroden vorzeitig und dadurch unkontrolliert entzünden kann (Glühzündung).

Abb. 6, S. 15 zeigt eine Übersicht über die **Elektrodenformen** von Zündkerzen. **Mehrmasseelektroden** haben den Vorteil der besseren Selbstreinigung und der längeren Lebensdauer, weil sich der Abbrand auf mehrere Masseelektroden verteilt.

2.3.5.3 Klopfregelung

Ottomotoren sollten mit möglichst hohen Verbrennungsdrücken betrieben werden, um einen hohen thermischen Wirkungsgrad und damit einen geringen Kraftstoffverbrauch zu erzielen. Wird der Druck zu hoch, tritt klopfende Verbrennung auf.

Klopfen ist die unkontrollierte Selbstzündung von Gemischanteilen mit anschließender schlagartiger Verbrennung.

Klopfen tritt nach der Einleitung einer normalen Verbrennung durch die Zündkerze auf, wenn die Temperatur durch den Druckanstieg im Verbrennungsraum über die Selbstzündungstemperatur des noch unverbrannten Restgemisches ansteigt (Abb. 1).

Häufige klopfende Verbrennung führt auf Grund der hohen Druckspitzen zu Motorschäden.

Die **Klopfregelung** hat die Aufgabe den Zündzeitpunkt und damit den Druck im Verbrennungsraum so zu regeln, dass die Verbrennung möglichst nahe der Klopfgrenze verläuft.

Aufbau und Wirkungsweise der Klopfregelung

Klopfende Verbrennung verursacht starke Schwingungen, die auf das Motorgehäuse übertragen werden. Diese Schwingungen werden von einem **Klopfsensor** (Abb. 1) erfasst, der ein elektrisches Signal zum Steuergerät leitet.

Das Steuergerät unterscheidet die Signale einer normalen Verbrennung von denen einer klopfenden Verbrennung.

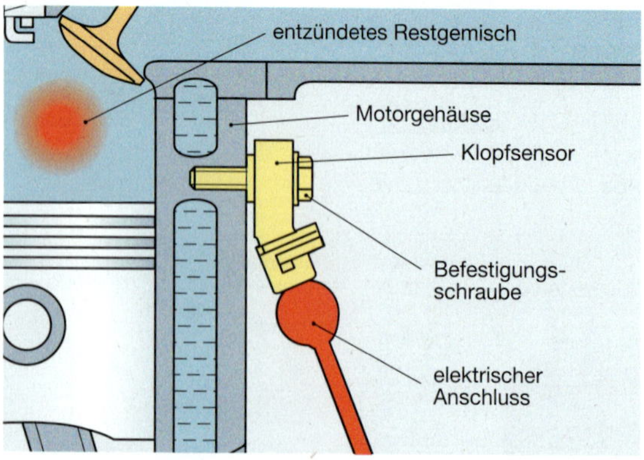

Abb. 1: Klopfsensor

Im Falle einer klopfenden Verbrennung stellt das Steuergerät den Zündzeitpunkt des Zylinders mit der klopfenden Verbrennung nach >Spät<. Dadurch sinkt der Druck im Verbrennungsraum. Der Zündzeitpunkt wird schrittweise verstellt bis vom Klopfsensor keine klopfende Verbrennung mehr gemeldet wird. Tritt kein Klopfen mehr auf, wird der Zündzeitpunkt wieder schrittweise auf den normalen Zündzeitpunkt zurückgeführt

2.3.5.4 Abgasreinigung

Die Schadstoffbelastung der Luft wird wesentlich durch den Straßenverkehr verursacht. Der Gesetzgeber schreibt deshalb für den Schadstoffausstoß von Kraftfahrzeugen Grenzwerte vor, die nur durch den Einsatz von Abgasreinigungssystemen eingehalten werden können.

Abgaszusammensetzung

Kraftstoffe bestehen größtenteils aus **Kohlenwasserstoffverbindungen**. Durch eine theoretisch vollständige Verbrennung würden

- Kohlendioxid CO_2 (ungiftig, klimaschädigend) und
- Wasserdampf H_2O (unbedenklich) entstehen.

Da in Verbrennungsmotoren keine vollständige Verbrennung stattfindet, entstehen weitere Abgasbestandteile:

- Kohlenmonoxid CO (giftig),
- unverbrannte Kohlenwasserstoffe HC (krebserregend) und
- Stickoxide NO_x (giftig, umweltschädlich).

Der Anteil der Schadstoffe im Abgas (HC, CO, NO_x) hängt im Wesentlichen von der Gemischzusammensetzung (Luftverhältnis λ) ab, bei der die Verbrennung stattfindet (Abb. 2).

Der klimaschädigende CO_2-Anteil im Abgas kann durch Abgasreinigung nicht reduziert werden, sondern nur durch Verringerung des Kraftstoffverbrauchs.

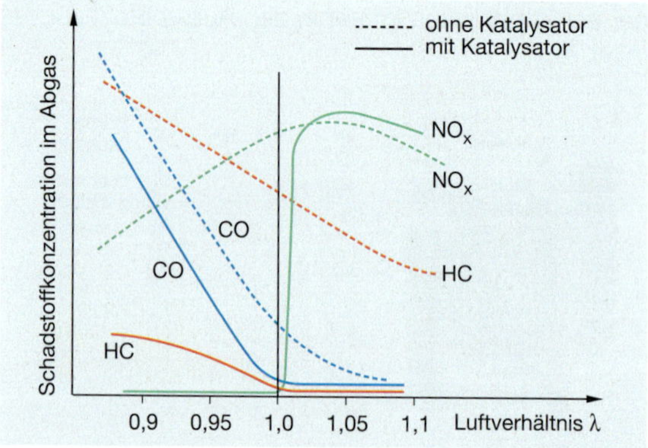

Abb. 2: Schadstoffemissionen

Katalysator

Der Katalysator (Abb. 3) hat die Aufgabe, die Schadstoffe im Abgas in unschädliche Gase umzuwandeln.

Er ist in die Abgasanlage integriert und besteht aus einem mit **Edelmetall** beschichteten wabenförmigen **Keramik-** oder **Metallkörper**. Durch katalytische Umwandlung werden die Schadstoffe CO, HC und NO_x in CO_2, H_2O und Stickstoff (N) umgewandelt (Abb. 2, S. 16). Voraussetzung für eine vollständige Schadstoffbeseitigung durch den Katalysator ist der Betrieb des Motors mit ausgeglichener Gemischzusammensetzung $\lambda = 1$.

Eine **Lambda-Sonde** (s. Kap. 7.5.2.5) vor dem Katalysator erfasst den Restsauerstoffgehalt im Abgas als Maß für die Gemischzusammensetzung. Verbrennt der Motor mageres Gemisch ($\lambda > 1$), ist der Restsauerstoffgehalt höher als beim Betrieb mit fettem Gemisch ($\lambda < 1$). Die Lambda-Sonde sendet ein entsprechendes Spannungssignal zum Steuergerät. Durch Veränderung der Öffnungszeiten der Einspritzventile wird die Gemischzusammensetzung durch das Steuergerät so geregelt, dass der Motor immer mit einer Gemischzusammensetzung von $\lambda = 1$ arbeitet.

Abgasrückführung

Die Abgasrückführung (Abb. 4) hat die Aufgabe, den Anteil an Stickoxiden (NO_x) im Abgas zu reduzieren.

Stickoxide entstehen durch hohe Verbrennungstemperaturen. Durch Zumischung von Abgasen in den Verbrennungsraum kann die Verbrennungstemperatur herabgesetzt werden, weil die zugemischten Abgasbestandteile nicht an der Verbrennung teilnehmen.

Das Steuergerät betätigt unter bestimmten Betriebsbedingungen (z. B. Motordrehzahl, Motortemperatur) ein **Magnetventil**, das eine Verbindung vom Auslasskanal zum Saugrohr herstellt (s. Kap. 7.5.3.1).

Aufgaben:

1. Nennen Sie die Aufgaben von Benzineinspritzanlagen.
2. Erklären Sie den Begriff „Luftverhältnis".
3. Was bedeutet „fettes Gemisch" und unter welchen Bedingungen wird es vom Ottomotor benötigt?
4. Warum ist der Kraftstoffverbrauch von Ottomotoren mit direkter Benzineinsspritzung relativ gering?
5. Wodurch unterscheiden sich Zentraleinspritzanlagen von Einzeleinspritzanlagen?
6. Nennen Sie die Aufgaben der Bauteile des Kraftstoffsystems.
7. Welche Informationen benötigt das Steuergerät zur Berechnung der Einspritzmenge?
8. Beschreiben Sie die Aufgabe der Leerlaufregelung.
9. Nennen Sie die Aufgaben der Zündanlage.
10. Was versteht man unter einer Motronic?
11. Wie können die Zündfunken auf die einzelnen Zylinder verteilt werden?
12. Welche Bedeutung hat der Wärmewert einer Zündkerze?
13. Welche Aufgabe hat die Klopfregelung?
14. Welche Aufgaben haben der Abgaskatalysator und die Lambda-Sonde?
15. Beschreiben Sie die Aufgabe und die Wirkungsweise der Abgasrückführung.

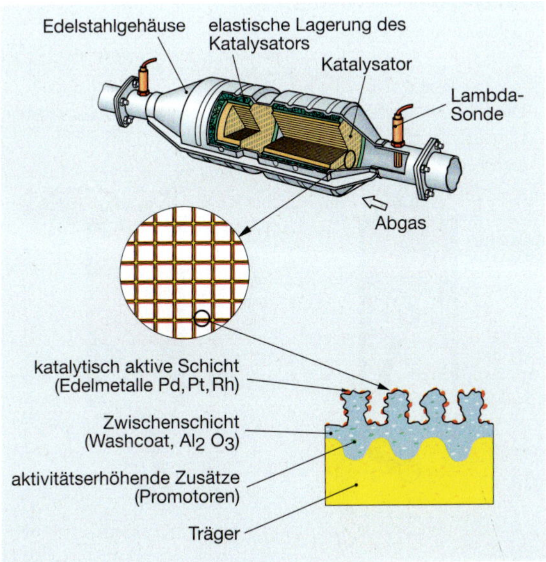

Abb. 3: Aufbau eines Abgaskatalysators

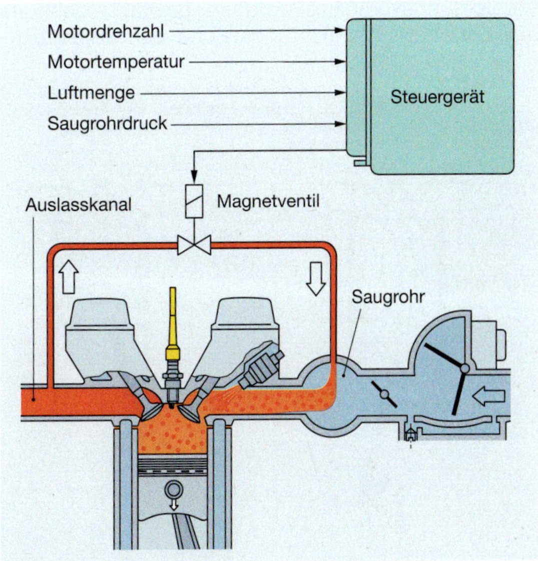

Abb. 4: Abgasrückführung

2.4 Viertakt-Dieselmotor

Der Viertakt-Dieselmotor, benannt nach seinem Erfinder Rudolf Diesel (deutscher Ingenieur, 1858 bis 1913) benötigt zur Verrichtung von Arbeit zwei Kurbelwellenumdrehungen, die in **vier Takte** (Vorgänge) eingeteilt werden.

Die vier Takte (Abb. 1 bis 4) eines Arbeitsspiels sind:

- **Ansaugen** von Luft
- **Verdichten** der Luft und Einspritzen von Kraftstoff
- **Arbeiten**, d. h. Verbrennen des Gemisches
- **Ausstoßen** der verbrannten Gase

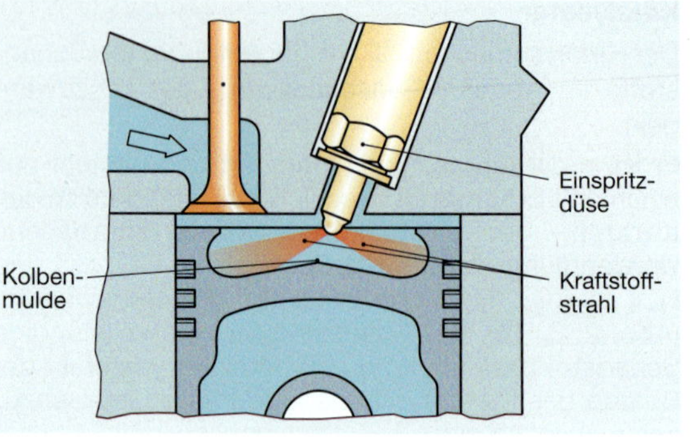

Abb. 5: Dieseleinspritzung (direkte Einspritzung)

Ansaugtakt

Im Ansaugtakt (Abb. 1) soll der Zylinder mit Luft gefüllt werden.

Der Ansaugtakt beginnt mit dem Öffnen des Einlassventils. Der Kolben bewegt sich vom oberen Totpunkt (OT) zum unteren Totpunkt (UT). Durch die Saugwirkung infolge der Volumenvergrößerung strömt Luft durch das geöffnete Einlassventil in den Zylinder. Dieselmotoren benötigen keine Drosselklappe, die angesaugte Luftmenge ist deshalb fast immer gleich groß. Der Ansaugtakt ist beendet, wenn das Einlassventil kurz nach dem UT schließt.

Eine bessere Füllung des Zylinders mit Luft kann erreicht werden, indem mit einem **Kompressor** oder einem **Abgasturbolader** die Luft von außen in den Zylinder gedrückt wird.

Verdichtungstakt

Im Verdichtungstakt (Abb. 2) sind Einlass- und Auslassventil geschlossen. Der Kolben bewegt sich zum OT. Die Luft wird auf einen Druck von 25 bis 45 bar verdichtet und erwärmt sich dadurch auf etwa 750 bis 900 °C. Die Verdichtung und damit der Druck und die Temperatur werden durch das **Verdichtungsverhältnis** (s. Kap. 2.2) bestimmt. Das Verdichtungsverhältnis wird so gewählt, dass es am Ende des Verdichtungstaktes zur **Selbstzündung** des zuvor eingespritzten Kraftstoffes kommen kann.

Kurz vor dem OT wird durch eine Einspritzdüse der Kraftstoff unter hohem Druck (bis zu etwa 2000 bar) in den Verbrennungsraum gespritzt (Abb. 5), wo er sich mit der Luft mischt und verdampft.

Man spricht von einer **inneren Gemischbildung**, weil der Kraftstoff mit der Luft innerhalb des Verbrennungsraumes gemischt wird. Alle Dieselmotoren arbeiten mit innerer Gemischbildung.

Die Zeit, die zwischen Einspritzbeginn und Verbrennungsbeginn vergeht, wird als **Zündverzug** bezeichnet (etwa 1/1000 s bei betriebswarmem Motor).

Arbeitstakt

Kurz vor dem OT wird mit der Selbstzündung des Kraftstoff-Luft-Gemisches der Arbeitstakt eingeleitet (Abb. 3). Der Einspritzzeitpunkt wird so gewählt, dass der Verbrennungshöchstdruck (etwa 60 bis 80 bar) immer möglichst kurz nach dem OT erreicht wird, um den Kolben mit größtmöglicher Kraft in Richtung des UT zu drücken.

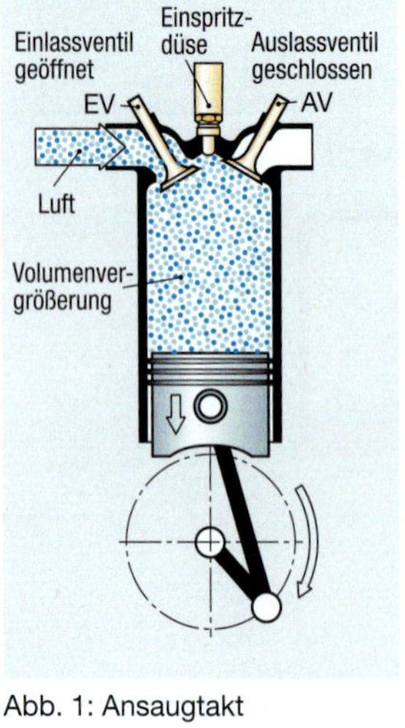

Abb. 1: Ansaugtakt

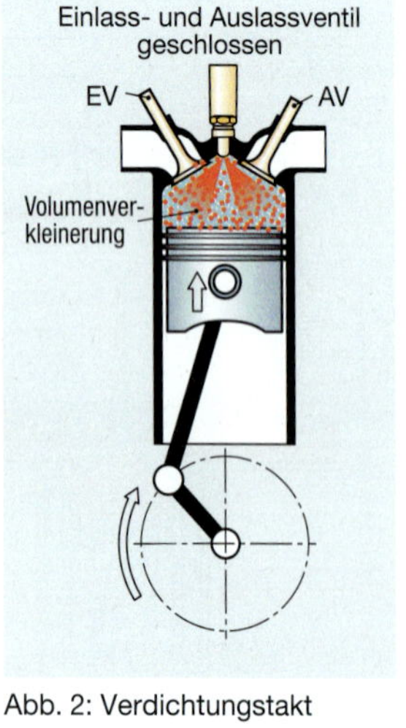

Abb. 2: Verdichtungstakt

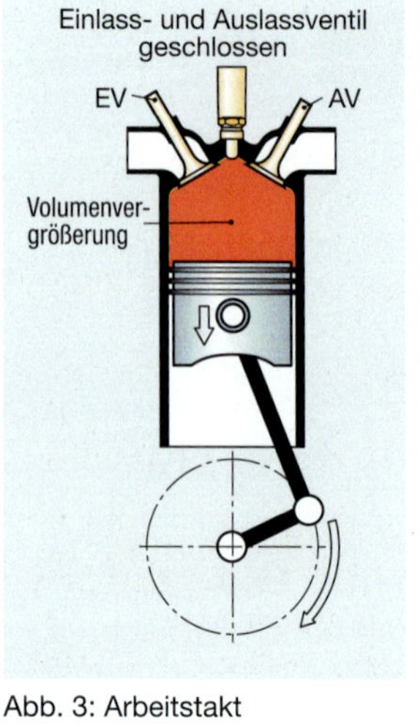

Abb. 3: Arbeitstakt

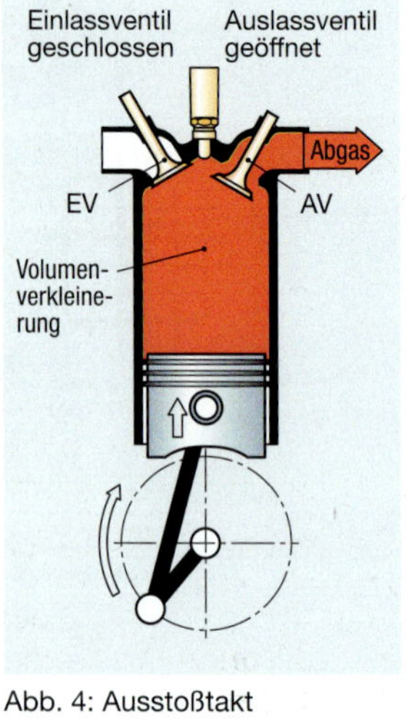

Abb. 4: Ausstoßtakt

Während der Verbrennung kann noch Kraftstoff dosiert eingespritzt werden, damit der Verbrennungsdruck nicht schlagartig ansteigt.

Ausstoßtakt

Im Ausstoßtakt sollen die verbrannten Gase vollständig aus dem Verbrennungsraum ausgestoßen werden.

Der Ausstoßtakt beginnt mit dem Öffnen des Auslassventils kurz vor dem UT (Abb. 4). Dadurch beginnt ein Teil der verbrannten Gase bei einem Druck von etwa 4 bis 6 bar mit hoher Geschwindigkeit durch das Auslassventil in die Auspuffanlage zu strömen. Die restlichen Abgase werden vom Kolben auf dem Weg vom UT zum OT durch das Auslassventil gestoßen.

Um die Abgase möglichst vollständig auch aus dem Verdichtungsraum entweichen zu lassen und eine bessere Füllung mit Frischgasen zu erreichen, sind im OT noch kurzzeitig das Auslassventil und das Einlassventil gleichzeitig geöffnet. Durch diese **Ventilüberschneidung** kann durch den Sog der ausströmenden Abgase schon Frischluft durch das Einlassventil in den Verbrennungsraum gezogen werden.

p-V-Diagramm

Das p-V-Diagramm (Abb. 7) zeigt die Beziehungen zwischen dem **Druck *p*** und dem **Zylindervolumen V_h** während der Kolbenbewegungen zwischen OT und UT von einem Ottomotor im Vergleich zu einem Dieselmotor.

Einspritzverfahren

Es werden folgende Einspritzverfahren unterschieden:

- **direkte Einspritzung** und
- **indirekte Einspritzung.**

Die Kraftstoffeinspritzung erfolgt bei der **direkten Einspritzung** (Abb. 5) „direkt“ in den Verbrennungsraum, der meist durch eine Mulde im Kolben gebildet wird. Auf Grund der geringen Oberfläche des Verdichtungsraumes sind die Wärmeverluste gering und dadurch der spezifische Kraftstoffverbrauch niedrig.

Kaltstarteinrichtungen zum Vorwärmen des Verbrennungsraumes (z. B. elektrische Glühkerzen) werden nicht oder nur zur Schadstoffminderung für den Kaltstart oder unmittelbar danach benötigt. Durch die schnelle Verbrennung des gesamten Kraftstoffes entsteht ein harter Motorlauf, der durch einen dosierten Einspritzvorgang, insbesondere durch elektronisch gesteuerte Dieseleinspritzanlagen (s. Kap. 2.5) ausgeglichen werden kann.

Das **indirekte Einspritzverfahren** erfordert einen geteilten Verbrennungsraum. Die Einspritzung des Kraftstoffes erfolgt zunächst in eine Nebenkammer, die als **Vorkammer** (Abb. 6a) oder **Wirbelkammer** (Abb. 6b) ausgebildet sein kann.

In der Nebenkammer befindet sich am Ende des Verdichtungstaktes warme, verwirbelte Luft, die sich mit dem Kraftstoff mischt und diesen entzündet. Die Verbrennung beginnt in der Nebenkammer und wird im Hauptverbrennungsraum fortgesetzt. Durch diese zweistufige Verbrennung ergibt sich ein verzögerter Druckanstieg und damit eine weiche Verbrennung.

Die große Oberfläche des Verbrennungsraumes verursacht gegenüber der direkten Einspritzung einen höheren spezifischen Kraftstoffverbrauch durch Wärmeverluste und erfordert eine Vorwärmung durch Kaltstarthilfen (z. B. elektrische Glühkerzen).

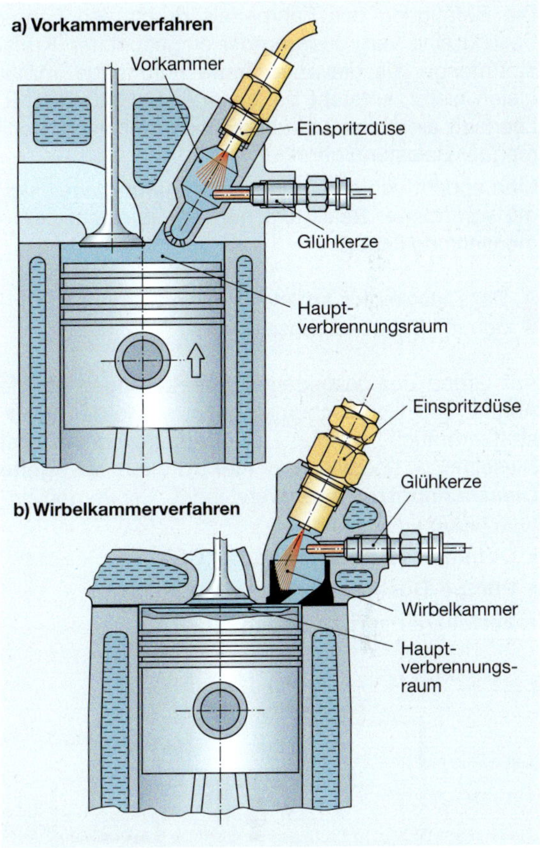

Abb. 6: Indirekte Einspritzung

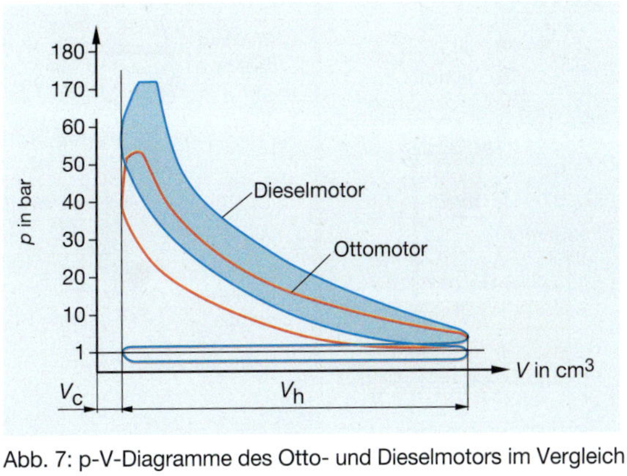

Abb. 7: p-V-Diagramme des Otto- und Dieselmotors im Vergleich

2.5 Einspritzanlagen für Dieselmotoren

2.5.1 Grundlagen

Einspritzanlagen für Dieselmotoren haben die Aufgabe den Kraftstoff zum

- **richtigen Zeitpunkt**,
- **fein zerstäubt** und
- unter **hohem Druck**

in den Verbrennungsraum zu spritzen.

Die Betätigung des Fahrpedals durch den Fahrer bewirkt eine Vergrößerung der eingespritzten Kraftstoffmenge. Da die angesaugte Luftmenge immer gleich bleibt, entsteht bei geringer Belastung (z. B. Leerlauf) ein hoher Luftüberschuss, der mit zunehmender Belastung geringer wird.

Man spricht von einer **Qualitätsregelung**, weil sich mit veränderter Belastung nur die Gemischzusammensetzung ändert.

Der Dieselmotor arbeitet in allen Betriebszuständen mit Luftüberschuss ($\lambda > 1$).

Auf Grund der gestiegenen Anforderungen an die Abgas- und Geräuschemissionen, sowie den Kraftstoffverbrauch werden für Personenwagen mit Dieselmotor überwiegend **elektronisch geregelte Dieseleinspritzanlagen** verwendet. Es werden unterschieden:

- **Common-Rail-Einspritzung (CR)**
- **Pumpe-Düse-Einspritzsystem (PDE)**
- **Verteilereinspritzpumpen (VE)**

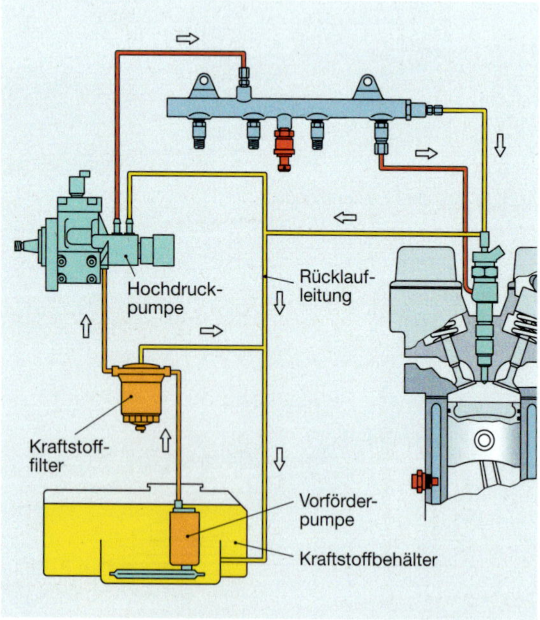

Abb. 1: Kraftstoffsystem der Common-Rail-Einspritzanlage

2.5.2 Common-Rail-Einspritzung (CR)

Die Common-Rail-Einspritzanlage besteht aus den Teilsystemen

- **Kraftstoffsystem** und dem
- **Steuersystem.**

2.5.2.1 Kraftstoffsystem

Abb. 1 zeigt eine Übersicht über das Kraftstoffsystem einer Common-Rail-Einspritzsanlage für einen Vierzylindermotor.

Das Kraftstoffsystem besteht aus einem

- **Versorgungssystem** und einem
- **Hochdrucksystem**

Versorgungssystem

Das Versorgungssystem hat die Aufgabe den Kraftstoff vom Kraftstoffbehälter zur Hochdruckpumpe zu fördern.

Die **Vorförderpumpe** saugt den Kraftstoff aus dem Kraftstoffbehälter und fördert ihn durch den **Kraftstofffilter** zur Hochdruckpumpe. Der überschüssige Kraftstoff fließt über die Rücklaufleitung zum Kraftstoffbehälter zurück.

Die **Vorförderpumpe** besteht aus einer **mechanischen Pumpe**, die von einem **Elektromotor** (s. Kap. 7.5.3.2) angetrieben wird. Ein **Überdruckventil** öffnet, falls z.B. durch einen verschmutzen Filter der Kraftstoffdruck zu stark ansteigt.

Der **Kraftstofffilter** hält Verunreinigungen aus dem Kraftstoff zurück, welche die Funktion der Bauelemente des Einspritzsystems (z. B. Hochdruckpumpe, Injektor) beeinträchtigen könnten. Ein **Wassersammelraum** hält im Kraftstoff gebundenes Wasser (Emulsion) zurück, um Korrosion an den Bauteilen der Anlage zu verhindern.

Kraftstofffilter müssen in regelmäßigen Abständen gewechselt werden. Durch stark verschmutzte Filter wird der Kraftstoffdurchfluss behindert.

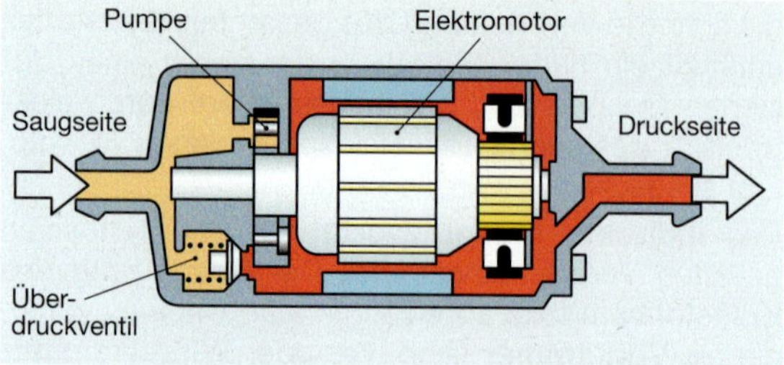

Abb. 2: Vorförderpumpe

Hochdrucksystem

> Das Hochdrucksystem hat die Aufgabe den Einspritzdruck zu erzeugen und den Injektoren zuzuführen.

Abb. 3 zeigt eine Übersicht über das Hochdrucksystem der Common-Rail-Einspritzung für einen Vierzylindermotor.

Die **Hochdruckpumpe** verdichtet den Kraftstoff und leitet ihn in den Hochdruckspeicher (Rail) und zu den damit verbundenen **Injektoren**. Durch das **Druckregelventil** wird unabhängig vom Kraftstoffverbrauch ein Systemdruck zwischen 400 und etwa 2000 bar im **Rail** und damit an den Injektoren eingehalten. Der nicht verbrauchte Kraftstoff fließt vom Druckregelventil zum Kraftstoffbehälter zurück.

Hochdruckpumpe

Die Antriebswelle der Hochdruckpumpe (Abb. 4) wird vom Motor (z. B. durch eine Kette) angetrieben. Sie bewegt über einen Exzenternocken drei radial angeordnete Pumpenkolben. Der Kraftstoff fließt durch das geöffnete Ansaugventil in den Hochdruckraum. Der Pumpenkolben verdichtet den Kraftstoff und drückt ihn durch das Auslassventil zum **Rail**.

Druckregelventil

Das Druckregelventil (Abb. 3) hat die Aufgabe den Druck im Rail abhängig vom Lastzustand des Motors einzustellen.

Es besteht aus einem Elektromagneten, der mit einem Ventil verbunden ist. Bei zu hohem Druck im Rail wird der Elektromagnet vom Steuergerät betätigt und stellt eine Verbindung vom Hochdrucksystem zum Kraftstoffrücklauf her. Dadurch kann Kraftstoff zum Kraftstoffbehälter zurückfließen bis der Solldruck erreicht ist. Der Raildruck wird vom Steuergerät ständig durch einen Raildrucksensor überwacht (Abb. 3).

Injektor

Der Injektor hat die Aufgabe, den Kraftstoff **dosiert** und **fein zerstäubt** in den Verbrennungsraum zu spritzen (Abb. 5).

Ein mit einem **Elektromagneten** (s. Kap. 7.5.3.1) oder mit einem Piezoelement verbundenes **Ventil** im Innern des Injektors öffnet bzw. verschließt einen Verbindungskanal vom **Ventilsteuerraum** zum **Kraftstoffrücklauf**.

Der Kraftstoffdruck ist im **Kammervolumen** und im Ventilsteuerraum zunächst gleich groß. Beim Ansteuern des Elektromagneten durch das Steuergerät wird das Ventil geöffnet. Der Druck im Ventilsteuerraum sinkt gegenüber dem Kammervolumen ab. Durch den nun höheren Druck im Kammervolumen wird die Düsennadel angehoben und der Kraftstoff kann durch die Spritzlöcher in den Verbrennungsraum gelangen.

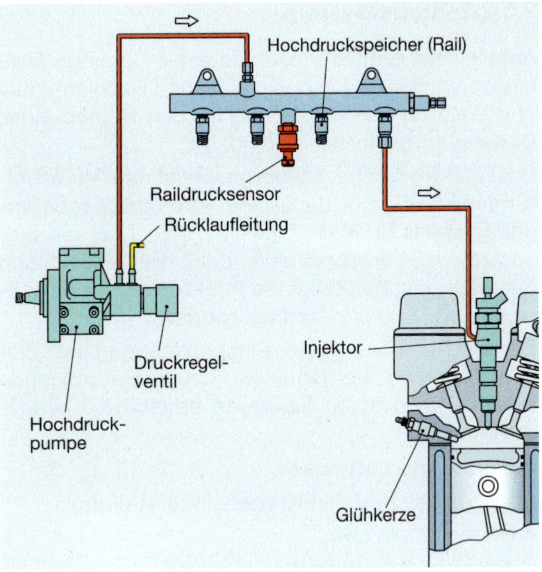

Abb. 3: Common-Rail-Hochdrucksystem

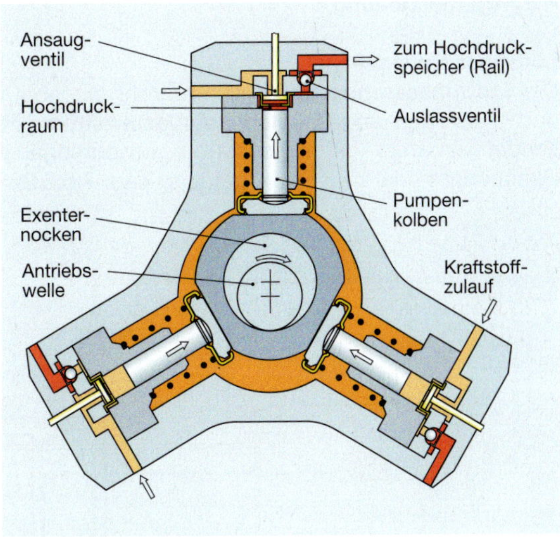

Abb. 4: Hochdruckpumpe

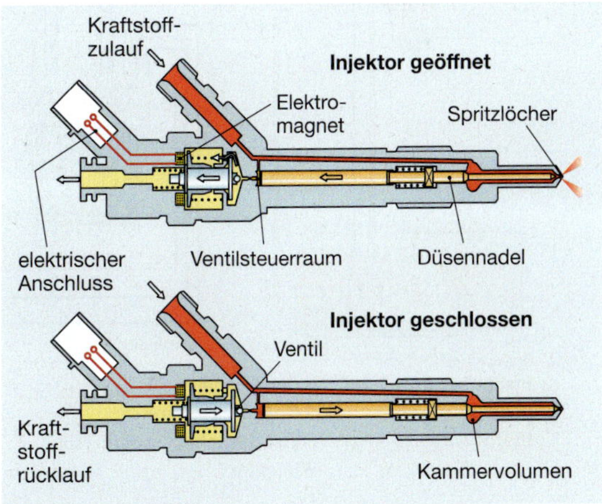

Abb. 5: Wirkungsweise des Injektors mit Magnetventil

2.5.2.2 Steuersystem

Abb. 1 zeigt den Grundaufbau einer Common-Rail-Einspritzanlage mit den wesentlichen Bauelementen und Zusatzeinrichtungen, die für den Betrieb eines Dieselmotors erforderlich sind.

Das **elektronische Steuergerät** ist die **Verarbeitungseinheit** und damit die Informationszentrale des Systems (s. Kap. 7.5.4). Es berechnet die Einspritzmenge entsprechend dem Betriebszustand des Motors und betätigt die **Injektoren**, das **Druckregelventil** und die **Vorförderpumpe**.

Für die Berechnung von Einspritzmenge- und Einspritzzeitpunkt werden vom Steuergerät folgende Betriebsdaten durch **Sensoren** erfasst und ausgewertet:

- **zugeführte Luftmasse,**
- **Motordrehzahl** und **Kurbelwinkelstellung,**
- **Motortemperatur,**
- **Ansauglufttemperatur,**
- **Raildruck** (Raildrucksensor) und
- **Fahrpedalstellung**

Luftmassenmesser
Der **Luftmassenmesser** ist im Saugrohr eingebaut und misst den angesaugten Luftmassenstrom. Er sendet ein dem Luftmassenstrom proportionales Spannungssignal zum Steuergerät (s. Kap. 7.5.2.2).

Fahrpedalsensor
Die Fahrpedalstellung wird von einem mit dem Fahrpedal verbunden **Potentiometer** (s. Kap. 7.5.2.1) erfasst, das ein der Fahrpedalstellung proportionales Spannungssignal zum Steuergerät sendet.

Drehzahl- und Bezugsmarkengeber
Ein **Induktivgeber** oder **Hallgeber** (s. Kap. 7.5.2.4) erfasst die Motordrehzahl und die Kurbelwinkelstellung über ein mit der Kurbelwelle verbundenes Impulsgeberrad.

Motortemperaturfühler
Die Motortemperatur wird durch einen temperaturabhängigen Widerstand (**NTC N**egative-**T**emperatur-**C**oeffizient (s. Kap. 7.5.2.1) im Kühlmittel erfasst.

Vorförderpumpe
Die Vorförderpumpe wird vom Steuergerät (s. Kap. 7.5.4) aus Sicherheitsgründen nur bei eingeschaltetem Fahrtschalter und drehendem Motor in Betrieb gesetzt.

Injektoren
Der Injektor (s. Kap. 2.5.2.1) wird betätigt, indem vom Steuergerät der Strom für den Elektromagneten im Innern des Injektors ein- bzw. ausgeschaltet wird. Die **Einspritzmenge** wird durch Veränderung der Ein- und Ausschaltzeiten und durch den Raildruck bestimmt.

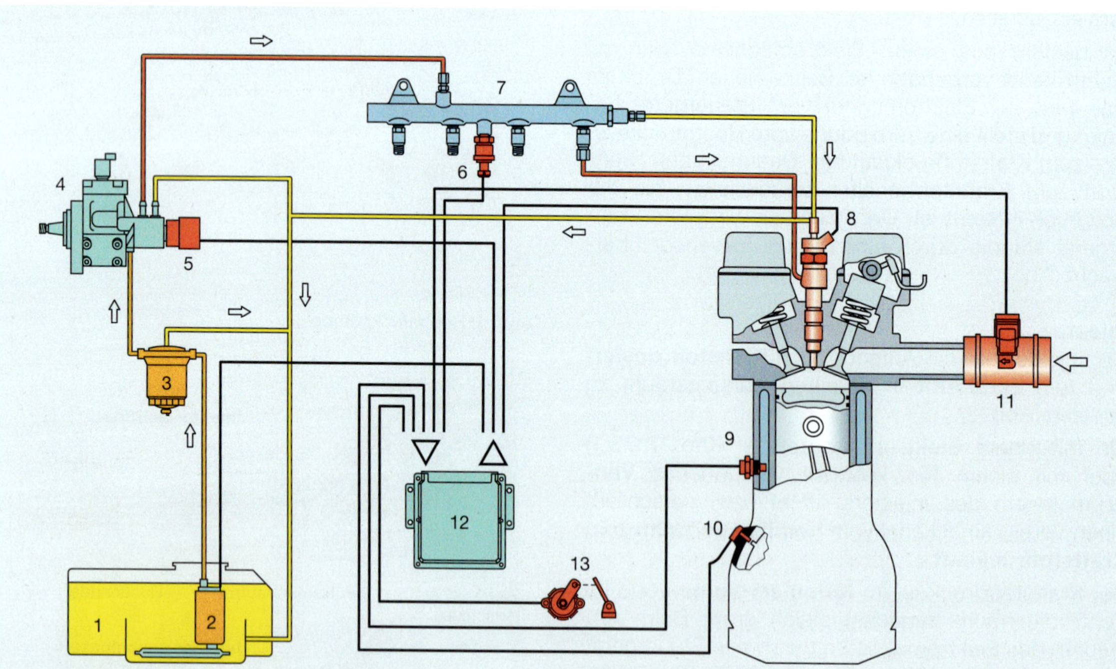

1 Kraftstoffbehälter
2 Vorförderpumpe
3 Kraftstofffilter
4 Hochdruckpumpe
5 Druckregelventil
6 Raildrucksensor
7 Hochdruckspeicher (Rail)
8 Injektor
9 Motortemperaturfühler
10 Drehzahl- und Bezugsmarkengeber
11 Luftmassenmesser
12 Steuergerät
13 Fahrpedalsensor

Abb. 1: Common-Rail-Einspritzanlage

2.5.3 Pumpe-Düse-Einspritzsystem (PDE)

Das Pumpe-Düse-Einspritzsystem hat für jeden Zylinder eine separate Einspritzeinheit.

In jeder Pumpe-Düse-Einheit sind die

- **druckerzeugende Pumpe,**
- **die Einspritzdüse** und die
- **Steuereinheit** (Magnetventil)

zu einem Bauteil zusammengefasst (Abb. 2).

Der Kraftstoff wird von einer **Vorförderpumpe** aus dem **Kraftstoffbehälter** über einen **Filter** zum Kraftstoffzulauf der Einspritzeinheit gefördert. Überschüssiger Kraftstoff gelangt über den Kraftstoffrücklauf zum Kraftstoffbehälter zurück (Abb. 1 und 2 S. 20).

Der Einspritzdruck wird durch einen Pumpenkolben im Innern der Einspritzeinheit erzeugt, welcher von einem zusätzlichen Nocken der Nockenwelle über einen Rollenkipphebel bewegt wird. Eine Rückstellfeder zieht den Kolben zurück.

Druckaufbau, Einspritzbeginn und Einspritzmenge werden vom Steuergerät nach Auswertung der Betriebsdaten berechnet und durch das Magnetventil gesteuert.

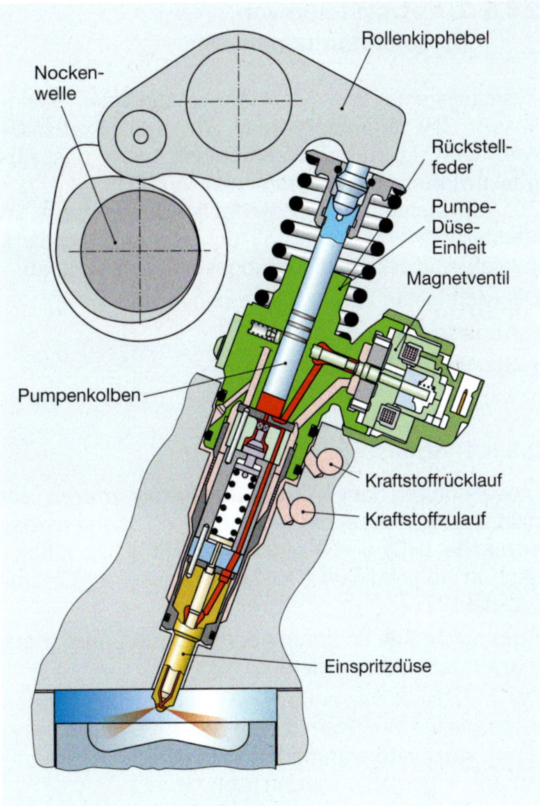

Abb. 2: Pumpe-Düse-Einheit

2.5.4 Verteilereinspritzpumpe (VE)

Abb. 3 zeigt den Aufbau einer Dieseleinspritzanlage mit Verteilereinspritzpumpe.

Die Antriebswelle der Verteilereinspritzpumpe wird vom Motor (z. B. durch eine Kette) angetrieben. Eine **Förderpumpe** im Gehäuse der Verteilereinspritzpumpe fördert den Kraftstoff vom Kraftstoffbehälter in das Pumpeninnere.

Der Einspritzdruck wird durch einen **Pumpenkolben** erzeugt, der eine Dreh- und Hubbewegung gleichzeitig durchführt.

Während der Hubbewegung wird der Druck erzeugt, durch die Drehbewegung wird der Kraftstoff auf die Druckleitungen der einzelnen Zylinder verteilt.

Die Einspritzmenge wird durch einen mechanischen oder elektronischen (**EDC**: **E**lectonic **D**iesel **C**ontrol) **Mengenregler**, der Einspritzzeitpunkt durch einen entsprechenden **Spritzversteller** bestimmt.

Die Einspritzung in den Verbrennungsraum erfolgt durch mechanische **Einspritzdüsen** (s. Kap. 7.2.3) im Zylinderkopf. Sie sind durch Druckleitungen mit der Verteilereinspritzpumpe verbunden und werden durch den Kraftstoffdruck geöffnet bzw. geschlossen.

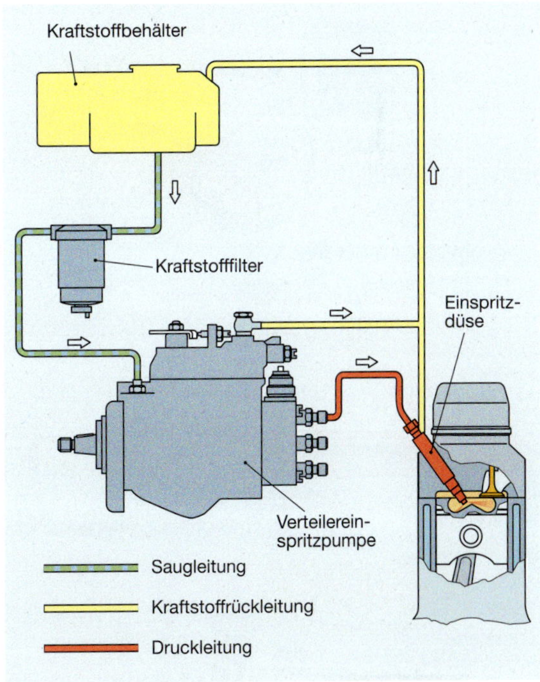

Abb. 3: Einspritzanlage mit Verteilereinspritzpumpe

2.5.5 Zusatzsysteme von Dieseleinspritzanlagen

Zusatzsysteme von Dieseleinspritzanlagen beeinflussen die **Eigenschaften**, wie z. B. Kraftstoffverbrauch, Leistung, Drehmoment sowie das **Abgasverhalten** des Motors. Art und Umfang der Zusatzsysteme hängen weitgehend von dem im Herstellungsjahr aktuellen technischen Standard, sowie der jeweils gültigen Abgasgesetzgebung ab.

Die wichtigsten Zusatzeinrichtungen sind

- **Abgasreinigung** und
- **Starthilfsanlagen.**

2.5.5.1 Abgasreinigung

Dieselmotoren haben **Oxidationskatalysatoren**, die oxidierbare Abgaskomponenten, wie **Kohlenwasserstoffe (HC)** und **Kohlenmonoxid (CO)**, katalytisch in Kohlendioxid (CO_2) und Wasser (H_2O) umwandeln.

Stickoxide können durch Abgasrückführung (s. Kap. 2.3.5.4) reduziert werden.

Die im Dieselabgas enthaltenen **Rußpartikel** können in speziellen Rußfiltern zurückgehalten werden und durch Nachverbrennung mit Hilfe eines Additivs unschädlich gemacht werden (Abb. 1).

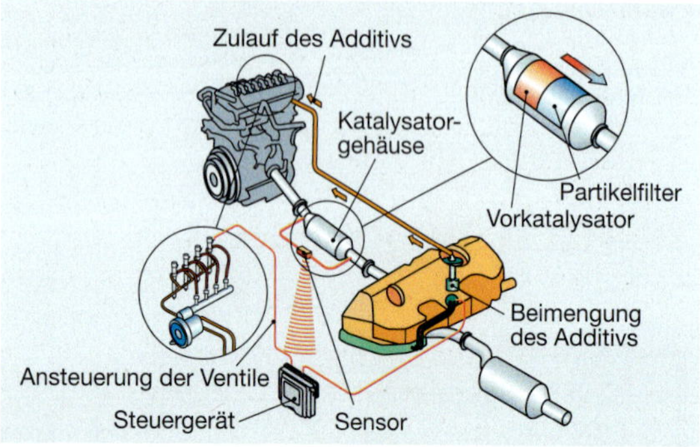

Abb. 1: Rußfilteranlage

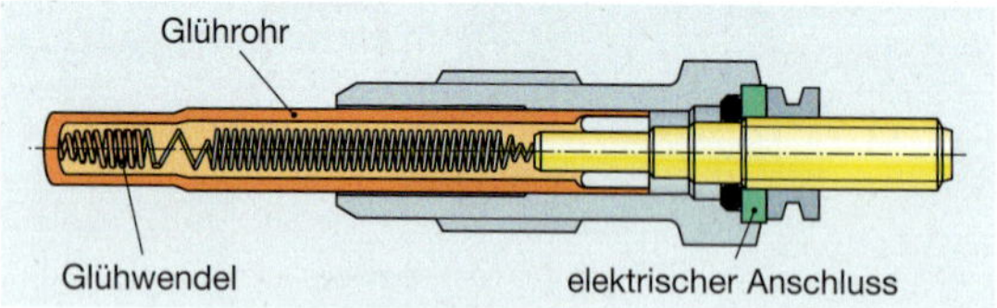

Abb. 2: Glühkerze

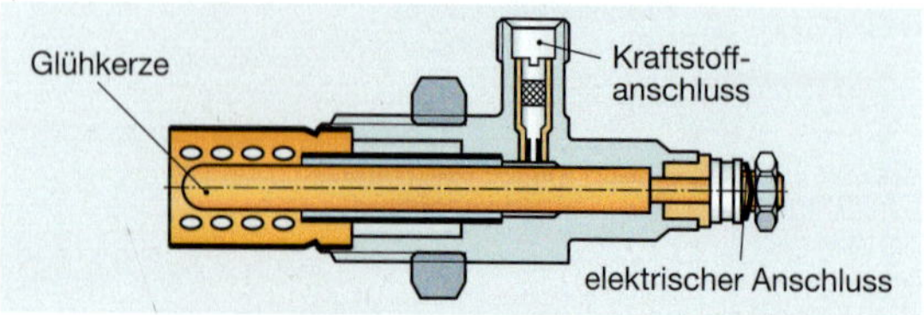

Abb. 3: Flammglühkerze

2.5.5.2 Starthilfsanlagen

Dieselmotoren haben bei sinkenden Temperaturen eine geringere Startwilligkeit. Ursache ist die geringere Temperatur am Ende des Verdichtungstaktes, die zur Selbstzündung des Gemisches nicht mehr ausreicht.

Die **Vorwärmung** des Verbrennungsraumes durch

- **Glühkerzen** (Motoren bis 4 l Hubraum) oder
- **Flammglühkerzen** (Motoren über 4 l Hubraum)

kann die Startwilligkeit verbessern.

Ein **Nachglühen** in der Nachstartphase erfolgt zur Verbesserung von Leerlaufqualität, Reduzierung der Kohlenwasserstoff-Emission und zur Verminderung der Verbrennungsgeräusche.

Glühkerzen (Abb. 2 und Abb. 6 S. 19) bestehen aus einer stromdurchflossenen Glühwendel, die von einem Rohr umschlossen ist. Der Strom wird vom **Steuergerät** eingeschaltet. Die Glühdauer hängt von der Motortemperatur ab. Die Startbereitschaft des Motors wird dem Fahrer durch das Verlöschen einer Kontrolllampe angezeigt.

Flammglühkerzen (Abb. 3) heizen die angesaugte Luft im Saugrohr mit einer offenen Flamme auf. Sie bestehen aus einer Glühkerze mit einem Kraftstoffanschluss. Während des Motorstarts wird Kraftstoff mit Luft gemischt und durch die Glühkerze entzündet. Das Steuergerät bestimmt die Flammzeit in Abhängigkeit von der Motortemperatur.

Aufgaben:

1. Nennen Sie die vier Takte des Dieselmotors und beschreiben Sie die wesentlichen Vorgänge in Stichpunkten.
2. Beschreiben Sie den Unterschied zwischen direkter und indirekter Dieseleinspritzung.
3. Welche Aufgabe hat das Versorgungssystem der Common-Rail-Einspritzung?
4. Nennen Sie die Bauelemente des Hochdrucksystems der Common-Rail-Einspritzung und beschreiben Sie deren Aufgaben.
5. Welche Informationen benötigt das Steuergerät zur Berechnung der Einspritzmenge?
6. Welches ist das kennzeichnende Merkmal des Pumpe-Düse-Einspritzsystems?
7. Wie können bei Dieselmotoren Rußpartikel aus dem Abgas zurückgehalten werden?
8. Warum werden für Dieselmotoren Starthilfen verwendet?
9. Beschreiben Sie die Wirkungsweise der Starthilfen.

2.6 Vergleich von Otto- und Dieselmotor

Merkmale	Ottomotor	Dieselmotor
Gemischbildung	äußere und innere	innere
Zündung	Fremd-zündung	Selbst-zündung
Regelung	Quantitäts-regelung	Qualitäts-regelung
max. Motordrehzahl bei Höchstleistung	4 000 bis 10 000/min	1 500 bis 5 000/min
Luftverhältnis λ	0,995 bis 1	immer > 1
Verdichtungsverhältnis	8 bis 11 : 1	14 bis 24 : 1
Verdichtungsdruck	10 bis 16 bar	25 bis 45 bar
Verdichtungs-temperatur	350 bis 450 °C	750 bis 900 °C
Verbrennungs-höchstdruck	30 bis 50 bar	60 bis 80 bar
max. Verbrennungs-temperatur	etwa 2 500 °C	etwa 2 000 °C
Abgastemperatur	600 bis 800 °C	550 bis 750 °C
spezifischer Kraftstoffverbrauch	240 bis 430 g/kWh	160 bis 340 g/kWh
effektiver Wirkungsgrad	bis 30 %	bis 45 %

2.7 Kraftstoffe

Kraftstoffe von Otto- und Dieselmotoren bestehen aus **Kohlenwasserstoffverbindungen** und werden überwiegend aus Erdöl gewonnen.

Kraftstoffreste dürfen nicht in die Kanalisation oder ins Erdreich gelangen und müssen als Sondermüll entsorgt werden.
Die Lagerung darf nur in besonderen Räumen und gekennzeichneten Behältern erfolgen.

Kraftstoffe für Ottomotoren

Kraftstoffe für Ottomotoren unterscheiden sich im Wesentlichen durch ihre **Klopffestigkeit**. Ein Kraftstoff mit hoher Klopffestigkeit hat eine hohe **Zündtemperatur**, um eine unerwünschte Selbstzündung und die damit verbundene unkontrollierte schlagartige Verbrennung **(Motorklopfen)** zu verhindern (s. Kap. 2.3.5.3).

Die Klopffestigkeit von Ottomotoren wird durch die **Oktanzahl** bestimmt.

Kraftstoffe mit hoher Oktanzahl haben eine hohe Klopffestigkeit (Tab. 1). Klopffeste Kraftstoffe werden für Motoren mit hohem Verdichtungsverhältnis (s. Kap. 2.2) und damit hoher Hubraumleistung verwendet.

Ottokraftstoffe	Zündtemperatur	Oktanzahl
Super /Super E10	≈ 400 °C	95
Super Plus	≈ 450 °C	98

Tab. 1: Zündtemperatur und Oktanzahl von Ottokraftstoffen

Kraftstoffe für Dieselmotoren

Dieselkraftstoffe sollen sich am Ende des Verdichtungstaktes durch die Verdichtungsendtemperatur selbst entzünden. Sie müssen deshalb sehr zündwillig sein.

Ein Maß für die Zündwilligkeit von Dieselkraftstoff ist die **Cetanzahl**.

Die Cetanzahl von Dieselkraftstoffen muss mindestens 49 betragen.

Dieselkraftstoffe bilden bei niedrigen Temperaturen Paraffinkristalle, welche die Kraftstofffilter verstopfen können und den Motorlauf beeinträchtigen. Im Winter werden dem Dieselkraftstoff deshalb Zusätze (Additive) beigemischt, welche das Fließverhalten und damit die Filtrierbarkeit des Kraftstoffs verbessern.

Biodieselkraftstoff wird aus Rapsöl, also aus einem nachwachsenden Rohstoff hergestellt. Gegenüber dem Dieselkraftstoff ist bei Verwendung von Biodieselkraftstoff der Ausstoß von Kohlenwasserstoffen (HC), Kohlenmonoxid (CO) und Rußpartikeln geringer. Die Stickoxidemission (NO_x) ist höher.

Bei der Verbrennung von Biodieselkraftstoff entsteht nur soviel klimaschädigendes Kohlendioxid (CO_2) wie beim Wachstum der Rapspflanze aufgenommen wurde.

Die Verbrennung von nachwachsenden Rohstoffen (z. B. Biodieselkraftstoff) führt zu keiner klimaschädigenden CO_2-Belastung.

Aufgaben:

1. Aus welchem Grundstoff werden Kraftstoffe für Otto- und Dieselmotoren überwiegend gewonnen?
2. Wie unterscheidet sich Normalbenzin von Superbenzin?
3. Was wird durch die Oktanzahl festgelegt?
4. Was sagt die Cetanzahl aus?
5. Warum ist Biodieselkraftstoff besonders umweltfreundlich?

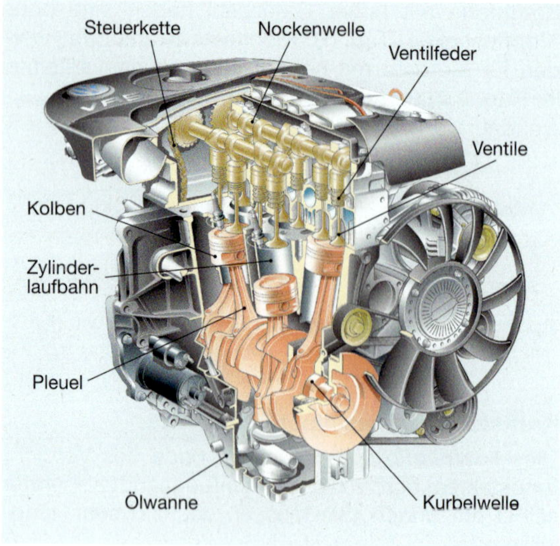

Abb. 1: Bauelemente eines Verbrennungsmotors

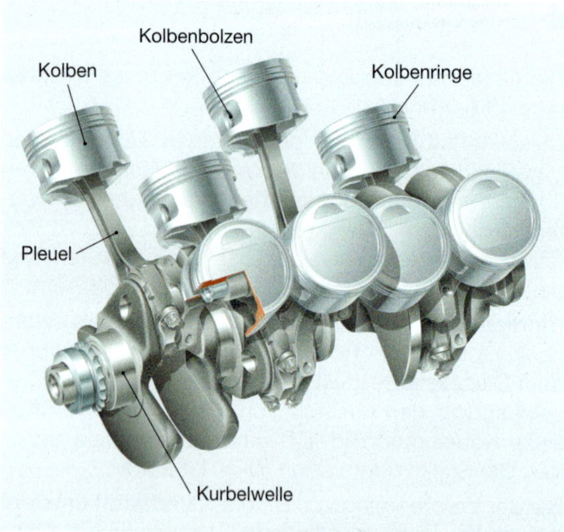

Abb. 2: Kurbeltrieb eines Achtzylindermotors

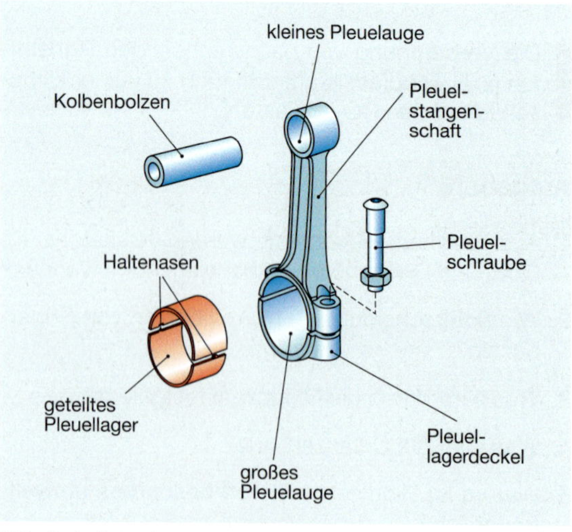

Abb. 3: Aufbau einer Pleuelstange

2.8 Bauelemente von Verbrennungsmotoren

2.8.1 Kurbeltrieb

Der **Kurbeltrieb** von Verbrennungsmotoren besteht aus

- **den Kolben,**
- **den Pleuelstangen** und
- **der Kurbelwelle** mit dem **Schwungrad.**

Der Kurbeltrieb hat die Aufgabe, die geradlinige Bewegung des **Kolbens** über die **Pleuelstange** in eine Drehbewegung der **Kurbelwelle** umzuwandeln.

Kolben

Der Kolben (Abb. 1 und 2) leitet die durch die Verbrennung entstandenen Kräfte an die Pleuelstange weiter und dichtet dabei den Verbrennungsraum beweglich an der **Zylinderlaufbahn** ab, so dass möglichst wenig Verbrennungsdruck zwischen Kolben und Zylinderwand entweichen kann.

Die Abdichtung erfolgt im Wesentlichen durch die **Kolbenringe**, die sich in den Kolbenringnuten am oberen Ende des Kolbens befinden und gegen die Zylinderlaufbahn drücken.

Der untere Kolbenring ist der **Ölabstreifring**. Er hat die Aufgabe, überschüssiges Schmieröl abzustreifen, um es vom Verbrennungsraum fernzuhalten.

Pleuelstange

Die Pleuelstange (Abb. 3) stellt die Verbindung zwischen dem Kolben und der Kurbelwelle her. Das **kleine Pleuelauge** ist mit einem **Kolbenbolzen** am Kolben befestigt und bewegt sich mit ihm geradlinig. Das große Pleuelauge ist teilbar und mit einem **Gleitlager** auf dem **Kurbelzapfen** der Kurbelwelle befestigt. Es dreht sich auf einer Kreisbahn um die **Hauptlager** (Abb. 4) der Kurbelwelle.

Kurbelwelle

Die Kurbelwelle (Abb. 4) dreht sich in ihren **Hauptlagern** im Kurbelgehäuse des Motors und leitet das erzeugte Drehmoment an das **Schwungrad**. Auf Grund seiner trägen Masse bewirkt es eine gleichförmige Drehbewegung der Kurbelwelle.

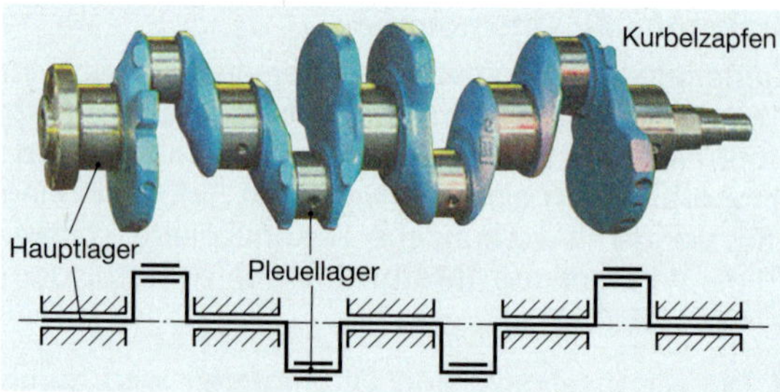

Abb. 4: Kurbelwelle eines Vierzylindermotors

2.8.2 Motorsteuerung

Die Motorsteuerung hat die Aufgabe, das Einströmen der Frischgase und das Ausströmen der Abgase aus dem Verbrennungsraum zu steuern.

Den Aufbau einer Motorsteuerung zeigt Abb. 5.

Das **Einlass-** bzw. **Auslassventil** verschließt im unbetätigten Zustand durch die Kraft der **Ventilfeder** den Einlass- bzw. den Auslasskanal (Abb. 5a). Die Ventile werden geöffnet, indem durch die Drehbewegung der **Nockenwelle** das Ventil über den **Stößel** gegen die Kraft der Ventilfeder bewegt wird (Abb. 5b).

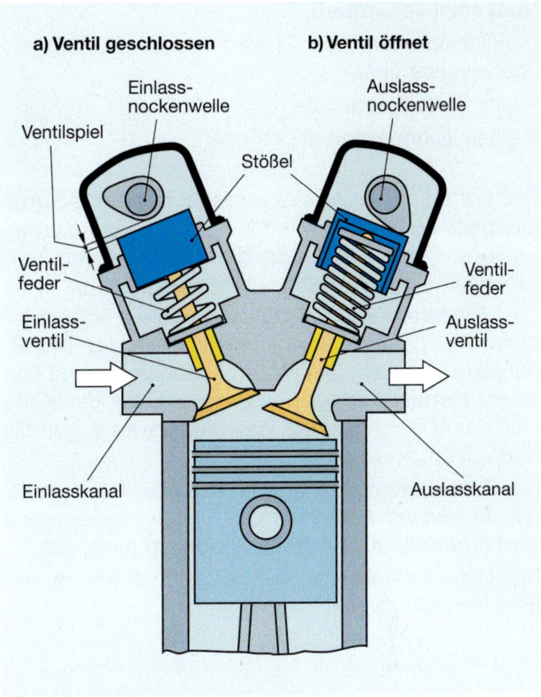

Abb. 5: Aufbau einer Motorsteuerung

Nockenwelle

Die Nockenwelle (Abb. 6) hat die Aufgabe, die Ventile zu betätigen.

Die für die Verbrennung günstigen halbkugelförmigen Verbrennungsräume erfordern schräg stehende Ventile. Diese können nur durch eine aufwändige Betätigung über **Kipphebel** oder durch die Verwendung von mindestens **zwei Nockenwellen** realisiert werden (Abb. 5 und 7).

Die Nockenwelle dreht sich mit **halber Kurbelwellendrehzahl**, weil jedes Ventil einmal je zwei Kurbelwellenumdrehungen betätigt werden muss.

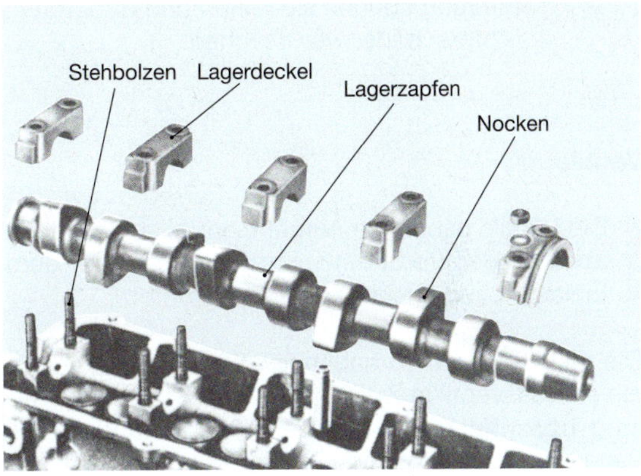

Abb. 6: Nockenwelle eines 4-Zylinder ohc-Motors

Nach der **Lage der Nockenwelle** (Abb. 7) werden unterschieden:

- **ohc**-Motoren (engl.: **o**ver**h**ead **c**amshaft: über dem Zylinderkopf liegende Nockenwelle),
- **dohc**-Motoren (engl.: **d**ouble **o**ver**h**ead **c**amshaft: zwei über dem Zylinderkopf liegende Nockenwellen),
- **ohv**-Motoren (engl.: **o**ver**h**ead **v**alves: Über-Kopf-Ventile, die Nockenwelle befindet sich im Motorblock),
- **cih**-Motoren (**c**amshaft **i**n **h**ead: im Zylinderkopf liegende Nockenwelle).

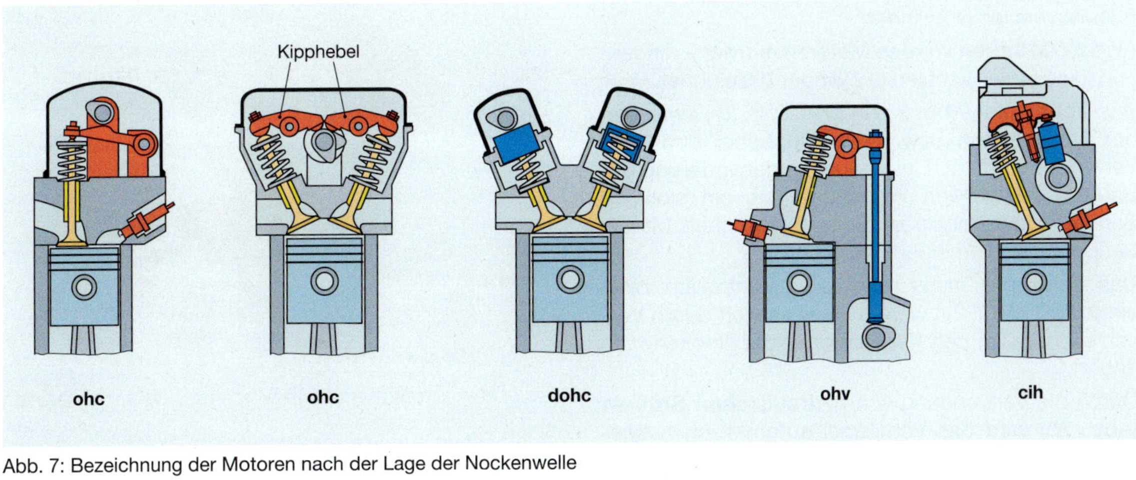

Abb. 7: Bezeichnung der Motoren nach der Lage der Nockenwelle

Nockenwellenantrieb

Die Nockenwelle (Abb. 2) wird von der Kurbelwelle überwiegend über

- eine **Rollenkette** oder
- einen **Zahnriemen** angetrieben.

Das Kettenrad der Nockenwelle ist doppelt so groß (doppelte Zähnezahl) wie das Kettenrad der Kurbelwelle, um eine Halbierung der Nockenwellendrehzahl gegenüber der Kurbelwelle zu erreichen.

Die **Rollenkette** (Abb. 1a) in einfacher oder doppelter Ausführung verläuft innen durch das Motorgehäuse. Sie wird vom Motoröl geschmiert und von einem **Kettenspanner** gespannt, der auf der Kette gleitet und durch Öldruck oder Federkraft gegen die Kette gedrückt wird.

Der **Zahnriemen** (Abb. 1b) ist aus Kunststoff gefertigt. Er verläuft außerhalb des Motorgehäuses und wird durch ein mitlaufendes **Spannrad** gespannt.

Die Geräuschentwicklung von Zahnriemen ist gegenüber dem Kettentrieb geringer.

Zahnriemen müssen in regelmäßigen Abständen gewechselt werden. Durch Alterung können sie reißen und dadurch Motorschäden verursachen.

Ventile

Die Ventile haben die Aufgabe, im geschlossenen Zustand den Verbrennungsraum gegenüber dem Einlass- bzw. Auslasskanal abzudichten.

Die meisten Motoren haben jeweils ein Einlass- und ein Auslassventil je Zylinder (Abb. 1, S. 27). Die Füllung bzw. die Entleerung des Verbrennungsraums kann durch die Verwendung von bis zu sechs Ventilen verbessert werden.

Abb. 3 zeigt einen Motor mit zwei Einlass- und zwei Auslassventilen je Zylinder.

Als **16V-Motoren** werden Motoren mit vier Zylindern und jeweils vier Ventilen je Zylinder bezeichnet.

Das **Ventilspiel** (Abb. 2 und Abb. 5, S. 27) zwischen der Nockenwelle bzw. dem Kipphebel und dem Ventil ist erforderlich, weil eine Längenänderung der Bauteile infolge von Wärmedehnung ein sicheres Schließen der Ventile bei unterschiedlichen Motortemperaturen verhindern würde.

Das Ventilspiel muss regelmäßig kontrolliert bzw. eingestellt (Abb. 2a) werden, weil es sich durch Verschleiß z. B. an den Ventilen oder der Nockenwelle ändert.

Durch die Verwendung von **hydraulischen Stößeln** (Abb. 2b) wird das Ventilspiel automatisch ausgeglichen.

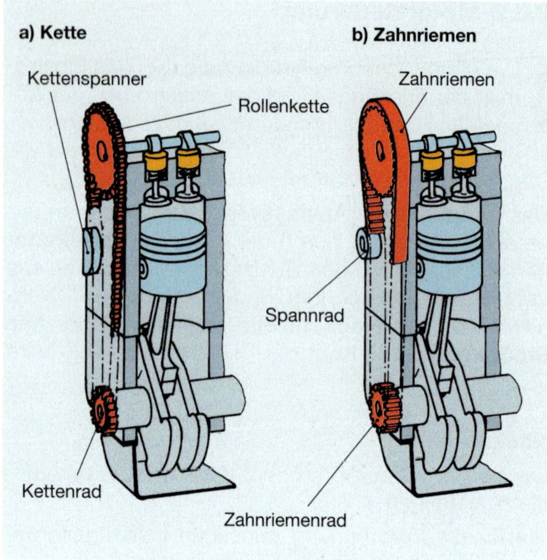

Abb. 1: Antriebsarten der Nockenwelle

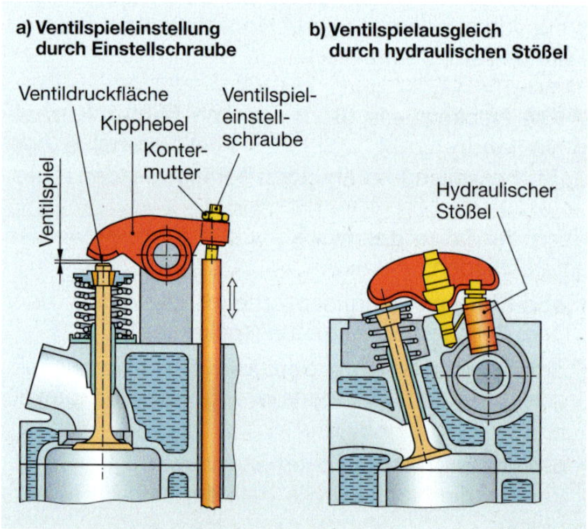

Abb. 2: Ventilspielausgleich

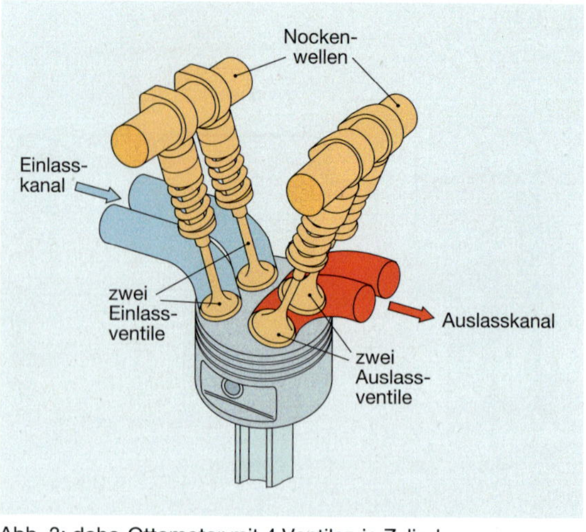

Abb. 3: dohc-Ottomotor mit 4 Ventilen je Zylinder

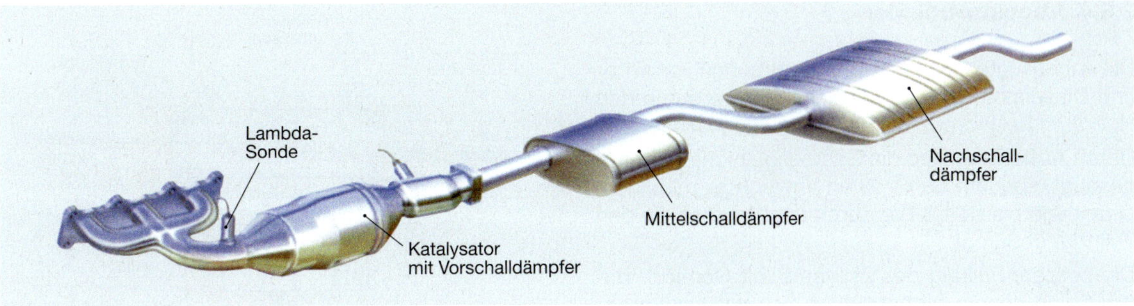

Abb. 4: Aufbau einer Abgasanlage

2.8.3 Abgasanlage

Den Aufbau einer Abgasanlage zeigt Abb. 4:

Sie hat folgende Aufgaben:

- **Reinigung** der Abgase,
- **Ableitung** der Abgase,
- **Geräuschdämpfung.**

Die Abgase werden zunächst in den **Auspuffkrümmer** geleitet, der im Fahrbetrieb durch die hohen Abgastemperaturen auf bis zu etwa 1 000 °C erwärmt wird.

Vom Auspuffkrümmer gelangen die Abgase in den **Katalysator**, wo sie größtenteils in unschädliche Gasbestandteile umgewandelt werden (s. Kap. 2.3.5.4).

Nach dem Katalysator gelangt das Abgas zur Geräuschminderung in einen oder mehrere **Schalldämpfer**.

Die Abgasanlage muss zwischen Krümmer und Endrohr gasdicht sein, damit keine Geräusche entstehen und keine Abgase in den Innenraum des Fahrzeugs gelangen können.

Durch Bildung von Kondenswasser im Innern unterliegen Abgasanlagen starkem Verschleiß durch Korrosion. Sie müssen regelmäßig kontrolliert und bei Durchrostung in Stand gesetzt werden.

Schalldämpfung

Die Geräuschentwicklung wird durch **Schallwellen** verursacht, die durch den pulsierenden Gasausstoß aus den Zylindern entstehen.

Eine Minderung der Schallenergie erfolgt in den Schalldämpfern durch

- **Absorption** und
- **Reflexion** der Schallwellen.

Abb. 5 zeigt einen kombinierten Reflexions- und Absorptionsschalldämpfer.

Die Schallwellen werden bei der **Absorption** an schallabsorbierenden Werkstoffen (z. B. Stahl- oder Steinwolle) durch Reibung in Wärme umgewandelt (Abb. 6).

Ähnlich einem abklingenden Echo verringert sich die Schallenergie durch mehrfache **Reflexion** (Abb. 6) der Schallwellen an den festen Wänden innerhalb des Schalldämpfers.

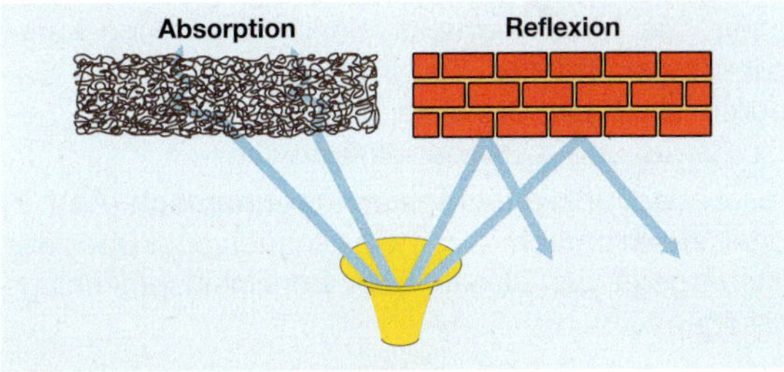

Abb. 6: Möglichkeiten der Schalldämpfung

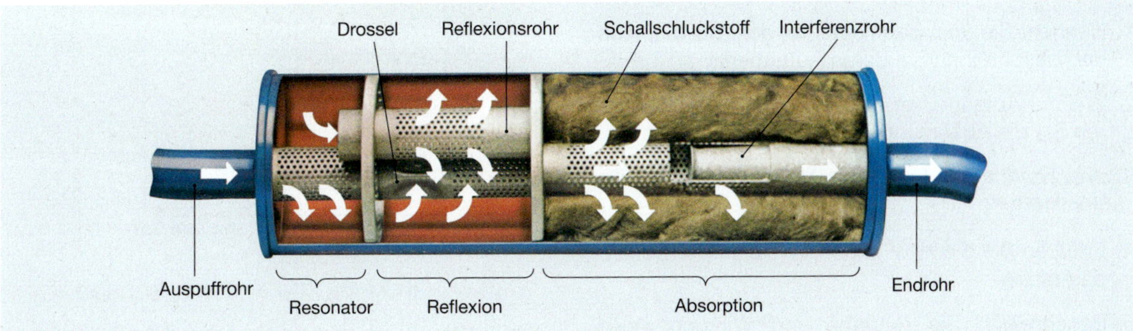

Abb. 5: Aufbau eines Schalldämpfers

2.8.4 Abgasturbolader

Die angesaugte Gemisch- bzw. Luftmenge von Otto- und Dieselmotoren wird im Wesentlichen durch den Hubraum bestimmt.

Durch **Aufladung** wird die Gasmenge nicht mehr angesaugt, sondern durch einen **Verdichter** mit einem Druck von bis zu 1,8 bar durch das Saugrohr in den Zylinder gepumpt.

Die bessere Füllung des Zylinders mit Gemisch bewirkt eine höhere Motorleistung bei gleichzeitig geringerem Kraftstoffverbrauch.

Der **Abgasturbolader** kann als Verdichter für Otto- und Dieselmotoren verwendet werden.

Abb. 1 und 2 zeigen den Aufbau und die Wirkungsweise einer Abgasturboaufladung.

Im Abgasturbolader befindet sich ein **Verdichterrad**, durch das die Verbrennungsluft angesaugt und verdichtet wird.

Die Temperatur der verdichteten Luft wird auf ihrem Weg zum Verbrennungsraum in einem **Ladeluftkühler** abgesenkt, um die Luftdichte und damit die Sauerstoffmenge im Verbrennungsraum zu erhöhen.

> Als Antriebsenergie für das Verdichterrad des Turboladers wird die Energie der ausströmenden Abgase genutzt.

Die mit hoher Strömungsgeschwindigkeit ausströmenden Abgase treiben das **Turbinenrad** und damit das am Ende einer Verbindungswelle befindliche Verdichterrad an. Verdichterrad, Turbinenrad und Verbindungswelle erreichen dabei Drehzahlen bis zu 150 000/min.

Der **Ladedruckregler** hat die Aufgabe beim Erreichen des Maximaldrucks einen Verbindungskanal zur Umgehung des Turbinenrades zu öffnen. Dadurch sinkt die Drehzahl von Turbinen- und Verdichterrad und damit der Ladedruck.

Die **Ladedruckregelung** kann **mechanisch** (Abb. 2) oder **elektronisch** durch ein Magnetventil über das Steuergerät der Diesel- bzw. Benzineinspritzanlage erfolgen.

Aufgaben:

1. Nennen Sie die Bauelemente des Kurbeltriebs und beschreiben Sie deren Aufgaben.
2. Welche Aufgabe hat die Motorsteuerung? Erklären Sie die Abkürzung „ohc“.
3. Welche Aufgabe haben die Nockenwelle und die Ventilfeder?
4. Erklären Sie die zwei Grundprinzipien der Schalldämpfung.
5. Beschreiben Sie Aufgabe und Wirkungsweise des Abgasturboladers.

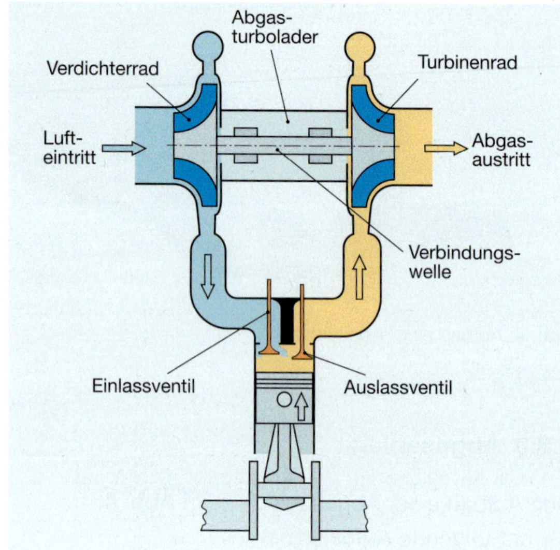

Abb. 1: Schematische Darstellung der Abgasturboaufladung

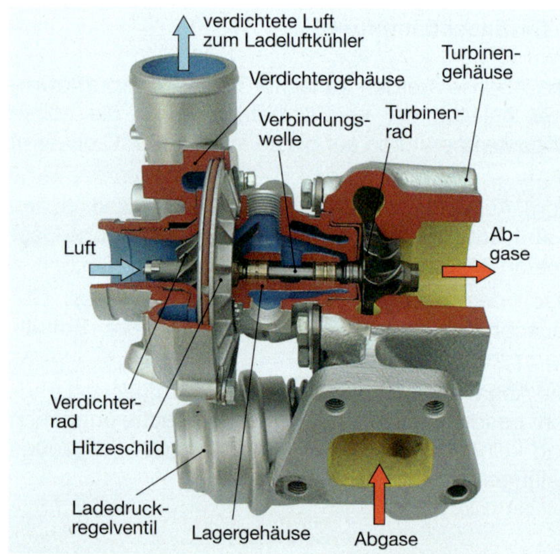

Abb. 2: Abgasturbolader

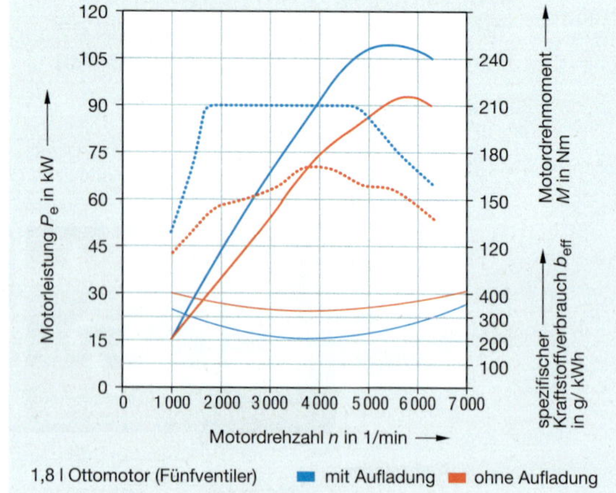

Abb. 3: Motorkennlinien eines Ottomotors mit und ohne Aufladung

2.9 Schmiersystem

Das Schmiersystem des Motors hat die Aufgabe, die beweglichen Bauteile im Innern des Motors mit Schmieröl zu versorgen. Otto- und Dieselmotoren für Kraftfahrzeuge sind überwiegend mit einer **Druckumlaufschmierung** (Abb. 4 und 5) ausgestattet.

Druckumlaufschmierung

Das **Motoröl** befindet sich in der **Ölwanne** unterhalb des Motorblocks. Es wird von der **Ölpumpe** angesaugt und durch den **Ölfilter** mit einem Druck von bis zu 5 bar zu den Schmierstellen gefördert. Das Öl fließt dabei durch Ölleitungen und durch das Innere von Kurbelwelle, Nockenwelle und Pleuel, um zu deren Lagerstellen zu gelangen. Die Unterseite der Kolben wird zur Kühlung über eine Bohrung am oberen Pleuelauge mit Motoröl besprüht (Abb. 5).

Die **Trockensumpfschmierung** ist eine Sonderbauform der Druckumlaufschmierung. Ein separater Ölbehälter neben dem Motor ersetzt die Ölwanne, um die Motorbauhöhe zu verringern (z. B. für Rennwagen, Geländewagen, Krafträder).

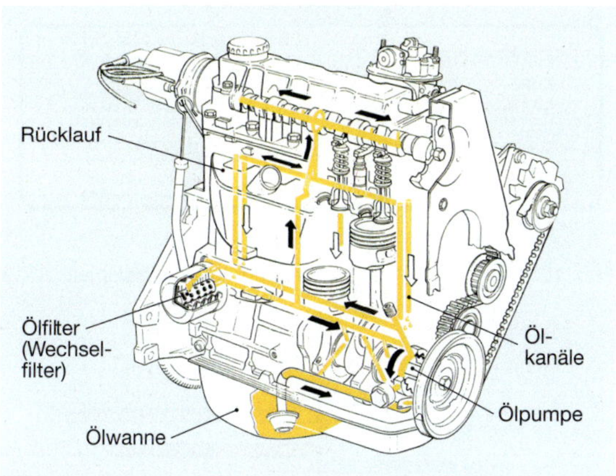

Abb. 4: Schmiersystem Übersicht

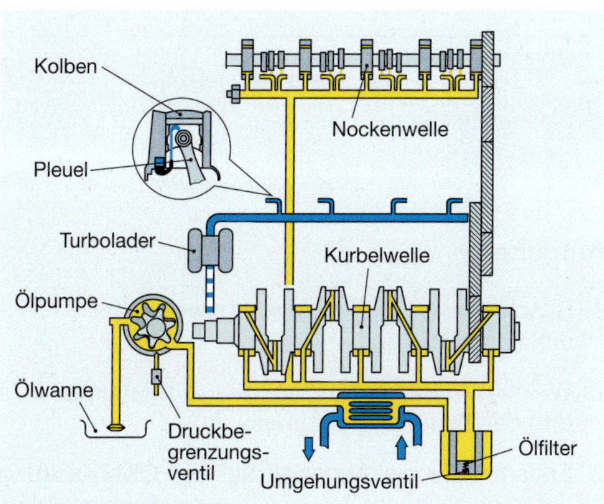

Abb. 5: Druckumlaufschmierung

2.9.1 Bauelemente des Schmiersystems

Ölpumpe

Die Ölpumpe wird meist von einer Kette oder über Zahnräder von der Kurbelwelle angetrieben. Es werden überwiegend **Zahnradpumpen** oder **Rotorpumpen** verwendet.

Zahnradpumpen (Abb. 6a) fördern das Öl von der Saugseite über die Zahnlücken zweier drehender Zahnräder zur Druckseite der Pumpe.

In der **Rotorpumpe** (Abb. 6b) treibt ein Innenrad ein exzentrisch gelagertes Außenrad an. Das Öl wird im Förderraum zwischen Innen- und Außenrad von der Saugseite zur Druckseite der Pumpe transportiert.

Druckbegrenzungsventil

Das Druckbegrenzungsventil öffnet bei etwa 5 bar und verhindert dadurch einen zu hohen Öldruck.

Ölfilter

Ölfilter haben die Aufgabe feste, verschleißfördernde Verunreinigungen (z. B. Verbrennungsrückstände, Staub, Metallabrieb) bis zu einer Größe von etwa 5 µm zurückzuhalten. Flüssige oder in Öl gelöste Verunreinigungen, wie z. B. Benzin oder Wasser können nicht gefiltert werden. Es werden überwiegend **Wechselfilter** (Abb. 4) verwendet, die zusammen mit ihrem Gehäuse eine bauliche Einheit bilden.

Ein **Umgehungsventil** im Innern oder außerhalb des Filters öffnet sich bei verstopftem Filter und gewährleistet dann die Motorschmierung mit jedoch ungefiltertem Öl.

Ölfilter müssen in regelmäßigen Abständen nach Vorgabe des Motorherstellers gewechselt werden. Die Versorgung der Schmierstellen mit ungefiltertem Öl führt zu erhöhtem Motorverschleiß.

Gebrauchte Ölfilter enthalten stark wassergefährdendes Altöl. Sie müssen deshalb als Sondermüll entsorgt werden. Altöl darf nicht in die Kanalisation gelangen.

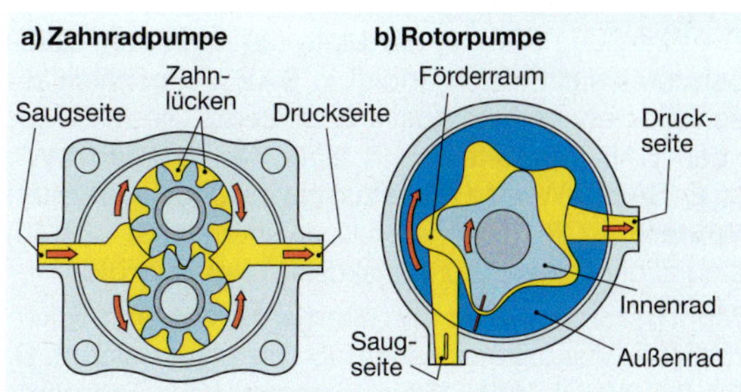

Abb. 6: Bauarten von Ölpumpen

2.9.2 Motoröle

Motoröle haben die Aufgabe,

- den **Verschleiß** der gleitenden Motorteile (z. B. Kolben und Zylinder) zu reduzieren,
- diejenigen Motorteile zu **kühlen**, die ihre Wärme nicht direkt an das Kühlsystem abgeben können (z. B. Kolben),
- **Verunreinigungen** im Motor (z. B. Verbrennungsrückstände, Abrieb) abzuführen und zum Ölfilter zu leiten,
- die Kolben gegenüber den Zylindern mit einem Schmierfilm **abzudichten** (Feinabdichtung) und
- die Motorbauteile vor **Korrosion** zu schützen.

Motoröle bestehen aus einem **Basisöl**, das aus Erdöl (Kohlenwasserstoffe) hergestellt wird und aus **Additiven** (chemische Zusätze). Der Anteil an Additiven im Motoröl beträgt je nach Einsatzzweck und Qualität etwa 15 bis 20 Volumenprozent.

Der **Temperatureinsatzbereich** und die **Qualität** eines Motoröls werden weitgehend durch seine Additive bestimmt.

Motoröl muss regelmäßig nach Vorschrift des Motorenherstellers erneuert werden, weil es mit zunehmender Zeit bzw. Betriebsdauer seine positiven Eigenschaften verliert.

Altöl ist stark wassergefährdend. Es darf nicht in die Kanalisation gelangen. Zur Aufarbeitung bestimmtes Altöl darf nicht mit Fremdstoffen (z. B. Bremsflüssigkeit) vermischt werden.

Der Temperatureinsatzbereich und die Qualität des Öls sind auf der Verpackung des Motoröls aufgedruckt (Abb. 1).

Temperatureinsatzbereich

Für den Betrieb bei niedrigen Temperaturen muss ein Motoröl ausreichend dünnflüssig sein, um z. B. nach dem Kaltstart schnell zu den Schmierstellen zu gelangen. Bei hohen Temperaturen muss es zähflüssig genug sein, damit eine ausreichende Schmierfähigkeit erhalten bleibt.

Die Einteilung (Abb. 2) der Motoröle nach dem Temperatureinsatzbereich erfolgt in **SAE**-Viskositätsklassen (**S**ociety of **A**utomotive **E**ngineers). Öle mit niedrigen SAE-Kennziffern und einem angefügten >W< (z. B. SAE 10W) sind dünnflüssige (niedrige Viskosität) **Winteröle**. Öle mit höheren Kennziffern (z. B. SAE 40) sind zähflüssigere (hohe Viskosität) **Sommeröle**.

Mehrbereichsöle für den Ganzjahresbetrieb decken mehrere Viskositätsklassen ab. So eignet sich z. B. ein 0W-40-ÖL (Abb. 1) für Klimazonen mit Temperaturbereichen von −35 °C bis +40 °C.

Qualität von Motorölen

Die Qualität von Motorölen ist durch Eigenschaften wie z. B. Korrosionsschutzfähigkeit, Alterungsbeständigkeit, Verschleißschutz oder geringe Schaumbildung gekennzeichnet. Die Einteilung der Motoröle erfolgt nach Durchführung von Testverfahren in Leistungsklassen nach:

- **API** (**A**merican **P**etroleum **I**nstitute),
- **ACEA** (**A**ssociation des **C**onstucteurs **E**uropeéns d'**A**utomobiles) oder
- herstellerspezifischen Leistungsklassen.

Das **API**-System teilt die Motoröle in S-Klassen für Ottomotoren und C-Klassen für Dieselmotoren ein. Je höher der zweite angefügte Buchstabe desto höher ist die Leistungsklasse des Öls.

Nach **ACEA** werden die Öle in A-Klassen für Ottomotoren, B-Klassen für Dieselmotoren und E-Klassen für Nkw-Dieselmotoren unterteilt. Je höher die angefügte Zahl, desto höher ist die Leistungsklasse des Öls.

Es dürfen grundsätzlich nur die vom Fahrzeughersteller freigegebenen Öle verwendet werden.

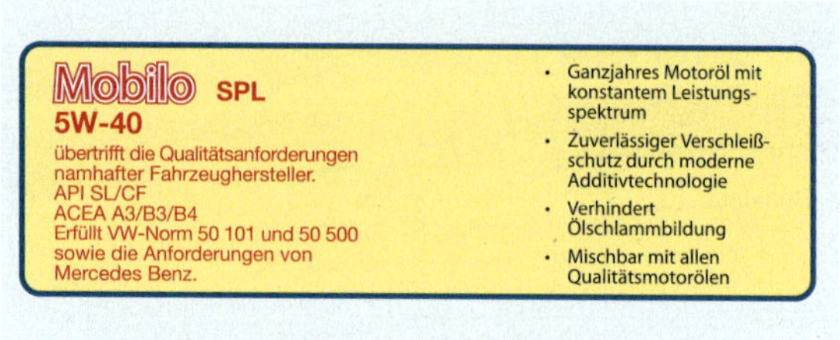

Abb. 1: Beschriftung einer Motorölverpackung (Beispiel)

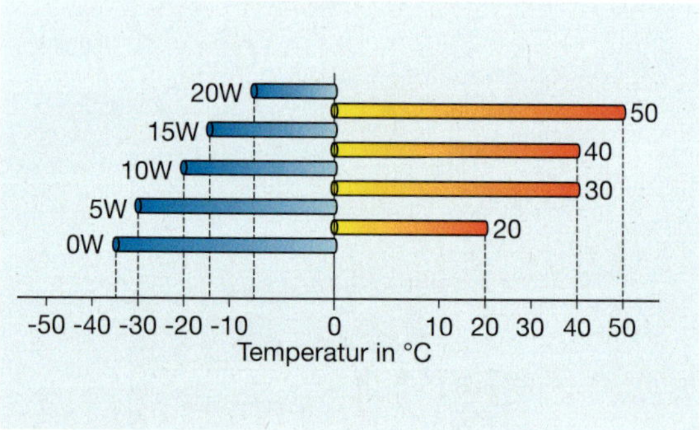

Abb. 2: SAE-Viskositätsklassen von Motorölen

Aufgaben:

1. Beschreiben Sie die Wirkungsweise der Druckumlaufschmierung.
2. Welche Aufgaben haben das Umgehungsventil und das Druckbegrenzungsventil?
3. Erklären Sie die Angaben auf der Ölverpackung von Abb. 1 bezüglich des Temperatureinsatzbereichs und der Ölqualität.

2.10 Kühlsystem

Während der Verbrennung des Kraftstoff-Luft-Gemisches entstehen im Verbrennungsraum Temperaturen von bis zu 2 500 °C (Abb. 4). Um eine Beschädigung der Motorenbauteile durch Überhitzung zu vermeiden, muss der Motor gekühlt werden.

Das **Kühlsystem** des Verbrennungsmotors hat die Aufgabe, die von den Motorbauteilen aufgenommene Wärme an die **Umgebungsluft** abzuführen.

Es wird unterschieden:

- **Luftkühlung** und
- **Flüssigkeitskühlung.**

Für Kraftfahrzeuge wird überwiegend die **Flüssigkeitskühlung** verwendet.

Flüssigkeitskühlung

Den Aufbau und die Bauelemente einer Flüssigkeitskühlung zeigt Abb. 5.

Die durch Erwärmung besonders beanspruchten Bauteile des Motors (z.B. Zylinder und Zylinderkopf) sind mit **Kühlflüssigkeit** umgeben.

Die von den Motorbauteilen aufgenommene Verbrennungswärme wird an die umgebende Kühlflüssigkeit abgeleitet. Die so erwärmte Kühlflüssigkeit strömt zum **Kühler**, der die Wärme an die **Umgebungsluft** abführt. Die dadurch um etwa 5 bis 10 °C abgekühlte Kühlflüssigkeit strömt vom Kühler zum Motor zurück, wo sie erneut Wärme aufnehmen kann.

Die Kühlflüssigkeit strömt in einem **geschlossenen Kreislauf.**

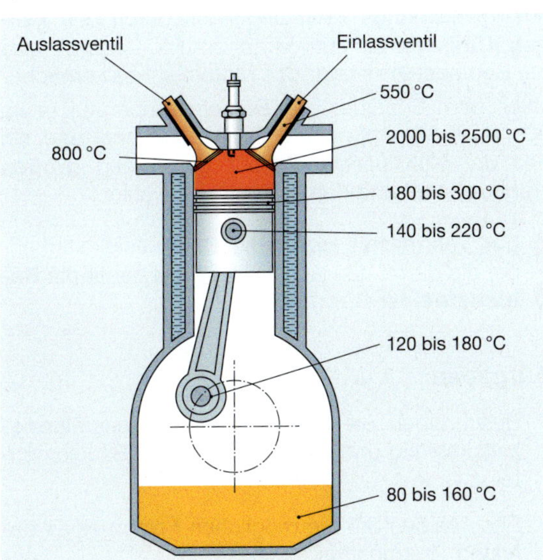

Abb. 4: Betriebstemperaturen eines Ottomotors

Kühlflüssigkeit

Die Kühlflüssigkeit besteht aus einem Gemisch aus **Wasser** und **Gefrierschutzmittel**. Gefrierschutzmittel sind wasserlösliche Flüssigkeiten auf Glykolbasis (Glykol: einfacher zweiwertiger Alkohol).

Je nach Mischungsverhältnis kann der Gefrierpunkt der Kühlflüssigkeit auf bis zu −56 °C herabgesetzt werden. Das Gefrierschutzmittel muss auch im Sommer im Kühlsystem bleiben, weil es Zusätze enthält, die Ablagerungen und Korrosion im Kühlsystem verhindern.

Gefrierschutzmittel sind gesundheitsschädlich. Sie dürfen auf Grund ihrer Wassergefährdung nicht in die Kanalisation oder ins Erdreich gelangen.

Kühler

Der Kühler hat die Aufgabe die Temperatur der Kühlflüssigkeit abzusenken, indem er die Wärme an die Umgebungsluft ableitet.

Er kann mit dem Ladeluftkühler des Turboladers (s. Kap. 2.8.4), dem Kondensator der Klimaanlage (s. Kap. 7.5.5.1) und dem Kühler für Automatikgetriebeöl (s. Kap. 3.2.2.2) zu einem platzsparenden **Kühlmodul** (Abb. 2 S. 34) zusammengefasst sein.

Den Aufbau eines Kühlers zeigt Abb. 1, S. 34. Die Kühlflüssigkeit strömt durch eine Vielzahl parallel verlaufender Röhren, die aus einem Werkstoff mit **hoher Wärmeleitfähigkeit** (z. B. Aluminium) bestehen. Durch **Kühlrippen** wird die wärmeabgebende Oberfläche der Röhren vergrößert.

Die in der Kühlflüssigkeit enthaltene Wärme wird zunächst von den Röhren aufgenommen und über die Kühlrippen an die Umgebungsluft abgeleitet.

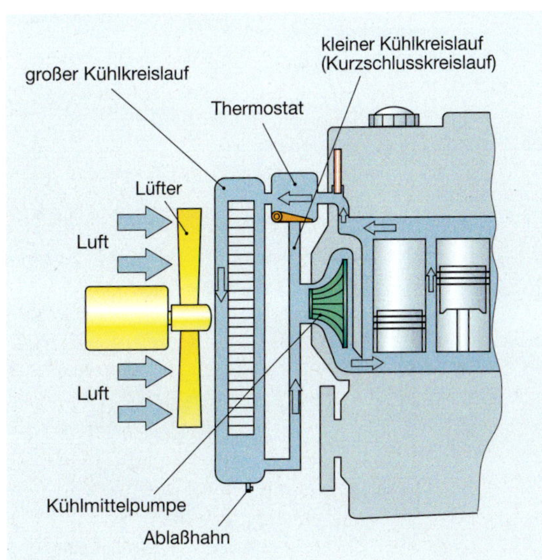

Abb. 5: Aufbau und Bauteile der Flüssigkeitskühlung

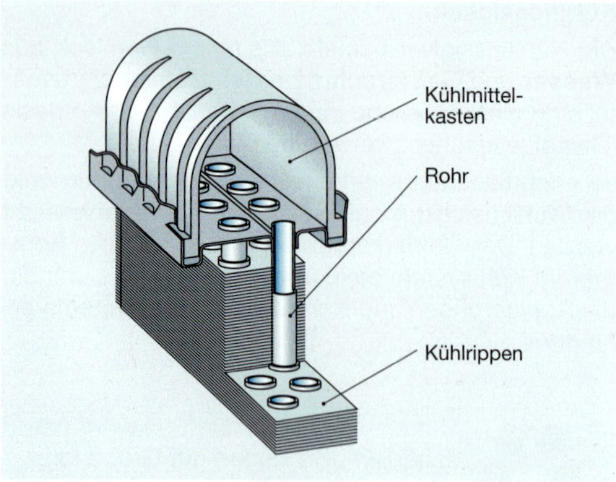

Abb. 1: Aufbau eines Kühlers

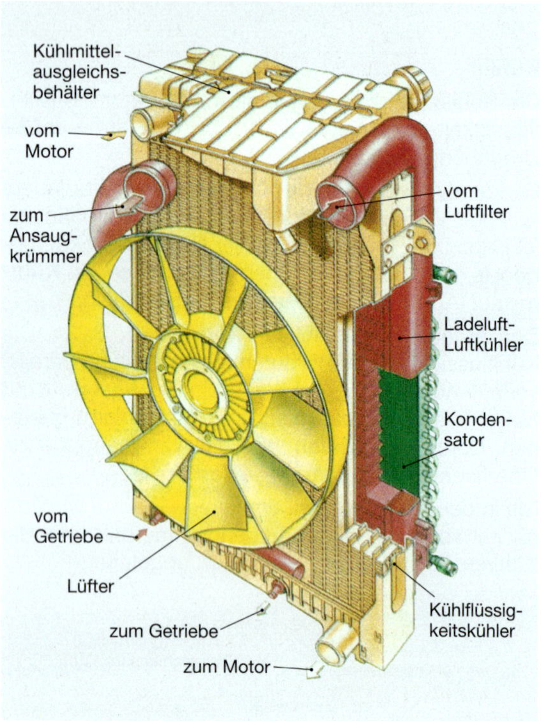

Abb. 2: Aufbau eines Kühlmoduls

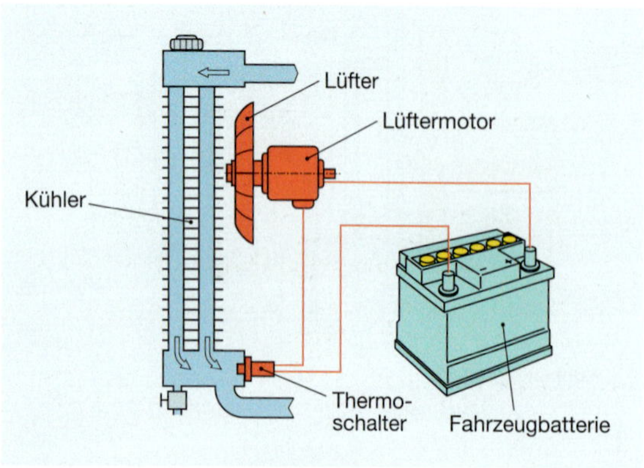

Abb. 3: Elektrischer Lüfterantrieb

Lüfter

Die Kühlleistung des Kühlers hängt im Wesentlichen von der Temperaturdifferenz zwischen den Kühlrippen und der Umgebungsluft ab. Da sich die Luft dort schnell aufheizt, muss ein Luftaustausch durch den Fahrtwind erfolgen. Reicht der Fahrwind nicht aus (z. B. im Stand) wird der **Lüfter** (Abb. 2 und 3) selbsttätig eingeschaltet.

Lüfter werden z. B. durch einen Elektromotor (Abb. 3) angetrieben, dessen Stromkreis beim Erreichen einer bestimmten Motortemperatur durch einen **Thermoschalter** im Kühlsystem geschlossen wird.

Ausgleichsbehälter

Im Ausgleichsbehälter findet wegen der **Temperaturänderung** der **Volumenausgleich** statt. Kühlflüssigkeit kann bei Bedarf nachgefüllt werden.

Kühlmittelpumpe

Die Kühlmittelpumpe hat die Aufgabe, die Kühlflüssigkeit durch das System zu pumpen, um den Kühlflüssigkeitskreislauf ständig in Bewegung zu halten. Sie wird über den **Zahnriemen** der Motorsteuerung (s. Kap. 2.8.2) oder über einen **Keilriemen** angetrieben.

> Der Antriebsriemen der Kühlmittelpumpe muss regelmäßig auf Verschleiß kontrolliert werden. Gerissene Keilriemen führen zum Stillstand der Kühlmittelpumpe und können zu Motorschäden infolge Überhitzung führen.

Thermostat

Der Thermostat (Abb. 2, S. 33) besteht aus einem **Dehnstoffelement**, das temperaturabhängig ein **Ventil** öffnet bzw. schließt.

Bis zum Erreichen der Betriebstemperatur ist das Thermostatventil geschlossen. Die gesamte Kühlflüssigkeitsmenge fließt ungekühlt durch den **kleinen Kühlkreislauf** zum Motor zurück. Dadurch wird die Betriebstemperatur des Motors schnell erreicht.

Nach dem Erreichen der Betriebstemperatur (etwa 90 bis 95 °C) öffnet das Thermostatventil und ein Teil der Kühlflüssigkeit fließt durch den **großen Kühlkreislauf** und damit durch den Kühler.

> Der Thermostat regelt die Kühlflüssigkeitsmenge, die durch den Kühler fließt und damit die **Betriebstemperatur** des Motors.

Aufgaben:

1. Beschreiben Sie das Grundprinzip der Flüssigkeitskühlung und die Aufgaben ihrer Bauelemente.
2. Beschreiben Sie die möglichen Folgen eines defekten Thermostats
3. Was ist ein Kühlmodul?

3 Kraftübertragung

Die Kraftübertragung hat die Aufgabe, die **Drehzahl** und das **Drehmoment** des Motors zu verändern und auf die **Antriebsräder** zu übertragen.

Für die Kraftübertragung vom Motor auf die Antriebsräder sind folgende Bauelemente erforderlich:

- Kupplung,
- Schaltgetriebe,
- Achsgetriebe mit Ausgleichsgetriebe und
- Gelenkwellen.

3.1 Antriebsarten

Die Kraftübertragung auf die Antriebsräder ist je nach Fahrzeughersteller, Einsatzzweck oder Fahrzeuggröße unterschiedlich. Es werden folgende **Antriebsarten** unterschieden:

- **Hinterradantrieb** (Abb. 1),
- **Vorderradantrieb** (Abb. 2),
- **Allradantrieb** (Abb. 3).

Die verschiedenen Antriebsarten erfordern im Fahrzeug eine unterschiedliche Anordnung von Bauelementen der Kraftübertragung (Abb. 1 bis 3).

Hinterradantrieb

In den meisten Personenwagen mit Hinterradantrieb ist der Motor auf Grund einer **gleichmäßigen Massenverteilung** vorn eingebaut (Frontmotorantrieb, Abb. 1a). Sportfahrzeuge werden häufig mit Heckmotorantrieb (Abb. 1b) oder mit Mittelmotorantrieb (Abb. 1c) ausgerüstet. Unterflurantriebe (Abb. 1d) finden überwiegend in Nutzfahrzeugen Anwendung.

Vorderradantrieb

Alle Bauelemente der Kraftübertragung sind an der Vorderachse zu einer Baueinheit zusammengefasst (Abb. 2). Der Motor kann **quer** oder **längs** zur Fahrtrichtung angeordnet sein. Der Vorderradantrieb ermöglicht eine **gute Raumausnutzung** und wird überwiegend für kleine und mittlere Personenwagen sowie Transporter angewendet.

Allradantrieb

Der Antrieb aller vier Räder (Abb. 3) ermöglicht eine gute **Geländegängigkeit** und eine hohe **Zugkraft**. Nutzfahrzeuge (z. B. Baufahrzeuge), aber auch Personenwagen verfügen deshalb häufig über einen **permanenten** oder **zuschaltbaren** Allradantrieb.

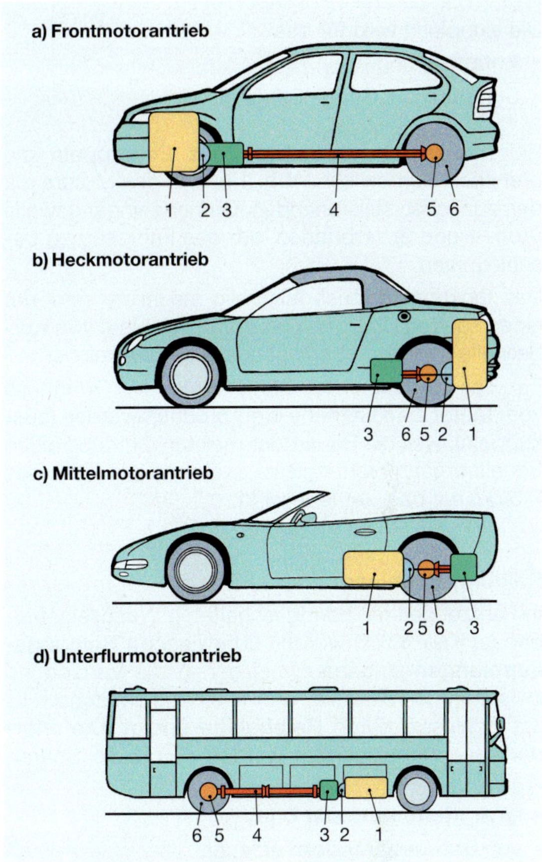

Abb. 1: Hinterradantriebe

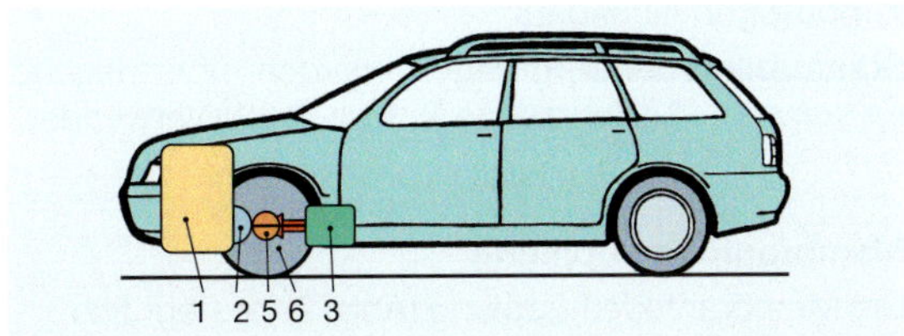

Abb. 2: Vorderradantrieb

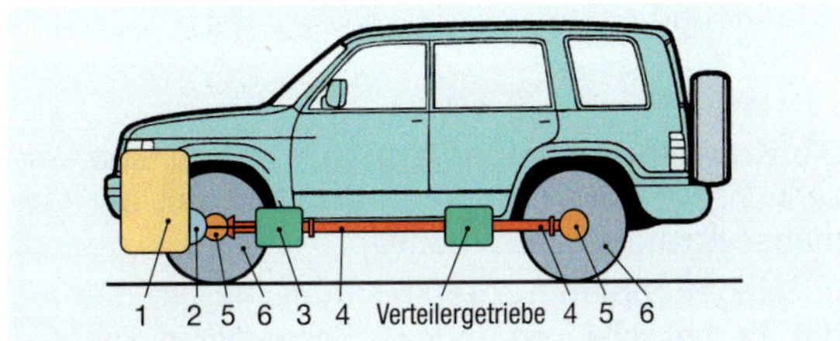

Abb. 3: Allradantrieb

1: Motor
2: Kupplung
3: Schaltgetriebe
4: Gelenkwelle
5: Achs- und Ausgleichsgetriebe
6: Antriebsrad

3.2 Kupplung

Die Kupplung ist eine **lösbare Verbindung** zur Kraftübertragung zwischen Motor und Schaltgetriebe.

Die Kupplung wird für das

- **Anfahren** und
- **Schalten** der Gänge benötigt.

Beim **Anfahren** wird durch das **Einkuppeln** die drehende Kurbelwelle (Abb. 1 und 2) des Motors mit der zunächst stillstehenden Getriebeeingangswelle (Abb. 1 und 2) verbunden, um das Fahrzeug zu beschleunigen.

Das Einkuppeln muss feinfühlig steuerbar sein, um einen sanften Übergang bis zum Gleichlauf von Kurbelwelle und Getriebeeingangswelle zu erreichen.

Für das **Schalten** der Gänge muss der Kraftfluss vom Motor zum Getriebe unterbrochen werden (auskuppeln), weil die Bauart der meisten Getriebe einen Schaltvorgang nicht zulässt, während die Kraft des Motors auf das Getriebe wirkt.

Reibungskupplung

In Fahrzeugen mit handgeschalteten Wechselgetrieben (s. Kap. 3.3.1) werden überwiegend **Reibungskupplungen** eingebaut, bei denen die Verbindung zwischen Kurbelwelle und Getriebeeingangswelle kraftschlüssig durch **Reibbeläge** erfolgt. Die erforderlichen Anpresskräfte werden durch die Spannkraft

- einer **Membranfeder** oder
- von **Schraubenfedern** erzeugt.

In Personenwagen werden meist **Membranfederkupplungen** eingebaut.

Schraubenfederkupplungen werden überwiegend für schwere Nutzfahrzeuge (s. Kap. 8.3.2) verwendet.

Membranfederkupplung

Die Membranfederkupplung (Abb. 2) besteht aus

- der **Kupplungsscheibe** (Abb. 3),
- der **Kupplungsdruckplatte** mit der **Membranfeder** und
- dem **Ausrücker.**

Die **Kupplungsscheibe** (Abb. 3) ist durch eine Verzahnung **verschiebbar** aber **drehfest** mit der Getriebeeingangswelle verbunden.

Im **eingekuppelten Zustand** (Abb. 4a) ist das mit der Kurbelwelle verbundene Schwungrad mit der Getriebeeingangswelle verbunden, indem die Reibbeläge der Kupplungsscheibe von der Druckplatte durch die Membranfederkraft gegen das Schwungrad gepresst werden.

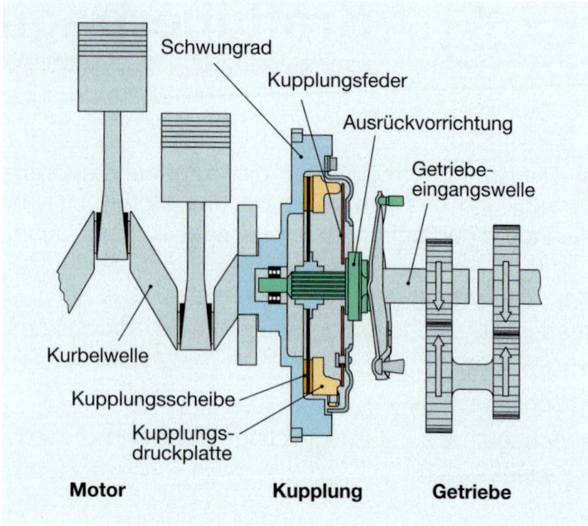

Abb. 1: Anordnung der Kupplung

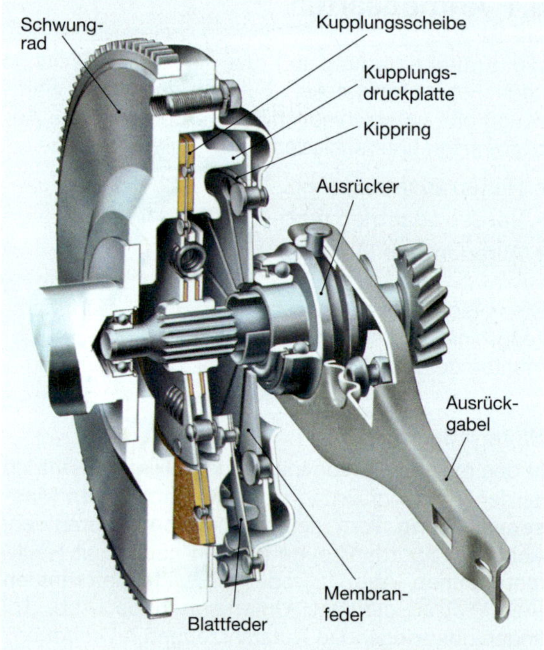

Abb. 2: Membranfederkupplung

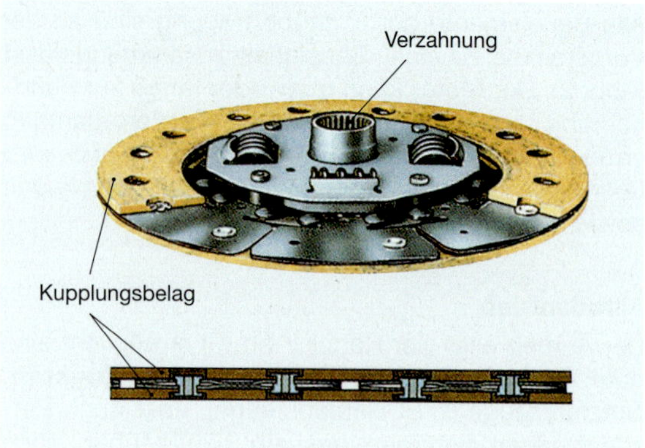

Abb. 3: Kupplungsscheibe

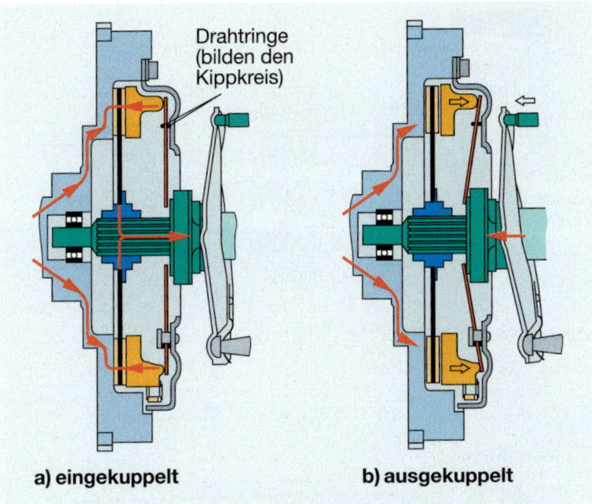

Abb. 4: Wirkungsweise der Membranfederkupplung

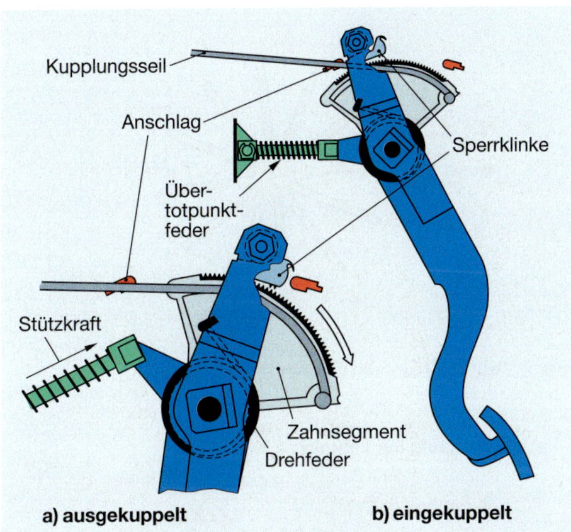

Abb. 5: Kupplungsbetätigung durch Seilzug

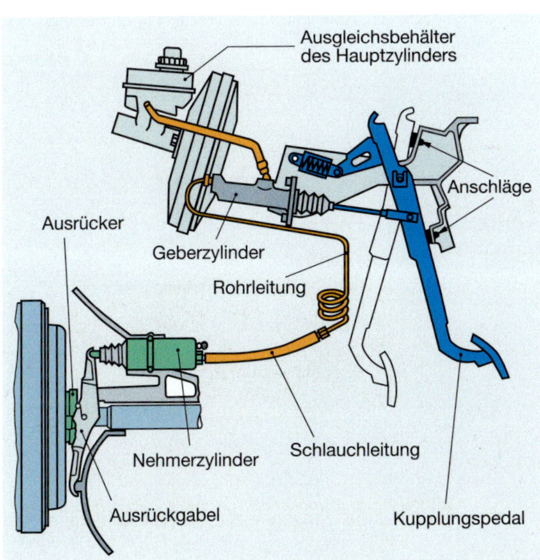

Abb. 6: Hydraulische Kupplungsbetätigung

Das **Auskuppeln** (Abb. 4b) erfolgt, indem der **Ausrücker** gegen die Membranfeder gedrückt wird. Die Federkraft an den Reibbelägen der Kupplungsscheibe wird dadurch aufgehoben und die Kraftübertragung vom Motor zum Schaltgetriebe getrennt.

> Reibungskupplungen müssen in regelmäßigen Abständen überprüft und gegebenenfalls ausgetauscht werden, weil insbesondere die Reibbeläge der Kupplungsscheibe starkem Verschleiß unterliegen.

Betätigungseinrichtungen

Die Kupplung wird vom Fahrer über das **Kupplungspedal** betätigt. Da sich durch den Verschleiß der Kupplungsbeläge die Lage der Membranfeder und damit der Pedalweg ändert, müssen alle Betätigungseinrichtungen mit einer **Nachstellvorrichtung** (Abb. 5) versehen sein.

Die Kraftübertragung vom Kupplungspedal zum Ausrücker kann durch

- einen **Seilzug** oder
- eine **hydraulische Kraftübertragung** erfolgen.

Betätigungseinrichtungen mit **Seilzug** (Abb. 5) sind häufig mit einer **Übertotpunktfeder** versehen, die bei betätigter Kupplung (ausgekuppelt) (Abb. 5a) die Haltekräfte des Fahrers unterstützt.

Die **Nachstellung** erfolgt automatisch durch eine Sperrklinke, die nach einem bestimmten Belagverschleiß bei Pedalbetätigung in den nächsten Zahn des Segments eingreift.

Die **hydraulische Betätigungseinrichtung** (Abb. 6) ist selbstnachstellend.

Ein **Geberzylinder**, dessen innerer Kolben vom Kupplungspedal bewegt wird, erzeugt einen Druck, der über die Hydraulikflüssigkeit in der Rohrleitung auf den Kolben des **Nehmerzylinders** übertragen wird und über die Ausrückgabel den Ausrücker betätigt.

Aufgaben:

1. Nennen Sie die Antriebsarten von Kraftfahrzeugen.
2. Wozu wird eine Kupplung im Kraftfahrzeug benötigt?
3. Nennen Sie die Arten der Reibungskupplungen. Für welche Fahrzeuge werden sie verwendet?
4. Warum müssen Reibungskupplungen mit Nachstellvorrichtungen ausgerüstet sein?

3.3 Getriebe

Die für den Antrieb von Kraftfahrzeugen überwiegend verwendeten Hubkolbenmotoren können das für den Fahrzeugantrieb erforderliche Drehmoment nur in einem eingeschränkten Drehzahlbereich bereitstellen. Darüber hinaus können sie (z. B. im Gegensatz zu Elektromotoren) im Stand kein Drehmoment abgeben und für die Rückwärtsfahrt kann ihre Drehrichtung nicht umkehrt werden.

Hubkolbenmotoren müssen deshalb durch Getriebe an die Erfordernisse des Kraftfahrzeugantriebs angepasst werden.

Getriebe haben folgende Aufgaben:

- das vom Motor bereitgestellte Drehmoment und die Drehzahl so umzuwandeln, dass an den Antriebsrädern die gewünschte Fahrgeschwindigkeit bzw. das benötigte Drehmoment entsteht (Abb. 1).
- bei stehendem Fahrzeug den Leerlauf ermöglichen und
- für die Rückwärtsfahrt die Drehrichtung umzukehren.

In Kraftfahrzeugen werden

- **Schaltgetriebe** oder
- **automatische Getriebe** verwendet.

3.3.1 Schaltgetriebe (Wechselgetriebe)

Die Drehzahl- und Drehmomentumwandlung in Schaltgetrieben erfolgt durch **Zahnradpaare** (Abb. 1 bis 3). Durch das Schalten der Gänge werden die Zahnradpaare „gewechselt“, um die Motordrehzahl und das Motordrehmoment entsprechend anzupassen.

Ein Zahnradpaar besteht aus dem

- **treibenden Zahnrad** und dem
- **getriebenen Zahnrad**.

Die Drehzahl- und Drehmomentübersetzung hängt vom Durchmesser oder von der Zähnezahl der beteiligten Zahnräder ab.

Am getriebenen Zahnrad entsteht ein

- **hohes Drehmoment** bei **geringer Drehzahl**, wenn das getriebene Zahnrad **größer** ist als das treibende Zahnrad (Abb. 1 und 3a).
- **geringeres Drehmoment** bei **hoher Drehzahl**, wenn das getriebene Zahnrad **kleiner** ist als das treibende Zahnrad (Abb. 3b).

Ein Getriebezahnrad verhält sich wie ein „rotierender“ Hebel (Abb. 2). Das Drehmoment M ist abhängig von der Kraft F und dem Hebelarm r.

Drehmoment: $M = F \cdot r$

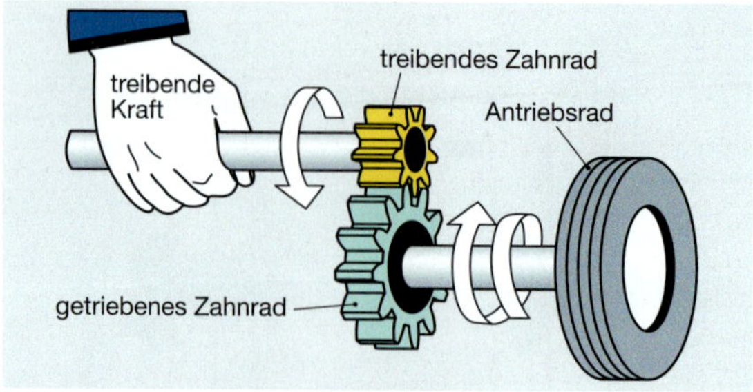

Abb. 1: Übersetzung durch Zahnradpaare

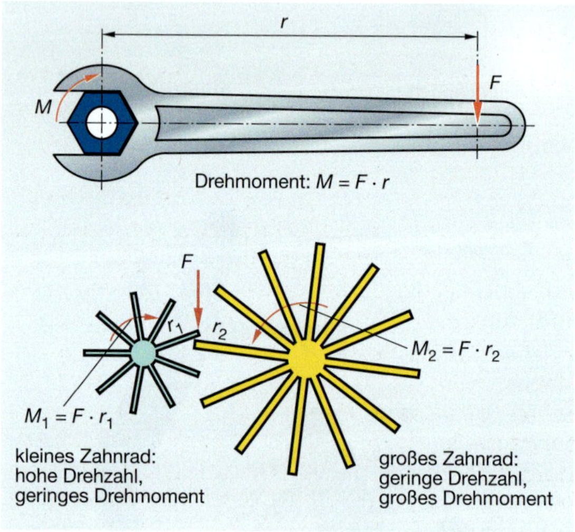

Abb. 2: Grundprinzip von Zahnradübersetzungen

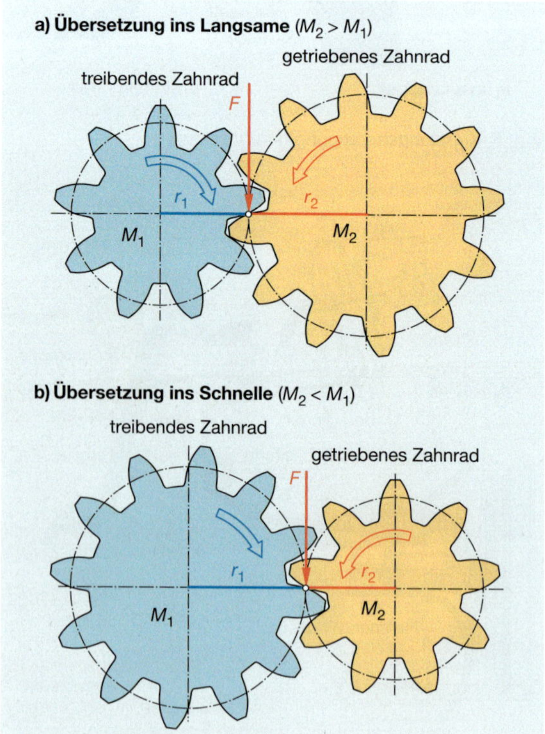

Abb. 3: Zahnradübersetzungen

3.3.1.1 Schaltmuffengetriebe

In Kraftfahrzeugen werden überwiegend handgeschaltete Schaltmuffengetriebe (Abb. 4) verwendet.

In Schaltmuffengetrieben sind alle Zahnradpaare auf der **Hauptwelle** und der **Vorgelegewelle** angeordnet und ständig im Eingriff. Die Zahnräder (Gangräder) auf der Hauptwelle können durch das Schalten der Gänge über Schaltmuffen (Abb. 6) drehfest mit der Hauptwelle verbunden werden. Die Zahnräder auf der Vorgelegewelle sind ständig fest mit ihr verbunden.

Kraftfluss

Die vom Motor über die Kupplung angetriebene **Getriebeeingangswelle** treibt über die Konstanträder zunächst die **Vorgelegewelle** an.

Die Schaltung der Gänge erfolgt, indem die Schaltmuffe des gewählten Ganges das entsprechende Gangrad drehfest mit der Hauptwelle verbindet. Dadurch wird über das entsprechende Zahnradpaar die Kraft von der Vorgelegewelle auf die Hauptwelle und damit zum Getriebeausgang übertragen.

Im **direkten Gang** (z. B. 6. Gang bei 6-Gang-Getrieben) wird die Getriebeeingangswelle durch die Schaltmuffe des 6. Gangs mit der Hauptwelle verbunden. Die Hauptwelle dreht sich dann mit der Motordrehzahl. Es findet keine Drehzahl- bzw. Drehmomentwandlung durch das Schaltgetriebe statt.

Im **Leerlauf** ist keines der Gangräder mit der Hauptwelle drehfest verbunden. Es drehen sich nur die Getriebeeingangswelle, die Vorgelegewelle und die Gangräder. Die Hauptwelle dreht sich bei stehendem Fahrzeug nicht.

Der **Rückwärtsgang** eines Schaltgetriebes bewirkt die Drehrichtungsumkehr des getriebenen Zahnrades durch Zwischenschaltung eines dritten Zahnrades (Abb. 5).

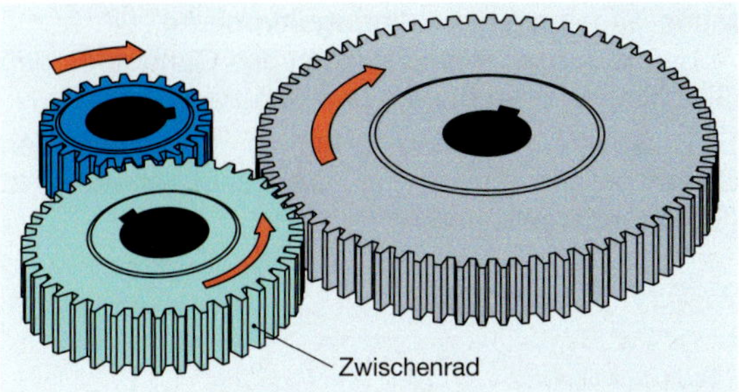

Abb. 5: Drehrichtungsumkehr

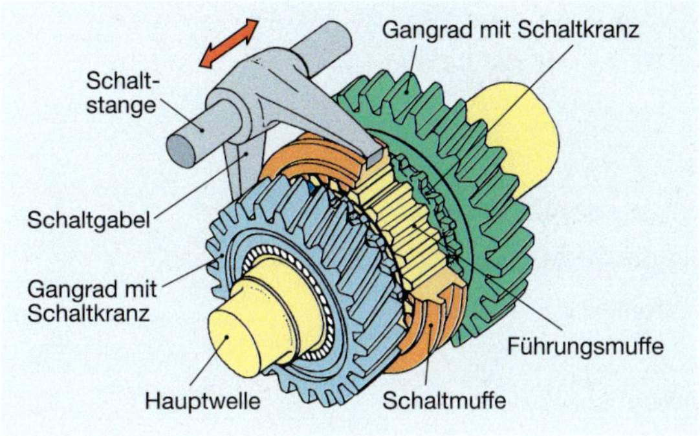

Abb. 6: Gangräder mit Schaltmuffe

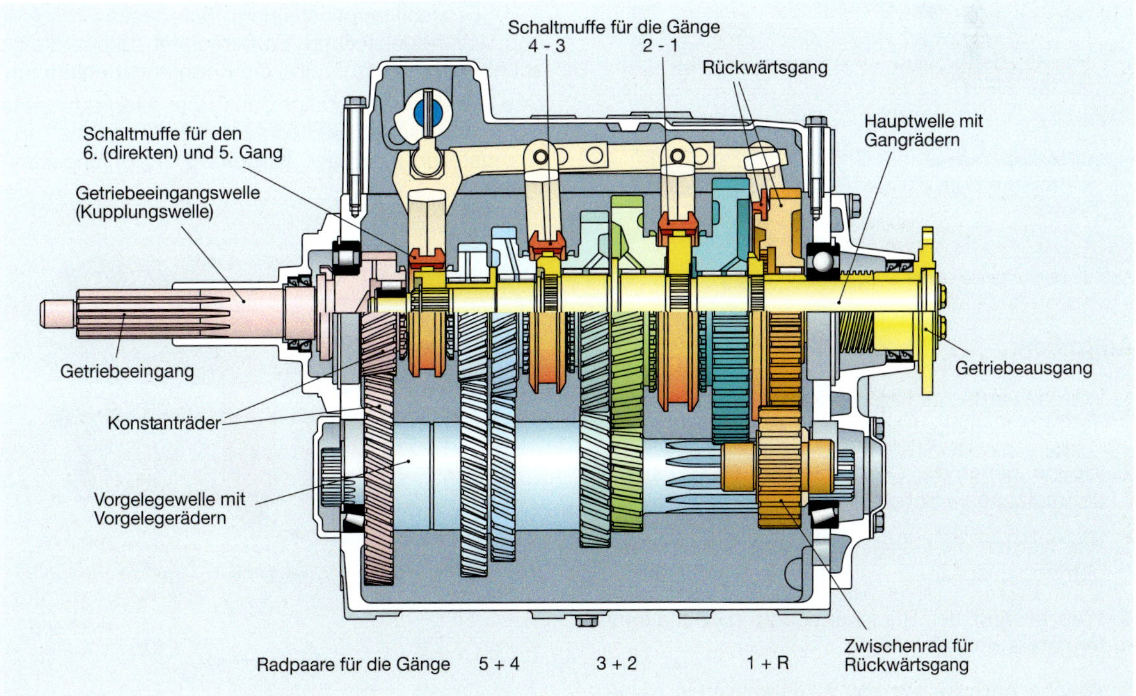

Abb. 4: 6-Gang-Schaltmuffengetriebe

Synchronisation

Das Schalten in eine andere Fahrstufe ist nur möglich, wenn die Hauptwelle und die Gangräder die gleiche Drehzahl aufweisen.

Der Gleichlauf wird durch eine **Synchronisiereinrichtung** (Abb. 1 und 2) ermöglicht. Sie besteht im Wesentlichen aus einer am Gangrad und an der Schaltmuffe angeordneten **Reibungskupplung**, die durch Abbremsen bzw. Beschleunigen des Gangrades den Gleichlauf von Hauptwelle und Gangrad erreicht.

Eine **Sperrverzahnung** (Abb. 1) verhindert den Schaltvorgang bevor der Gleichlauf erreicht ist (Sperrsynchronisation).

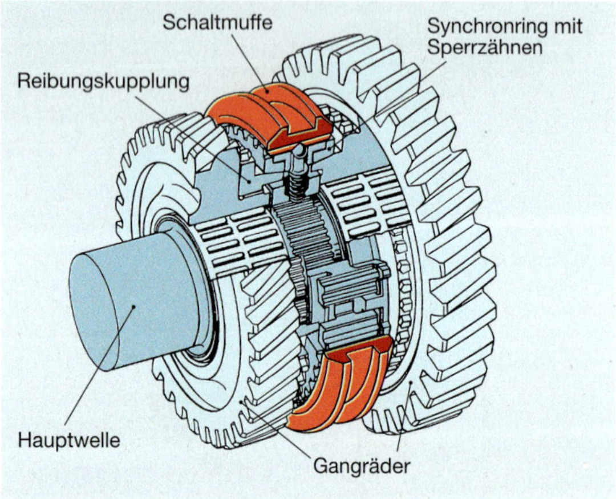

Abb. 1: Sperrsynchronisation

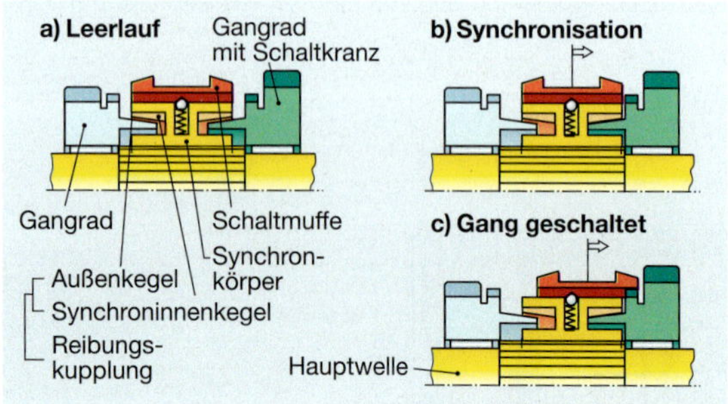

Abb. 2: Wirkungsweise der Synchroneinrichtung

Aufgaben:

1. Warum werden für Kraftfahrzeuge mit Hubkolbenmotoren Getriebe benötigt?
2. Wovon hängt die Drehzahl- und Drehmomentübersetzung im Schaltgetriebe ab?
3. Wie werden die Gänge bei einem Schaltmuffengetriebe geschaltet?
4. Was bewirkt der Rückwärtsgang im Schaltmuffengetriebe
5. Welche Aufgabe hat die Synchronisation bei einem Schaltmuffengetriebe?

3.3.2 Automatische Getriebe

Automatische Getriebe haben die Aufgabe, die für den jeweiligen Betriebszustand des Fahrzeugs erforderliche Übersetzung selbsttätig zu schalten.

In Kraftfahrzeugen werden folgende automatische Getriebe eingebaut:

- **automatisierte Schaltgetriebe** oder
- **Automatikgetriebe,**
- **stufenlose Automatikgetriebe.**

3.3.2.1 Automatisierte Schaltgetriebe

Automatisierte Schaltgetriebe (Abb. 3) arbeiten in ihrer Grundfunktion wie handgeschaltete Schaltgetriebe. Sie bestehen aus

- einer **Reibungskupplung** (s. Kap. 3.2) und
- einem **Schaltmuffengetriebe** (s. Kap. 3.3.1.1).

Im Unterschied zu handgeschalteten Schaltgetrieben kann das Kuppeln und das Schalten von **hydraulischen Stellzylindern** übernommen werden. Der erforderliche Druck wird von einer **Hydraulikeinheit** aufgebracht, die aus einer Hydraulikpumpe und einem Druckspeicher besteht. Ein **Wählhebel** ermöglicht die Auswahl zwischen **selbsttätigem** (Automatikmodus) und **manuellem** Schalten (Halbautomatikmodus).

Ein elektronisches **Steuergerät** (s. Kap. 7.5.4) erfasst durch **Sensoren** (s. Kap. 7.5.2) alle für den Schaltvorgang erforderlichen Einflussgrößen, wie z. B. Drosselklappenstellung, Fahrgeschwindigkeit und Wählhebelstellung. Es berechnet daraus die zu schaltende Fahrstufe und die Kupplungsbetätigung.

Das Steuergerät betätigt dann über **Magnetventile** die hydraulischen Stellzylinder der **Gangschaltung** (Gangsteller) und der **Kupplung** (Kupplungsstellzylinder).

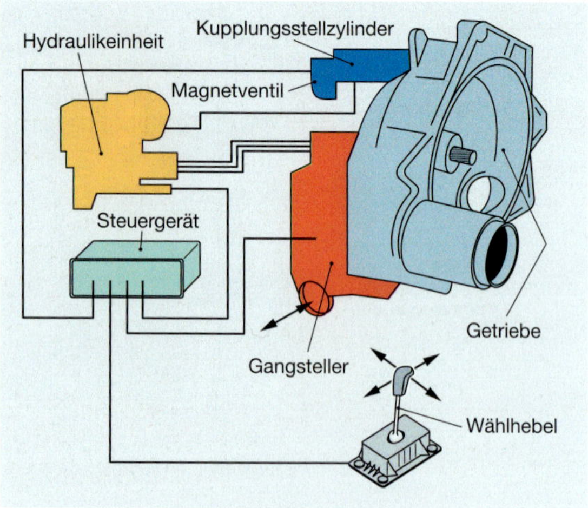

Abb. 3: Automatisiertes Schaltgetriebe

3.3.2.2 Automatikgetriebe

Automatikgetriebe (Abb. 4) ermöglichen automatische Schaltvorgänge unter Last, d. h. **ohne Zugkraftunterbrechung**. Eine mechanische Kupplung entfällt.

Automatikgetriebe bestehen aus folgenden Baugruppen (Abb. 5):

- **hydrodynamischer Drehmomentwandler,**
- **mechanisches Planetengetriebe,**
- **elektronische Steuerung.**

Hydrodynamischer Drehmomentwandler

Der hydrodynamische Drehmomentwandler (Abb. 6) ist zwischen Motor und Getriebe angeordnet. Er dient der **Drehmomenterhöhung** und dem **Anfahren**.

Das Gehäuse des Drehmomentwandlers wird von der Kurbelwelle des Motors angetrieben. Es ist fest mit dem **Pumpenrad** verbunden und mit **Getriebeöl** gefüllt.

Vom Pumpenrad wird das Drehmoment des Motors durch das Getriebeöl auf das mit der Getriebewelle verbundene **Turbinenrad** übertragen. Die Drehmomenterhöhung wird durch Abstützung des Ölstroms am stehenden **Leitrad** solange erreicht, bis das Turbinenrad und das Pumpenrad etwa die gleiche Drehzahl erreicht haben. In diesem **Kupplungspunkt** werden die Leitradschaufeln durch das Getriebeöl von der Rückseite angeströmt und das mit einem **Freilauf** versehene Leitrad dreht sich mit dem Pumpen- und Turbinenrad.

Hydrodynamische Drehmomentwandler arbeiten nahezu verschleißfrei. Da der Kraftfluss nicht unterbrochen werden kann, müssen sie mit Getrieben kombiniert werden, die einen Gangwechsel unter Last zulassen (z. B. Planetengetriebe). In Kombination mit Schaltgetrieben muss eine zusätzliche Reibungskupplung zur Kraftflussunterbrechung vorhanden sein.

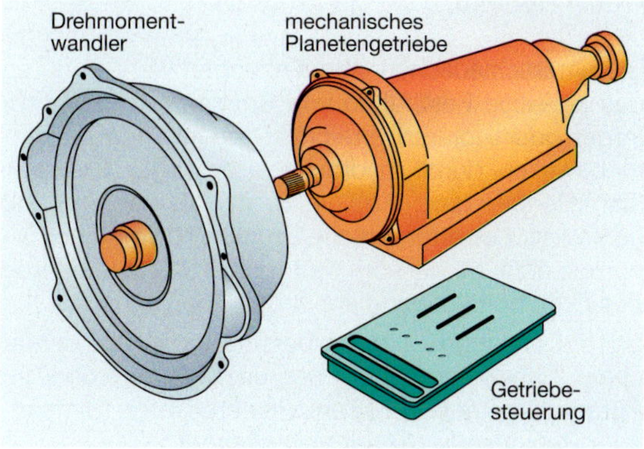

Abb. 5: Baugruppen des Automatikgetriebes

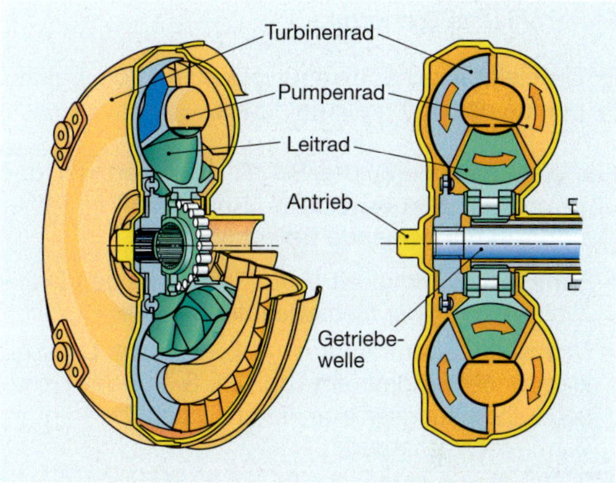

Abb. 6: Aufbau eines Drehmomentwandlers

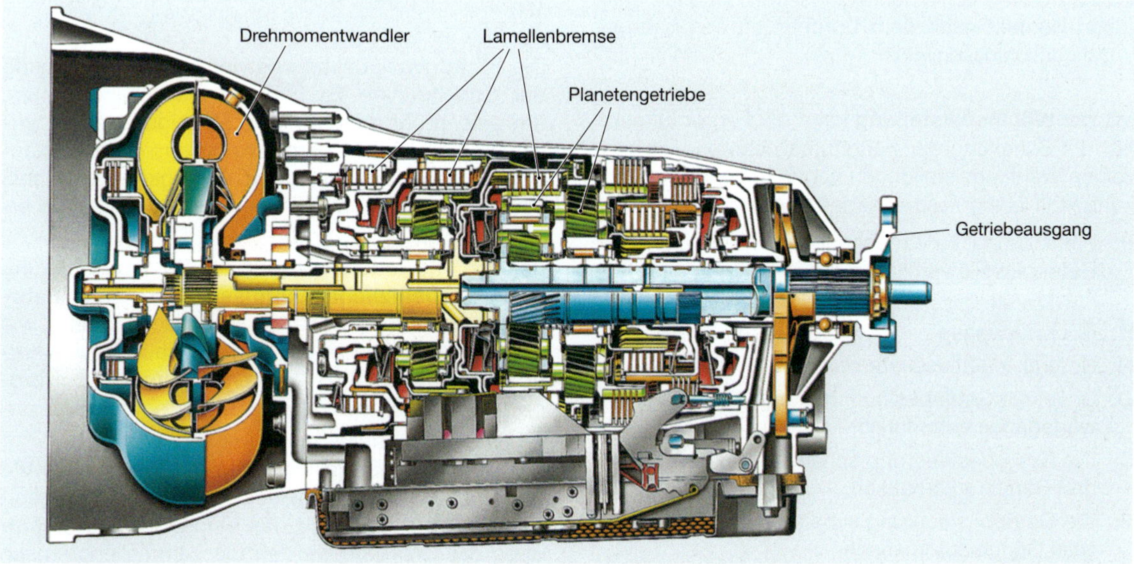

Abb. 4: Aufbau eines Automatikgetriebes

Planetengetriebe

Planetengetriebe (Abb. 1) bestehen aus

- dem **Sonnenrad**,
- den **Planetenrädern**, die sich zusammen mit dem Planetenträger um das Sonnenrad drehen und
- dem **Hohlrad**.

Die unterschiedlichen Übersetzungen werden durch das jeweilige Festhalten von Sonnenrad, Planetenträger oder Hohlrad erreicht. Dazu werden die Antriebswellen durch hydraulisch betätigte Bremsen (Lamellenbremsen, Abb. 4, S. 41) an der Drehung gehindert. Der erforderliche Druck wird von einer Ölpumpe erzeugt, die vom Motor über das Pumpenrad des Drehmomentwandlers angetrieben wird.

Da die Nutzbarkeit der Übersetzungen von einfachen Planetengetrieben begrenzt ist, werden für Automatikgetriebe mehrere Planetensätze (Simson- oder Ravigneaux-Getriebe) verwendet.

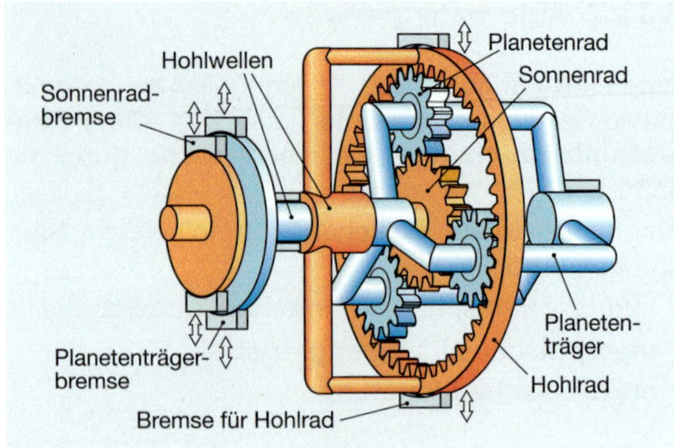

Abb. 1: Aufbau eines Planetengetriebes

Elektronische Steuerung

> Die elektronische Steuerung bestimmt die Schaltpunkte des Automatikgetriebes.

Für die Berechnung der Schaltpunkte erfasst das elektronische **Steuergerät** (s. Kap. 7.5.4) in seiner **Grundfunktion** folgende Betriebsdaten:

- **Fahrgeschwindigkeit** (Abb. 2) durch einen Drehzahlsensor an der Getriebeabtriebswelle,
- **Drosselklappenstellung** (Abb. 2) vom Drosselklappenpotenziometer (Abb. 2b, S. 80) der Gemischaufbereitungsanlage durch Datenübertragung vom Motorsteuergerät,
- **Wählhebelstellung** durch einen Wählhebelpositionsschalter und
- **Kickdown** durch einen elektrischen Schalter, dessen Kontakt nach dem Durchtreten des Fahrpedals geschlossen wird.

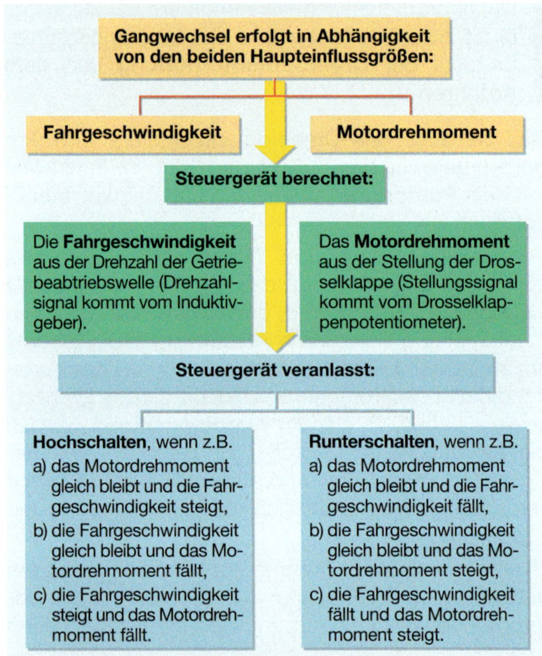

Abb. 2: Haupteinflüsse auf die Schaltpunkte

Mit der **Wählhebelstellung** kann der Fahrer Einfluss auf die Schaltung der Fahrstufen nehmen. Die einzelnen Wählhebelstellungen haben folgende Auswirkungen (4-Gang-Automatikgetriebe):

P: Parkstellung; Eine mechanische Sperre der Getriebewelle verhindert das Wegrollen des Fahrzeugs.

R: Rückwärtsgang

N: Neutral; Kraftflussunterbrechung (Leerlauf)

D: Drive; die Getriebesteuerung schaltet alle Vorwärtsgänge automatisch.

3: Die Getriebesteuerung schaltet nur die ersten drei Gänge automatisch.

2: Die Getriebesteuerung schaltet nur die ersten zwei Gänge automatisch.

1: Das Fahren ist nur im ersten Gang möglich.

Die **Kickdown**-Funktion bewirkt eine Verschiebung der Schaltpunkte zu höheren Geschwindigkeiten, um eine größtmögliche Beschleunigung des Fahrzeugs, z. B. beim Überholen, zu erreichen. Abhängig von der gefahrenen Geschwindigkeit kann dabei eine Rückschaltung um einen oder zwei Gänge erfolgen.

Je nach Ausstattungsumfang der Getriebesteuerung können **zusätzliche Einflussgrößen** oder **Fahrprogramme** die Schaltpunkte beeinflussen, wie z. B. Fahrsituationserkennung (Bergauf- bzw. Bergabfahrt, Kurvenfahrt), Winterprogramm, Sportprogramm, Economyprogramm, Motortemperatur, Fahrereingriff (Tiptronic).

Die **Schaltvorgänge** werden durch **Magnetventile** (s. Kap. 7.5.3.1) ausgelöst, die vom Steuergerät betätigt werden. Durch das Öffnen bzw. Unterbrechen der Ölströme werden die Lammellenbremsen (Abb. 4, S. 41) der Planetengetriebe betätigt.

3.3.2.3 Stufenlose Automatikgetriebe

Stufenlose Automatikgetriebe (**CVT**-Getriebe: **C**ontinously **V**ariable **T**ransmission: stufenlos veränderliche Übersetzung) ermöglichen eine stufenlose Drehzahl- und Drehmomentübersetzung (Abb. 3).

Die Übersetzungsänderung wird durch zwei **Kegelscheibenpaare** erreicht, die durch ein **Schubgliederband** oder eine **Kette** verbunden sind. Jeweils eine Kegelscheibe eines Scheibenpaars ist axial verschiebbar, wodurch sich der wirksame Durchmesser und damit die Übersetzung ändert. Die Übersetzung wird ähnlich wie bei Automatikgetrieben (Kap. 3.3.2.1) durch eine **elektronische Steuerung** berechnet. Die Verstellung der Kegelscheiben erfolgt hydraulisch.

Zum Anfahren können z. B. hydrodynamische Drehmomentwandler oder Reibungskupplungen verwendet werden.

Ein Planetengetriebe erzeugt die Drehrichtungsumkehr für die Rückwärtsfahrt.

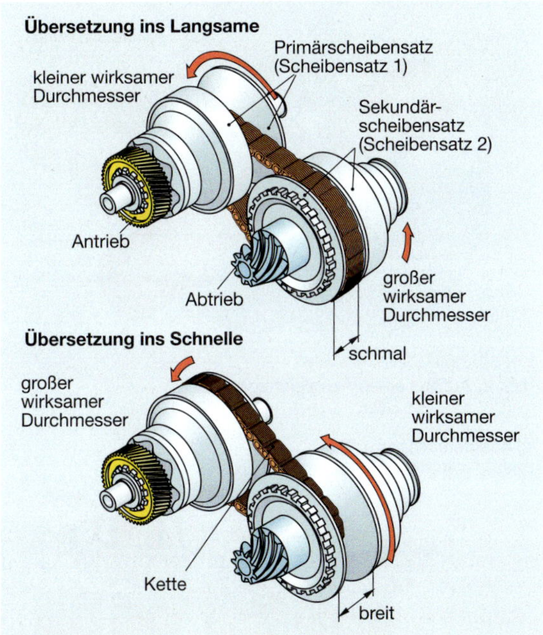

Abb. 3: Stufenloses Automatikgetriebe

Aufgaben:

1. Beschreiben Sie die grundsätzliche Wirkungsweise eines automatisierten Schaltgetriebes.
2. Nennen Sie die Baugruppen eines Automatikgetriebes und beschreiben Sie deren Aufgaben.
3. Wodurch werden die Schaltpunkte eines Automatikgetriebes beeinflusst?
4. Wie wird die Übersetzungsänderung bei stufenlosen Automatikgetrieben erreicht?

3.4 Achsgetriebe

Achsgetriebe haben die Aufgabe, das Drehmoment vom Getriebe zu den Antriebsrädern weiterzuleiten und gleichzeitig die Getriebeausgangsdrehzahl abzusenken sowie das Antriebsmoment zu steigern.

Es werden
- **Kegelradgetriebe** oder
- **Stirnradgetriebe** eingebaut.

Kegelradgetriebe

Kegelradgetriebe (Abb. 4a) werden für Fahrzeuge mit längs zur Fahrtrichtung eingebauten Motoren verwendet, weil diese Motoranordnung eine Umlenkung des Kraftflusses zu den Antriebsachsen um 90° erfordert. Kegelradgetriebe bestehen aus dem **Antriebskegelrad** und dem **Tellerrad**.

Hypoidgetriebe (Abb. 5) sind Kegelradgetriebe mit versetzten Achsen. Der Achsversatz bewirkt eine größere Laufruhe und eine höhere Belastbarkeit, weil immer mehrere Zähne gleichzeitig im Eingriff sind. Hypoidgetriebe müssen mit besonders druckfesten **Hypoidölen** geschmiert werden, weil durch den Achsversatz zusätzliche Gleitbewegungen an den Zahnflanken entstehen.

Stirnradgetriebe

Stirnradgetriebe (Abb. 4b) werden für Fahrzeuge mit quer zur Fahrtrichtung eingebauten Motoren verwendet, weil hier die Kraftflussrichtung nicht umgelenkt werden muss.

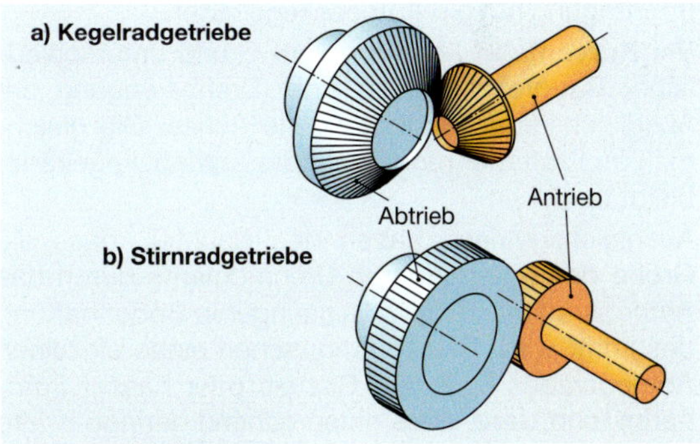

Abb. 4: Achsgetriebearten

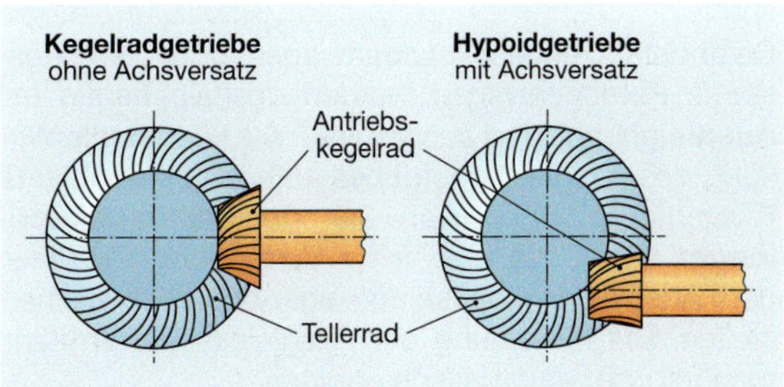

Abb. 5: Kegelradantriebe

3.5 Ausgleichsgetriebe

Die Räder eines Fahrzeugs bewegen sich bei Kurvenfahrt auf unterschiedlichen Kreisbahnen. Das kurvenäußere Rad legt einen größeren Weg zurück als das kurveninnere Rad (Abb. 1). Unebene Fahrbahnoberflächen bewirken ebenfalls Drehzahlunterschiede an den Rädern (Abb. 1).

Eine starre Verbindung zwischen den beiden Rädern einer Antriebsachse würde Drehzahlunterschiede zwischen den Antriebsrädern nicht zulassen. Beim Durchfahren einer Kurve oder auf unebener Fahrbahn würde es deshalb zum Radieren der Räder auf der Fahrbahn kommen.

Ausgleichsgetriebe haben die Aufgabe,

- unterschiedliche Raddrehzahlen der Antriebsräder zu ermöglichen und
- das Drehmoment auch bei unterschiedlichen Raddrehzahlen zu gleichen Teilen auf die Antriebsräder zu verteilen.

Für Kraftfahrzeuge werden überwiegend **Kegelradausgleichsgetriebe** (Abb. 2) verwendet.

Sie bestehen aus dem fest mit dem Tellerrad des Achsgetriebes verbundenen **Ausgleichsgehäuse**, den **Ausgleichsrädern** und den über die **Antriebswellen** mit den Rädern verbundenen **Antriebskegelrädern**.

Die Kraftübertragung erfolgt vom Tellerrad über das Ausgleichsgehäuse auf die Ausgleichskegelräder.

Bei **Geradeausfahrt** und ebener Fahrbahnoberfläche stehen die Ausgleichsräder still. Sie wirken als Mitnehmer und bewirken eine gleichmäßige Kraftübertragung auf die Antriebskegelräder.

Bei **Kurvenfahrt** kommt es auf Grund unterschiedlicher Raddrehzahlen zu einer Drehbewegung der Ausgleichsräder um ihre eigene Achse. Die gleichmäßige Kraftübertragung auf die Antriebskegelräder bleibt bestehen.

Ausgleichsgetriebe haben den Nachteil, dass die Größe des übertragbaren Drehmoments durch das Antriebsrad mit der jeweils geringeren Bodenhaftung bestimmt wird. Das Durchrutschen eines einzelnen Antriebsrades (z. B. auf Glatteis oder nasser Fahrbahn) führt dazu, dass entsprechend geringe Kräfte übertragen werden können, selbst wenn das gegenüberliegende Rad sich auf griffigem Untergrund befindet.

Geländefahrzeuge, Nutzkraftwagen oder leistungsstarke Personenwagen werden deshalb häufig mit **Ausgleichssperren** ausgerüstet. Sie können die Wirkung des Ausgleichsgetriebes aufheben indem, z. B. **Klauenkupplungen** (Abb. 3a) oder **Reibungskupplungen** (Abb. 3b) eine feste Verbindung zwischen dem Ausgleichsgehäuse und einer Antriebswelle herstellen. Die Betätigung der Ausgleichssperren kann manuell oder automatisch erfolgen.

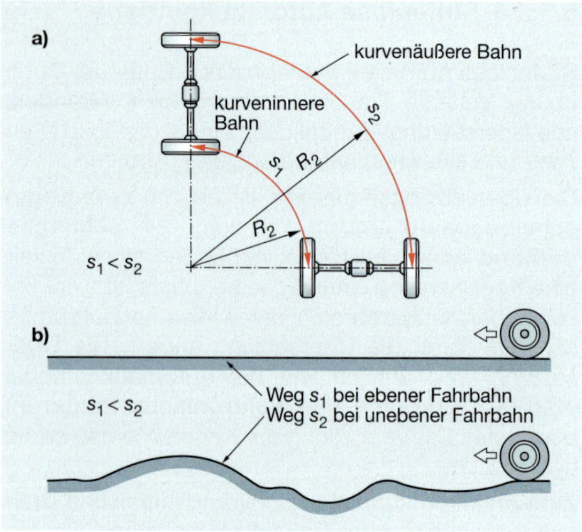

Abb. 1: Unterschiedliche Radwegstrecken durch a) Kurvenfahrt und b) unebene Fahrbahn

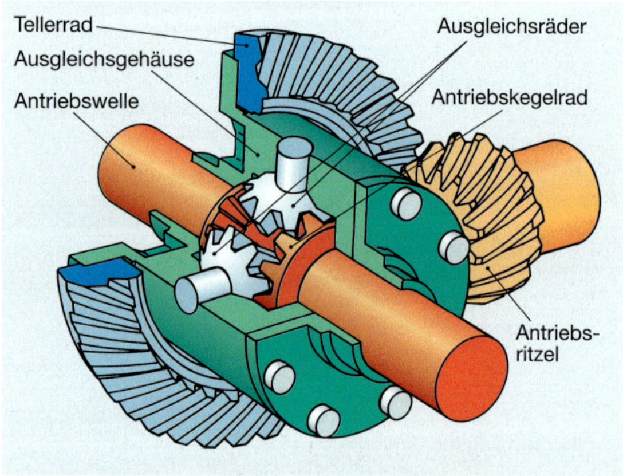

Abb. 2: Aufbau eines Ausgleichsgetriebes

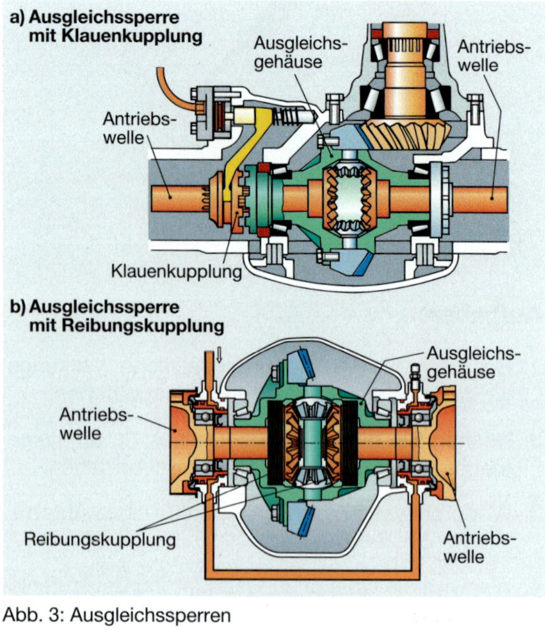

Abb. 3: Ausgleichssperren

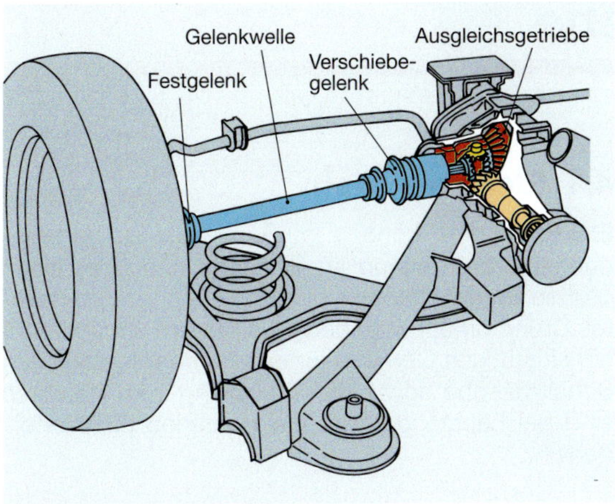

Abb. 4: Anordnung der Gelenkwelle

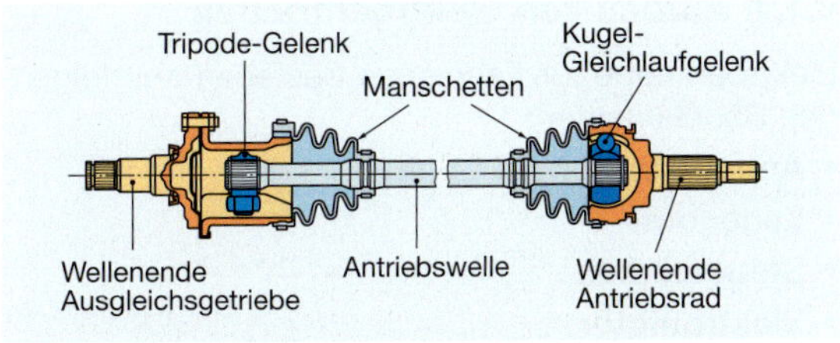

Abb. 5: Gleichlauf-Gelenkwelle

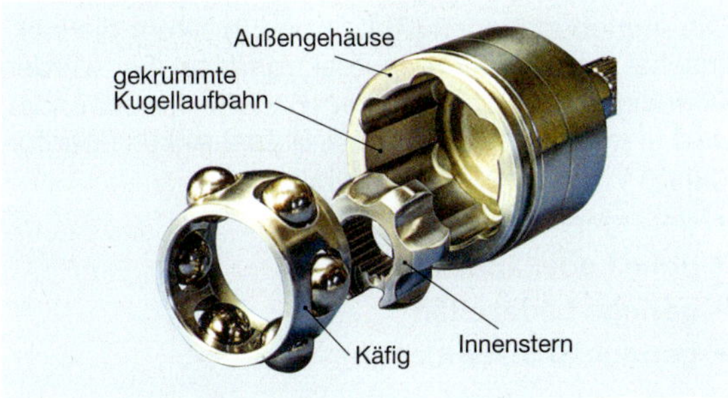

Abb. 6: Aufbau eines Kugelgelenks

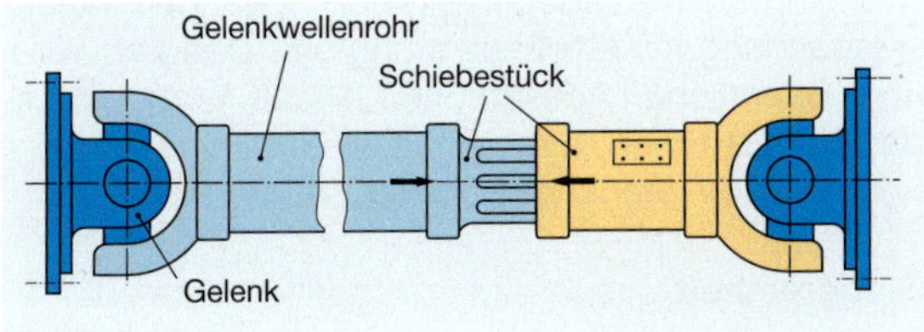

Abb. 7: Kreuzgelenkwelle

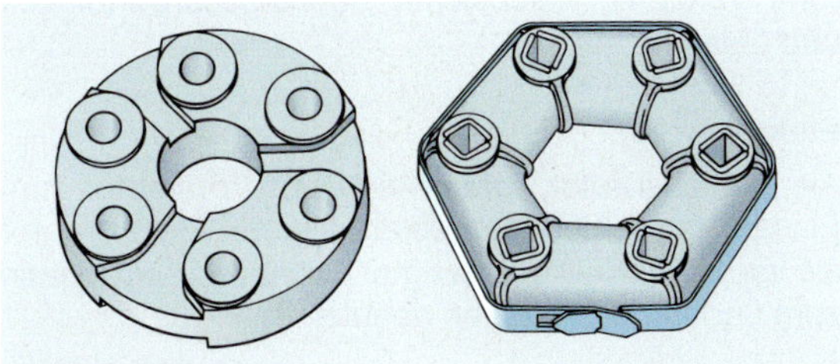

Abb. 8: Gelenkscheiben

3.6 Gelenkwellen

Gelenkwellen werden im Kraftfahrzeug für die Drehmomentübertragung vom Getriebe zu den Antriebsrädern benötigt (Abb. 4). Sie gleichen die Längen- und Winkeländerungen aus, die durch Einfederungen bzw. durch die Lenkbewegungen der Antriebsräder entstehen.

Für Gelenkwellen werden überwiegend **Gleichlaufgelenke** (homokinetische Gelenke) verwendet (Abb. 5), die eine gleichmäßige Kraftübertragung auch bei großen Beugungswinkeln ermöglichen.

Gelenkwellen haben radseitig ein **Festgelenk** (z. B. Kugelgelenk, Abb. 4, 5 und 6), welches nur die Winkeländerungen ermöglicht.

Am anderen Ende der Gelenkwelle befindet sich ein **Verschiebegelenk** (z. B. Tripodegelenk, Abb. 5) welches sowohl Winkeländerungen als auch Längenänderungen zulässt.

Für Fahrzeuge mit Frontmotor und Hinterradantrieb wird zusätzlich eine **Kreuzgelenkwelle** (Kardanwelle, Abb. 7) zur Drehmomentübertragung vom Getriebe zum Achsantrieb eingebaut. Kreuzgelenkwellen eignen sich für Kraftübertragungen mit Beugungswinkeln von bis zu 8°. Bei zunehmendem Winkel entstehen starke Gleichlaufschwankungen. Längenänderungen werden bei Kreuzgelenkwellen durch ein **Schiebestück** (Abb. 7) ausgeglichen. Für Beugungswinkel von bis zu 5° und Längenänderungen von bis zu 5 mm eignen sich **Gelenkscheiben** (Abb. 8) aus Gummi oder gummiertem Gewebe.

3.7 Getriebeöle

Getriebeöle für **Schalt- und Achsgetriebe** werden ähnlich wie Motoröle (s. Kap. 2.9.2) in SAE-Viskositätsklassen (SAE 70 W bis SAE 250) und API-Leistungsklassen (API GL 1 bis GL 5) unterteilt. Die Viskosität eines SAE 80-Getriebeöls entspricht etwa der Viskosität eines SAE 20-Motoröls.

Für **Automatikgetriebe** werden besondere ATF-Öle (**A**utomatic **T**ransmission **F**luid) verwendet.

Altöl ist stark wassergefährdend. Es darf nicht in die Kanalisation gelangen. Zur Aufarbeitung bestimmtes Altöl darf nicht mit Fremdstoffen (z. B. Bremsflüssigkeit) vermischt werden.

Aufgaben:

1. Nennen Sie die Aufgaben von Achsgetrieben.
2. Was sind Hypoidgetriebe?
3. Welche Aufgaben haben Ausgleichsgetriebe?
4. Welche Aufgabe haben Ausgleichssperren?
5. Warum werden für die Kraftübertragung auf die Antriebsräder Gelenkwellen benötigt?

4 Alternative Antriebe

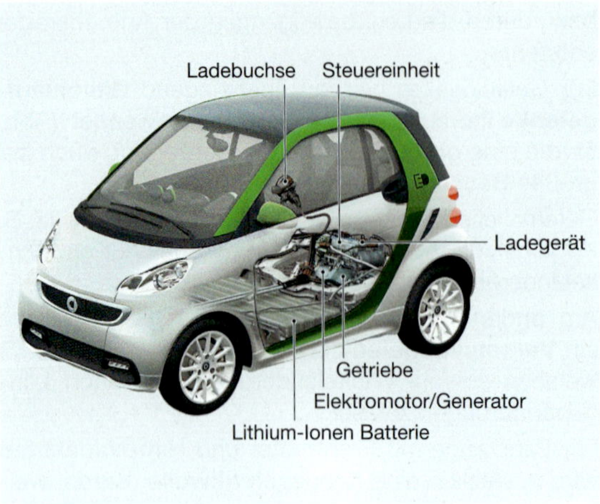

Abb.1: Personenwagen mit Elektroantrieb

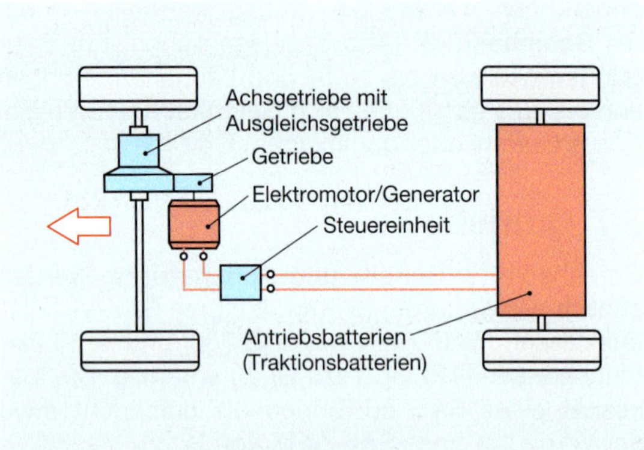

Abb. 2: Bauelemente eines Elektroantriebs

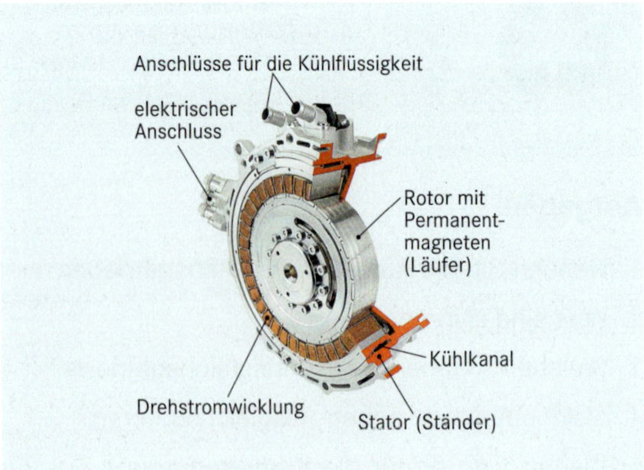

Abb.3: Aufbau eines Elektromotors

4.1 Elektroantrieb

Elektromotoren können im Gegensatz zu Verbrennungsmotoren schon im Stillstand und über einen großen Drehzahlbereich hinweg ein nahezu konstantes Drehmoment abgeben. Aus diesem Grund reicht ein einstufiges Getriebe für den Fahrbetrieb aus. Ein Schaltgetriebe sowie eine Kupplung zum Anfahren sind bei Fahrzeugen mit Elektroantrieb nicht erforderlich.

4.1.1 Aufbau von Elektroantrieben

Elektroantriebe für Fahrzeuge bestehen aus folgenden Bauelementen:

- **Antriebsbatterien**
- **Ladegerät**
- **Steuereinheit**
- **Elektromotor**

Antriebsbatterien

Die Antriebsbatterien (Abb. 1 und 2) liefern die elektrische Energie für den Elektromotor. Es werden überwiegend Lithium-Ionen-Batterien verwendet, weil diese im Gegensatz zu z.B. Blei-Akkus über folgende Vorteile verfügen:

- **geringeres Gewicht**
- **hohe Ladekapazität**
- **geringe Ladezeiten**
- **geringe Selbstentladung**

Ladegerät

Das eingebaute Ladegerät (Abb. 1) wandelt Wechselspannung in Gleichspannung um. Dadurch wird, über öffentliche Ladestationen hinaus, auch ein Laden der Batterien durch Anschluss an eine konventionelle 230V-Steckdose ermöglicht.

Steuereinheit

Die Steuereinheit erfasst die Fahrpedalstellung und ermöglicht unterschiedliche Fahrprofile zur Optimierung von z.B. Reichweite, Höchstgeschwindigkeit und Leistung.

Elektromotor

Als Antriebsmotor kommt ein Drehstrommotor zum Einsatz. Im Schiebebetrieb arbeitet der Elektromotor als Generator. Die erzeugte Spannung wird dann zum Laden der Batterien genutzt.

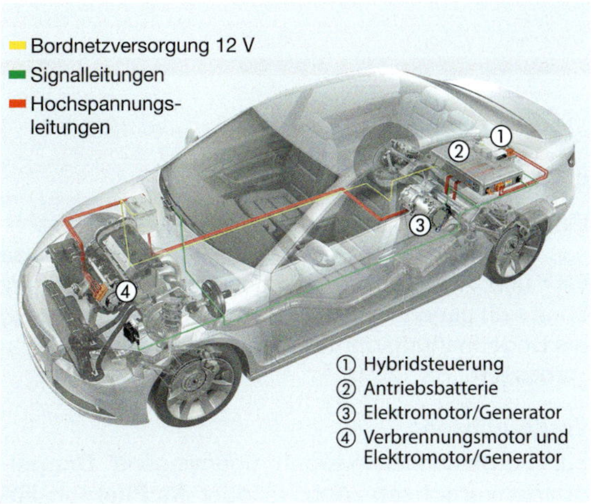

Abb.1: Personenwagen mit Hybridantrieb

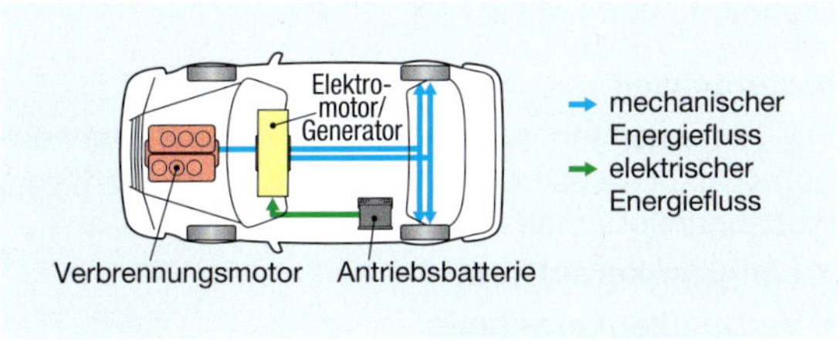

Abb.2: Betrieb mit Verbrennungs- und Elektromotor

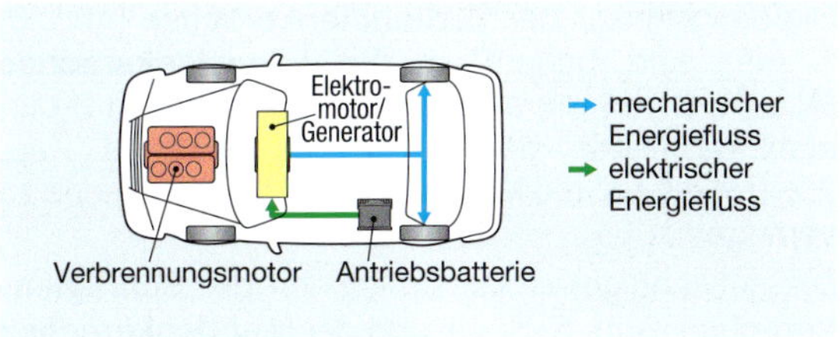

Abb.3: Betrieb mit Elektromotor

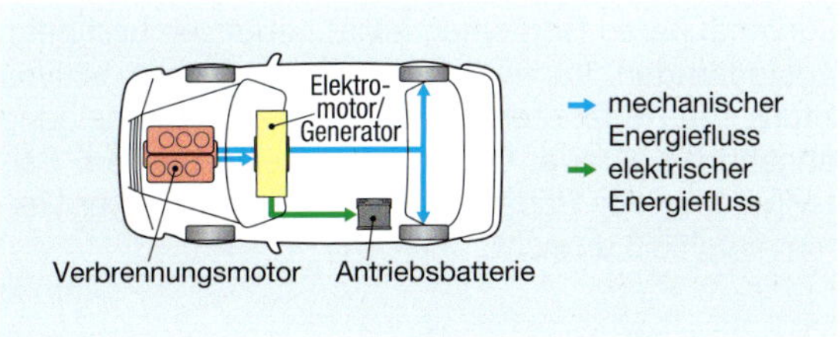

Abb.4: Betrieb mit Verbrennungsmotor

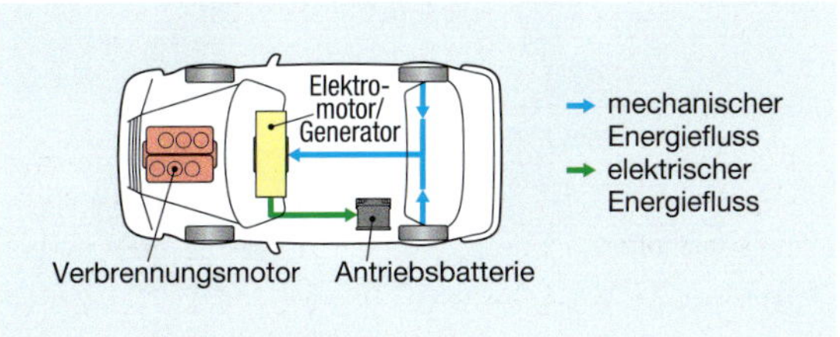

Abb.5: Generatorbetrieb

4.2 Hybridantrieb

Der Hybridantrieb ist eine Kombination aus mindestens zwei unterschiedlichen Antriebsarten mit jeweils zwei unabhängigen Energiespeichern.

Hybridantriebe in Personenwagen bestehen überwiegend aus einem

- **Verbrennungsmotor** und einem
- **Elektromotor**.

Durch die Kombination der beiden Antriebe können die bauartbedingten Vorteile beider Antriebe besser genutzt und die Nachteile ausgeglichen werden. Je nach Einsatzzweck können die Motoren jeweils einzeln oder gemeinsam das Fahrzeug antreiben. Darüber hinaus kann der Elektromotor auch als Generator zum Laden der Batterie betrieben werden.

4.2.1 Betriebsarten von Hybridantrieben

Es werden folgende **Betriebsarten** unterschieden:

- **Betrieb mit Verbrennungs- und Elektromotor**
- **Betrieb mit Elektromotor**
- **Betrieb mit Verbrennungsmotor**
- **Generatorbetrieb**

Betrieb von Verbrennungs- und Elektromotor

Bei gleichzeitigem Betrieb von Verbrennungs- und Elektromotor (Abb. 2) kann die höchstmögliche Leistung erreicht werden. Insbesondere durch das hohe Drehmoment des Elektromotors bei niedriger Drehzahl wird eine gute Beschleunigung ermöglicht.

Betrieb mit dem Elektromotor

Der Betrieb mit dem Elektromotor (Abb. 3) bewirkt ein komfortables Fahren mit geringem Geräuschniveau und ohne Emission von Abgasen

Betrieb mit dem Verbrennungsmotor

Beim Betrieb mit dem Verbrennungsmotor (Abb. 4) wird durch die hohe Energiedichte des Kraftstoffs die maximale Reichweite erreicht. Gleichzeitig kann bei dieser Betriebsart durch die Nutzung des Elektromotors als Generator die Batterie geladen werden.

Beim Betrieb des Elektromotors als **Generator** (Abb. 5) wird im Schiebebetrieb und während des Bremsens die Wirkung der Radbremsen unterstützt. Der dabei erzeugte Strom wird zum Nachladen der Batterie genutzt.

Hybridsteuerung

Eine elektronische Hybridsteuerung (Abb. 1) erfasst die jeweilige Fahrsituation und wertet dazu die Stellung des Fahrpedals, den Ladezustand der Batterie sowie weitere Sensorsignale aus.

Es wird dann die Betriebsart ausgewählt, welche einen möglichst **geringen Kraftstoffverbrauch** bewirkt und gleichzeitig **die Betriebssicherheit** gewährleistet. So erfolgt der Betrieb mit dem Elektromotor nur, wenn die Batterie ausreichend geladen ist.

5 Fahrwerk

Das Fahrwerk von Kraftfahrzeugen besteht aus:

- **Radaufhängung,**
- **Federung** und **Dämpfung,**
- **Lenkung,**
- **Bremsen** sowie
- **Rädern** und **Reifen.**

5.1 Radaufhängung

Die Radaufhängung verbindet die Räder beweglich mit dem Fahrzeugaufbau. Sie muss große Kräfte aufnehmen, die z. B. durch Beladung, Bremsvorgänge, Fahrbahnstöße oder durch Kurvenfahrt verursacht werden. Diese Kräfte führen zu Relativbewegungen zwischen der Radaufhängung und dem Fahrzeugaufbau beim Ein- und Ausfedern (Abb. 1). Um eine hohe Fahrsicherheit, hohen Komfort und geringen Reifenverschleiß zu erreichen, sollten während der Rad- bzw. Aufbaubewegung die Radstellungen (s. Kap. 5.1.2) möglichst wenig oder, je nach Konstruktion der Radaufhängung, zielgerichtet beeinflusst werden.

In **Nutzfahrzeuge** werden überwiegend **Starrachsen** (s. Kap. 8.4.2.1) eingebaut, während für **Personenwagen** meist **Einzelradaufhängungen** verwendet werden.

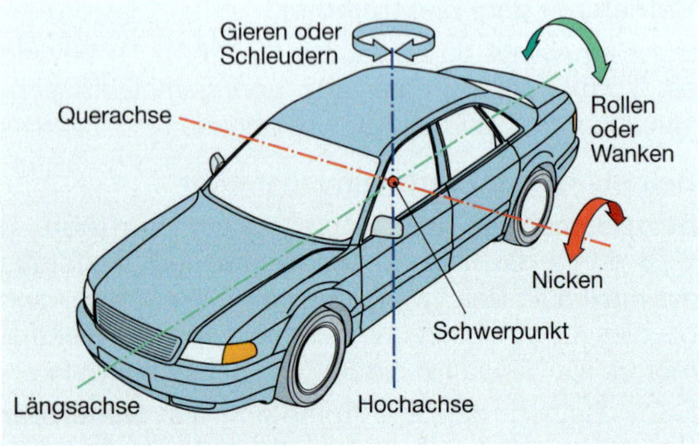

Abb. 1: Fahrzeugbewegungen

5.1.1 Einzelradaufhängung

Einzelradaufhängungen haben gegenüber Starrachsen den Vorteil, dass die beiden Räder einer Achse Ein- und Ausfederbewegungen ausführen können, ohne sich gegenseitig zu beeinflussen. Dadurch wird die Bodenhaftung der Räder auf unebener Fahrbahn verbessert.

Vorderachsen

Für Vorderachsen werden überwiegend **Doppelquerlenkerachsen** (Abb. 2) oder **McPherson-Federbeinachsen** (Abb. 3) verwendet.

Das McPherson-Federbein ersetzt den oberen Querlenker und übernimmt die Aufgaben von Federung, Dämpfung und Lenkachse.

Hinterachsen

Für Hinterachsen werden Konstruktionen verwendet, die zur besseren Innenraumausnutzung wenig Platz beanspruchen z. B.

- **Längslenkerachsen,**
- **Verbundlenkerachsen,**
- **Schräglenkerachsen** oder
- **Mehrlenkerachsen.**

Die Längslenker der **Verbundlenkerachse** (Abb. 6, S. 49) sind gegenüber der **Längslenkerachse** (Abb. 4, S. 49) mit einem torsionselastischen Profilstahl verbunden, der wie ein Stabilisator (s. Kap. 2.2.1) wirkt, um die Kurvenneigung der Karosserie zu verringern.

Die aufwändigeren Konstruktionen der **Schräglenkerachse** (Abb. 5, S. 49) und der **Mehrlenkerachse** (Abb. 7, S. 49) bewirken u.a. bei Seitenneigung der Karosserie infolge Kurvenfahrt beim einfedernden kurvenäußeren Rad einen leicht negativen und beim ausfedernden kurveninneren Rad einen positiven Sturz. Die Räder stehen trotz der Karosserieneigung annähernd gerade. Dadurch wird eine bessere Seitenführung der Räder und ein gleichmäßigerer Reifenverschleiß erreicht.

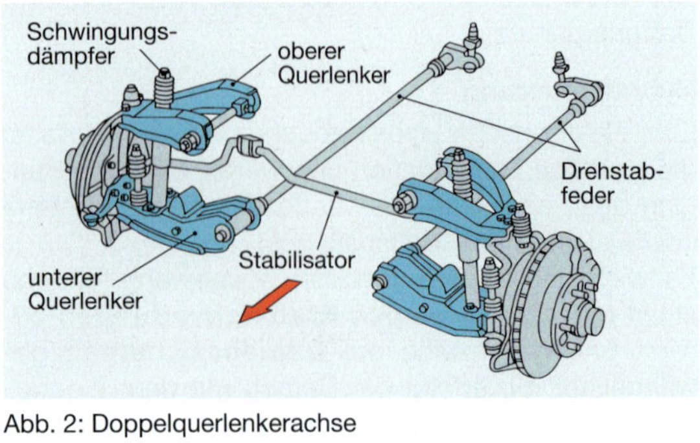

Abb. 2: Doppelquerlenkerachse

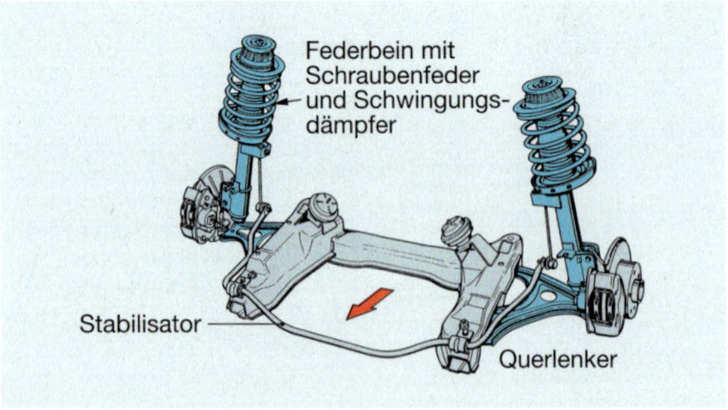

Abb. 3: McPherson-Federbeinachse

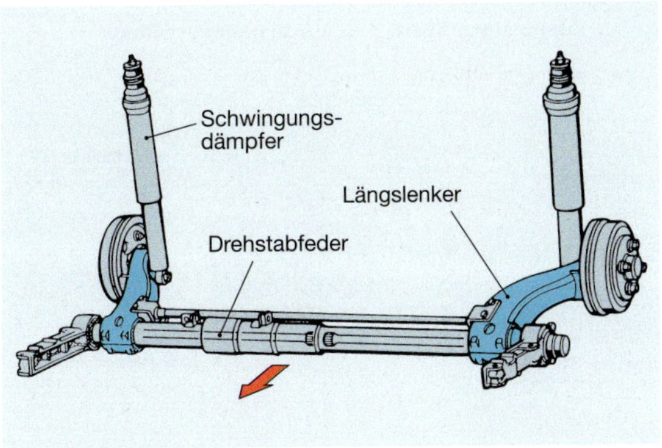

Abb. 4: Längslenkerachse

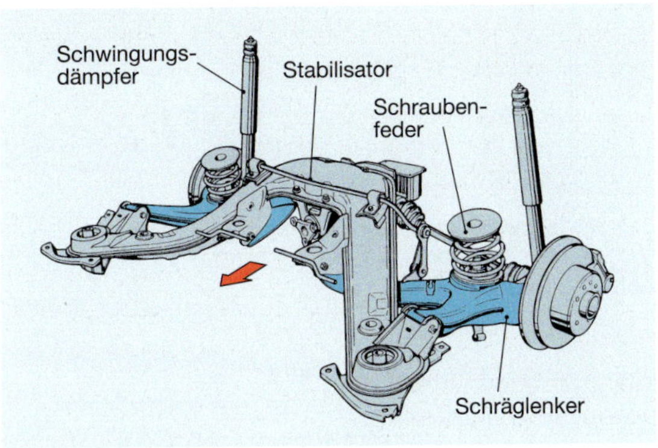

Abb. 5: Schräglenkerachse

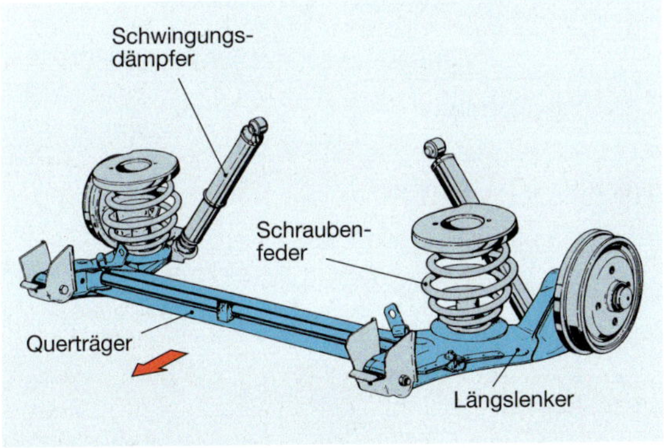

Abb. 6: Verbundlenkerachse

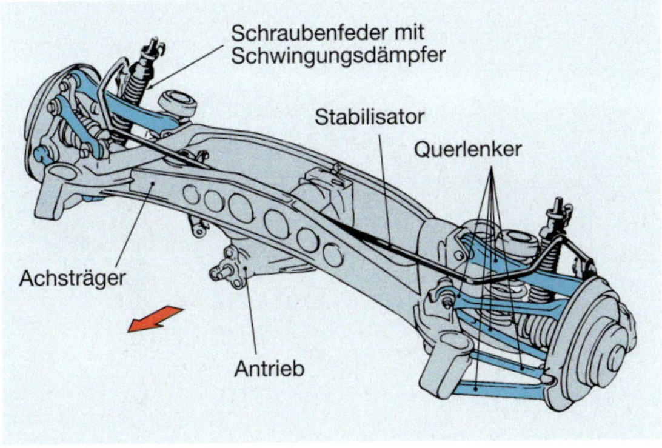

Abb. 7: Mehrlenkerachse

5.1.2 Radstellungen

Die Radstellungen an der Vorder- bzw. Hinterachse werden bestimmt durch

- **Spur,**
- **Sturz,**
- **Spreizung,**
- **Vor- oder Nachlauf,**
- **Lenkrollhalbmesser** und
- **Spurdifferenzwinkel.**

Sie sind z. B. abhängig von der Antriebsart oder von der Konstruktion der Radaufhängung.

Zur Optimierung der Fahreigenschaften, wie z. B. Geradeauslauf oder Lenkverhalten und zur Begrenzung des Reifenverschleißes werden die Radstellungen aufeinander abgestimmt.

Spurweite

Die Spurweite (Abb. 8) ist der Abstand der Räder einer Achse, gemessen von Reifenmitte zu Reifenmitte auf der Standebene. Bei Zwillingsrädern ist es der Abstand von Mitte Zwillingsrad zur Mitte Zwillingsrad.

Radstand

Der Radstand (Abb. 8) ist der Abstand der Radmitten zwischen Vorder- und Hinterrädern.

Vorspur und Nachspur

Die Spur (Abb. 9) ist die Differenz des Abstands der Felgenhörner, gemessen in der Höhe der Radmitten.

Vorspur: Der Abstand ist vorn kleiner als hinten.
Nachspur: Der Abstand ist vorn größer als hinten.

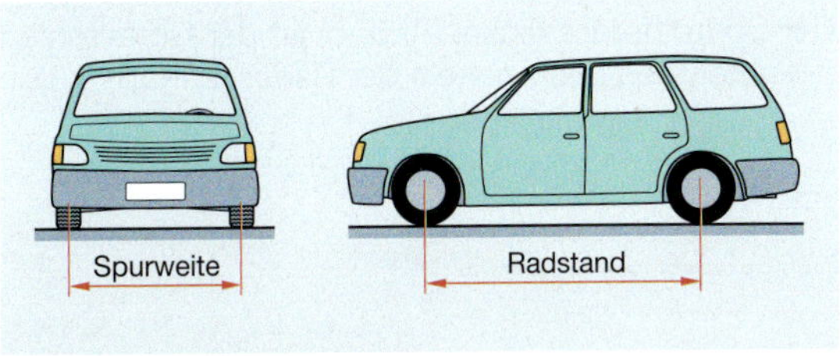

Abb. 8: Spurweite und Radstand

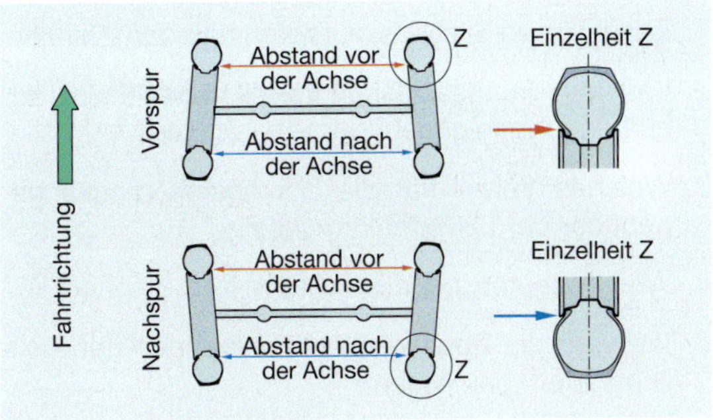

Abb. 9: Vorspur und Nachspur

Sturz

Der Sturz (Abb. 1) ist der Neigungswinkel des Rades zur Senkrechten.

Positiver Sturz: Das Rad ist oben nach außen geneigt.

Negativer Sturz: Das Rad ist oben nach innen geneigt.

Spreizung

Die Spreizung (Abb. 2) ist der Neigungswinkel der Lenkachse zwischen der Senkrechten und der Fahrzeugquerachse.

Vor- oder Nachlauf

Der Vor- oder Nachlaufwinkel (Abb. 3) ist der Neigungswinkel der Lenkachse zwischen der Senkrechten und der Fahrzeuglängsachse.

Die Vor- oder Nachlaufstrecke (Abb. 3) ist der Abstand zwischen den Schnittpunkten der Lenkachse und der Senkrechten durch die Radmitte, gemessen auf der Standebene.

Vorlauf: Die Lenkachse ist nach vorn geneigt.

Nachlauf: Die Lenkachse ist nach hinten geneigt.

Lenkrollhalbmesser

Der Lenkrollhalbmesser (Abb. 4) ist der Abstand zwischen den Schnittpunkten der verlängerten Lenkachse und der Radmittelebene, gemessen auf der Fahrbahnebene.

Positiv: Der Abstand liegt innerhalb der Spurweite.

Null: Die Schnittpunkte treffen sich auf der Fahrbahnebene.

Negativ: Der Abstand liegt außerhalb der Spurweite.

Spurdifferenzwinkel

Der Spurdifferenzwinkel (Abb. 5) ist der Unterschied zwischen den Lenkwinkeln der Räder (s. Kap. 5.3).

Aufgaben:

1. Beschreiben Sie Nicken, Gieren und das Wanken.
2. Welchen grundsätzlichen Vorteil haben Einzelradaufhängungen gegenüber Starrachsen?
3. Welchen Vorteil hat die Schräglenkerachse gegenüber der Längslenkerachse?
4. Was bedeutet „negativer Sturz“?
5. Wo wird die Spurweite bei Fahrzeugen mit Zwillingsrädern gemessen?
6. Was bedeutet „negativer Lenkrollhalbmesser“?

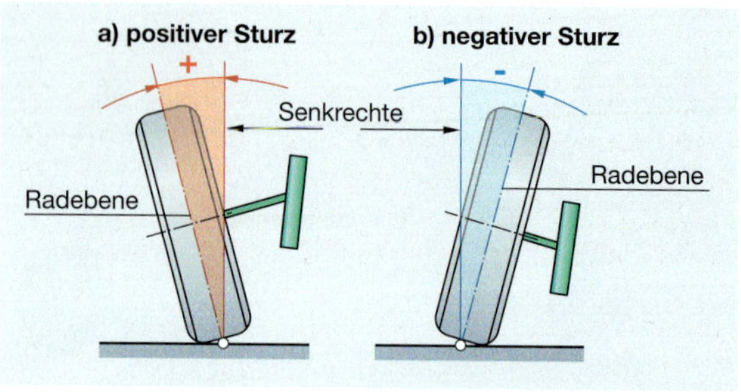

Abb. 1: Sturz

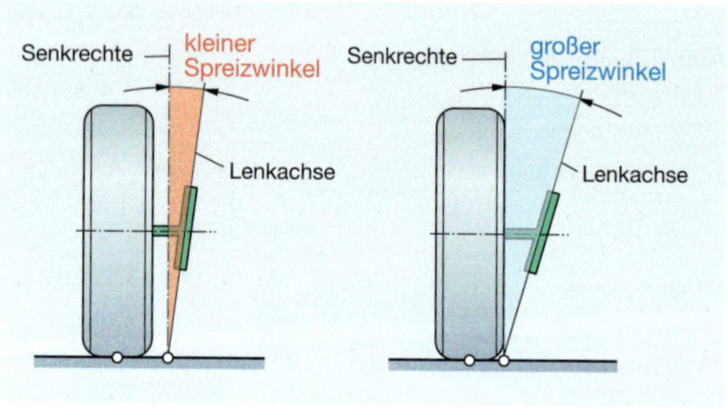

Abb. 2: Spreizung

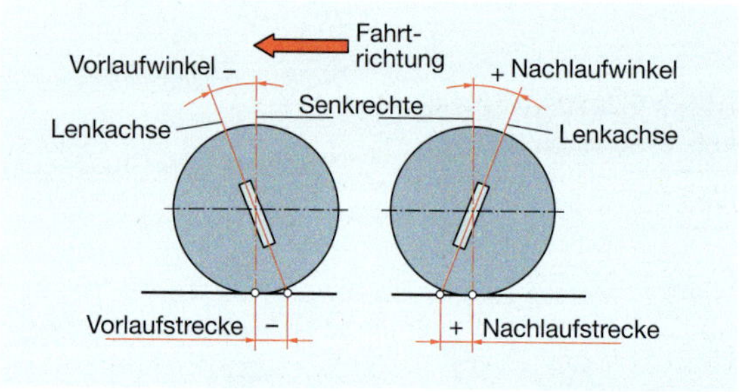

Abb. 3: Vor- und Nachlauf

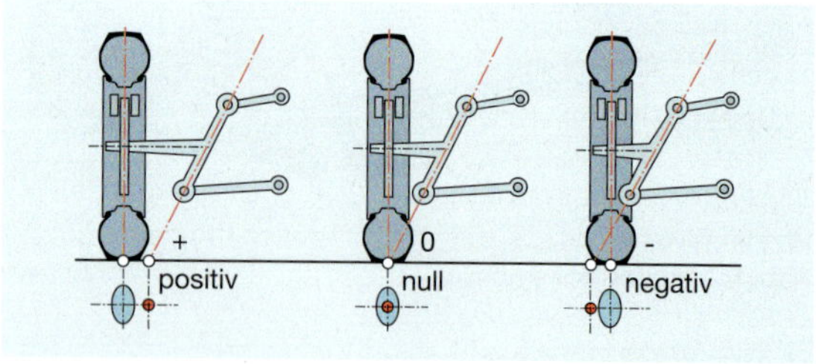

Abb. 4: Lenkrollhalbmesser

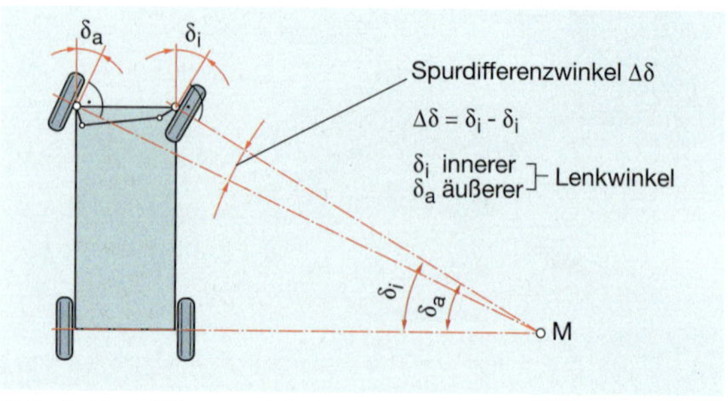

Abb. 5: Spurdifferenzwinkel

5.2 Federung und Dämpfung

Die **Fahrzeugfederung** hat zusammen mit der **Dämpfung** den überwiegenden Einfluss auf den **Fahrkomfort** und die **Fahrsicherheit** des Fahrzeugs. Die Federung wird durch die Federwirkung der Reifen und der Sitze unterstützt (Abb. 7).

5.2.1 Wirkungsweise der Federung

Die Federung (z. B. Schraubenfedern) wirkt als Verbindungselement zwischen den **gefederten Massen** (z. B. Karosserie, Motor, Getriebe) und den **ungefederten Massen** (z. B. Räder, Bremsen, Teile der Radaufhängung).

Die von den Fahrbahnunebenheiten verursachten Schwingungen der Räder werden von der Federung auf die Karosserie übertragen, die auf Grund ihrer großen Masse mit geringerer Frequenz schwingt als die Räder (Abb. 8a).

Schwingungsdämpfer (Stoßdämpfer) beschleunigen das Abklingen der Schwingungen von Karosserie und Rädern zur Erhöhung des Fahrkomforts und der Fahrsicherheit (Abb. 8b).

5.2.2 Federungseigenschaften

Die Eigenschaften einer Feder werden durch den Verlauf ihrer Federkennlinie dargestellt.

Die **Federkennlinie** (Abb. 6) gibt die Einfederung ***s*** an, die durch die Belastung mit unterschiedlichen Kräften ***F*** verursacht wird. Eine weiche Feder (Abb. 6a) hat demzufolge gegenüber einer harten Feder (Abb. 6b) einen flacheren Kennlinienverlauf.

Federkennlinien können einen

- **linearen** oder
- **progressiven** Verlauf haben.

Die Belastungserhöhung auf Federn mit linearem Kennlinienverlauf bewirkt eine proportionale Zunahme der Einfederung.

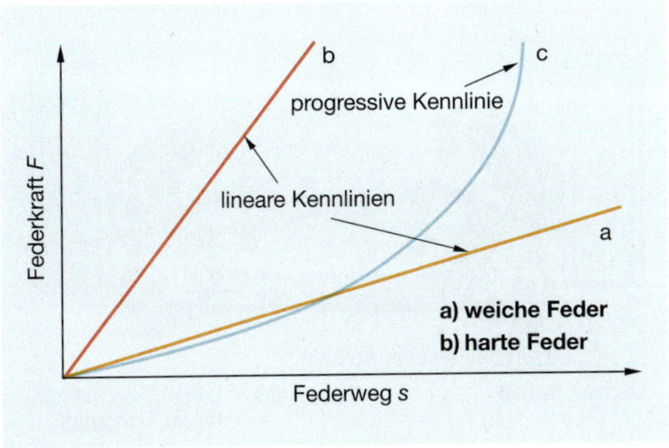

Abb. 6: Federkennlinien

Bei Federn mit progressiver Kennlinie (Abb. 6c) wird dagegen die Zunahme der Einfederung mit steigender Belastung geringer. Dadurch wird u. a. erreicht, dass Fahrzeuge mit hoher Zuladungsmöglichkeit auch bei geringer Beladung einen ausreichenden Federungskomfort bei geringen Federwegen aufweisen. Außerdem wird durch einen progressiven Kennlinienverlauf verhindert, dass die Federung bei starken Fahrbahnstößen durchschlägt.

5.2.3 Federarten

Es werden unterschieden:

- **Stahlfedern** und
- **Luftfedern** (s. Kap. 8.4.4.2).

5.2.3.1 Stahlfedern

Für Kraftfahrzeuge werden überwiegend folgende Stahlfedern verwendet:

- **Blattfedern** (s. Kap. 8.4.4.1),
- **Schraubenfedern** und
- **Drehstabfedern.**

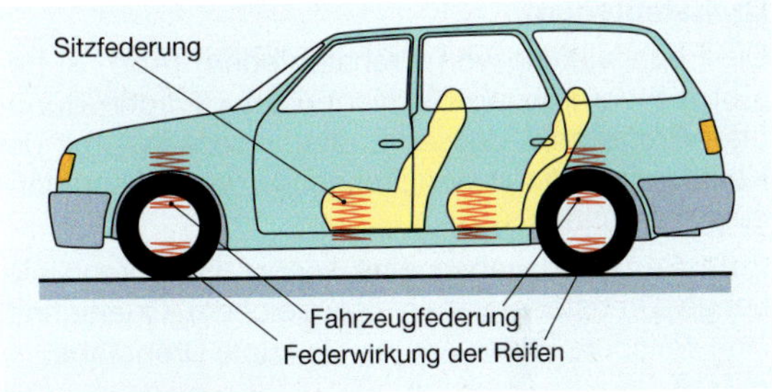

Abb. 7: Fahrzeugfederung

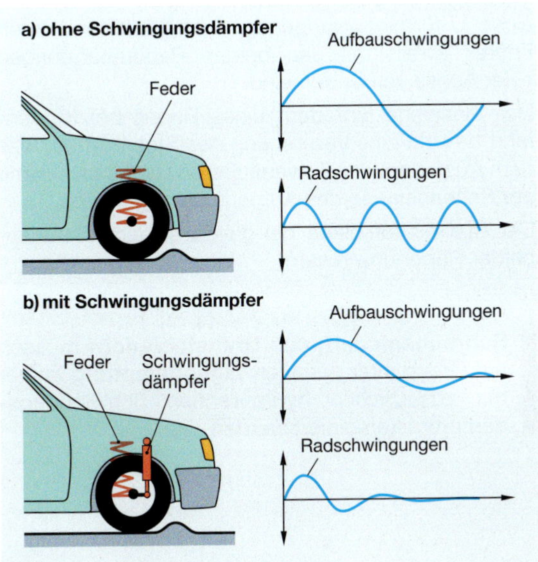

Abb. 8: Schwingungen am Fahrzeug

Schraubenfedern

Schraubenfedern (Abb. 1) bestehen aus aufgewickeltem Stahldraht, der beim Einfedern elastisch verformt wird.

Harte Schraubenfedern unterscheiden sich von weichen Schraubenfedern durch

- **einen größeren Drahtdurchmesser,**
- **einen kleineren Federdurchmesser** oder durch
- **eine geringere Zahl von Windungen.**

Zylinderförmige Schraubenfedern (Abb. 1a) mit gleichmäßiger Steigung und konstantem Drahtdurchmesser haben eine **lineare Federkennlinie**.

Eine **progressive Kennlinie** wird erreicht durch

- veränderliche Wicklungssteigung (Abb. 1b),
- ungleichmäßigen Federdurchmesser (Abb. 1c),
- Verwendung von Draht mit unterschiedlichem Durchmesser (Abb. 1d und 1e) oder
- Verwendung einer Zusatzfeder (Abb. 1f).

Miniblock-Federn (Abb. 2) sind Schraubenfedern mit progressiver Kennlinie. Sie haben eine geringe Bauhöhe, weil sich ihre Windungen bei Belastung ineinander legen.

Drehstabfedern

Die Federwirkung von Drehstabfedern (Abb. 3) beruht auf Verdrehung (Torsion) eines geraden Rund- oder Profilstahls, dessen Enden jeweils fest mit der Karosserie und mit der Drehachse der Achsaufhängung verbunden sind.

Drehstabfedern haben eine lineare Federkennlinie. Lange Drehstäbe haben bei gleichem Querschnitt eine weichere Federwirkung als kurze Drehstäbe.

Stabilisatoren (Abb. 4) haben die Aufgabe, der Seitenneigung des Fahrzeugaufbaus bei Kurvenfahrt entgegenzuwirken. Der Stabilisator besteht aus einer U-förmig gebogenen Drehstabfeder, deren Enden jeweils mit den beiden Radaufhängungen einer Achse verbunden sind.

Das einseitige Einfedern eines Rades bei Kurvenfahrt bewirkt eine Verdrehung des Stabilisators, was dem Ausfedern des kurvenäußeren Rades und damit der Seitenneigung des Aufbaus entgegenwirkt.

Der Stabilisator bleibt bei gleichzeitigem Einfedern beider Räder unwirksam.

> **Schraubenfedern** und **Drehstabfedern** müssen auf Grund ihrer geringen **Eigendämpfung** immer mit zusätzlichen hydraulischen Schwingungsdämpfern kombiniert werden.

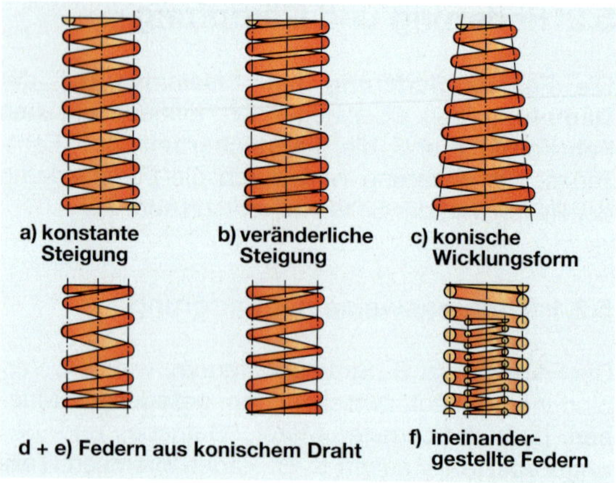

Abb. 1: Schraubenfedern

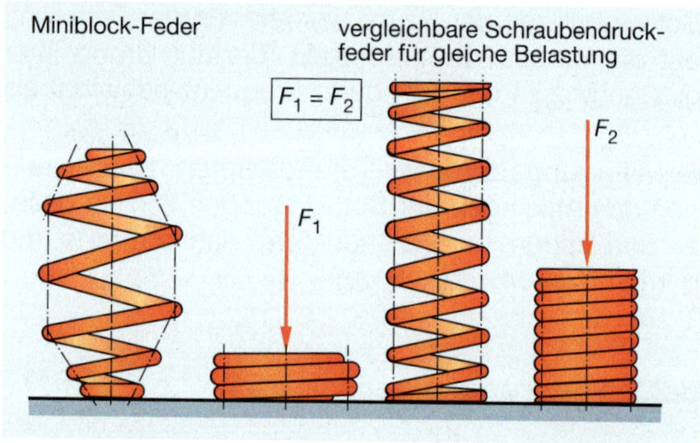

Abb. 2: Miniblock-Feder im Vergleich mit normaler Schraubenfeder

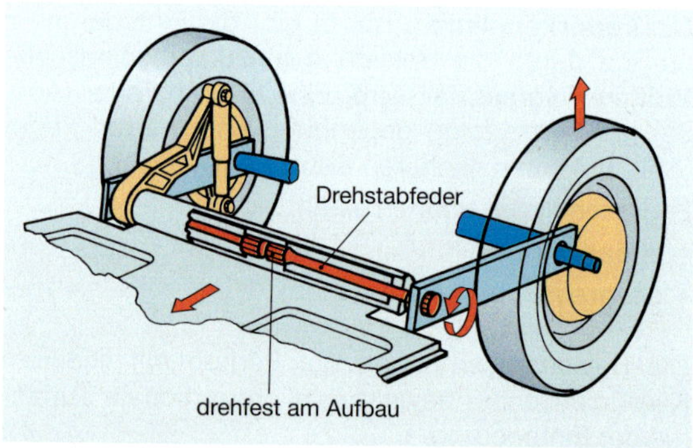

Abb. 3: Drehstabfeder

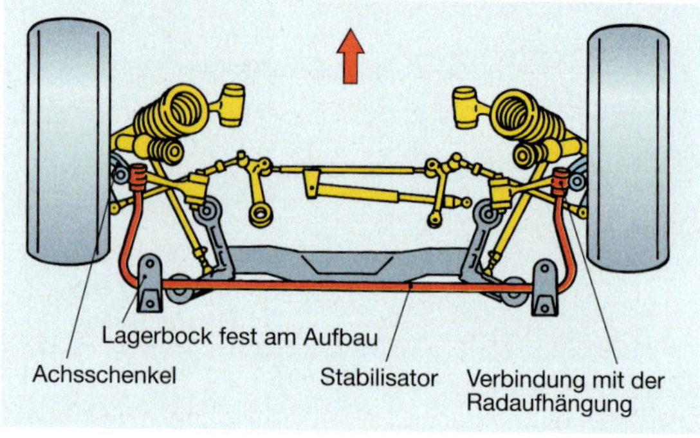

Abb. 4: Stabilisator

5.2.4 Schwingungsdämpfer (Stoßdämpfer)

Schwingungsdämpfer haben die Aufgabe, die durch Fahrbahnunebenheiten verursachten Schwingungen der Karosserie und der Räder schneller abklingen zu lassen. Dadurch wird der **Fahrkomfort** verbessert und durch die bessere Bodenhaftung der Räder eine höhere **Fahrsicherheit** erreicht (Abb. 7, S. 51).

Es werden ausschließlich **hydraulische Schwingungsdämpfer** verwendet.

Grundprinzip

Der Schwingungsdämpfer besteht aus einem mit Bohrungen und Ventilen versehenen Kolben, der über eine Kolbenstange mit der Karosserie verbunden ist. Beim Ein- bzw. Ausfedern bewegt sich der Kolben in einem mit Hydrauliköl gefüllten Zylinder, der an der Radaufhängung befestigt ist.

Durch die Bewegungen des Kolbens beim Ausfedern (Zugstufe) und beim Einfedern (Druckstufe) wird das Öl durch die Ventile und Bohrungen gepresst.

> Die Dämpfungskraft entsteht durch den Strömungswiderstand des Öls an den Ventilen und Bohrungen.

Die dabei entstehende Wärme sowie das verdrängte Öl durch die ein- und austretende Kolbenstange erfordern einen zusätzlichen Ausgleichsraum (Abb. 5) für das Öl. Die Schwingungsdämpfer werden nach der Wirkungsweise des Volumenausgleichs unterschieden in

- **Einrohrschwingungsdämpfer (Gasdruckschwingungsdämpfer)** und
- **Zweirohrschwingungsdämpfer.**

Einrohrschwingungsdämpfer

Der Volumenausgleich (Abb. 5) des Einrohrdämpfers (Abb. 6a) erfolgt durch einen Gasdruckraum in dem sich Stickstoff mit einem Druck von etwa 20 bis 35 bar befindet. Das Gasvolumen ist durch einen beweglichen Kolben (Trennkolben) vom Öl getrennt.

In der Druckstufe (Einfedern) wird das Gasvolumen durch das verdrängte Öl komprimiert. In der Zugstufe (Ausfedern) entspannt es sich.

Durch den Gasdruck im Ausgleichsraum, der sich über den Trennkolben auf das Öl im Arbeitsraum überträgt, wird eine Verschäumung des Öls bei starker Beanspruchung des Dämpfers verhindert.

Zweirohrschwingungsdämpfer

Zweirohrdämpfer (Abb. 6b) sind doppelwandig ausgeführt. Der Ausgleichsraum befindet sich zwischen der inneren und der äußeren Rohrwand und ist vom Arbeitsraum durch ein Bodenventil getrennt.

Der Ausgleichsraum ist drucklos oder mit Stickstoff unter einem Druck von etwa 3 bar befüllt. In der Druckstufe strömt das von der Kolbenstange verdrängte Öl durch das Bodenventil in den Ausgleichsraum.

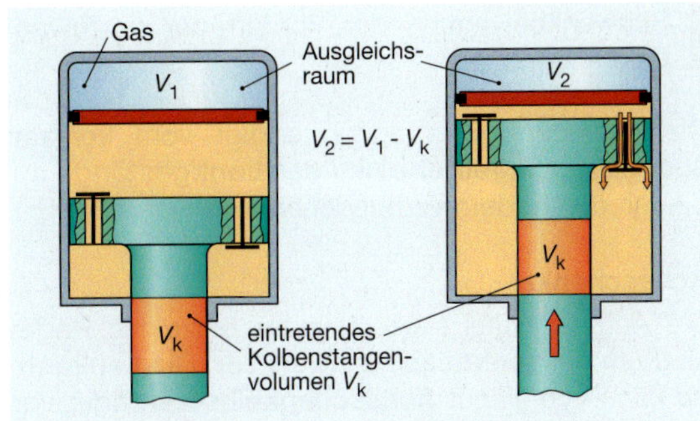

Abb. 5: Volumenausgleich für die Kolbenstange

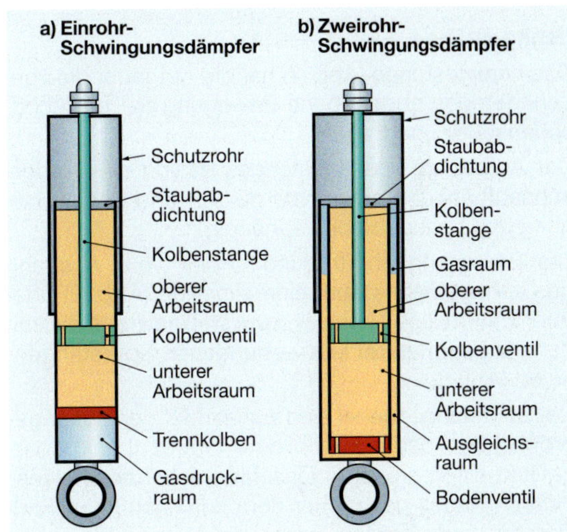

Abb. 6: Aufbau von Schwingungsdämpfern

> Die Wirksamkeit von Schwingungsdämpfern lässt durch Verschleiß nach. Aus Sicherheitsgründen müssen sie deshalb regelmäßig überprüft und gegebenenfalls ausgetauscht werden.

Aufgaben:

1. Skizzieren Sie eine lineare und eine progressive Federkennlinie.
2. Wie kann die Progressivität bei Schraubenfedern erreicht werden?
3. Welche Aufgaben haben Stabilisatoren?
4. Welche Aufgabe haben Schwingungsdämpfer?
5. Welche Aufgabe hat der Volumenausgleich bei Schwingungsdämpfern?

5.3 Lenkung

Die Lenkung von Kraftfahrzeugen hat die Aufgabe, die Drehbewegung des Lenkrades in eine Schwenkbewegung der Vorderräder umzuwandeln.

Die Bewegungsübertragung erfolgt vom Lenkrad über das **Lenkgetriebe** und das **Lenkgestänge** auf die mit den Rädern verbundenen **Achsschenkel**.

Achsschenkel

Die Achsschenkel (Abb. 1) jedes einzelnen Rades sind um die **Lenkachse** schwenkbar. Die **Lenkachse** kann von einem **Achsschenkelbolzen** oder von einem oberen und einem **unteren Lagerpunkt** (z. B. durch Kugelgelenke) gebildet werden.

Lenkgestänge

Das Lenkgestänge (Abb. 2) hat die Aufgabe, die vom Lenkgetriebe abgegebene Bewegung auf die Achsschenkel zu übertragen.

Der Aufbau des Lenkgestänges ist von der Vorderachsaufhängung sowie von der Art und der Anordnung des Lenkgetriebes abhängig.

Die Bewegungsübertragung erfolgt vom Ausgang des Lenkgetriebes über eine einteilige (Abb. 2) oder über mehrteilige (Abb. 3) **Spurstangen** auf die mit dem **Achsschenkel** fest verbundenen Spurstangenhebel (Abb. 2).

Die Spurstangenhebel sind zueinander geneigt angeordnet. Das dadurch gebildete Trapez (Lenktrapez) bewirkt einen größeren Einschlagwinkel des kurveninneren Rades gegenüber dem kurvenäußeren Rad. Dadurch wird erreicht, dass die Vorderräder ohne seitliche Gleitbewegung abrollen können (Abb. 4).

Für die Kreisfahrt ohne Gleitbewegung der Vorderräder müssen sich die Mittellinien der verlängerten Achsschenkel und der Hinterräder in einem Punkt (M) schneiden.

Lenkgetriebe

Das Lenkgetriebe (Abb. 2) hat die Aufgabe, die Drehbewegung des Lenkrades in eine Schwenkbewegung umzuwandeln.

Aus Komfort- und Sicherheitsgründen wird die Übersetzung im Lenkgetriebe so gewählt, dass die Lenkung auch im Stand ohne großen Kraftaufwand bewegt werden kann.

In Personenwagen werden überwiegend **Zahnstangen-Lenkgetriebe** (Abb. 5) eingebaut.

Ein mit der Lenkspindel verbundenes **Zahnrad** greift in eine mit dem Lenkgestänge verbundene **Zahnstange** ein. Die Drehung des Lenkrades und damit des Zahnrades bewirkt eine Schwenkbewegung der Zahnstange, die über das Lenkgestänge auf die Räder übertragen wird.

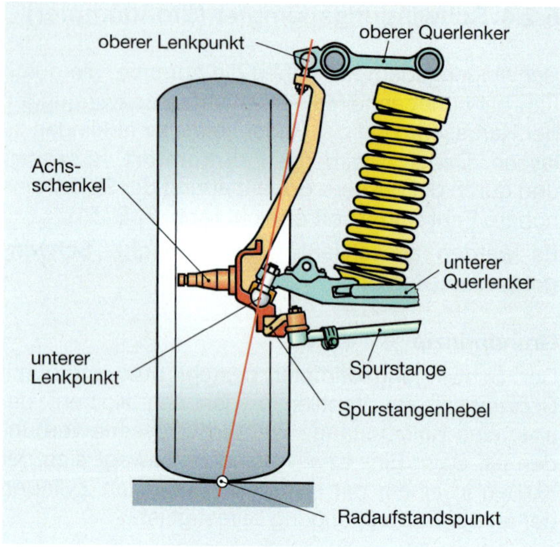

Abb. 1: Achsschenkellenkung mit Lenkachse

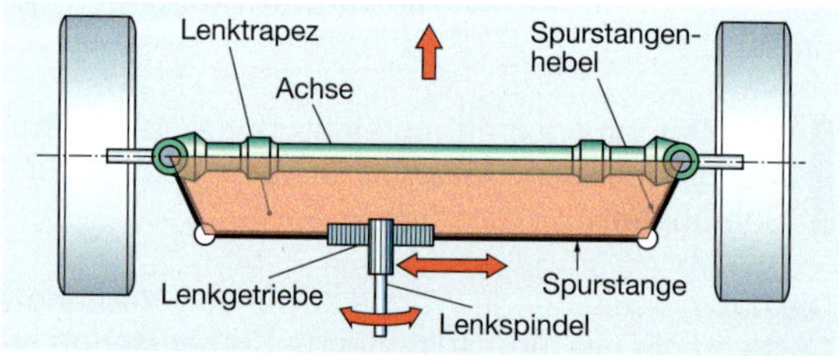

Abb. 2: Lenktrapez mit Lenkgestänge

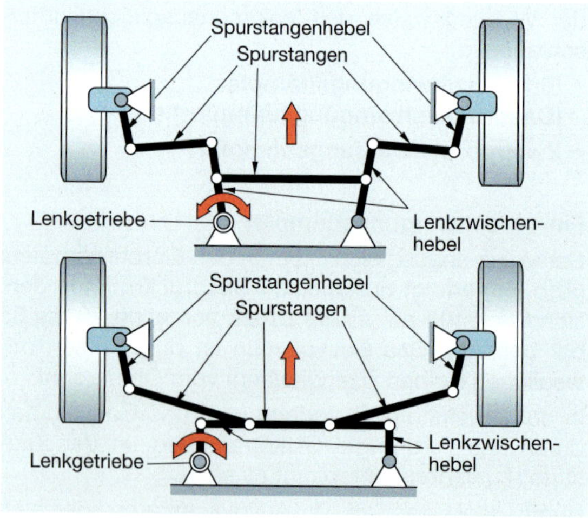

Abb. 3: Mehrteilige Spurstangen

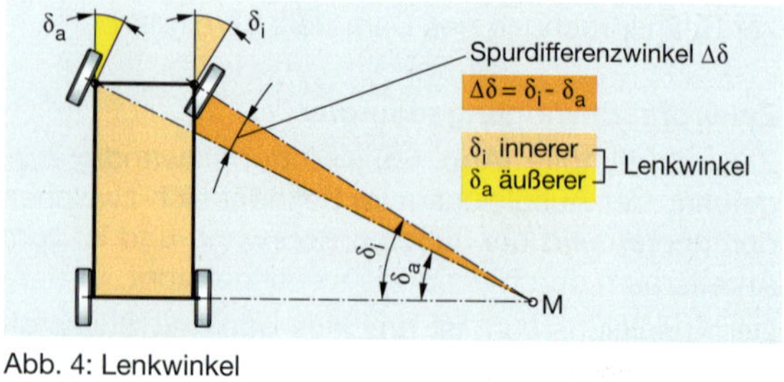

Abb. 4: Lenkwinkel

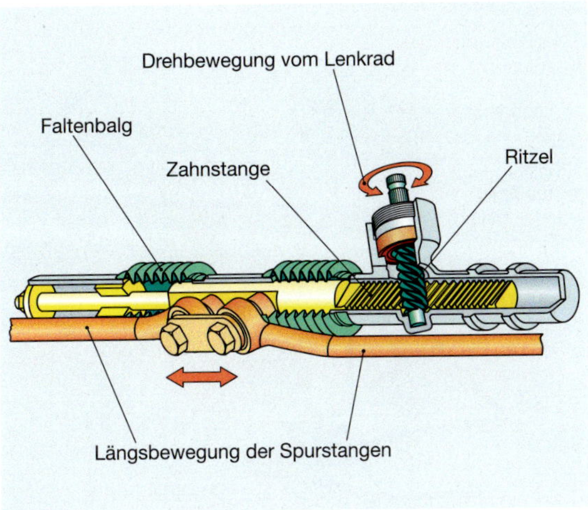

Abb. 5: Zahnstangen-Lenkgetriebe

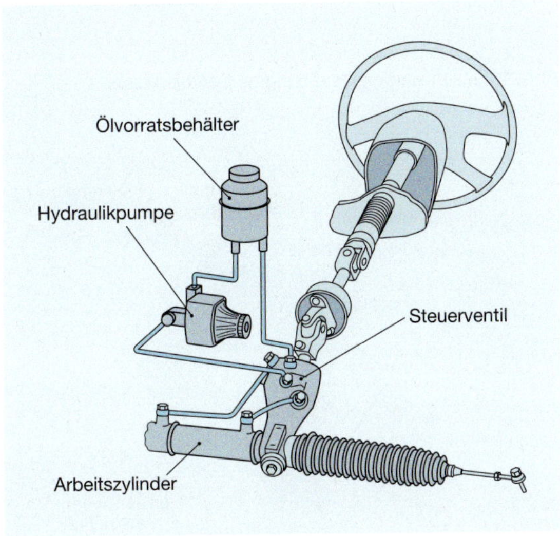

Abb. 6: Hydraulische Servolenkung

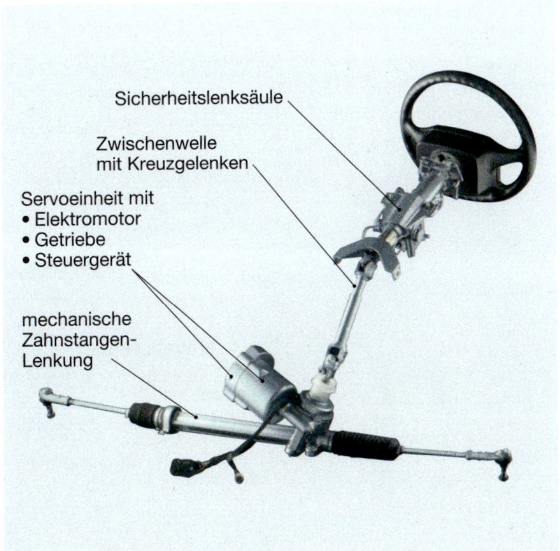

Abb. 7: Elektrische Servolenkung

Servolenkung

Die Übersetzung des Lenkgetriebes kann für schwere Fahrzeuge nicht beliebig vergrößert werden, weil die Anzahl der Lenkradumdrehungen für den Radeinschlag zu groß werden würde.

Eine **Servolenkung** (Hilfskraftlenkung) hat die Aufgabe eine direkte Lenkung (etwa zwei bis drei Umdrehungen vom Linksanschlag zum Rechtsanschlag) bei geringen Betätigungskräften zu ermöglichen.

Die erforderliche Hilfskraft kann

- **hydraulisch** oder
- **elektrisch** erzeugt werden.

Hydraulische Servolenkungen (Abb. 6) besitzen einen **Kolben** der sich in einem Zylinder bewegt und mit der Zahnstange des Lenkgetriebes verbunden ist. Der erforderliche Druck wird von einer **Hydraulikpumpe** erzeugt, die vom Motor über einen Keilriemen angetrieben wird. Ein **Steuerventil** leitet, je nach Lenkrichtung, Drucköl auf die eine oder andere Seite des Kolbens, so dass die entstehende Kolbenkraft in Lenkrichtung wirken kann.

Die Hilfskraft der **elektrischen Servolenkung** (Abb. 7) wird von einem **Elektromotor** erzeugt, der über ein **Getriebe** die Kraft auf die Lenksäule oder auf die Zahnstange überträgt. Von einem elektronischen **Steuergerät** wird die Lenkrichtung erfasst und die Drehrichtung des Elektromotors entsprechend geändert.

> Bei Ausfall der elektrischen bzw. hydraulischen Hilfskraft kann die Lenkung mit erhöhtem Kraftaufwand bedient werden.

Geschwindigkeitsabhängige Servolenkung

Elektrische oder hydraulische Servolenkungen können mit einer fahrgeschwindigkeitsabhängigen Lenkkraftunterstützung ausgestattet sein.

Die vom Fahrer aufzubringende Lenkkraft wird im Stand oder bei geringer Geschwindigkeit am meisten unterstützt, während die Unterstützung mit zunehmender Fahrgeschwindigkeit verringert wird. Dadurch wird bei geringen Geschwindigkeiten z. B. das Einparken erleichtert, während bei hohen Geschwindigkeiten ein exaktes und zielgenaues Lenkverhalten erreicht wird.

Ein Fahrgeschwindigkeitssignal wird von einem **Drehzahlsensor** (s. Kap. 7.2.5.4), z. B. an der Tachowelle, oder vom **Steuergerät** des **ABS** an das elektronische **Steuergerät** der **Servolenkung** weitergeleitet.

Bei der elektrischen Servolenkung wird vom Steuergerät die Lenkkraft durch den **Elektromotor** entsprechend verändert, während bei der hydraulischen Servolenkung (Abb. 1, S. 56) die Lenkkraft über ein am Ventilgehäuse angeordnetes stufenlos regelbares **Magnetventil** angepasst wird.

Eigenlenkverhalten

> Das Eigenlenkverhalten kennzeichnet das Fahrverhalten von Fahrzeugen bei Kurvenfahrt.
> Zur Beurteilung des Eigenlenkverhaltens werden die Schräglaufwinkel der Vorder- und Hinterachse verglichen.

Der **Schräglaufwinkel** (Abb. 2) ergibt sich bei Kurvenfahrt und bezeichnet den Winkel, der sich aus der Differenz von Radebene und Bewegungsrichtung des Rades bildet.

Es wird unterschieden:

- **untersteuerndes Fahrverhalten,**
- **übersteuerndes Fahrverhalten,**
- **neutrales Fahrverhalten.**

Untersteuerndes Fahrverhalten

Die Schräglaufwinkel an der Vorderachse sind größer als an der Hinterachse. Das Fahrzeug schiebt über die Vorderräder nach außen (Abb. 3a).

Übersteuerndes Fahrverhalten

Der Schräglaufwinkel an der Hinterachse ist größer als an der Vorderachse. Das Fahrzeug bricht mit dem Heck aus (Abb. 3b).

Neutrales Fahrverhalten

Die Schräglaufwinkel sind an der Vorder- und Hinterachse gleich groß. Das Fahrzeug schiebt gleichmäßig über Vorder- und Hinterräder zum äußeren Kurvenrand (Abb. 3c).

Das Eigenlenkverhalten wird z. B. beeinflusst durch

- Abstimmung von Federung, Radaufhängung und Radstellung,
- Gewichtsverteilung, Beladung,
- Antriebsart,
- Verhalten des Fahrers (z. B. Beschleunigen oder Abbremsen bei Kurvenfahrt).

Aufgaben:

1. Welche Aufgabe hat das Lenktrapez?
2. Was bedeutet „Spurdifferenzwinkel“?
3. Beschreiben Sie den Unterschied zwischen einer hydraulischen und einer elektrischen Servolenkung.
4. Erklären Sie den Begriff „Schräglaufwinkel“.
5. Wodurch kann das Eigenlenkverhalten eines Fahrzeugs beeinflusst werden?
6. Was bedeutet „Untersteuern“?

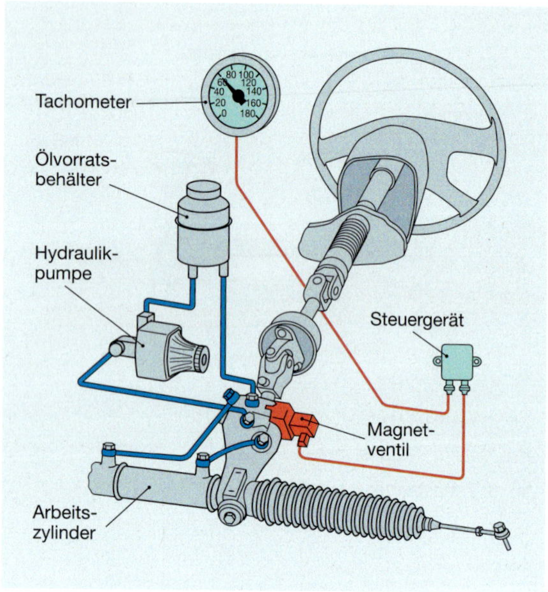

Abb. 1: Geschwindigkeitsabhängige Servolenkung

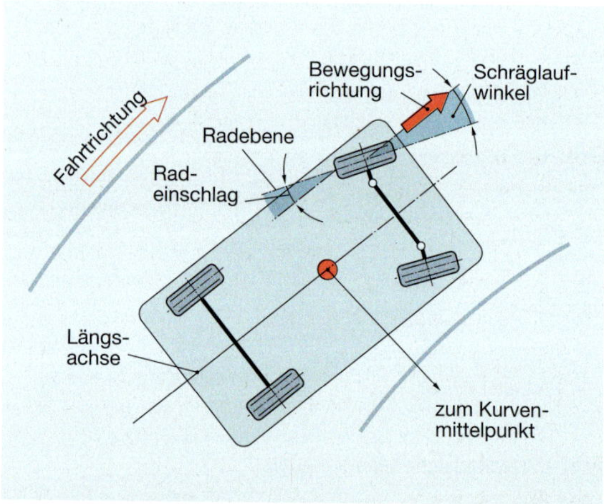

Abb. 2: Schräglaufwinkel

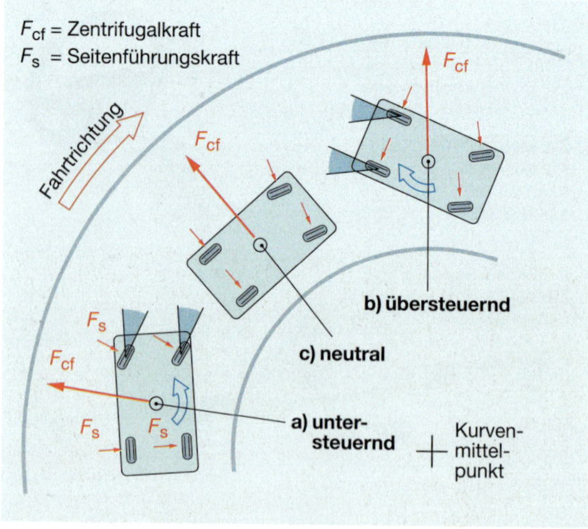

Abb. 3: Fahrverhalten bei Kurvenfahrt

5.4 Bremsen

Die Bremsanlage von Kraftfahrzeugen hat die Aufgabe, das Fahrzeug bis zum Stillstand zu verzögern und gegen ein Wegrollen zu sichern.

In Personenwagen müssen folgende Bremsanlagen vorhanden sein:

- **Betriebsbremsanlage,**
- **Feststellbremsanlage,**
- **Hilfsbremsanlage.**

Die **Betriebsbremsanlage** wird stufenlos mit dem Fuß betätigt und wirkt auf alle vier Räder.

Die **Feststellbremsanlage** soll ein stehendes Fahrzeug auch bei geneigter Fahrbahn gegen das Wegrollen sichern. Sie wird mit dem Fuß oder mit der Hand abstufbar betätigt und wirkt nur auf die Räder der Hinter- oder Vorderachse. Die Betätigung muss aus Sicherheitsgründen mechanisch erfolgen, z. B. durch Seilzug oder Gestänge.

Die **Hilfsbremsanlage** soll eine Notbremsung auch dann sicherstellen, wenn ein Teil der Betriebsbremsanlage ausgefallen ist. Dies ist im Allgemeinen dadurch sichergestellt, dass die Feststellbremse abstufbar betätigt werden kann.

Bremsvorgang

Der Bremsvorgang erfolgt in den **Radbremsen** der einzelnen Räder durch Anpressen der **Bremsbeläge** an die rotierende **Bremsscheibe bzw. Bremstrommel**. Die dabei entstehende Reibungswärme wird an die Umgebungsluft abgegeben.

> Die Radbremsen können sich durch hohe Beanspruchung stark aufheizen, was zum Nachlassen der Bremswirkung (Fading) führen kann.

Das Bremsmoment in den Radbremsen wird über die Reifen auf die Fahrbahn übertragen, wodurch das Fahrzeug abgebremst wird.

Die Anpresskraft der Bremsbeläge muss vom Fahrer oder gegebenenfalls durch ein **Antiblockiersystem** so dosiert werden, dass die Räder nicht blockieren. Durch blockierende Räder entsteht hoher Reifenverschleiß. Das Fahrzeug verliert die Lenkfähigkeit und neigt zum Ausbrechen (Schleudern).

Abb. 4: Erwärmung einer Scheibenbremse

5.4.1 Radbremsen

In Kraftfahrzeugen werden ausschließlich

- **Trommelbremsen** oder
- **Scheibenbremsen** eingebaut.

5.4.1.1 Trommelbremsen

Trommelbremsen werden überwiegend für Nutzfahrzeuge (s. Kap. 8.4.7) sowie als kombinierte Betriebs- und Feststellbremse an Hinterachsen von Personenwagen verwendet.

Die Trommelbremse (Abb. 2) besteht aus

- **Bremstrommel,**
- **Bremsbacken** und
- **Spannvorrichtung.**

Die **Bremstrommel** ist durch Radschrauben bzw. Radmuttern mit dem Rad verbunden. Im Innern der Bremstrommel befinden sich zwei mit Bremsbelägen versehene **Bremsbacken**, die beweglich am Bremsträger befestigt sind.

Beim Bremsvorgang werden die Bremsbacken mit ihren Bremsbelägen durch eine **Spannvorrichtung** (Abb. 1, S. 58) von innen gegen die Bremstrommel gedrückt, wodurch die Bremstrommel und damit das Rad abgebremst wird. Nach dem Bremsvorgang zieht eine Rückholfeder die Bremsbacken in ihre Ausgangsposition zurück.

In Betriebsbremsen von Personenwagen werden die Bremsbacken hydraulisch durch **Radzylinder** gespannt (Abb. 1a, S. 58). Bei Verwendung der Trommelbremse als kombinierte **Betriebs-** und **Feststellbremse** ist eine zusätzliche **mechanische Spannvorrichtung** (Abb. 1b, S. 58) vorhanden.

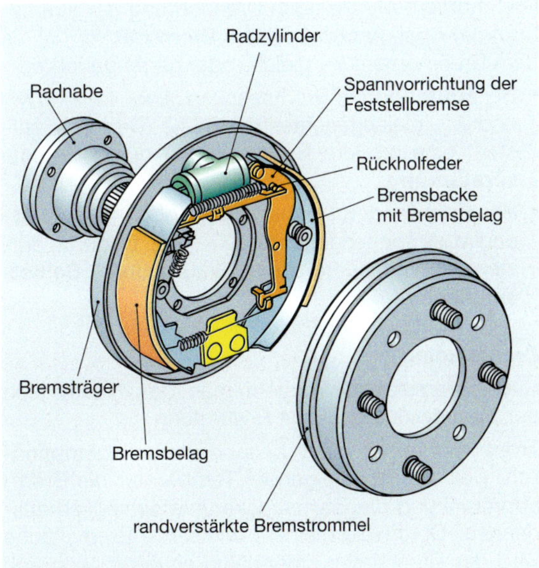

Abb. 5: Aufbau einer Trommelbremse

Nachstelleinrichtungen

Mit zunehmendem Belag- und Trommelverschleiß vergrößert sich der Abstand der Bremsbeläge zur Bremstrommel (Lüftspiel) und damit der Pedal- bzw. Handbremshebelweg.

Zur Begrenzung des Lüftspiels sind Trommelbremsen mit manuellen (Abb. 2) oder selbsttätigen Nachstelleinrichtungen ausgestattet. Sie haben die Aufgabe, die Ruhestellung der Bremsbacken mit zunehmendem Belagverschleiß nach außen zu verschieben.

Abb. 3 zeigt ein Beispiel für eine selbsttätige Nachstellvorrichtung.

In der Ruhestellung stützt sich die Bremsbacke auf einen Gewindebolzen ab. Überschreitet das Lüftspiel durch Belagverschleiß das Spiel s des Haltebolzens, wird das Bolzengewinde in der Bremsstellung entsprechend vorgezogen, wodurch der Gewindebolzen und damit die Ruhestellung der Bremsbacke nach außen verlagert wird.

Bremstrommeln und insbesondere Bremsbeläge verschleißen während des Bremsens.

Aus Sicherheitsgründen müssen sie in regelmäßigen Abständen überprüft und gegebenenfalls ausgetauscht werden.

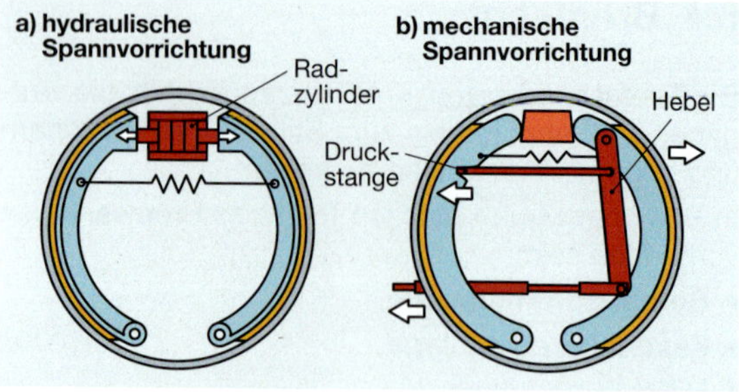

Abb. 1: Spannvorrichtungen

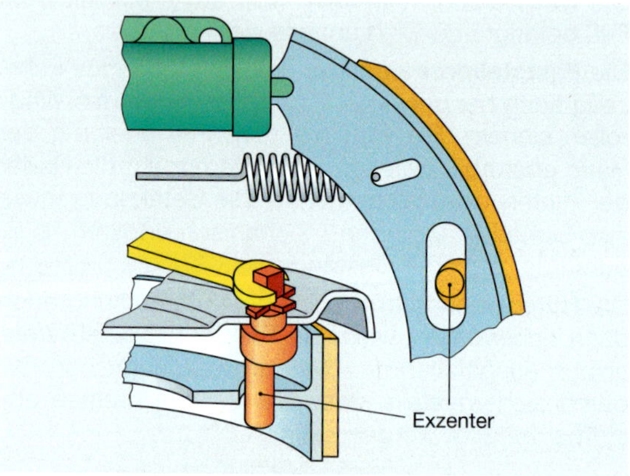

Abb. 2: Manuelle Nachstelleinrichtung

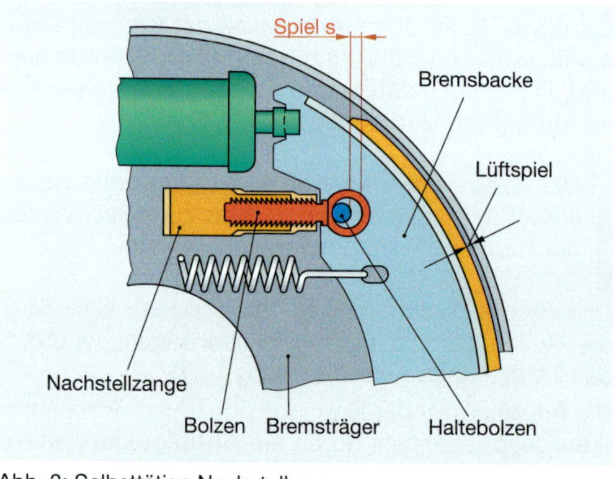

Abb. 3: Selbsttätige Nachstellung

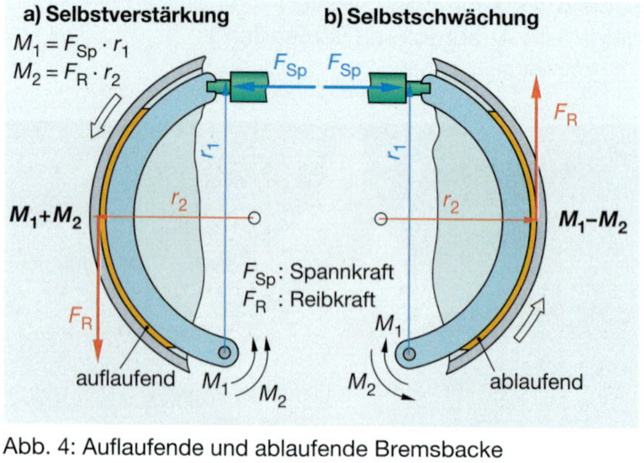

Abb. 4: Auflaufende und ablaufende Bremsbacke

Auflaufende und ablaufende Bremsbacken

Die Spannkraft F_{Sp} des Radbremszylinders erzeugt mit dem Hebelarm r_1 das Drehmoment M_1, mit dem die Bremsbacke gegen die Bremstrommel gedrückt wird (Abb. 4).

Beim Bremsen entsteht durch die Reibkraft F_R am Bremsbelag mit dem Hebelarm r_2 ein zusätzliches Drehmoment M_2. Je nach Drehrichtung der Bremstrommel oder Anordnung der Bremsbacken ist es dem Drehmoment M_1 gleich- oder gegengerichtet.

- Bei **auflaufenden** Bremsbacken (Abb. 4a) sind M_1 und M_2 gleichgerichtet ($M_1 + M_2$). Dadurch entsteht eine größere Bremswirkung durch **Selbstverstärkung**.
- Bei **ablaufenden** Bremsbacken (Abb. 4b) sind M_1 und M_2 entgegengerichtet ($M_1 - M_2$). Dadurch entsteht eine geringere Bremswirkung durch **Selbstschwächung**.

Bremsfading

Unter Bremsfading versteht man das Nachlassen der Bremswirkung infolge Erwärmung.

Trommelbremsen sind besonders fadingempfindlich, weil sich bei steigender Temperatur die Bremstrommel und die Bremsbacke unterschiedlich ausdehnen. Durch die kleinere wirksame Bremsfläche wird der Bremsbelag übermäßig erwärmt, wodurch der Reibwert sinkt und die Bremswirkung nachlässt.

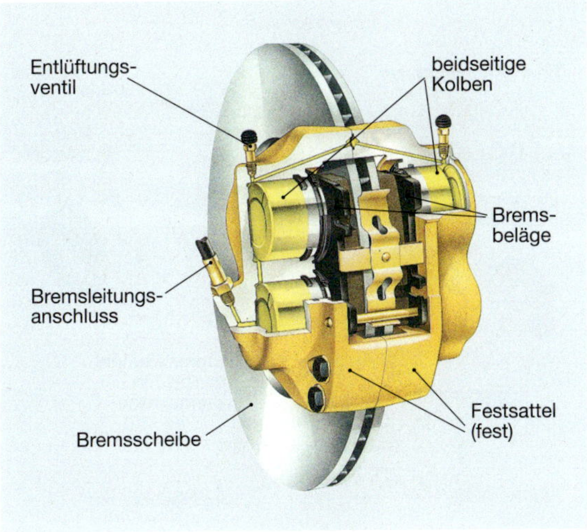

Abb. 5: Scheibenbremse mit Festsattel

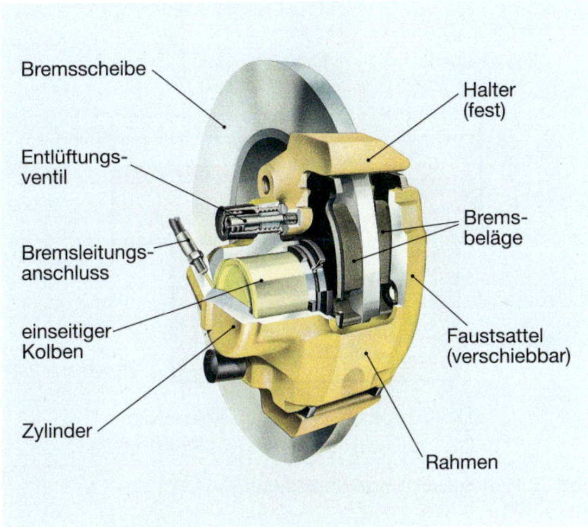

Abb. 6: Scheibenbremse mit Faustsattel

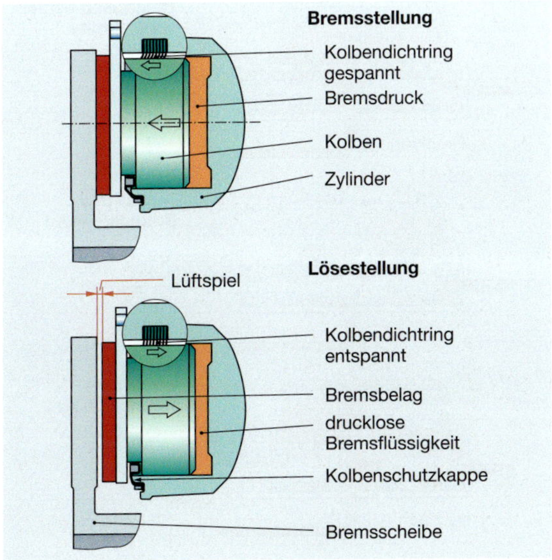

Abb. 7: Rückstellung der Bremskolben

5.4.1.2 Scheibenbremsen

Scheibenbremsen werden überwiegend als Betriebsbremse für Personenwagen und Nutzfahrzeuge (s. Kap. 8.4.7) verwendet.

Die Scheibenbremse (Abb. 5) besteht aus

- **Bremsscheibe,**
- **Bremssattel** und
- **Bremsträger** mit **Bremsbelag.**

Die **Bremsscheibe** ist durch Radschrauben bzw. Radmuttern mit dem Rad verbunden. Der **Bremssattel** ist mit der Radaufhängung verschraubt. Beim Bremsvorgang werden die **Belagträger** mit ihren **Bremsbelägen** durch einen oder mehrere Kolben im **Bremssattel** von außen gegen die **Bremsscheibe** gedrückt, wodurch die Bremsscheibe und damit das Rad abgebremst wird.

Nach dem Bremsvorgang werden die Kolben durch die Vorspannung der Kolbendichtringe zurückgezogen, um das Lösen der Bremsbeläge von der Bremsscheibe zu ermöglichen (Abb. 7).

Die Nachstellung der Bremse erfolgt durch die Wirkung der Kolbendichtringe oder durch eine selbsttätige Nachstellvorrichtung im Innern der Kolben.

Die Betätigung von Scheibenbremsen erfordert hohe Spannkräfte weil sie im Gegensatz zu Trommelbremsen keine selbstverstärkende Wirkung haben. Als Feststellbremsen sind deshalb häufig zusätzliche Trommelbremsen vorhanden.

Scheibenbremsen sind weniger fadingempfindlich als Trommelbremsen.

Bremsscheiben und insbesondere Bremsbeläge verschleißen während des Bremsens. Aus Sicherheitsgründen müssen sie in regelmäßigen Abständen überprüft und gegebenenfalls ausgetauscht werden.

Es werden überwiegend folgende Scheibenbremsarten verwendet:

- **Festsattelbremse,**
- **Faustsattelbremse.**

Die **Festsattelbremse** (Abb. 5) hat zwei oder vier Kolben, die sich paarweise gegenüberstehen.

Die **Faustsattelbremse** (Abb. 6) hat nur einen Kolben. Beim Bremsvorgang wird durch das verschiebbare Gehäuse die Kolbenkraft auf den gegenüberliegenden Bremsbelag übertragen. Der Kolben ist auf der dem Rad abgewendeten Seite der Bremsscheibe angeordnet. Dadurch entsteht ein geringerer Platzbedarf gegenüber der Festsattelbremse.

5.4.2 Hydraulische Bremsbetätigung

Die hydraulische Bremsbetätigung besteht aus folgenden Bauelementen (Abb. 2):

- Hauptzylinder mit Bremskraftverstärker,
- Radbremszylinder (Trommelbremse) bzw. Bremssättel (Scheibenbremse),
- Bremsleitungen,
- Bremsflüssigkeit.

Grundprinzip

Für die Erzeugung der Spannkraft F_2 an den Radbremsen gelten die Gesetze der hydraulischen Kraftübertragung (Abb. 3).

Die Pedalkraft F_1 wird über einen Kolben im Hauptzylinder auf die eingeschlossene Bremsflüssigkeit übertragen. Der Flüssigkeitsdruck p ist im System überall gleich groß und bewirkt an den Kolben der Radbremszylinder bzw. der Bremssättel die Spannkraft F_2. Die Größe der Spannkraft hängt von der Betätigungskraft F_1 und vom Verhältnis der Kolbenflächen $\frac{A_1}{A_2}$ ab $\left(\frac{F_1}{F_2} = \frac{A_1}{A_2}\right)$.

Bremskreise

Die hydraulische Bremsbetätigung von Kraftfahrzeugen besitzt zwei unabhängige Bremskreise, damit bei einem Defekt (z. B. Verlust von Bremsflüssigkeit) noch mindestens zwei Räder gebremst werden können, die nicht auf derselben Seite liegen dürfen. Die unterschiedlichen Möglichkeiten der Bremskreisaufteilung zeigt Abb. 1.

Hauptzylinder

Die Aufteilung des Bremssystems in zwei unabhängige Bremskreise erfordert einen **Tandem-Hauptzylinder** (Abb. 4) mit zwei hintereinander liegenden Kolben. Jeder Kolben hat einen eigenen **Druckraum**, der mit jeweils einem der Bremskreise verbunden ist. In Ruhestellung ist jeder Druckraum über eine **Ausgleichsbohrung** mit einem separaten Ausgleichsbehälter verbunden.

Bei Ausfall eines der Bremskreise, z. B. durch Bremsflüssigkeitsverlust, bewegt sich der Kolben des defekten Kreises zum Anschlag bzw. gegen den

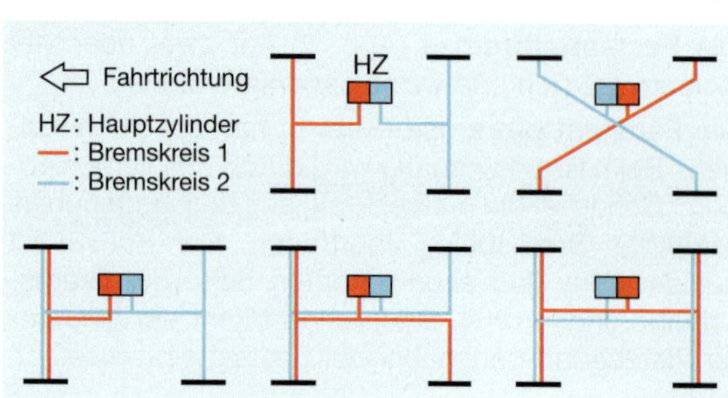

Abb. 1: Bremskreisaufteilung

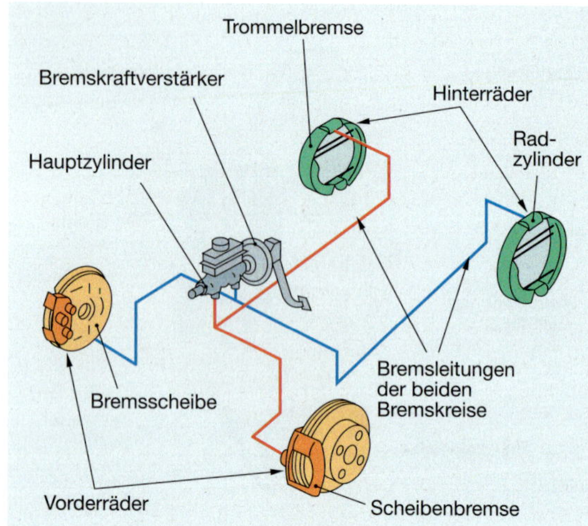

Abb. 2: Aufbau einer hydraulischen Bremsanlage

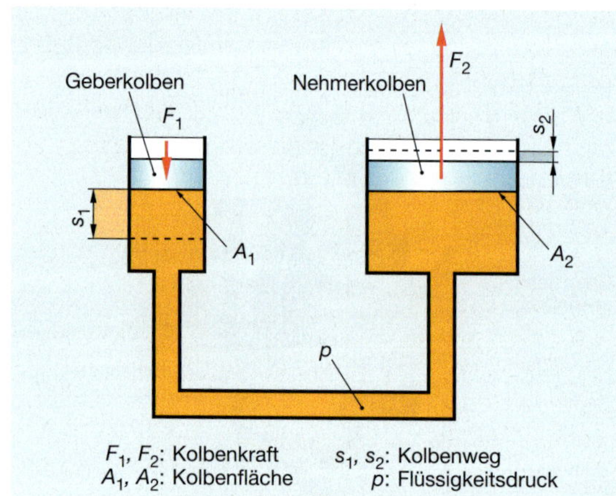

Abb. 3: Hydraulische Kraftübertragung

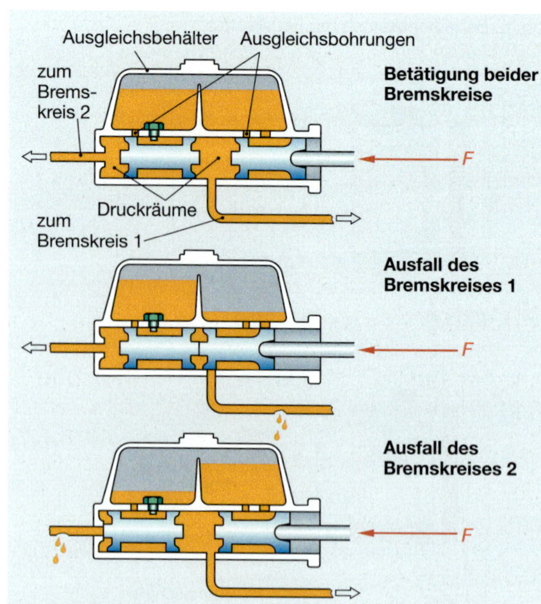

Abb. 4: Wirkungsweise des Tandem-Hauptzylinders

zweiten Kolben. Im intakten Bremskreis kann auf Grund der getrennten Druckräume weiterhin Druck aufgebaut werden. Der Ausfall eines Bremskreises wird für den Fahrer durch einen längeren Bremspedalweg spürbar.

Der **Ausgleichsbehälter** dient zum Speichern und Nachfüllen von Bremsflüssigkeit. Der Flüssigkeitsstand ändert sich auf Grund der Volumenänderung durch Wärmedehnung. Bremsbelagverschleiß führt zum Absinken des Flüssigkeitsstands, weil durch die weiter ausgefahrenen Kolben der Bremssättel bzw. Radbremszylinder das Volumen im Bremssystem zunimmt.

Bremsflüssigkeit

Bremsflüssigkeit besteht im Wesentlichen aus Polyglycolverbindungen. Ihr Siedepunkt liegt bei etwa 300 °C, um Dampfblasenbildung infolge der Erwärmung durch die Radbremsen zu vermeiden. Durch ihre hygroskopische (wasseraufnehmende) Wirkung sinkt der Siedepunkt mit zunehmender Betriebsdauer (Abb. 5).

Die **Mindestsiedepunkte** sind in den **DOT**-Normen (**D**epartment **o**f **T**ransportation, amerikanisches Verkehrsministerium) festgelegt.

DOT 3: 205 °C
DOT 4: 230 °C
DOT 5.1: 260 °C

Die für den jeweiligen Fahrzeugtyp zu verwendende Bremsflüssigkeit wird durch den Fahrzeughersteller festgelegt.

Bremsflüssigkeit muss auf Grund der hygroskopischen Wirkung alle 1 bis 2 Jahre gewechselt werden.

Die Verwendung von älterer Bremsflüssigkeit kann zu Dampfblasenbildung, und damit zum Ausfall der Bremsanlage führen.

Bremsflüssigkeit ist gesundheitsschädlich und wassergefährdend. Sie darf nicht in die Kanalisation oder ins Erdreich gelangen.

Bremskraftverstärker

Der Bremskraftverstärker (Abb. 5) hat die Aufgabe, die Fußkraft des Fahrers zu unterstützen.

Er besteht aus einer **Druckkammer** und einer **Unterdruckkammer**, die durch eine **Membran** getrennt sind. Ein **Steuerventil** belüftet die Druckkammer in der Bremsstellung und entlüftet sie in der Lösestellung.

In der **Lösestellung** sind die Saug- und Druckkammer miteinander verbunden. Durch eine Rohrverbindung mit dem Saugrohr des Motors wird bei laufendem Motor Luft abgesaugt, so dass in beiden Kammern gleichermaßen ein Unterdruck entsteht.

In der **Bremsstellung** wird durch das Steuerventil die Verbindung der Kammern verschlossen und gleichzeitig die Druckkammer belüftet. Durch den Druckunterschied in den Kammern entsteht an der Membran eine Kraft, die über eine Druckstange auf die Kolben des Hauptbremszylinders übertragen wird.

Bei stehendem Motor (z. B. beim Abschleppen) arbeitet der Bremskraftverstärker nicht. Zum Abbremsen ist deshalb ein erheblich größerer Kraftaufwand erforderlich.

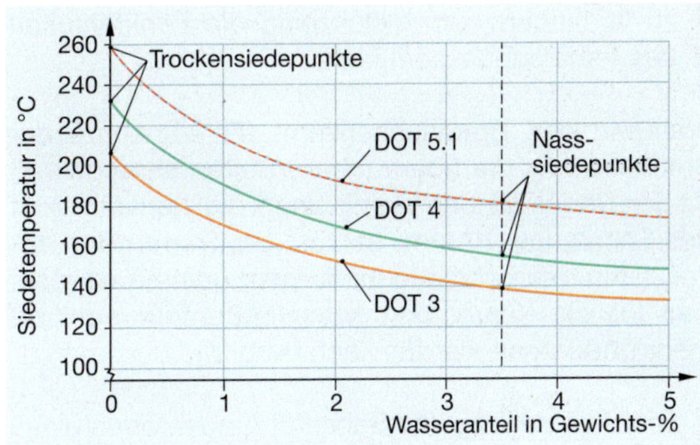

Abb. 5: Siedekurven von Bremsflüssigkeiten

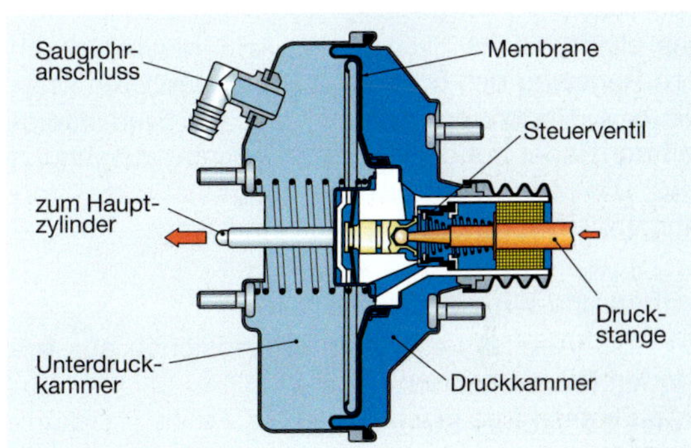

Abb. 6: Bremskraftverstärker

Aufgaben:

1. Welche Bremsanlagen müssen in Personenkraftwagen vorhanden sein?
2. Welche Aufgabe haben Radbremszylinder?
3. Warum müssen Trommelbremsen nachgestellt werden?
4. Was bedeutet Selbstverstärkung?
5. Was versteht man unter Bremsfading?
6. Welche Scheibenbremsarten werden überwiegend verwendet? Wodurch unterscheiden sie sich?
7. Beschreiben Sie die Wirkungsweise des Tandem-Hauptzylinders.
8. Wodurch wird beim Bremskraftverstärker die Fußkraft des Fahrers unterstützt?

5.5 Elektronische Fahrwerkssysteme

Elektronische Fahrwerkssysteme haben die Aufgabe, Bauelemente des Fahrwerks (z. B. Bremsen, Federung) zu beeinflussen, um den **Fahrkomfort** und die **Fahrsicherheit** zu steigern.

5.5.1 Antiblockiersystem (ABS)

Das Antiblockiersystem (ABS) hat die Aufgabe, während des Bremsens ein Blockieren der Räder zu verhindern, um gleichzeitig die Lenkfähigkeit des Fahrzeugs zu erhalten.

Während des Bremsens nimmt mit zunehmender Bremskraft F_b die übertragbare Seitenführungskraft F_s der Räder ab und damit auch die Lenkfähigkeit des Fahrzeugs. Kommt es zum Blockieren der Räder, kann das Fahrzeug nicht mehr gelenkt werden, weil für die Kurvenfahrt keine Seitenführungskraft mehr übertragen werden kann (Abb. 3).

Die Übertragung von Seitenführungskräften eines ungebremsten Rades ist stets besser als die eines bremsenden Rades.

Das elektronische System des ABS bewirkt durch eine Regelung des Bremsdruckes in den Bremssätteln bzw. Radbremszylindern, dass die Bremsfähigkeit der Räder auf der Fahrbahn optimal ausgenutzt wird. Die Lenkbarkeit des Fahrzeugs hat dabei Vorrang vor einer Verkürzung des Bremswegs.

Aufbau und Wirkungsweise

Ein ABS (Abb. 2) besteht im Wesentlichen aus folgenden Bauelementen:

- **elektronisches Steuergerät,**
- **Raddrehzahlsensoren,**
- **Hydraulikeinheit,**
- **Sicherheitslampe.**

Das **elektronische Steuergerät** erfasst über die elektrischen Spannungsimpulse der **Raddrehzahlsensoren** die Geschwindigkeiten der einzelnen Räder. Bei Blockierneigung eines oder mehrerer Räder wird vom Steuergerät die Bremsdruckregelung aktiviert.

Die Bremsdruckregelung erfolgt durch eine **Hydraulikeinheit** (Abb. 1), in der Magnetventile, Druckspeicher und eine Rückförderpumpe zusammengefasst

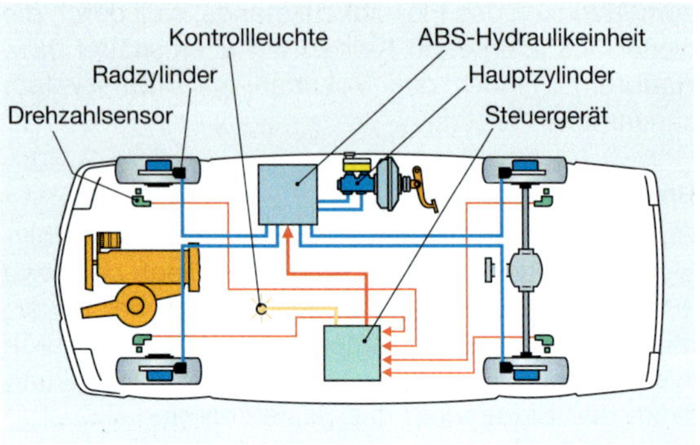

Abb. 2: Antiblockiersystem (ABS)

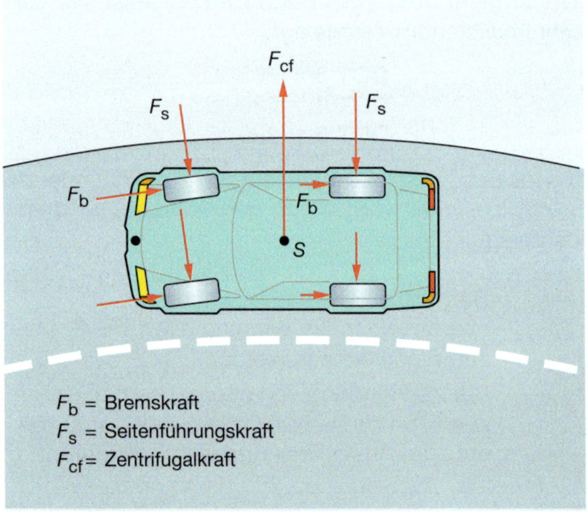

Abb. 3: Kräfte am Fahrzeug bei Kurvenfahrt

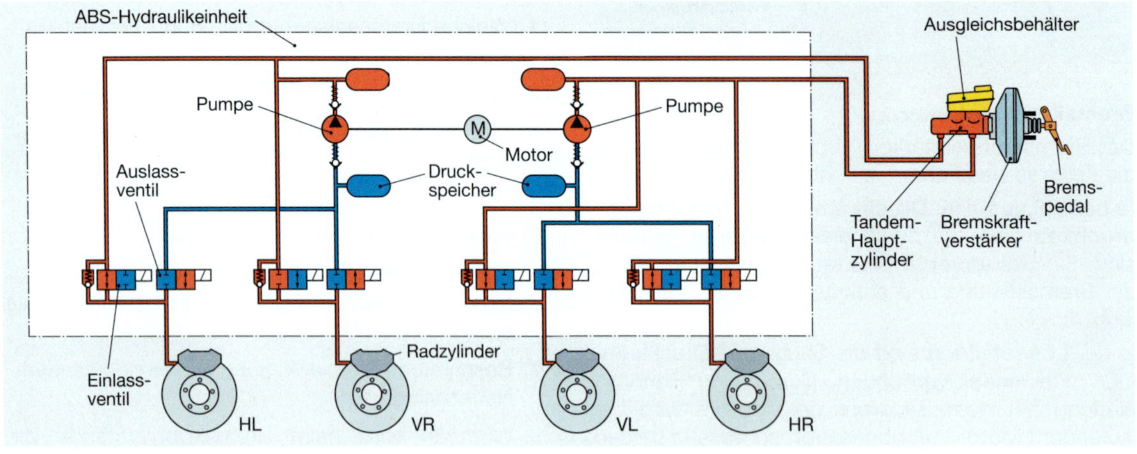

Abb. 1: ABS-Hydraulikeinheit

sind. Der Regelvorgang gliedert sich in die Regelphasen **Druckaufbau**, **Druck halten** und **Druckabbau** (Abb. 4). Je nach Bremsdruck und Fahrbahnbeschaffenheit können die Regelphasen nacheinander bis zu 5-mal je Sekunde durchgeführt werden.

In der **Druckaufbauphase** (Abb. 4a) befinden sich alle Magnetventile in Ruhestellung. Der Bremsdruck kann vom Fahrer über den Hauptzylinder nach Bedarf gesteuert werden. Diese Regelphase ist auch dann aktiviert, wenn nicht gebremst wird bzw. das ABS nicht aktiv ist.

Besteht z. B. an einem Rad Blockiergefahr, werden vom Steuergerät die entsprechenden Magnetventile auf **Druck halten** (Abb. 4b) geschaltet. In dieser Phase kann der Bremsdruck durch den Fahrer an diesem Rad nicht verändert werden.

Neigt das Rad weiterhin zum Blockieren, werden die Magnetventile auf **Druckabbau** (Abb. 4c) umgeschaltet, um die Bremse zu lösen. In dieser Phase öffnet das Magnetventil eine Verbindung zum **Druckspeicher**, der durch Zwischenspeicherung der Bremsflüssigkeit einen schnellen Druckabbau im Bremssattel ermöglicht. Die **Rückförderpumpe** pumpt die Bremsflüssigkeit vom Druckspeicher zurück in die Bremsleitung.

Die **Sicherheitslampe** befindet sich in der Armaturentafel. Sie wird vom Steuergerät eingeschaltet und signalisiert dem Fahrer eine Fehlfunktion im System. In diesem Fall steht die Bremsanlage ohne ABS-Funktion zur Verfügung.

4.5.2 Antriebsschlupfregelung (ASR)

Die Antriebsschlupfregelung hat die Aufgabe das Durchdrehen der Antriebsräder beim Anfahren zu verhindern. Dadurch bleiben Lenkfähigkeit und Fahrstabilität insbesondere auf glatter Fahrbahn und beim Beschleunigen in Kurven erhalten.

ASR ist eine Ergänzung und Weiterentwicklung des ABS. Raddrehzahlsensoren sowie Steuergerät und Hydraulikeinheit mit erweitertem Funktionsumfang werden gemeinsam genutzt (Abb. 5).

Erkennt das **ABS/ASR-Steuergerät** durch Vergleich der Spannungsimpulse der **Raddrehzahlsensoren** eine Neigung zum Durchdrehen der Räder, so wird das Antriebsmoment durch einen

- **Motoreingriff** oder
- **Bremseneingriff** reduziert.

Je nach Ausstattungsumfang können Fahrzeuge mit einem Motoreingriff oder einem Bremseneingriff oder einer Kombination aus Motor- und Bremseneingriff ausgestattet sein.

Beim **Motoreingriff** kann durch einen Datenaustausch mit dem Motorsteuergerät das Motormoment und damit das Antriebsmoment durch folgende Maßnahmen reduziert werden:

- Drosselklappe schließen,
- Zündzeitpunkt nach spät verstellen,
- Einspritzventile abschalten.

Der **Bremseneingriff** ist wirksamer als der Motoreingriff, wenn nur ein Antriebsrad durchdreht. In diesem Fall wird durch die ABS/ASR-Hydraulikeinheit das durchdrehende Rad abgebremst. Durch die Wirkung des Ausgleichsgetriebes (s. Kap. 3.5) wird das Antriebsmoment auf das gegenüberliegende Antriebsrad übertragen.

Der erforderliche Bremsdruck wird durch einen separaten Bremsdruckspeicher oder durch die Nutzung der ABS-Rückförderpumpe in Verbindung mit zusätzlichen Magnetventilen sichergestellt. Die Bremsdruckregelung erfolgt wie beim ABS (s. Kap. 5.5.1) mit den Regelphasen **Druckaufbau, Druckabbau, Druck halten.**

Die **ASR-Kontrolllampe** leuchtet wenn die ASR in Betrieb ist, um dem Fahrer anzuzeigen, dass sich das Fahrzeug im physikalischen Grenzbereich befindet.

Über den **Bedienschalter** lässt sich die ASR abschalten. Dies ist z. B. während des Fahrens mit Schneeketten oder beim Befahren von Brems- oder Leistungsprüfständen erforderlich.

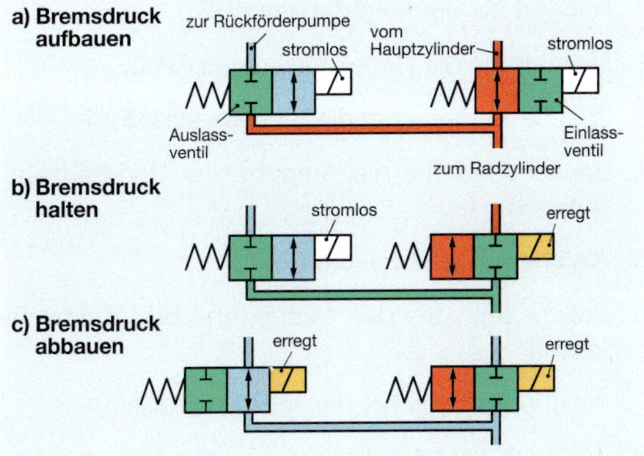

Abb. 4: ABS-Regelphasen

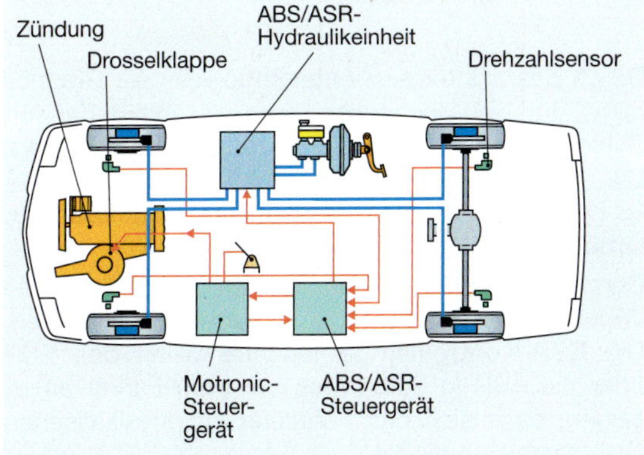

Abb. 5: Antriebsschlupfregelung

5.5.3 Elektronisches Stabilitätsprogramm (ESP)

Das elektronische Stabilitätsprogramm (ESP) hat die Aufgabe, durch Eingriff in die Bremsen und in das Motormanagement ein Ausbrechen des Fahrzeugs bei Kurvenfahrt zu verhindern.

ESP ist eine Ergänzung und Weiterentwicklung des ABS/ASR (Abb. 1). **Raddrehzahlsensoren** sowie **Steuergerät** und **Hydraulikeinheit** verfügen über einen erweiterten Funktionsumfang und werden gemeinsam genutzt. ABS- und ASR-Funktion sind in vollem Umfang im System integriert.

Für die Erkennung der Schleudergefahr bei Kurvenfahrt werden vom Steuergerät neben den Signalen der Raddrehzahlsensoren die Informationen zusätzlicher Sensoren zur Berechnung der gewünschten Fahrtrichtung (Soll-Fahrtrichtung) und der tatsächlich vorhandenen (Ist-Fahrtrichtung) erfasst.

Aus den Signalen des **Lenkwinkelsensors** berechnet das Steuergerät zusammen mit Signalen der **Raddrehzahlsensoren** die Soll-Fahrtrichtung des Fahrzeugs.

Der **Querbeschleunigungssensor** übermittelt dem Steuergerät die Beschleunigung des Fahrzeugs zur Querachse als Maß für sein seitliches Ausbrechen. Zusammen mit den Signalen des **Drehratensensors**, der die Drehgeschwindigkeit des Fahrzeugs um seine Hochachse als Maß für seine Schleudertendenz erfasst, wird vom Steuergerät die Ist-Fahrtrichtung berechnet.

Erkennt das Steuergerät aus den erfassten Sensorsignalen eine Tendenz zum **Unter-** oder **Übersteuern** (s. Kap. 5.3.2), wird ein bestimmtes Rad zur Stabilisierung des Fahrzeug abgebremst. Der erforderliche Bremsdruck wird von der **Vorladepumpe** und der **Rückförderpumpe** erzeugt.

Zeigt das Fahrzeug eine Tendenz zum **Untersteuern**, so wird das kurveninnere Hinterrad abgebremst (Abb. 2a).

Beim **Übersteuern** wird das kurvenäußere Vorderrad abgebremst (Abb. 2b).

Durch das Abbremsen entsteht jeweils ein Giermoment um die Hochachse, was der entstehenden Schleuderbewegung des Fahrzeugs entgegenwirkt. Die Bremsdruckregelung erfolgt wie beim ABS (s. Kap. 5.5.1) mit den Regelphasen **Druckaufbau, Druckabbau, Druck halten.**

Durch einen Motoreingriff (s. Kap. 5.5.2) kann die Wirkung des Bremseneingriffs unterstützt werden. Die **ESP-Kontrolllampe** leuchtet wenn das ESP oder die ASR in Betrieb ist, um dem Fahrer anzuzeigen, dass sich das Fahrzeug im physikalischen Grenzbereich befindet.

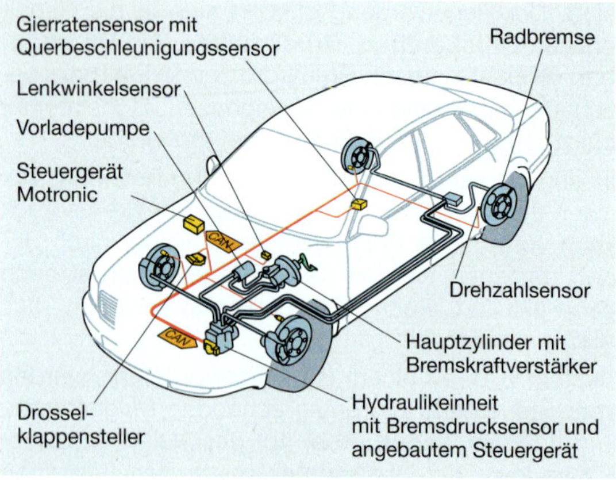

Abb. 1: Elektronisches Stabilitätsprogramm

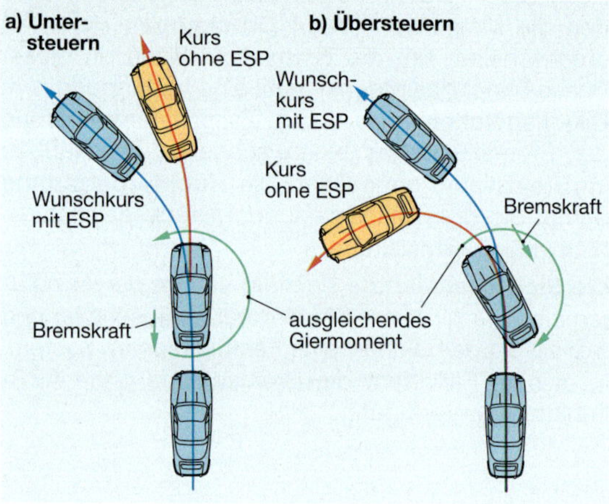

Abb. 2: ESP-Eingriff beim Unter- und Übersteuern

Über den **Bedienschalter** lässt sich die ESP- zusammen mit der ASR-Funktion abschalten. Dies ist z. B. während des Fahrens mit Schneeketten oder beim Befahren von Brems- oder Leistungsprüfständen erforderlich.

Aufgaben:

1. Nennen Sie die Aufgabe des ABS.
2. Nennen Sie die Regelphasen des ABS.
3. Welche Aufgabe hat die Sicherheitslampe?
4. Beschreiben Sie die Aufgabe der Raddrehzahlsensoren.
5. Welche Aufgabe hat die ASR?
6. Beschreiben Sie den Motor- und den Bremseneingriff.
7. Welche Aufgabe hat die ASR-Kontrolllampe?
8. Wodurch wird bei Fahrzeugen mit ESP das unkontrollierte Unter- und Übersteuern verhindert?

5.6 Räder und Reifen

5.6.1 Räder

Für Personenwagen werden überwiegend **Scheibenräder** (Abb. 3) verwendet. Sie bestehen aus der **Radscheibe** und der **Felge**.

Die Radscheibe bildet mit der Felge eine Einheit und ist durch Radschrauben oder Radmuttern mit der Radaufhängung verbunden.

Scheibenräder können aus **Stahlblech** oder aus **Leichmetalllegierungen** (z. B. Aluminium) hergestellt sein. Man unterscheidet geschmiedete oder gegossene Leichtmetallräder (Abb. 6). Sie haben gegenüber Stahlfelgen ein geringeres Gewicht. Ihre Formgebung und die bessere Wärmeleitfähigkeit des Werkstoffs bewirken eine bessere Bremsenbelüftung und ermöglichen eine wirksamere Ableitung der an den Bremsen entstehenden Wärme.

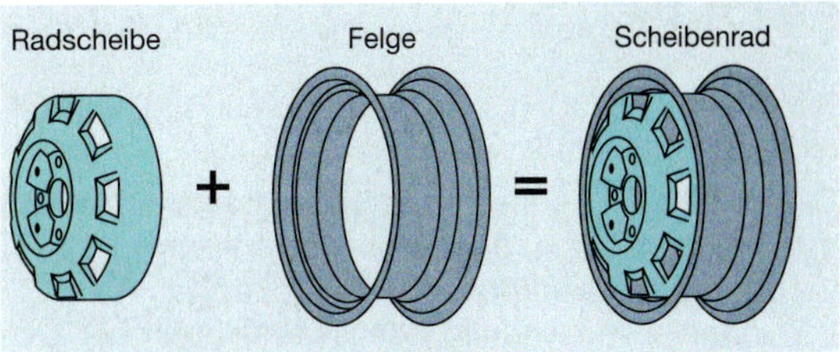

Abb. 3: Aufbau eines Scheibenrades

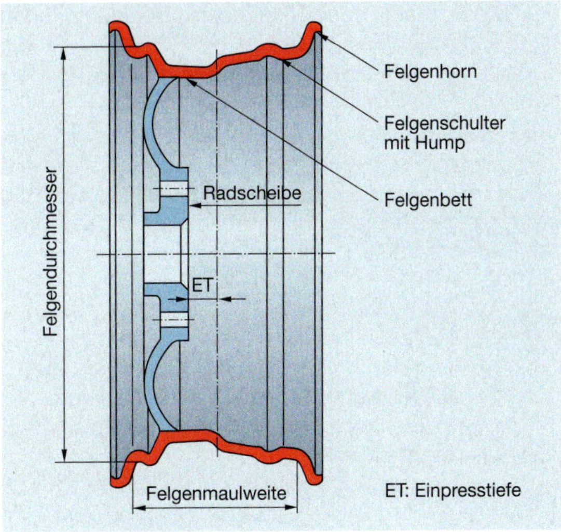

Abb. 4: Bezeichnungen an der Felge

Felgen

Felgen haben die Aufgabe, die Bereifung aufzunehmen. Für Personenwagen werden überwiegend **Tiefbettfelgen** (Abb. 5) verwendet. Das Tiefbett ermöglicht bei Scheibenrädern die Montage des Reifens, weil sich der Wulst des Reifens nur dann über das Felgenhorn ziehen lässt, wenn sich die gegenüberliegende Seite im Tiefbett befindet. Felgen mit unsymmetrischem Tiefbett lassen einen größeren Raum für die Aufnahme der Bremse zu.

Für die Montage schlauchloser Reifen ist in einer oder beiden Felgenschultern eine umlaufende Erhöhung (Hump) eingearbeitet (Abb. 4). Sie verhindert, dass der Reifen bei Kurvenfahrt von der Felge gedrückt werden kann und dadurch ein plötzlicher Luftverlust entsteht.

Die Schulterneigung von 5° (Schrägschulterfelge) bewirkt an der Felgenschulter eine hohe Anpresskraft des Reifens und dadurch eine sichere Abdichtung des Reifens gegenüber der Felge (Abb. 5).

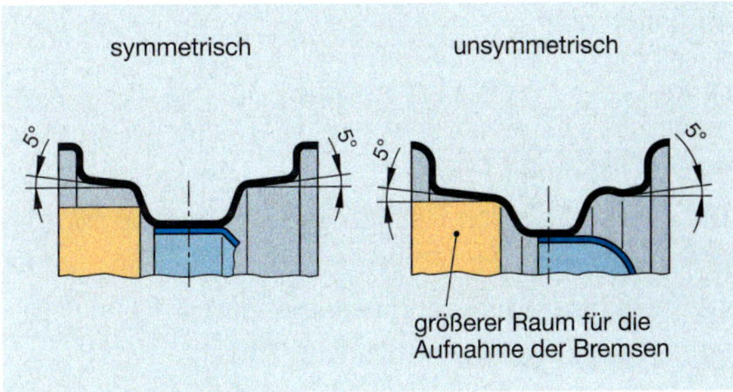

Abb. 5: Tiefbettfelge

Felgenbezeichnungen und Abmessungen

In der Bezeichnung der Felge können folgende Angaben enthalten sein:

Beispiel: **5J X 15 H2 S**

- **5 :** Maulweite in Inch
- **J :** Kennbuchstabe für die Felgenhornform
- **X :** Kurzzeichen für „Tiefbettfelge"
- **15 :** Felgendurchmesser in Inch
- **H2 :** Angabe über die Humpform und die Humpzahl
- **S :** Symmetrisches Tiefbett (Felgen mit unsymmetrischem Tiefbett haben keine besondere Bezeichnung).

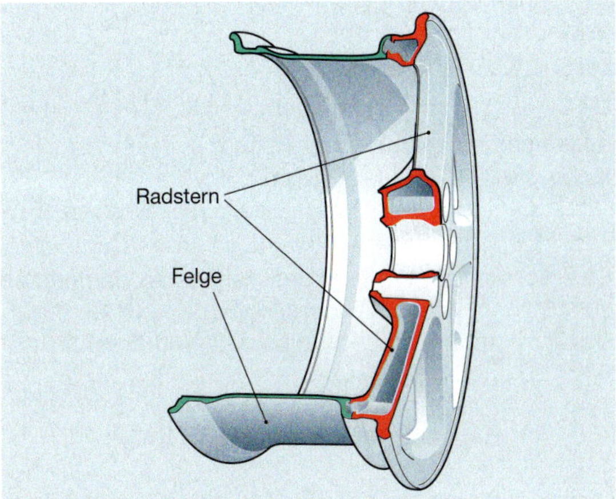

Abb. 6: Hohl gegossenes Leichtmetallrad

5.6.2 Reifen

Für Personenwagen werden überwiegend **Radialreifen** (Gürtelreifen) verwendet (Abb. 1).

Der Unterbau (Karkasse) des Radialreifens besteht aus Gewebelagen, die radial von Wulst zu Wulst verlaufen. Der **Wulstkern** besteht aus Stahldraht. Er verhindert eine Dehnung des Reifens auch bei großen Fliehkräften infolge hoher Geschwindigkeit.

Zwischen Unterbau und Lauffläche befindet sich ein Gürtel aus Stahl- oder Textilfasern, der dem Reifen die Festigkeit verleiht. Durch den Gürtel wird die Verformung der Lauffläche und damit der Rollwiderstand und der Profilverschleiß verringert.

Winterreifen haben gegenüber **Sommerreifen** eine veränderte Profilstruktur (Abb. 2) und eine weichere Gummimischung. Sie bewirkt eine bessere Haftung bei niedrigen Temperaturen, aber auch einen höheren Reifenverschleiß.

Reifen verschleißen infolge Alterung und durch Abrieb an der Lauffläche. Der Gesetzgeber schreibt eine Mindestprofiltiefe von 1,6 mm an allen Stellen der Lauffläche vor.

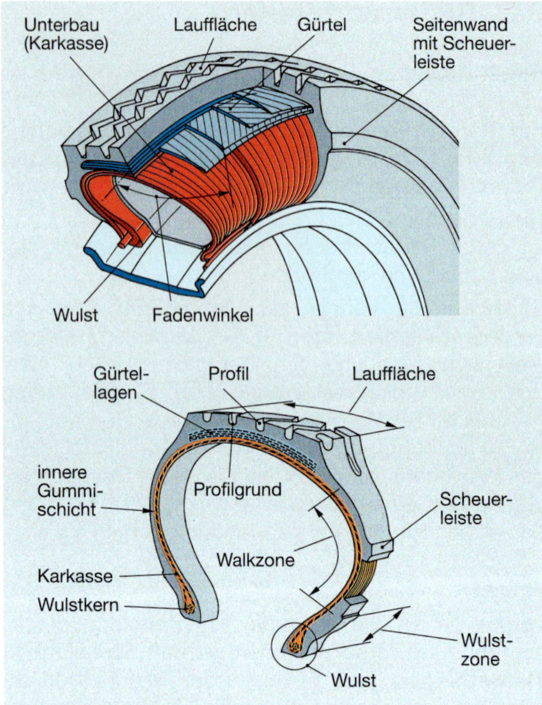

Abb. 1: Aufbau eines Radialreifens

Abb. 2: Reifenarten

Tab. 1	
Tragfähigkeitskennziffer	max. Reifentragfähigkeit (kg)
87	545
88	560
89	580
90	600
91	615

Tab. 2	
Geschwindigkeitskennbuchstabe	zul. Höchstgeschwindigkeit in km/h
R	170
S	180
T	190
H	210
V	240

Abb. 3: Tabellen für max. Tragfähigkeit und zul. Höchstgeschwindigkeit (Auszüge)

Reifenbezeichnungen und Abmessungen

In der Reifenbezeichnung können folgende Angaben enthalten sein.

Beispiel: **195/70 R 14 91H**

195 Reifenbreite in mm
/70 Verhältnis von Reifenhöhe zur Breite in %
R Reifenbauart; „R“ steht für Radialreifen
14 Reifeninnendurchmesser in Inch
91 Tragfähigkeitskennzahl (s. Tab. 1)
H Geschwindigkeitskennbuchstabe (s. Tab. 2)

Es können folgende zusätzliche Angaben vorhanden sein, z. B.:

M+S (Schneeflockensymbol)**:** Winterreifen,
M+S: Ganzjahresreifen,
tubeless: schlauchloser Reifen,
reinforced: verstärkter Reifen.

Das **Herstellungsdatum** des Reifens ist den letzten vier Stellen der DOT-Identifikationsnummer (DOT: **D**epartment **of** **T**ransportation, US-Verkehrsministerium) zu entnehmen.

Beispiel: DOT XXXX XXXX 1417

Dieser Reifen wurde in der 14. Woche des Jahres 2017 hergestellt.

Aufgaben:

1. Welche Aufgabe hat das Tiefbett einer Tiefbettfelge?
2. Erklären Sie die Felgenbezeichnung 5J X 13 H.
3. Welche Aufgabe hat beim Radialreifen der Gürtel?
4. Erklären Sie die Reifenbezeichnung 165/60 R 13 88 S.

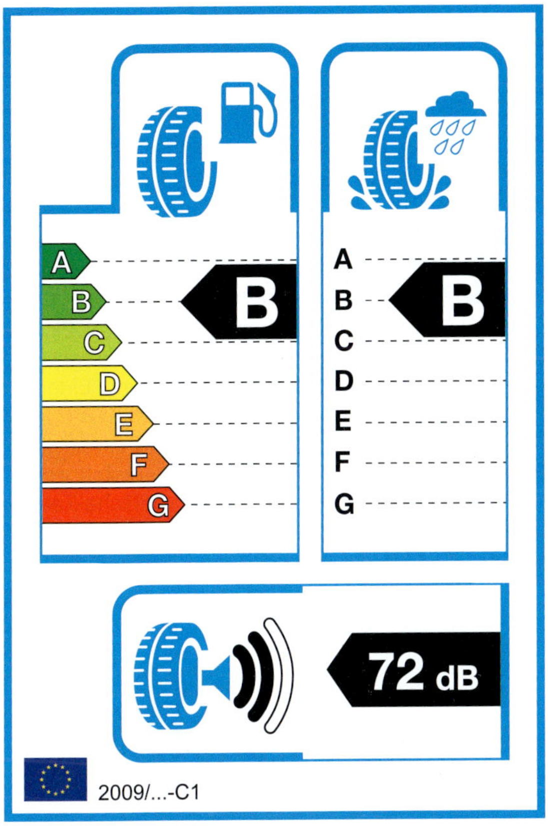

Abb. 1: EU Reifenlabel

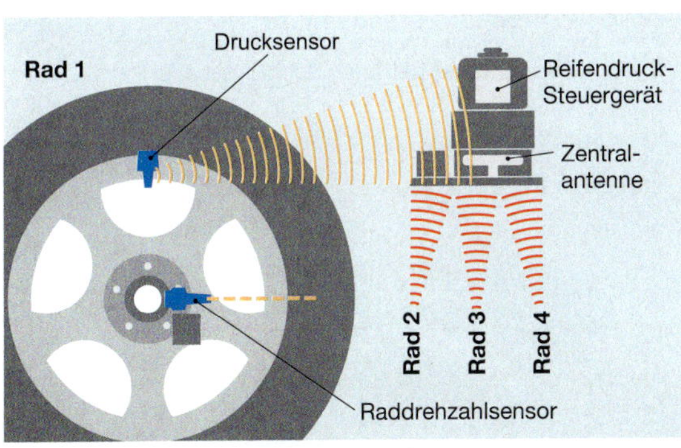

Abb. 2: System mit direkter Messung)

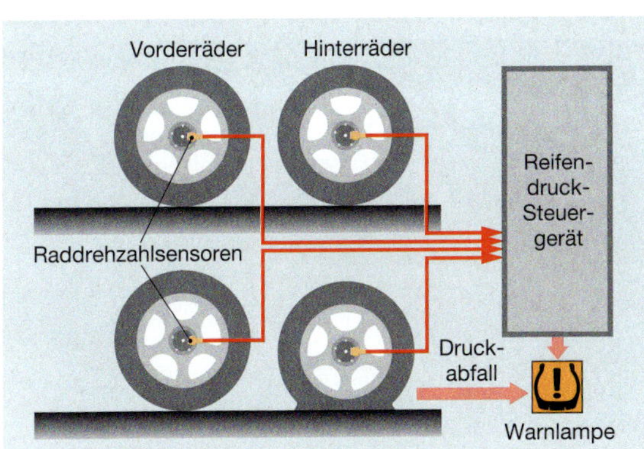

Abb. 3: System mit indirekter Messung

EU Reifenlabel

Ab dem 01.11.2012 müssen alle Reifen, die nach dem 30.06.2012 produziert werden, eine Kennzeichnung hinsichtlich ihrer Sicherheit, ihrer Verbrauchseffizienz und des Abrollgeräuschs tragen.

Das EU Reifenlabel (Abb. 1) hilft dem Verbraucher bei der Kaufentscheidung und bewertet die folgenden drei Kriterien:

- **Kraftstoffverbrauch**,
- **Bremsverhalten bei Nässe** und
- **Geräuschentwicklung**

Eine Verbesserung von einer Klasse zur nächsten bedeutet eine Verbrauchsreduzierung von ca. 0,1 bis 0,15 l Kraftstoff je 100 km.

Der Bremswegunterschied von einer Klasse zur nächsten liegt bei nasser Fahrbahn und einer Geschwindigkeit von 80 km/h bei etwa 3 bis 6 m.

Je mehr schwarze Balken, desto größer die Geräuschentwicklung des Reifens. 10 dB mehr entspricht einer empfundenen Verdoppelung der Lautstärke.

Reifendruck-Kontrollsysteme

Reifendruck-Kontrollsysteme (RDKS) haben die Aufgabe, den Fahrer über einen Abfall des Luftdrucks im Reifen zu informieren.

Reifendruck-Kontrollsysteme sind ab 01.11.2014 für alle Neufahrzeuge vorgeschrieben. Es werden folgende Bauarten unterschieden:

- **Systeme mit direkter Messung** und
- **Systeme mit indirekter Messung**

Systeme mit direkter Messung (Abb. 2) verfügen über Sensoren in jedem Reifen, welche über ein Funksignal Informationen über den Luftdruck an das Reifendruck-Steuergerät senden. Der Reifendruck jedes einzelnen Reifens wird dann dem Fahrer in einem Display angezeigt. Bei unzulässigem Druckverlust wird ein entsprechendes Warnsignal ausgegeben.

Systeme mit indirekter Messung (Abb. 3) sind einfacher aufgebaut, weil Sie ohne besondere Drucksensoren auskommen. Das Reifendruck-Steuergerät wertet hier nur die Signale der vorhandenen ABSRaddrehzahlsensoren aus. Der Druckverlust in einem Reifen führt zu einer Verringerung des Abrollumfangs und damit zu einer Erhöhung der Raddrehzahl. Die erhöhte Raddrehzahl wird vom Steuergerät indirekt als Druckverlust erkannt. Der Fahrer wird dann durch ein entsprechendes Warnsignal über das Problem informiert.

6 Karosserie

6.1 Karosserieaufbau

Karosserien für Personenwagen werden überwiegend aus **Stahlblech**, zunehmend aber auch aus **Aluminium** gefertigt und haben meist einen **selbsttragenden Karosserieaufbau**.

Die tragenden Teile der Karosserie, wie z. B. A-, B- und C-Säulen, Dachrahmen und Motorträger sowie die Bodengruppe sind miteinander verschweißt und bilden eine Einheit. Dadurch ergibt sich eine verwindungssteife Karosseriestruktur mit geringem Gewicht (Abb. 1).

Eine zusätzliche Versteifung der Karosserie wird durch das Einkleben der Windschutzscheibe in den Scheibenrahmen erreicht.

Weitere Karosserieteile, wie z. B. die Radabdeckungen, können mit dem Aufbau verschweißt, verklebt oder verschraubt sein.

6.2 Korrosionsschutz

Die Einwirkung von z. B. Luftsauerstoff oder Rückstände von Streusalz verursachen in Verbindung mit Wasser an der Oberfläche der meisten Metalle chemische Reaktionen, die zur Bildung von Korrosion führen.

Aluminium bildet gegenüber Luftsauerstoff eine gasdichte Korrosionsschicht, die ein Fortschreiten der Korrosion verhindert und dadurch wie eine Schutzschicht wirkt.

Die Korrosionsschicht von **Stahl** ist porös und damit durchlässig für Luftsauerstoff oder Salzlösungen, sodass der Korrosionsvorgang bis zur Zerstörung (Durchrostung) des Stahlblechs fortschreiten kann.

Der Korrosionsschutz für Karosseriebleche wird im Wesentlichen durch die **Lackierung** erreicht. Stahlbleche können vor dem Lackieren durch das galvanische Auftragen einer Schutzschicht aus **Zink** zusätzlich geschützt werden.

Lackierung

Der Aufbau einer im Herstellerwerk durchgeführten Lackierung kann z. B. folgende Schichten aufweisen (Abb. 2):

- **Phosphatschicht,**
- **kathodische Tauchgrundierung,**
- **Füllerschicht,**
- **Ein- oder Zweischicht-Decklack.**

Die **Phosphatschicht** und die **kathodische Tauchgrundierung** (Abb. 3) dienen als Korrosionsschutz und als Haftgrund für die weiteren Schichten.

Die **Füllerschicht** dient zum Ausgleich kleiner Unebenheiten auf der Oberfläche.

Der **Decklack** wird im **Einschicht-** oder **Zweischichtverfahren** aufgetragen.

Im **Einschichtverfahren** gibt die letzte Lackschicht der Oberfläche die Farbe, den Glanz und die Härte.

Im **Zweischichtverfahren** wird zunächst ein **Basislack** aufgetragen, der die Farb- bzw. Effektgebung (z. B. Metallic oder Perleffekt) übernimmt. Eine zusätzliche **Klarlackschicht** bewirkt den Glanz und den Schutz der Oberfläche.

Bei **Reparaturlackierungen** in der Werkstatt entfallen die Phosphatierung und die kathodische Tauchgrundierung. Sie werden durch eine einfache Grundierung ersetzt.

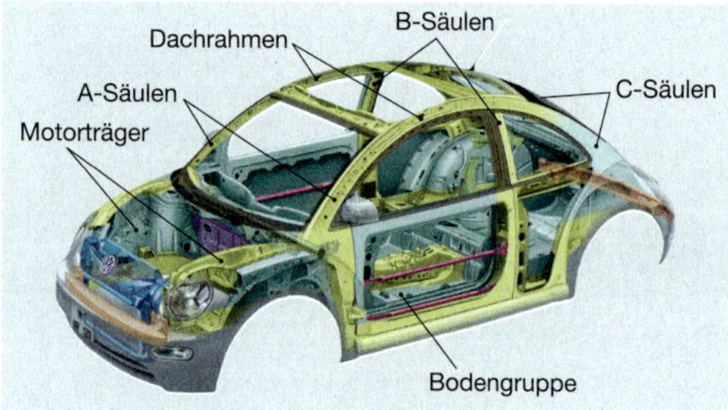

Abb. 1: Aufbau einer selbsttragenden Karosserie

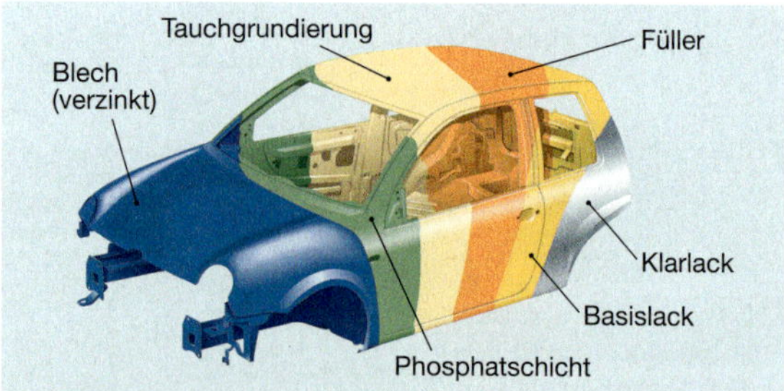

Abb. 2: Aufbau einer Zweischicht-Lackierung

Abb. 3: Tauchgrundierung

6.3 Fahrwiderstände

Fahrwiderstände sind Kräfte, die der Bewegung von Fahrzeugen entgegengesetzt sind. Sie setzen sich zusammen aus:

- **Rollwiderstand,**
- **Steigungswiderstand** (Bergauffahrt) und
- **Luftwiderstand.**

Rollwiderstand

Der Rollwiderstand entsteht durch die Lagerreibung z. B. der Radlager, sowie durch Kräfte, die während der Fahrt für die Verformung der Reifen und der Fahrbahn aufgebracht werden müssen. Der Rollwiderstand steigt mit zunehmender Geschwindigkeit (Abb. 1).

Das Fahren mit zu geringem Reifenluftdruck erhöht den Rollwiderstand und damit den Kraftstoffverbrauch.

Luftwiderstand

Der Luftwiderstand einer Karosserie steigt mit zunehmender Fahrgeschwindigkeit stärker als der Rollwiderstand (Abb. 1). Eine **aerodynamisch** (Aerodynamik: Lehre von der Bewegung gasförmiger Stoffe) optimierte Karosserie verringert den Kraftstoffverbrauch des Fahrzeugs insbesondere bei höheren Geschwindigkeiten.

Eine Verdoppelung der Fahrgeschwindigkeit bewirkt eine Vervierfachung des Luftwiderstandes und erfordert etwa die achtfache Motorleistung.

Der Luftwiderstand $\boldsymbol{F_L}$ ist abhängig von

- der Luftdichte ϱ,
- der Fahrzeuggeschwindigkeit $\boldsymbol{v}$,
- der Stirnfläche $\boldsymbol{A}$ des Fahrzeugs (Abb. 2) und
- der Luftwiderstandszahl $\boldsymbol{c_w}$.

$$F_L = \frac{\varrho}{2} \cdot v^2 \cdot A \cdot c_w$$

Die **Luftwiderstandszahl c_w** ist abhängig von der Form und der Oberfläche der Karosserie (Tab. 1). Sie kann nur durch Versuche in einem Windkanal ermittelt werden.

Die Luftwiderstandszahl lässt eine Beurteilung der Qualität einer Karosserieform nicht zu. Eine aussagefähige Beurteilung wird durch Multiplikation mit der Stirnfläche erreicht (Abb. 2 und Tab. 2).

Durch aerodynamische Maßnahmen können neben der Verringerung des Luftwiderstandes auch andere Wirkungen erzielt werden, z. B. eine Verringerung der Windgeräusche oder eine geringere Verschmutzung der Glasflächen.

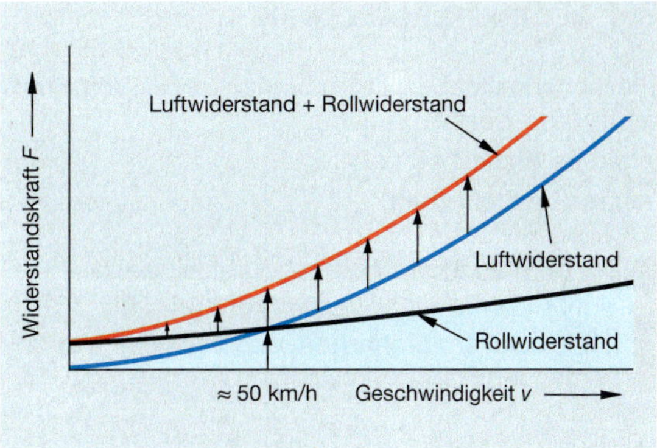

Abb. 1: Luft- und Rollwiderstand

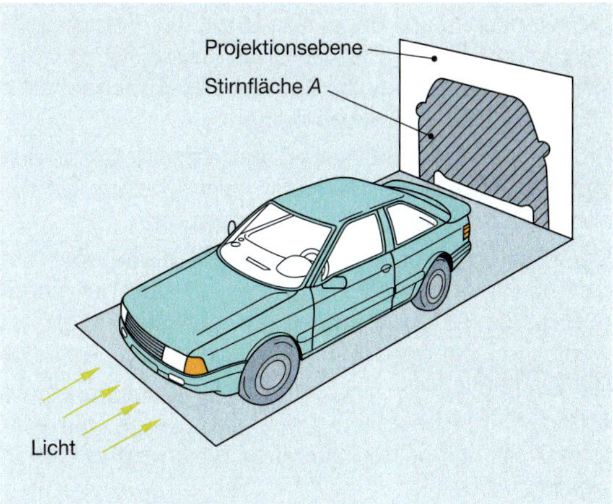

Abb. 2: Stirnfläche eines Fahrzeugs

Veränderung des c_w-Wertes durch Einfluss von:	in %
Niveau-Absenkung um 30 mm	ca. –5
glatten Radkappen	–1 bis –3
geklebten Scheiben	ca. –1
abgedichteten Spalten	–2 bis –5
Bodenverkleidungen	–1 bis –7
Klappscheinwerfern	+3 bis +10
Außenspiegeln	+2 bis +5
geöffneten Fenstern	ca. +5
geöffnetem Schiebedach	ca. +2
Surfbrett-Dachtransport	ca. +40
Durchströmung von Kühler und Motorraum	+4 bis +14
Bremsenkühlung	+2 bis +5

Tab. 1: c_W-Wert Veränderung

Fahrzeug (Beispiel)	c_w-Wert	Stirnfläche A in m^2	$c_w \cdot A$
Pkw	0,3	2,0	0,6
Lkw	0,8	7,5	6,0
Omnibus	0,5	6,0	3,0
Motorrad (verkleidet, sitzend)	0,6	0,45	0,27

Tab. 2: c_W-Werte und Stirnflächen

6.4 Sicherheitstechnik

Die sicherheitstechnischen Einrichtungen von Kraftfahrzeugen beeinflussen die

- **aktive Sicherheit** und
- **passive Sicherheit.**

Zur **aktiven Sicherheit** gehört alles, was zur Verhinderung von Unfällen beiträgt (Abb. 3).

Zur **passiven Sicherheit** gehört alles, was zur Verminderung von Unfallfolgen beiträgt (Abb. 3).

6.4.1 Sicherheits-Fahrgastzelle

Die Karosserie soll bei einem Unfall die Fahrzeuginsassen schützen. Dies erfordert eine Karosseriestruktur, die aus einer **Sicherheits-Fahrgastzelle** und den **Knautschzonen** besteht.

Die sehr steife Sicherheits-Fahrgastzelle bildet den Überlebensraum der Insassen und soll sich bei einem Aufprall möglichst nicht verformen.

Die weicheren Knautschzonen (Abb. 3) umgeben die Sicherheits-Fahrgastzelle. Sie sollen sich bei einem Aufprall so verformen, dass die Insassen möglichst wenig belastet werden.

Die Knautschzonen sind so gestaltet, dass bei einem Aufprall unterschiedlich großer Fahrzeuge, die Verformungen auf beide Fahrzeuge gleichmäßig verteilt werden (Abb. 4).

6.4.2 Sicherheitsglas

Die Glasflächen von Kraftfahrzeugen bestehen aus Sicherheitsglas. Es hat die Aufgabe, das Verletzungsrisiko der Fahrzeuginsassen bei einem Aufprall möglichst gering zu halten. Man unterscheidet

- **Verbundsicherheitsglas (VSG)** und
- **Einscheiben-Sicherheitsglas (ESG).**

Einscheiben-Sicherheitsglas (ESG) wird für Seitenscheiben und Heckscheiben verwendet. Durch eine Wärmebehandlung wird eine Vorspannung des Glases erreicht, wodurch beim Glasbruch kleine Glaskrümel ohne scharfe Kanten entstehen. Die Beschädigung der Scheibe führt zu starker Beeinträchtigung der Durchsicht.

Verbundsicherheitsglas (VSG) wird überwiegend für Front- aber auch für Heckscheiben verwendet. Es besteht aus zwei Glasscheiben, die durch eine Zwischenlage aus Kunststofffolie miteinander verklebt sind (Abb. 5). Dadurch wird ein Durchschlagen der Scheibe vermieden. Die Beschädigung der Scheibe z. B. durch Steinschlag führt meist nur zu einer geringen Beeinträchtigung der Durchsicht.

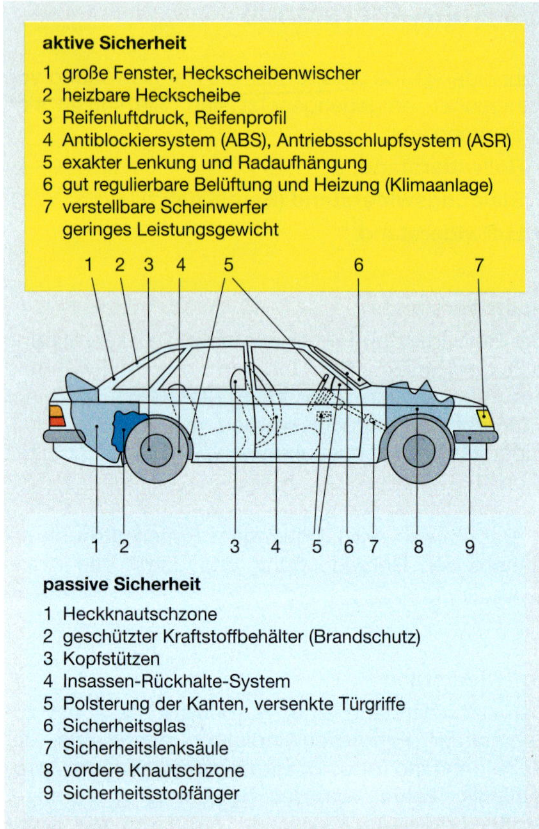

Abb. 3: Aktive und passive Sicherheit

Abb. 4: Deformationsverhalten unterschiedlicher Fahrzeuge

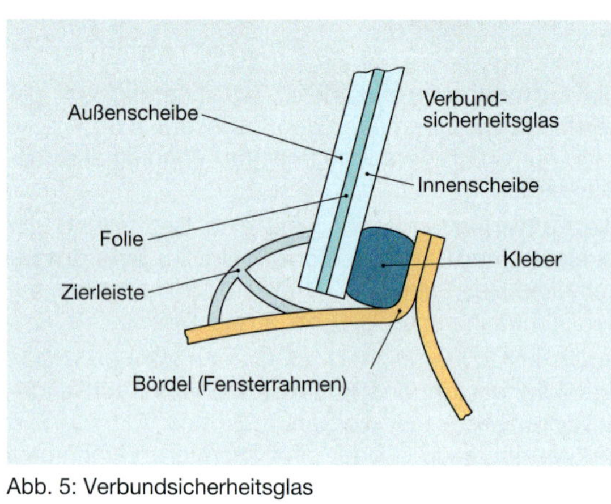

Abb. 5: Verbundsicherheitsglas

6.4.3 Sicherheitsgurte, Gurtstraffer

Sicherheitsgurte haben die Aufgabe, die Fahrzeuginsassen fest mit ihren Sitzen zu verbinden. Dadurch verzögern die Insassen im Falle eines Unfalls, während der Verformung der Knautschzonen, gemeinsam mit der Fahrgastzelle. Hohe Verzögerungsspitzen wie sie z. B. bei einem Anprall des Kopfes gegen die Frontscheibe entstehen, werden dadurch vermieden.

Die Wirkung der Sicherheitsgurte kann durch **Gurtstraffer** gesteigert werden (Abb. 1). Nach dem Erkennen einer Unfallsituation durch einen Verzögerungssensor wird durch ein Steuergerät ein Treibsatz elektrisch gezündet. Der entstehende Gasdruck bewegt einen Kolben, der über ein Spannseil den Gurt zusätzlich strafft.

Bei **mechanischen Gurtstraffern** wird der Gurt gespannt, indem eine vorgespannte Feder über einen Lösemechanismus freigegeben wird.

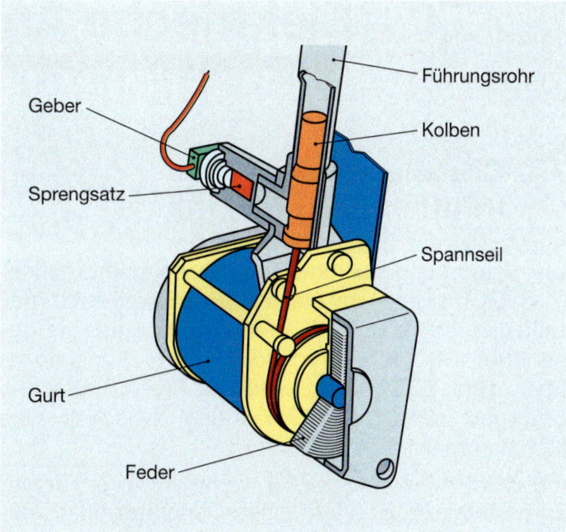

Abb. 1: Gurtstraffer

6.4.4 Airbags

Durch **Airbags** können die Insassen vor einem Anprall an Teilen des Innenraums wirksam geschützt werden. **Frontairbags** sind im Lenkrad und in der Armaturenverkleidung untergebracht. Sie schützen Fahrer und Beifahrer beim Frontalaufprall (Abb. 2). Zusätzliche Airbags in der B-Säule oder am Dach können z. B. bei einem Seitenaufprall wirksam werden (Abb. 3).

Airbags werden in etwa 150 ms mit Gas gefüllt. Die erforderliche Gasmenge wird von einem **Gasgenerator** (Abb. 2) bereitgestellt, dessen Treibsatz vom **Auslösesteuergerät** elektrisch gezündet wird. Die Unfallsituation erkennt das Steuergerät aus den Daten mehrerer Sensoren, welche die Verzögerung des Fahrzeugs erfassen.

> Die Gasgeneratoren der Airbags müssen nach etwa 10 Jahren ausgetauscht werden, weil sonst eine zuverlässige Zündung des Treibsatzes nicht mehr gewährleistet ist.
>
> Für Umgang, Lagerung und Entsorgung von Airbags gelten besondere Sicherheitsvorschriften.

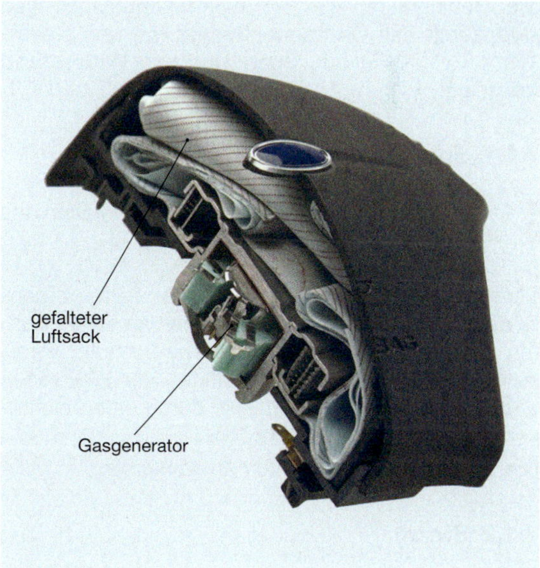

Abb. 2: Airbag

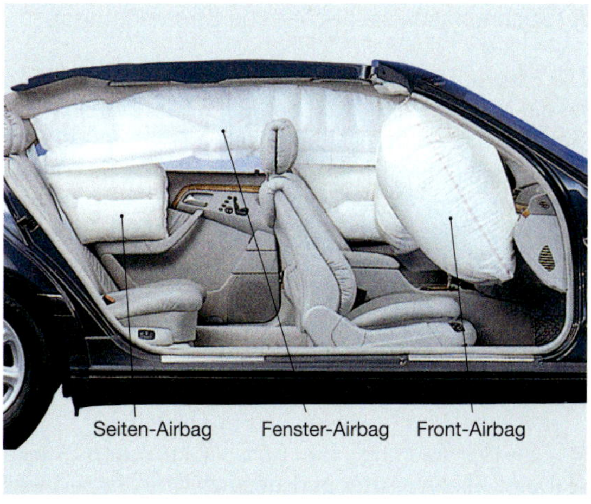

Abb. 3: Anordnung der Airbags im Fahrzeug

Aufgaben:

1. Was ist eine selbsttragende Karosserie? Wie wird sie gegen Korrosion geschützt?
2. Von welchen Größen hängt der Luftwiderstand ab?
3. Welche Aufgaben haben die Sicherheits-Fahrgastzelle und die Knautschzonen?
4. Wodurch unterscheiden sich VSG und ESG?
5. Beschreiben Sie die Wirkungsweise des Airbags.

7 Elektrische Anlage

7.1 Grundlagen der Kraftfahrzeug-Elektrik

Die Versorgung der unterschiedlichen Verbraucher (z. B. Glühlampen) mit elektrischem Strom setzt **metallische Leiter** (z. B. Kupferkabel) voraus, die gegenüber elektrischen Nichtleitern (z. B. Kunststoffe) über **freie Elektronen** verfügen. Freie Elektronen bewegen sich ohne Zielrichtung zwischen den Metallatomen (Abb. 1a).

Ein elektrischer Strom fließt, wenn durch Zuführung von Energie, z. B. durch einen Generator, eine zielgerichtete Bewegung der Elektronen durch den Leiter entsteht (Abb. 1b).

Die Bedingungen für die Elektronenbewegungen sind durch das **Ohmsche Gesetz** mit den elektrischen Größen **Strom, Spannung** und **Widerstand** festgelegt.

7.1.1 Spannung

Die elektrische Spannung bewirkt das Fließen des elektrischen Stromes.

Eine elektrische Spannung ist immer dann vorhanden, wenn die Anzahl der Elektronen an zwei Punkten, z. B. an den beiden Polen einer Batterie, unterschiedlich groß ist. Ein Stromfluss der Elektronen entsteht, wenn die beiden Pole durch einen elektrischen Leiter verbunden werden.

Die **Spannung *U*** wird in Volt (V) gemessen.

7.1.2 Strom

Elektrischer Strom ist die gerichtete Bewegung von Elektronen vom Pluspol zum Minuspol der Spannungsquelle (technische Stromrichtung).

Die **Stromstärke *I*** wird in Ampere (A) gemessen. Sie ist ein Maß für die Anzahl der Elektronen, die in jeder Sekunde durch den Leiter fließen.

Voraussetzungen für das Fließen eines **elektrischen Stromes** sind

- ein **metallischer Leiter,**
- ein **geschlossener Stromkreis** und
- eine elektrische **Spannung.**

7.1.3 Widerstand

Die Behinderung, die dem elektrischen Strom beim Fließen entgegen gesetzt wird, bezeichnet man als Widerstand.

Der **Widerstand *R*** wird in Ohm (Ω) gemessen. Jeder elektrische Verbraucher (z. B. Glühlampe) ist ein elektrischer Widerstand.

6.1.4 Ohmsches Gesetz

Das Ohmsche Gesetz beschreibt den Zusammenhang zwischen **Strom, Spannung** und **Widerstand** in einem geschlossenen Stromkreis.

Ohmsches Gesetz:

$$I = \frac{U}{R}$$

R Widerstand in Ω
U Spannung in V
I Stromstärke in A

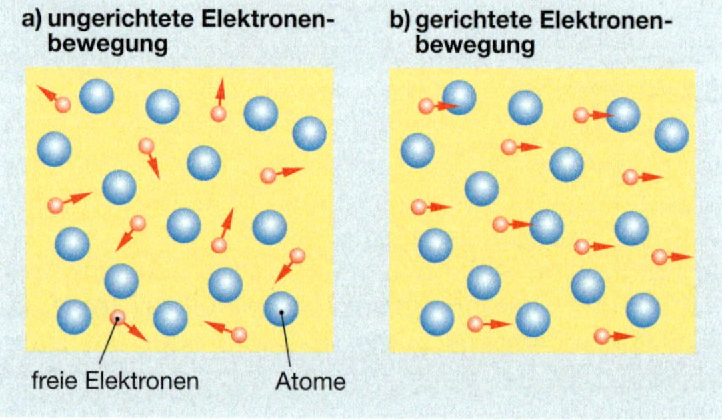

Abb. 1: Bewegung von freien Elektronen

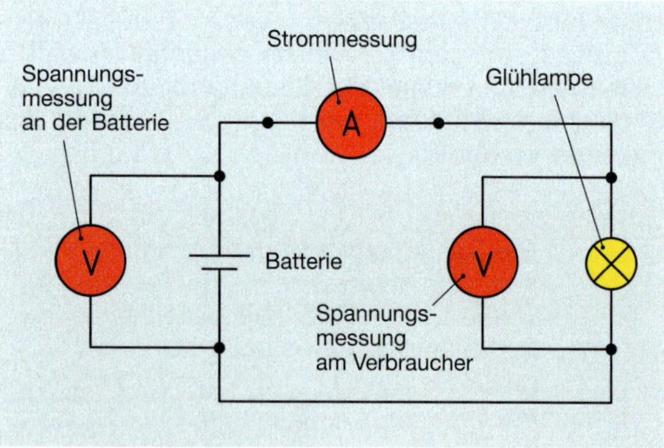

Abb. 2: Strom- und Spannungsmessung in einem einfachen Stromkreis

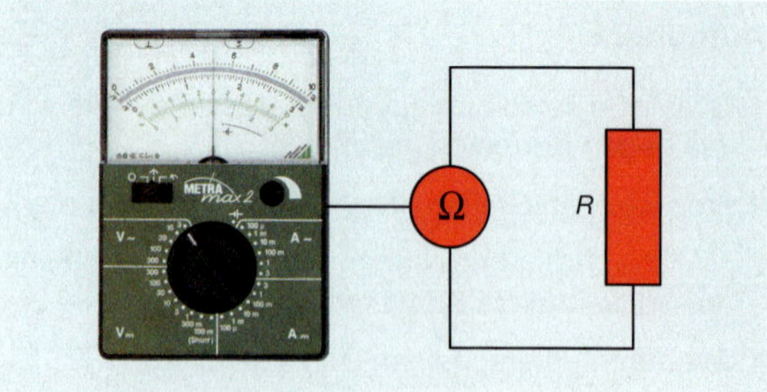

Abb. 3: Widerstandsmessung mit dem Multimeter

7.1.5 Messen elektrischer Größen

Das Messen von Strömen, Spannungen und Widerständen kann mit einem **Multimeter** durchgeführt werden (Abb. 3, S. 72).

Spannungsmessung: Das Messgerät wird parallel zum Messobjekt angeschlossen (Abb. 2, S. 72).

Strommessung: Das Messgerät wird in Reihe mit dem Messobjekt geschaltet (Abb. 2, S. 72).

Widerstandsmessung: Das Messgerät wird parallel geschaltet. Das Messobjekt muss vor der Messung vom Stromkreis getrennt werden, weil es während der Messung aus dem Messgerät mit Strom versorgt wird (Abb. 3, S. 72).

7.1.6 Stromkreis

Ein Stromkreis besteht mindestens aus einer Spannungsquelle, dem Verbraucher und einem metallischen Leiter (Abb. 2, S. 72).

Im Kraftfahrzeug werden als metallische Leiter überwiegend **Kupferkabel** und die **Karosseriemasse** verwendet. Die Spannungsquelle ist die **Batterie** oder bei laufendem Motor der **Generator**.

Die Stromkreise verlaufen von der Spannungsquelle über die jeweiligen Verbraucher und die Karosseriemasse zur Spannungsquelle zurück (Abb. 1).

Die einzelnen Verbraucher sind überwiegend **parallel geschaltet**. Dadurch ist die Stromstärke, je nach Widerstand des Verbrauchers, unterschiedlich hoch.

Die Stromkreise von Kraftfahrzeugen werden in **Stromlaufplänen** dargestellt. Sie ermöglichen im Störungsfall eine einfache Fehlersuche und zeigen den elektrischen Zusammenhang der **Bauelemente** an (Abb. 1).

7.1.7 Elektrische Bauelemente

Sicherungen

Sicherungen haben die Aufgabe, einen Stromkreis vor Überlastung durch zu hohen Stromfluss zu schützen (Abb. 1 und 3).

Ein zu hoher Stromfluss, z. B. infolge eines Kurzschlusses, führt zum Schmelzen der Sicherung und unterbricht dadurch den Stromkreis.

Schalter

Schalter werden verwendet, um Stromkreise ein- und auszuschalten (Abb. 1). Man unterscheidet **Öffner** und **Schließer**. Öffner sind im Ruhezustand geschlossen. Schließer sind im Ruhezustand offen. Mit **Wechselschaltern** können Stromkreise umgeschaltet werden, z. B. für die Umschaltung von Abblend- auf Fernlicht. Schalter, die selbsttätig in die Ruhestellung zurückgehen (z. B. für das Signalhorn), werden als **Taster** bezeichnet.

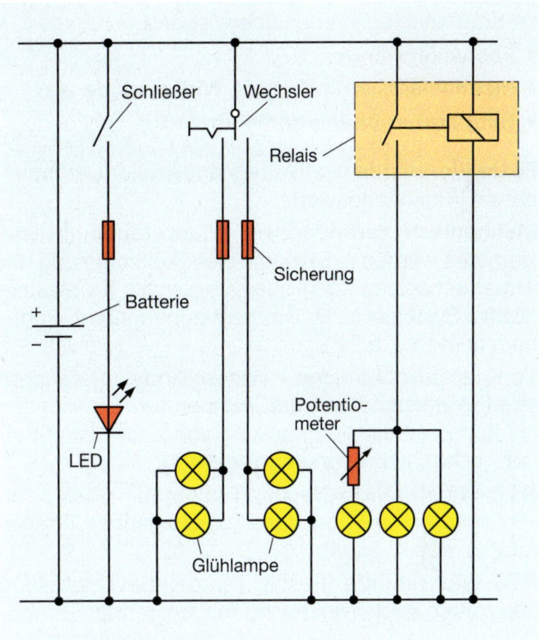

Abb. 1: Beispiel für die Anordnung von elektrischen Bauelementen in einem Kfz-Stromlaufplan

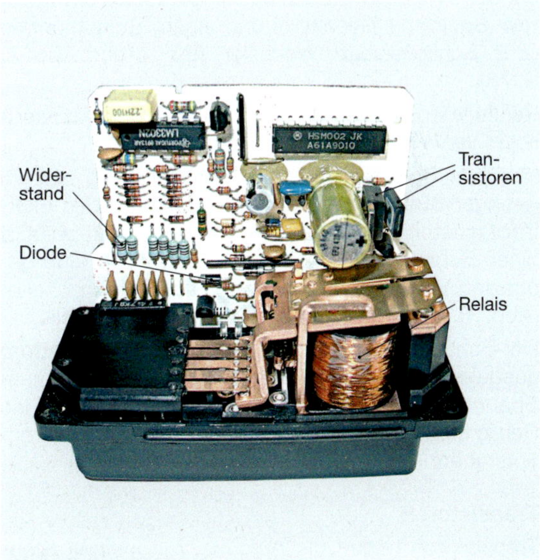

Abb. 2: Elektrische Bauelemente

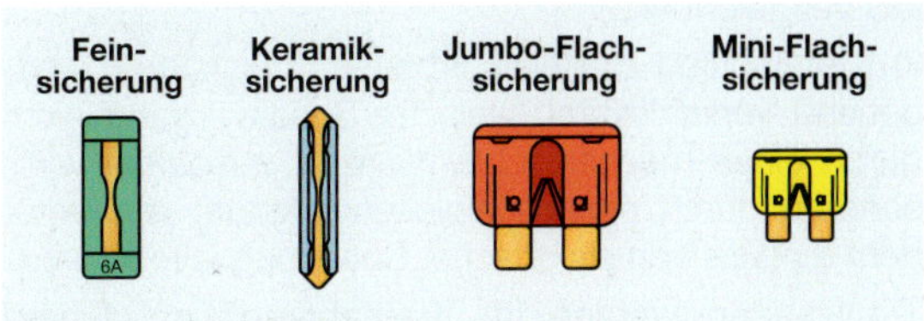

Abb. 3: Bauarten von Sicherungen

Widerstände

Widerstände haben die Aufgabe, die Stromstärke oder die Spannung in einem Stromkreis zu verändern.

Im Kraftfahrzeug werden überwiegend

- **Festwiderstände,**
- **mechanisch veränderbare Widerstände** und
- **temperaturabhängige Widerstände** verwendet.

Festwiderstände sind Widerstände mit unveränderbarem Widerstandswert.

Mechanisch veränderbare Widerstände (Potenziometer) werden z. B. für die Helligkeitsregelung der Armaturenbeleuchtung oder als Sensor für elektronische Systeme (z. B. Drosselklappengeber) eingebaut (s. Kap. 7.5.2.1).

Temperaturabhängige Widerstände verändern ihren Widerstand mit der Temperatur. Sie werden als Sensoren für die Erfassung von z. B. Kühlmittel-Luft- oder Öltemperaturen verwendet.

NTC-Widerstände (**N**egativ **T**emperatur **C**oeffizient) verringern ihren Widerstand mit steigender Temperatur (s. Kap. 7.5.2.1).

PTC-Widerstände (**P**ositiv **T**emperatur **C**oeffizient) vergrößern ihren Widerstand mit steigender Temperatur.

Relais

Einfache Relais bestehen aus einem **Elektromagneten** (Spule mit Eisenkern) und einem Schaltkontakt (z. B. Schließer oder Wechsler, Abb. 4 und Abb. 2, S. 73).

Relais können u. a. für die Schaltung des Abblendlichts verwendet werden.

Mit dem Schalter (z. B. Lichtschalter) wird nur ein geringer **Steuerstrom** für die Betätigung des Elektromagneten geschaltet. Der Elektromagnet betätigt einen Schaltkontakt, der den **Arbeitsstrom** und damit den Verbraucher (z. B. Abblendlicht) einschaltet (Abb. 4). Dadurch ergeben sich folgende Vorteile:

Der Schalter muss nur für den geringen Steuerstrom ausgelegt sein. Am Verbraucher entstehen kaum Spannungsverluste, wenn durch die Einbaulage des Relais kurze Verbindungswege für den Arbeitsstrom entstehen.

Transistoren

Transistoren haben die Aufgabe, mit kleinen Steuerströmen große Arbeitsströme zu schalten (Abb. 2, S. 73). Ihre Wirkungsweise ist daher mit der von Relais vergleichbar.

Im Unterschied zu Relais arbeiten Transistoren weitgehend verschleißfrei, weil der Schaltvorgang nicht durch einen mechanischen Kontakt ausgelöst wird, sondern durch einen Halbleiterwerkstoff, der unter dem Einfluss von elektrischer Spannung leitend wird.

Transistoren werden im Kraftfahrzeug auf Grund ihrer Temperaturempfindlichkeit überwiegend zur Schaltung relativ kleiner bzw. kurz getakteter Ströme eingesetzt. Sie werden u. a. für die Schaltung des Primärstroms in der Zündanlage (s. Kap. 2.3.5.2) verwendet.

Dioden

Dioden haben die Aufgabe, Ströme nur in eine Richtung durchzulassen.

In **Sperrrichtung** gepolte Dioden sind nicht stromdurchlässig.

In **Durchlassrichtung** gepolte Dioden benötigen eine Mindestspannung von etwa 0,6 Volt (Siliziumdioden), um die Sperrschicht im Innern der Diode zu überwinden und sie dadurch durchlässig zu machen.

Diodenschaltungen werden z. B. für die Gleichrichtung der Wechselspannungen des Drehstromgenerators (s. Kap. 7.2.2) verwendet.

Leuchtdioden (**LED**, **L**ight-**E**mitting-**D**iode) werden in Durchlassrichtung betrieben. Sie senden dabei, je nach verwendetem Werkstoff, unterschiedlich farbiges Licht aus. Leuchtdioden werden überwiegend als Kontrollleuchten verwendet.

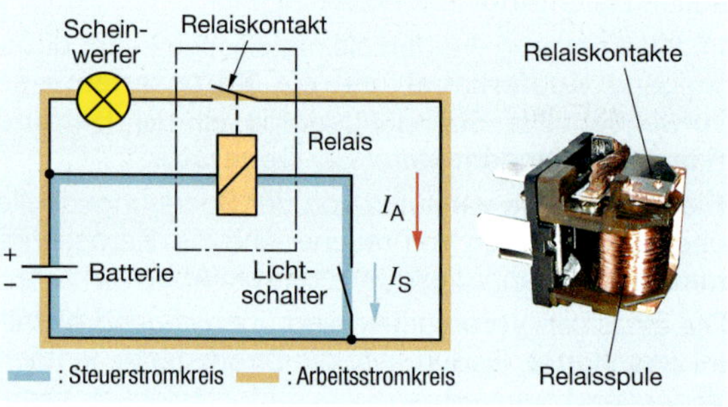

Abb. 4: Relaisschaltung und Relais

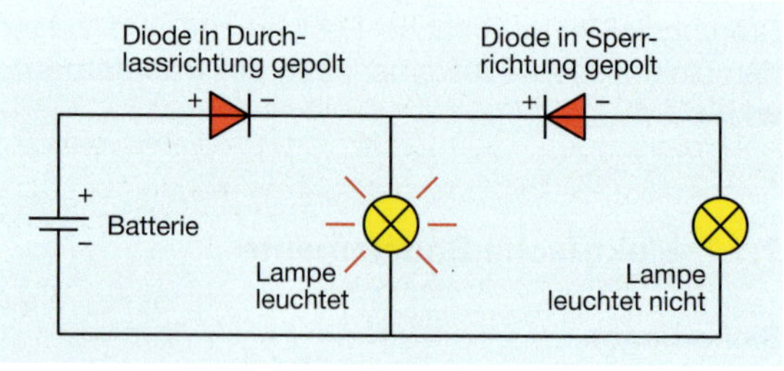

Abb. 5: Wirkung von Dioden im Gleichstromkreis

Aufgaben:

1. Was beschreibt das Ohmsche Gesetz?
2. Skizzieren Sie einen einfachen Stromkreis und zeichnen Sie eine Sicherung sowie ein Spannungs- und ein Strommessgerät ein.
3. Skizzieren Sie die Stromkreise eines Relais. Zeichnen Sie in den Arbeitsstromkreis eine in Durchlassrichtung gepolte Diode ein.
4. Welche Aufgabe haben Transistoren?

7.2 Stromversorgung

Die Versorgung der Verbraucher mit elektrischer Energie erfolgt durch einen **Generator**, der vom Motor z. B. durch einen Keilriemen angetrieben wird.

Der Generator kann nur bei laufendem Motor Energie erzeugen. Ein Teil der erzeugten Energie muss deshalb von einer **Batterie** gespeichert werden.

Die gespeicherte Energie wird benötigt, um beim Starten des Verbrennungsmotors den Starter (s. Kap. 6.3) mit Strom zu versorgen sowie den Betrieb einiger Verbraucher (z. B. Warnblinkanlage) auch bei stehendem Motor zu ermöglichen.

7.2.1 Batterie

Eine Batterie besteht aus einzelnen **Batteriezellen**, die den Grundbaustein einer Batterie bilden (Abb. 1). Jede Zelle hat eine Nennspannung von etwa 2 Volt. Eine 12 Volt-Batterie besteht deshalb aus sechs Zellen, die in Reihe geschaltet, eine Gesamtspannung von 12 Volt ergeben. Eine Batteriezelle besteht aus:

- der **positiven Elektrode** (mit Pluspol),
- der **negativen Elektrode** (mit Minuspol) und
- dem **Elektrolyten.**

Die **Elektroden** bestehen aus einer **Bleiverbindung**.

Der **Elektrolyt** ist eine elektrisch leitende Flüssigkeit und besteht aus **Schwefelsäure**, die mit **Wasser** verdünnt ist.

7.2.1.1 Laden und Entladen der Batterie

Das **Laden** einer Batterie mit elektrischer Energie erfolgt durch **chemische Vorgänge**, die beim **Entladen** rückgängig gemacht werden.

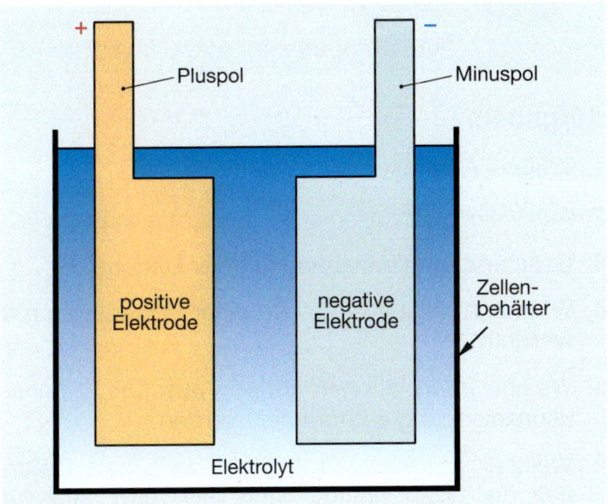

Abb. 1: Aufbau einer Batteriezelle

Laden der Batterie

Während des Ladens fließt ein **Ladestrom** zum Pluspol durch den Elektrolyten zum Minuspol der Batterie. Der Ladestrom bewirkt eine chemische Reaktion der Bleiverbindungen mit dem Elektrolyten, wodurch der Säureanteil des Elektrolyten im Verhältnis zum Wasseranteil steigt. Da die Dichte von Säure größer ist als die Dichte von Wasser, nimmt die Gesamtdichte des Elektrolyten zu.

Entladen der Batterie

Die Batterie wird entladen, wenn durch Einschalten eines Verbrauchers ein geschlossener Stromkreis entsteht. Der **Entladestrom** fließt vom Pluspol über den Verbraucher zum Minuspol. Dadurch werden die chemischen Verbindungen, die beim Laden der Batterie entstanden sind, rückgängig gemacht. Während des Entladens wird die Dichte des Elektrolyten geringer, weil sein Säureanteil abnimmt.

Die Dichte des Elektrolyten (Säuredichte) ist ein Maß für den Ladezustand der Batterie (Abb. 2).

7.2.1.2 Aufbau der Batterie

Batterien bestehen aus einem säurefesten Gehäuse. Die einzelnen Batteriezellen sind durch Trennwände unterteilt (Abb. 3).

Die negativen und positiven Elektroden (Platten) der Zellen sind zu **Plattenblöcken** zusammengefasst und durch **Separatoren** voneinander getrennt. Je größer die Anzahl der Platten, um so höher ist die Speicherfähigkeit (Kapazität) mit elektrischer Energie.

Die einzelnen Platten der Plattensätze sind durch elektrisch leitfähige **Plattenverbinder** miteinander verbunden.

Die Batteriepole unterscheiden sich in ihrer Formgebung, z. B. durch unterschiedliche Durchmesser, um eine Verwechselung der Anschlüsse zu vermeiden.

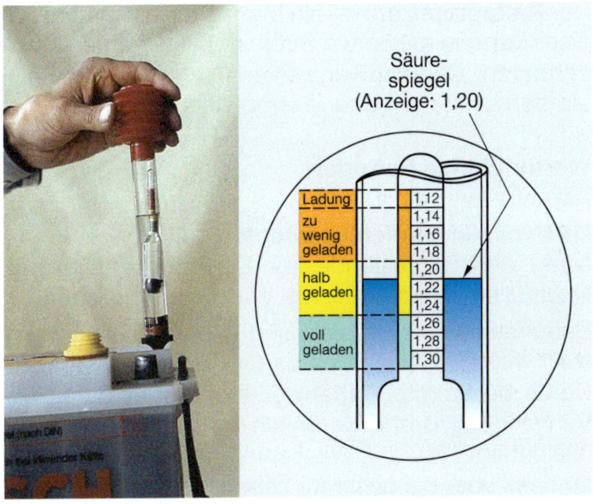

Abb. 2: Prüfen der Säuredichte mit einem Säureprüfer

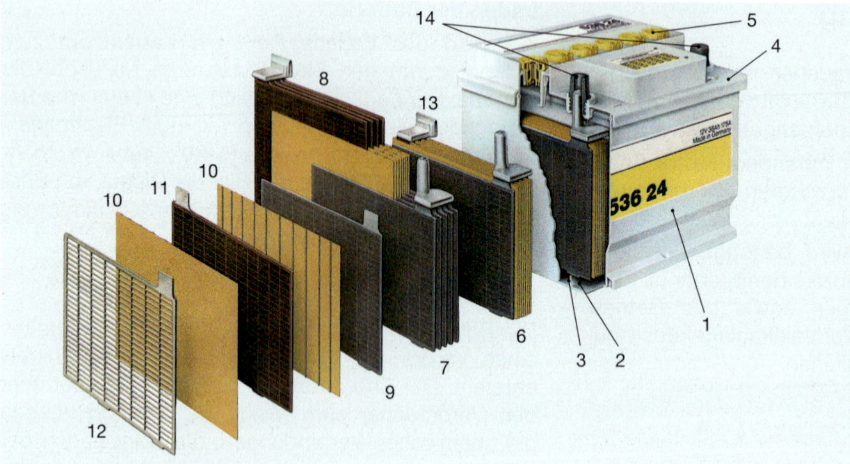

1 Blockkasten
2 Schlammraum
3 Blockkastensteg
4 Blockdeckel
5 Verschlussstopfen
6 Plattenblock
7 Negativer Plattensatz
8 Positiver Plattensatz
9 Negative Platte
10 Blattseperatoren (Plattenschneider)
11 Positive Platte
12 Bleigitter
13 Plattenverbinder
14 Endpole

Abb. 3: Aufbau einer Batterie

7.2.1.3 Kennzeichnung von Batterien

Die Kennzeichnung von Batterien besteht aus folgenden Angaben:

z. B.: 53624 12V 36 AH 175 A

Typnummer Nennspannung Nennkapazität Kälteprüfstrom

Die **Typnummer** ist eine Schlüsselnummer, in der Angaben über z. B. Form und Befestigung der Batterie festgelegt sind.

Die **Nennspannung** ergibt sich aus der Anzahl der in Reihe geschalteten Zellen. Eine 12 Volt-Batterie besteht demnach aus sechs in Reihe geschalteten Zellen mit je 2 Volt.

Die **Nennkapazität** ist ein Maß für die in der Batterie gespeicherte elektrische Energie.

Der **Kälteprüfstrom** ist ein Maß für die Belastbarkeit einer Batterie mit hohen Strömen bei niedrigen Temperaturen. Dadurch wird eine Beurteilung der Kaltstartfähigkeit der Batterie ermöglicht.

Wartungsfreie Batterien

Batterien mit der Bezeichnung **„Wartungsfrei nach DIN“** haben **Verschlussstopfen**, die das Kontrollieren des Säurestandes und gegebenenfalls das Nachfüllen von destilliertem Wasser ermöglichen.

Batterien mit der Bezeichnung **„Absolut Wartungsfrei“** haben keine sichtbaren Verschlussstopfen. Durch bestimmte Plattenwerkstoffe oder durch die Verwendung des Elektrolyten als zähflüssiges **Gel** (Gelbatterie) ist der Wasserverbrauch sehr gering, so dass über die gesamte Lebensdauer der Batterie kein Wasser nachgefüllt werden muss.

Abb. 4: Neuwertige und verbrauchte Platte einer Bleibatterie

Die Betriebsdauer von Batterien ist beschränkt, weil sich durch die häufigen Lade- und Entladevorgänge Bleiteilchen (Bleischlamm) von den Platten ablösen (Abb. 4). Batterien sollten deshalb regelmäßig überprüft und ggf. ausgetauscht werden.

Die Schwefelsäure der Batterien ist wassergefährdend. Sie darf nicht ins Kanalnetz oder ins Grundwasser gelangen.
Alte Autobatterien sind verwertbar.

Aufgaben:

1. Welche Aufgabe hat die Batterie im Kfz?
2. Aus welchen Bauelementen besteht eine Batterie?
3. Beschreiben Sie das Laden einer Batterie.
4. Wie kann der Ladezustand einer Batterie geprüft werden?
5. Welche Informationen können aus der Batteriekennzeichnung entnommen werden?
6. Welcher Unterschied besteht zwischen Batterien die „Wartungsfrei nach DIN“ und „Absolut wartungsfrei“sind?

7.2.2 Generator

Der Generator hat die Aufgabe, bei laufendem Motor die elektrischen Verbraucher mit Energie zu versorgen und die Batterie zu laden. Es werden überwiegend **Drehstromgeneratoren** eingebaut.

Grundlagen der Spannungserzeugung

Die Spannungserzeugung durch den Generator erfolgt nach dem Grundprinzip der **elektromagnetischen Induktion** (Abb. 1).

Danach bewirkt die Änderung eines Magnetfeldes in einem elektrischen Leiter (z. B. durch Bewegung eines Magneten in einer Spule) eine Bewegung der freien Elektronen im Spulendraht. An einem Drahtende der Spule entsteht dadurch ein Elektronenüberschuss und damit eine elektrische Spannung gegenüber dem anderen Drahtende. Die Spannung bleibt solange erhalten, wie die Bewegung des Magneten und damit die Änderung seines Magnetfeldes anhält.

Die Höhe der erzeugten Spannung ist abhängig von

- der Stärke des Magnetfeldes,
- der Windungszahl der Spule und
- der Zeit, in der das Magnetfeld sich ändert, bzw. der Geschwindigkeit, mit der das Magnetfeld bewegt wird.

Drehstromgenerator (Abb. 2 und 3)

Das Magnetfeld wird im Drehstromgenerator durch einen Elektromagneten (Läufer mit Erregerwicklung) erzeugt (Abb. 2).

Im Gehäuse (Ständer) des Generators sind drei Spulen (Ständerwicklung U, V, W) untergebracht, in denen die Spannung erzeugt wird (Abb. 2).

Durch Drehung des Läufers entsteht in jeder der Spulen eine **Spannung**. Es handelt sich um **Wechselspannungen**, weil durch den Wechsel der Magnetpole (**N**ordpol, **S**üdpol) nach jeder halben Läuferdrehung die Polarität des Magnetfeldes umgekehrt wird.

Da das Bordnetz des Fahrzeugs mit Gleichspannung betrieben werden muss, erfolgt die Umwandlung der Wechselspannung in eine Gleichspannung durch einen nachgeschalteten **Gleichrichter**.

Spannungsregelung

Die Spannungsregelung hat die Aufgabe, die abgegebene Spannung des Generators unabhängig von der Läuferdrehzahl konstant zu halten.

Ohne Spannungsregelung würde z. B. eine erhöhte Läuferdrehzahl zu einer erhöhten Spannung führen, weil mit steigender Drehzahl auch das Magnetfeld des Läufers schneller bewegt wird.

Der elektronische Spannungsregler bewirkt durch Veränderung der Stromstärke im Läufer (Erregerstrom) eine Magnetfeldänderung und dadurch eine Veränderung der in den Ständerwicklungen erzeugten Spannung (Abb. 3).

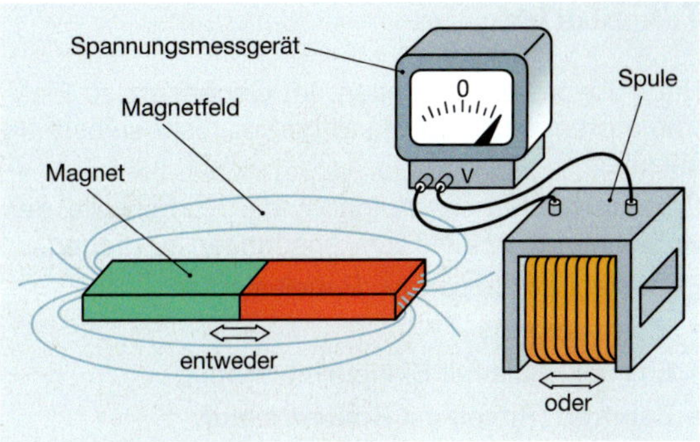

Abb. 1: Elektromagnetische Induktion

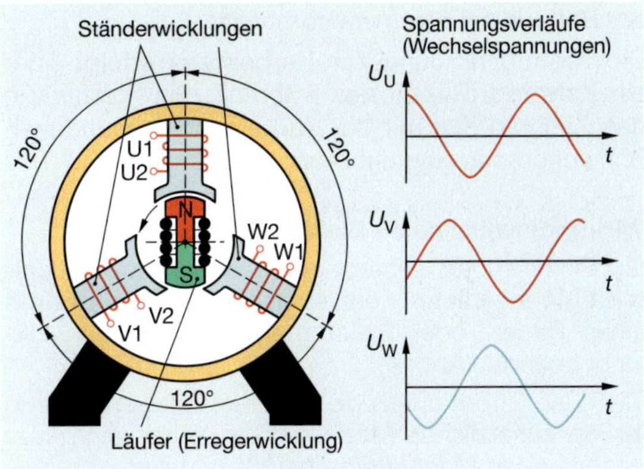

Abb. 2: Grundprinzip eines Drehstromgenerators

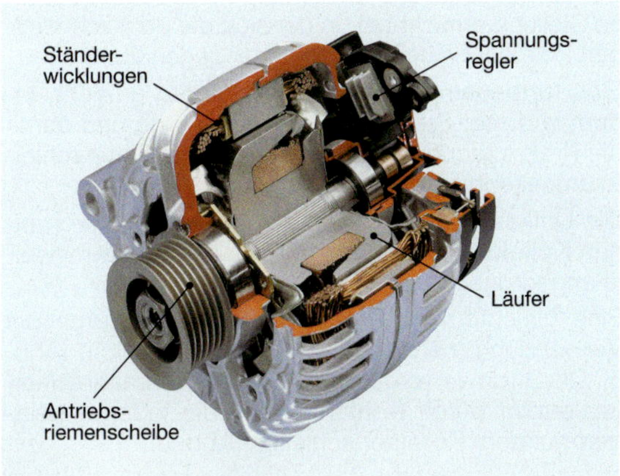

Abb. 3: Drehstromgenerator

Aufgaben:

1. Beschreiben Sie die Spannungserzeugung durch elektromagnetische Induktion. Wovon ist die Höhe der Spannung abhängig?
2. Wie wird im Drehstromgenerator die Spannung erzeugt?
3. Warum benötigt ein Drehstromgenerator einen Gleichrichter und eine Spannungsregelung?

7.3 Starter

Hubkolbenmotoren können, im Gegensatz zu Elektromotoren, aus dem Stand heraus nicht selbsttätig anlaufen.

Der **Starter** hat die Aufgabe, die Kurbelwelle des Hubkolbenmotors bis zum Anspringen zu drehen.

Er besteht aus folgenden Bauelementen:

- **Elektromotor,**
- **Einrückrelais** mit **Einspurmechanik,**
- **Zahnrad (Ritzel)** mit **Rollenfreilauf.**

Während des Startens wird die Kurbelwelle des Motors durch einen **Elektromotor** angetrieben, der aus der Batterie mit Strom versorgt wird.

Die Kraftübertragung zur Kurbelwelle erfolgt über ein **Zahnrad** (Ritzel), das während des Startens in das Zahnrad des mit der Kurbelwelle verbundenen Schwungrades eingreift (Abb. 5).

Wirkungsweise eines Elektromotors

Ein Elektromotor besteht aus einer drehbaren **Leiterschleife** (Läufer), die sich in dem **Magnetfeld** eines Dauer- oder Elektromagneten (Erregerwicklung) befindet (Abb. 4).

Fließt ein Strom durch die Leiterschleife, entsteht in ihr ein zusätzliches Magnetfeld, welches sich vom bestehenden Magnetfeld abstößt und dadurch eine Drehung der Leiterschleife bewirkt.

Die Drehbewegung endet, wenn die Leiterschleife eine Stellung erreicht hat, in der sich die ungleichnamigen Pole der beiden Magnetfelder gegenüberstehen.

Eine fortdauernde Drehbewegung wird erreicht, indem in dieser Stellung die Stromrichtung und damit die Kraftrichtung des Magnetfeldes der Leiterschleife umgekehrt wird.

Die Umkehrung der Stromrichtung erfolgt durch einen **Kollektor** (Stromwender), der auf der Läuferwelle angeordnet ist.

Eine gleichförmige Drehbewegung wird durch die Verwendung mehrerer Leiterschleifen erreicht (Abb. 6). Die Stromversorgung der drehenden Leiterschleifen erfolgt durch **Kohlebürsten**, die federnd gelagert auf dem Kollektor schleifen (Abb. 6).

Startvorgang

Durch Betätigung des Startschalters (z. B. mit dem Zündschlüssel) wird das **Startrelais** (s. Kap. 7.1.7) mit Strom versorgt. Das Startrelais bewegt über einen Hebel das Ritzel, bis es in den Schwungradzahnkranz eingreift. Anschließend schaltet das Relais die Stromverbindung zur **Batterie** ein (Abb. 5 und 6).

Nach dem Anspringen des Motors verhindert ein Freilauf ein weiteres Mitdrehen des Starters, wenn der Startvorgang nicht abgeschaltet wird. Durch eine Feder wird das Ritzel des Starters nach dem Startvorgang in seine Ausgangsposition zurückgezogen.

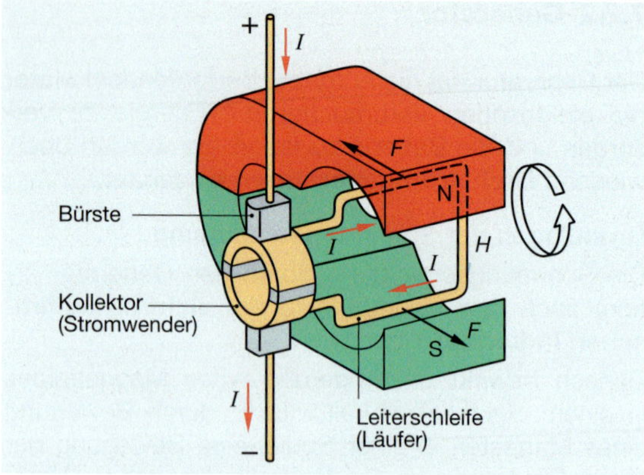

Abb. 4: Grundprinzip des Elektromotors

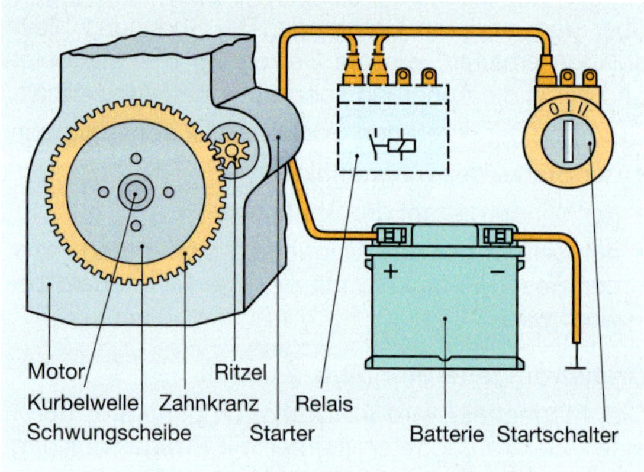

Abb. 5: Bauelemente der Startanlage

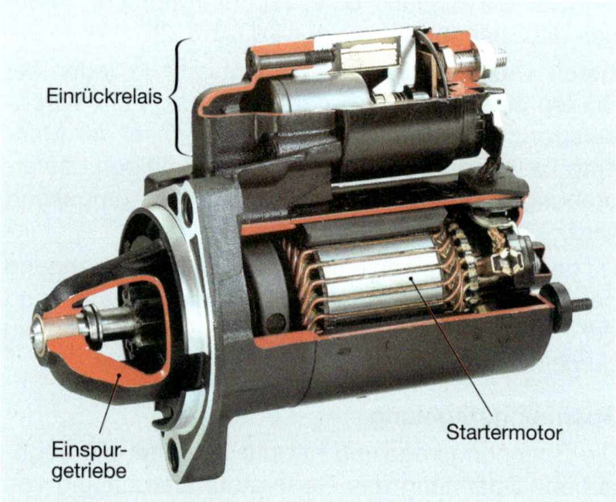

Abb. 6: Aufbau eines Starters

Aufgaben:

1. Warum benötigen Hubkolbenmotoren einen Starter?
2. Aus welchen Bauelementen besteht ein Starter?
3. Beschreiben Sie den Startvorgang.

7.4 Beleuchtungsanlage

Die gesetzlichen Vorschriften zur Beleuchtungsanlage sind europaweit durch die **EU**-Richtlinien (**E**uropäische **U**nion) und die **ECE**-Regelungen (**E**conomic **C**omission for **E**urope) sowie national durch die **StVZO** (**Str**aßen**v**erkehrs**z**ulassungs**o**rdnung) festgelegt. Die Vorschriften beziehen sich z. B. auf die Anzahl der Leuchten sowie deren Abstände zur Fahrbahn und zu anderen Leuchten.

Es wird unterschieden zwischen **vorgeschriebenen** und **erlaubten Leuchten** sowie **Scheinwerfern** (Abb. 1).

Leuchten haben die Aufgabe, das Fahrzeug oder Teile des Fahrzeugs für andere Verkehrsteilnehmer erkennbar zu machen (z. B. Kennzeichenleuchte, Schlussleuchte) oder bestimmte Absichten des Fahrzeugführers zu signalisieren (z. B. Bremsleuchten, Fahrtrichtungsanzeiger).

Scheinwerfer haben die Aufgabe, die Fahrbahn auszuleuchten.

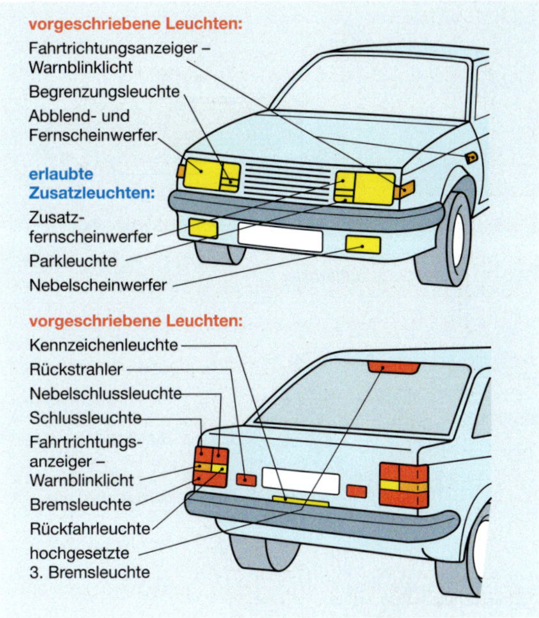

Abb. 1: Leuchten und Scheinwerfer am Kraftfahrzeug

7.4.1 Lichtquellen

Für Scheinwerfer und Leuchten können folgende Lichtquellen verwendet werden:

- **Glühlampen,**
- **Xenon-Lampen,**
- **Leuchtdioden** (s. Kap. 7.1.7).

Glühlampen und Halogenlampen haben durch Verdampfen von Bestandteilen der Glühwendel eine eingeschränkte Lebensdauer. Sie müssen in regelmäßigen Abständen überprüft und gegebenenfalls ausgetauscht werden.

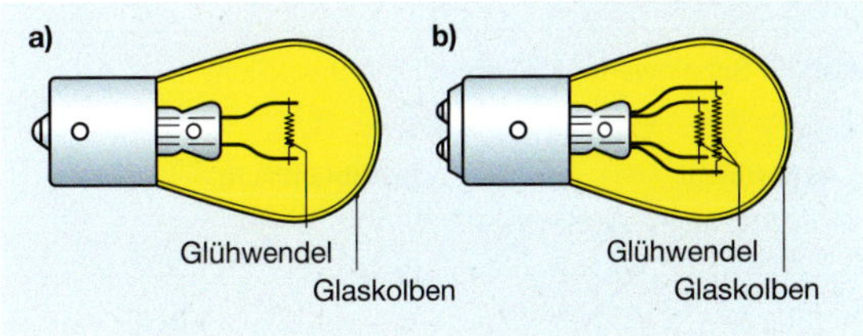

Abb. 2: Einfaden- und Zweifadenglühlampe

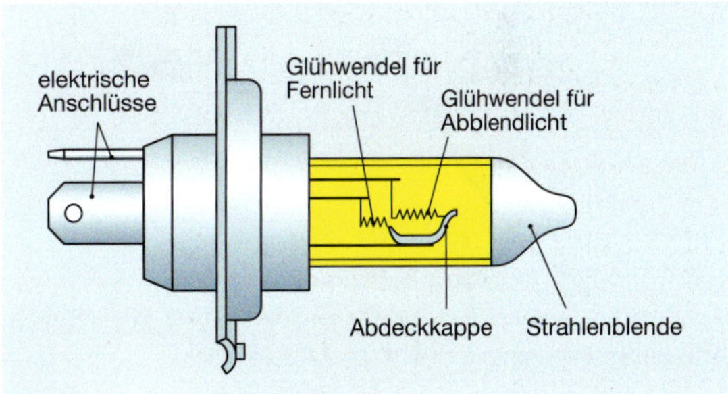

Abb. 3: Zweifaden-Halogenlampe H4

Glühlampen

Das Licht in einer Glühlampe entsteht durch einen **Wolframdraht** (Glühwendel), der von einem Strom durchflossen wird und sich dadurch bis zur Weißglut (etwa 3000 °C) erwärmt. Die Glühwendel befindet sich in einem **luftleeren Glaskolben**, um ein Verbrennen der Glühwendel infolge der hohen Temperaturen zu verhindern (Abb. 2a).

Glühlampen werden auch als **Zweifadenlampen** z. B. für die Kombination von Brems- und Schlusslicht verwendet (Abb. 2b).

Halogenlampen sind Glühlampen deren Glaskolben mit einem **Edelgas** (z. B. Neon, Krypton) und Zusätzen von **Halogenen** (z. B. Brom, Jod) gefüllt sind (Abb. 3).

Die unter Druck stehende Gasfüllung (etwa 8 bar) ermöglicht einen Betrieb bei höheren Temperaturen und dadurch eine größere Lichtstärke. Die Halogene in der Gasfüllung bewirken, dass verdampftes Wolfram in einem chemischen Kreisprozess zur Glühwendel zurückgeführt wird. Dadurch wird eine Schwärzung des Glaskolbens verhindert und die Lebensdauer der Lampe verlängert.

Zweifaden-Halogenlampen werden für Hauptscheinwerfer verwendet, wenn für Abblend- und Fernlicht ein gemeinsamer Scheinwerfer vorhanden ist (Abb. 3).

Einfadenlampen werden in Nebelscheinwerfer eingebaut sowie in Hauptscheinwerfer, wenn für Abblend- und Fernlicht getrennte Scheinwerfer vorhanden sind.

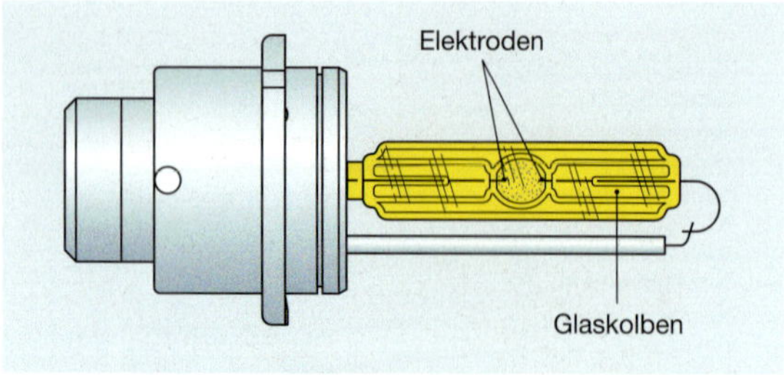

Abb. 4: Gasentladungslampe

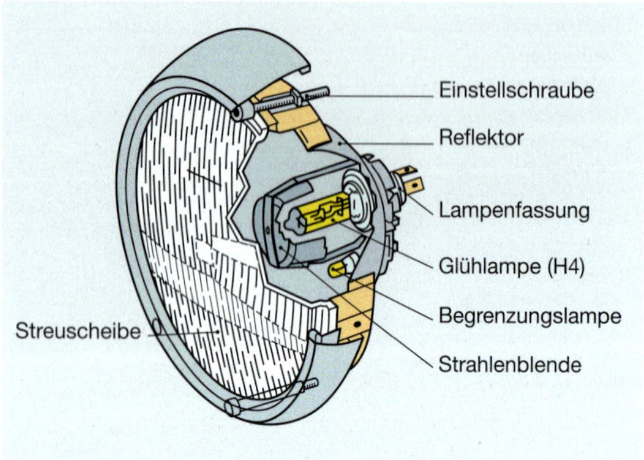

Abb. 5: Scheinwerfer für Fern- und Abblendlicht

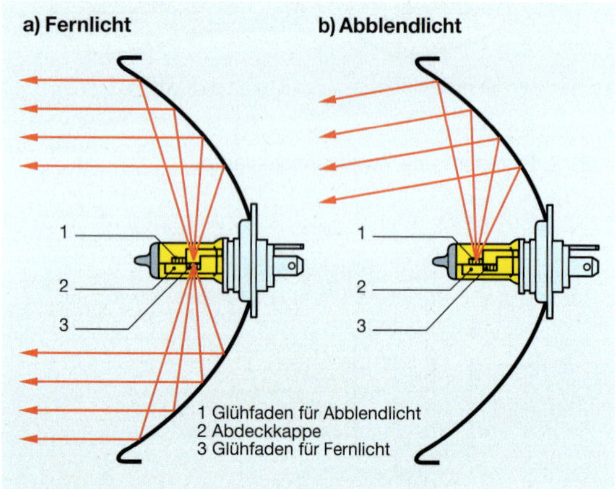

Abb. 6: Strahlengang für Fern- und Abblendlicht

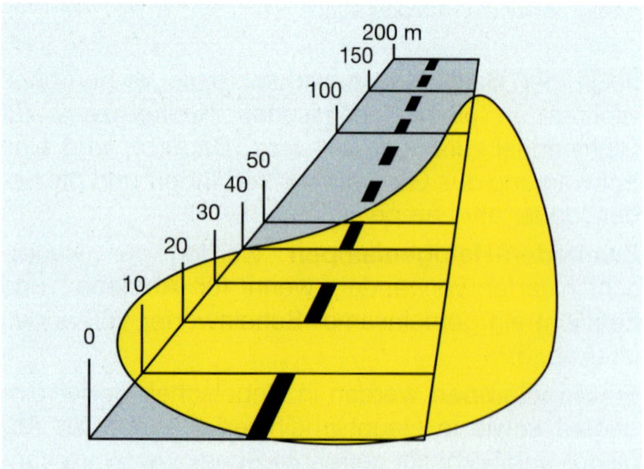

Abb. 7: Asymmetrisches Abblendlicht

Gasentladungslampen (Xenon-Lampen)

Gasentladungslampen besitzen keinen Glühwendel. In ihrem Glaskolben befindet sich eine Mischung aus **Xenon** (Edelgas) und **Metallsalzen** sowie zwei **Elektroden** in einem Abstand von 4,2 mm (Abb. 4).

Die Lichtwirkung entsteht, wenn Strom in Form eines Lichtbogens zwischen den Elektroden durch das Gasgemisch fließt. Durch die hohen Temperaturen verdampfen die Metallsalze und geben dabei Licht ab.

Der Lichtbogen wird durch Anlegen einer Hochspannung (etwa 10 000–20 000 Volt) gezündet. Zündung und Betrieb (etwa 85 Volt Wechselspannung) der Gasentladungslampe wird durch ein **elektronisches Vorschaltgerät** gesteuert.

Gasentladungslampen haben gegenüber Halogenlampen eine größere Helligkeit bei geringerer Leistungsaufnahme. Ihre Lebensdauer entspricht etwa der Betriebsdauer von Kraftfahrzeugen.

7.4.2 Scheinwerfer

Es werden unterschieden:

- **Reflexionsscheinwerfer** und
- **Projektionsscheinwerfer.**

Reflexionsscheinwerfer

Reflexionsscheinwerfer werden als Einzelscheinwerfer (z. B. Nebelscheinwerfer) und als Scheinwerfer für **Fern- und Abblendlicht** mit Zweifadenlampe verwendet (Abb. 5 und 6a).

Der Fernlichtglühfaden der Lampe (z. B. H4) befindet sich im **Brennpunkt** des Reflektors. Die Lichtstrahlen der Lampe werden durch den **Reflektor** gebündelt und verlassen den Scheinwerfer parallel zur Scheinwerferachse, um die Fahrbahn möglichst weit auszuleuchten (Abb. 6a).

Der Glühfaden des Abblendlichts ist vor dem Brennpunkt des Reflektors angeordnet. Eine **Abdeckkappe** unter dem Glühfaden bewirkt eine Abschattung nach unten sowie eine Ablenkung der Lichtstrahlen nach oben. Die gebündelten Lichtstrahlen verlassen den Reflektor dadurch mit einer leichten Neigung nach unten, um den Gegenverkehr nicht zu blenden. Die untere Hälfte des Reflektors bleibt dunkel (Abb. 6b).

Eine seitliche Neigung der Abdeckkappe ermöglicht **asymmetrisches Abblendlicht**. Dadurch wird der rechte Fahrbahnrand besser ausgeleuchtet, ohne den Gegenverkehr zu blenden (Abb. 7).

Die **Streuscheibe** besteht aus Glas oder Kunststoff. Durch ihre Oberflächenstruktur bewirkt sie eine gleichmäßige Lichtverteilung.

Eine **Strahlenblende** im Scheinwerfer (Abb. 5) oder an der Halogenlampe (Abb. 3, S. 79) verhindert eine Blendung durch direkt austretendes Licht des Glühfadens.

Projektionsscheinwerfer

Projektionsscheinwerfer (Ellipsoidscheinwerfer) werden überwiegend für Abblend- und Nebelscheinwerfer mit Einfadenlampen verwendet (Abb. 1). Sie haben gegenüber konventionellen Scheinwerfern eine kleinere Lichtaustrittsfläche bei größerer Lichtausbeute.

Der **Reflektor** des Projektionsscheinwerfers hat die Form eines **Ellipsoiden**. Diese Form entsteht durch Rotation einer Ellipse um ihre Achse.

Die von der Lichtquelle abgegebenen Strahlen werden vom Reflektor zur **Linse** gelenkt. Die Linse bündelt das Licht und projiziert ein nahezu paralleles Strahlenbündel auf die Straße (Abb. 2).

Zwischen Reflektor und Linse ist eine **Blende** angeordnet (Abb. 2). Sie verhindert einen Lichtaustritt nach schräg oben und bewirkt durch eine Neigung an der Oberkante von etwa 15° das asymmetrische Abblendlicht.

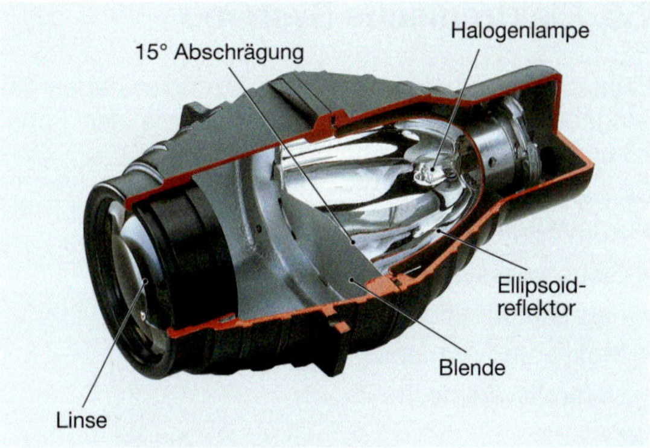

Abb. 1: Projektionsscheinwerfer

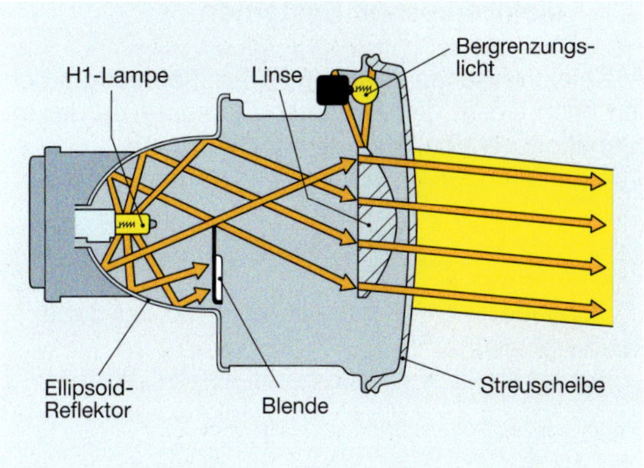

Abb. 2: Wirkungsweise eines Projektionsscheinwerfers für Abblendlicht

Leuchtweitenverstellung

Eine Leuchtweitenverstellung für Fahrzeuge ist gesetzlich vorgeschrieben, um eine Blendung des Gegenverkehrs infolge der Einfederung durch Beladung zu verhindern.

Fahrzeuge mit automatischer Niveauregulierung benötigen keine Leuchtweitenverstellung.

Es wird unterschieden:

- **manuelle** und
- **automatische Leuchtweitenverstellung.**

Die **manuelle** Leuchtweitenverstellung wird vom Fahrzeugführer an der Armaturentafel vorgenommen.

Die **automatische** Leuchtweitenverstellung (Abb. 3) ermöglicht eine selbsttätige Anpassung der Leuchtweite. Als Messgröße wird die Einfederung der Vorder- und Hinterachse durch **Sensoren** ermittelt. Ein **Steuergerät** erfasst die Messwerte der Sensoren und verstellt die Scheinwerfer durch **Stellelemente** (z. B. Elektromotoren).

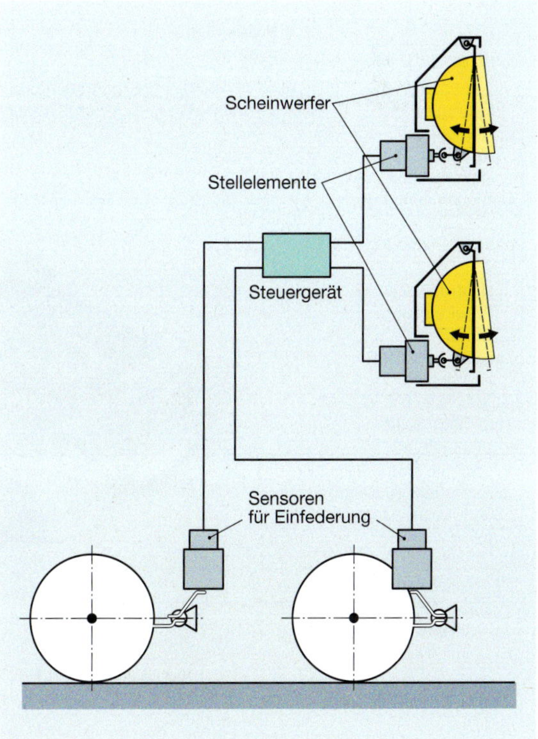

Abb. 3: Automatische Leuchtweitenverstellung

Aufgaben:

1. Beschreiben Sie die Wirkungsweise von Glühlampen.
2. Wodurch wird die Kolbenschwärzung von Halogenlampen verhindert?
3. Wodurch unterscheiden sich Gasentladungslampen von Glühlampen?
4. Wie entsteht beim Reflexionsscheinwerfer mit Zweifadenglühlampe das asymmetrische Abblendlicht?
5. Wodurch unterscheidet sich ein Projektionsscheinwerfer von einem Reflexionsscheinwerfer?

7.5 Elektronische Systeme

Elektronische Systeme in Kraftfahrzeugen haben die Aufgabe, den Fahrer zu entlasten sowie den Fahrkomfort und die Sicherheit zu erhöhen.

Es werden unterschieden (Abb. 4):

- Komfortsysteme,
- Sicherheitssysteme,
- Fahrerinformationssysteme,
- Motor- und Antriebsstrangsysteme,
- Kontrollsysteme.

7.5.1 Aufbau und Wirkungsweise von elektronischen Systemen

Alle elektronischen Systeme im Kraftfahrzeug arbeiten nach einem gemeinsamen Grundprinzip der Informationsverarbeitung, dem **EVA-Prinzip**.

EVA-Prinzip

Eingabe ⟶ **V**erarbeitung ⟶ **A**usgabe

Sensoren ⟶ Steuergerät ⟶ Aktoren

Die Eingabe erfolgt durch **Sensoren**. Sie haben die Aufgabe, physikalische Größen wie z. B. Temperaturen oder Drehzahlen zu erfassen, in elektrische Signale umzuwandeln, und über Datenleitungen zum elektronischen Steuergerät zu senden (Abb. 1, S. 88).

Das **Steuergerät** verarbeitet die Signale der Sensoren mit Hilfe von gespeicherten Kennfeldern und Rechenverfahren. Die Ergebnisse der Verarbeitung führen zum Ansteuern der Aktoren (Ausgabegeräte).

Die **Aktoren** erhalten die elektrischen Signale des Steuergerätes, um damit bestimmte Vorgänge auszulösen, z. B. Einschalten von Elektromotoren für Antriebe oder Betätigen von Ventilen zum Steuern von Gasen oder Flüssigkeiten.

Steuerungssysteme

Steuerungssysteme sind durch einen offenen Wirkungsablauf gekennzeichnet. Sie bilden eine **Steuerkette**. Das Steuergerät beeinflusst das System durch die Aktoren, ohne dass eine Rückwirkung auf das Steuergerät erfolgt. Eine Kontrolle durch Sensoren und gegebenenfalls eine Korrektur durch das Steuergerät erfolgen nicht (Abb. 2a, S. 83).

Steuerungssystem am Beispiel einer Benzineinspritzung ohne Lambda-Regelung:
Die Abgaszusammensetzung wird durch die eingespritzte Kraftstoffmenge beeinflusst. Es erfolgt aber keine Erfassung der Abgaszusammensetzung durch das Steuergerät und damit keine Korrektur der Einspritzmenge (Abb. 2b, S. 83).

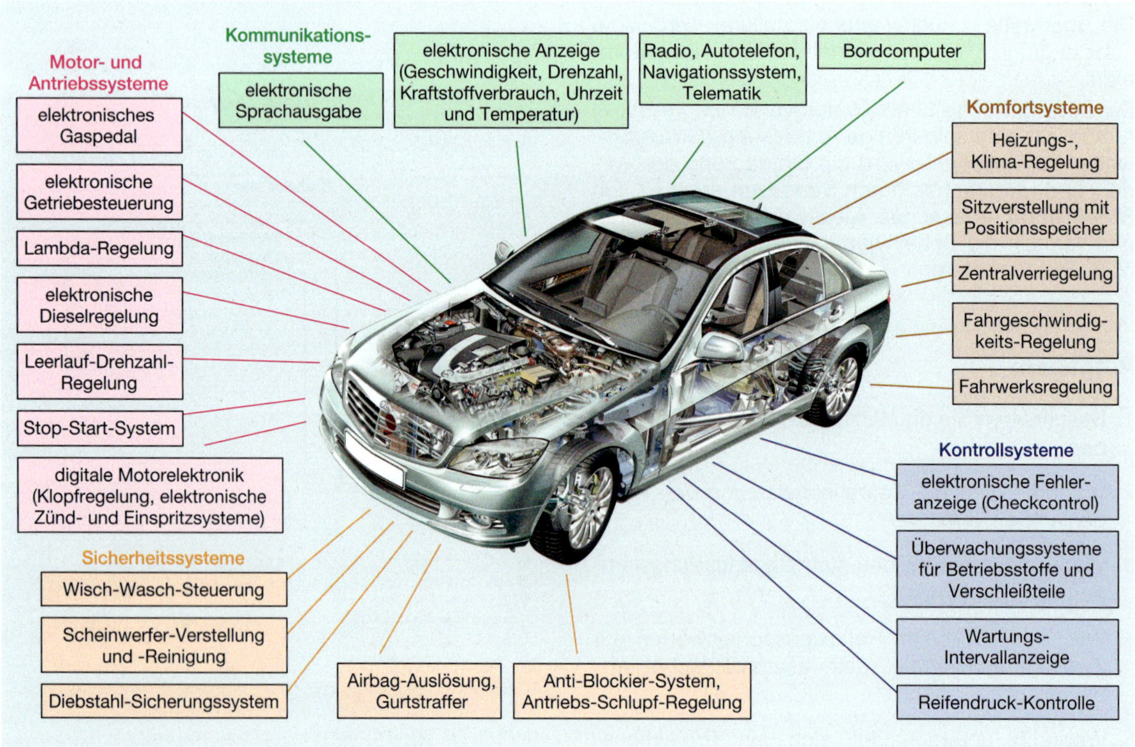

Abb. 4: Elektronische Systeme im Kraftfahrzeug

Sensoren	Anwendung
Drehzahl: Induktivgeber, Hallgeber	**Motordrehzahl:** Benzin- und Dieseleinspritzanlagen **Raddrehzahl:** ABS, ASR, ESP, Tempomat
Temperatur: NTC-Widerstand (Negativ Temperatur-Coeffizient)	**Kühlmitteltemperatur, Ansauglufttemperatur:** Benzin- und Dieseleinspritzanlagen, **Außen- oder Innentemperatur:** Klimaanlagen, Bordcomputer
Positionen, Winkelstellungen: Potenziometer	**Drosselklappenwinkel, Fahrpedalstellung:** Benzin- und Dieseleinspritzanlagen, Automatikgetriebe
Druck: Drucksensor	**Saugrohrdruck:** Benzineinspritzanlagen
Bedienung von Systemen, Pedalstellungen: Schalter	**Bedienschalter:** Automatikgetriebe, Bordcomputer **Bremsschalter:** ABS, Automatikgetriebe, Tempomat **Drosselklappenschalter:** Benzineinspritzanlagen
Luftmasse: Luftmassenmesser	**Erfassung der angesaugten Luftmasse:** Benzin- und Dieseleinspritzanlagen
Körperschall: Klopfsensor	**Erfassung von klopfender Verbrennung:** Kombinierte Benzineinspritz- und Zündanlagen (Motronic)
Sauerstoff: Lambda-Sonde	**Erfassung des Sauerstoffgehalts im Abgas:** Benzineinspritzanlagen

Tab. 1: Beispiele für die Signalerfassung durch Sensoren

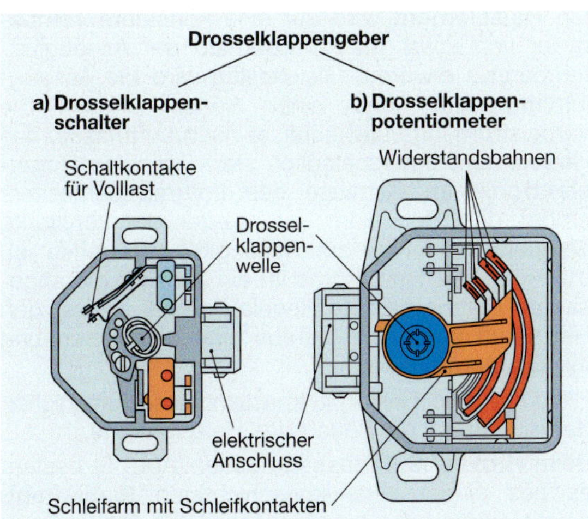

Abb. 1: Schalter und Potenziometer

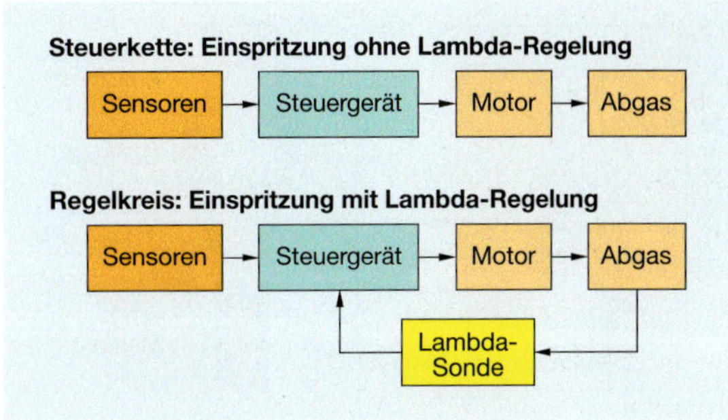

Abb. 2: Steuerkette und Regelkreis (Beispiel)

Regelungssysteme

Regelungssysteme sind durch einen geschlossenen Wirkungsablauf gekennzeichnet. Sie bilden einen **Regelkreis** (Abb. 2b).

Das Steuergerät beeinflusst das System durch die Aktoren. Im Gegensatz zur Steuerung wird das beeinflusste System durch Sensoren kontrolliert und ggf. durch das Steuergerät verändert.

Regelungssystem am Beispiel einer Benzineinspritzung mit Lambda-Regelung:

Die Abgaszusammensetzung wird durch die eingespritzte Kraftstoffmenge beeinflusst. Die Abgaszusammensetzung wird von der Lambda-Sonde erfasst und dem Steuergerät gemeldet. Eine Korrektur der Einspritzmenge erfolgt, wenn die Abgaszusammensetzung mit den im Steuergerät gespeicherten Sollwerten nicht übereinstimmt (Abb. 2b).

7.5.2 Sensoren in elektronischen Systemen

In elektronischen Systemen von Kraftfahrzeugen werden überwiegend folgende Sensoren verwendet (Tab. 1):

- **elektrische Widerstände,**
- **Sensoren zur Erfassung der Luftmasse,**
- **Drucksensoren,**
- **Drehzahlsensoren,**
- **Klopfsensoren,**
- **Lambda-Sonden.**

7.5.2.1 Widerstände

Veränderbare Widerstände (s. Kap. 7.1.7) haben die Aufgabe, Positionen und Winkelstellungen von mechanischen Bauelementen zu erfassen.

Elektrische Schalter sind Verbindungs- oder Trennstellen im Leitungsnetz. Sie können nur binäre, d. h. EIN/AUS-Signale, übertragen (Abb. 1a).

Schalter geschlossen: kleiner Widerstand ($\approx 0\ \Omega$)
Schalter offen: großer Widerstand ($\approx \infty\ \Omega$)

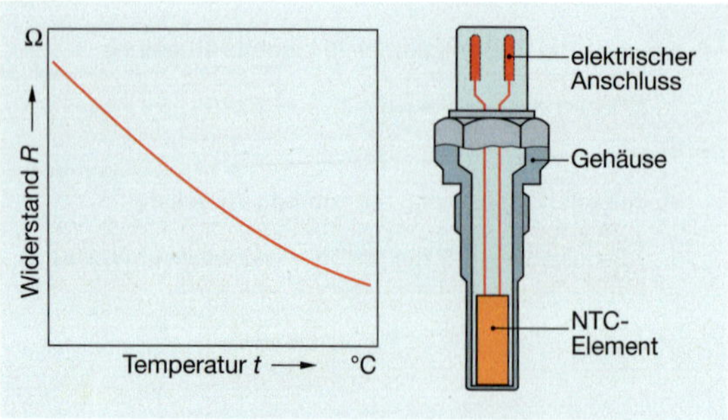

Abb. 3: Kennlinie eines Motortemperaturfühlers (NTC)

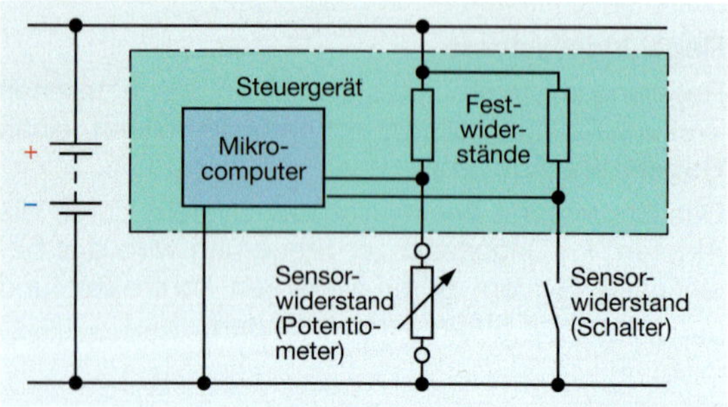

Abb. 4: Prinzip der Datenübertragung vom Sensorwiderstand zum Steuergerät

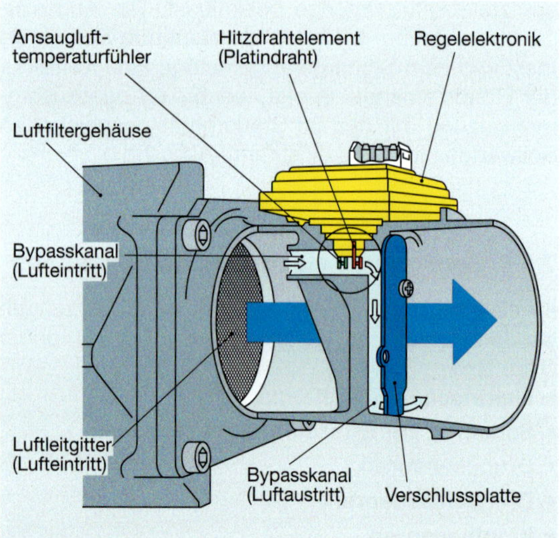

Abb. 5: Hitzdrahtluftmassenmesser

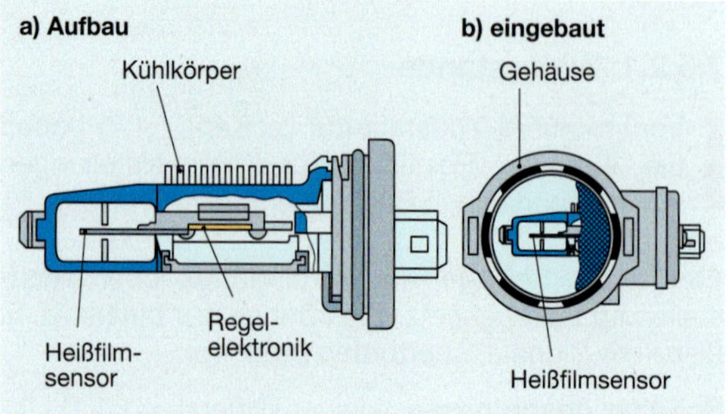

Abb. 6: Heißfilmluftmassenmesser

Potenziometer sind mechanisch verstellbare Widerstände. Der Strom fließt meist durch flächige Widerstandsbahnen und wird durch Schleifkontakte abgegriffen. Je länger der wirksame Stromweg zum Schleifkontakt ist, desto größer ist der Widerstand (Abb. 1b, S. 83).

Temperaturabhängige Widerstände (NTC oder PTC) (s. Kap. 7.1.7) verändern ihren Widerstand mit der Temperatur. In elektronischen Systemen werden überwiegend NTC verwendet. Ihr Widerstand wird mit steigender Temperatur geringer (Abb. 3).

Datenübertragung zum Steuergerät

Die Datenübertragung vom Sensorwiderstand zum Mikrocomputer des Steuergerätes erfolgt durch **Spannungssignale**. Der Mikrocomputer ist wie ein Spannungsmessgerät (s. Kap. 7.1.5) parallel zum Sensorwiderstand geschaltet. Ändert sich der Widerstand des Sensors, ändert sich auch die vom Mikrocomputer erfasste Spannung (Abb. 4).

Hohe Signalspannung:
großer Sensorwiderstand bzw. Schalter ist offen.

Geringe Signalspannung:
kleiner Sensorwiderstand bzw. Schalter ist geschlossen.

Der in Reihe geschaltete Festwiderstand im Steuergerät begrenzt den Stromfluss und ermöglicht dadurch die Spannungsmessung (Abb. 4).

7.5.2.2 Sensoren zur Erfassung der Luftmasse

Luftmassenmesser haben die Aufgabe, die angesaugte **Luftmasse** für Benzin- und Dieseleinspritzanlagen zu erfassen.

Es werden unterschieden:

- **Hitzdrahtluftmassenmesser** und
- **Heißfilmluftmassenmesser.**

Beide Systeme nutzen als Grundprinzip die Kühlwirkung der vorbeiströmenden Luft.

Ein **Heizelement** wird auf eine konstante Tempe-ra-tur von etwa 100 °C oberhalb der Ansauglufttemperatur erwärmt. Gleichzeitig wird die Ansauglufttemperatur durch einen Sensor erfasst. Die vorbeiströmende Luft kühlt, je nach Luftmasse, das Heizelement unterschiedlich stark ab. Eine **Regelelektronik** im Gehäuse des Luftmassenmessers erhöht den Heizstrom, bis wieder die konstante Temperaturdifferenz zur Ansaugluft vorhanden ist. Die Höhe des Heizstroms ist ein Maß für die angesaugte Luftmasse. Die Regelelektronik erfasst den Heizstrom und bildet daraus eine Signalspannung für das Motorsteuergerät.

Hitzdraht- und Heißfilmluftmassenmesser unterscheiden sich durch die Bauart des Heizelements.

Beim **Hitzdrahtluftmassenmesser** (Abb. 5) besteht es aus einem keramikbeschichteten **Platindraht**, beim **Heißfilmluftmassenmesser** (Abb. 6) besteht es aus einem **Heißfilmsensor**.

7.5.2.3 Drucksensoren

Drucksensoren haben die Aufgabe, Gas- und Flüssigkeitsdrücke zu erfassen.

Der Drucksensor besteht aus einer Keramikschicht, auf der sich eine **Druckzelle** und eine elektronische **Auswerteschaltung** befinden (Abb. 1).

In der Druckzelle befindet sich eine **Referenzdruckkammer** mit einem bestimmten Innendruck.

Je nach Höhe des in der Druckzelle wirkenden Drucks wird die **Membrane** der Referenzdruckkammer mit den darauf angebrachten **Sensorelementen** unterschiedlich gedehnt.

Der von der Dehnung abhängige elektrische Widerstand der Sensorelemente wird als Maß für den gemessenen Druck von der Auswerteschaltung in ein Spannungssignal umgewandelt und zum Steuergerät gesendet.

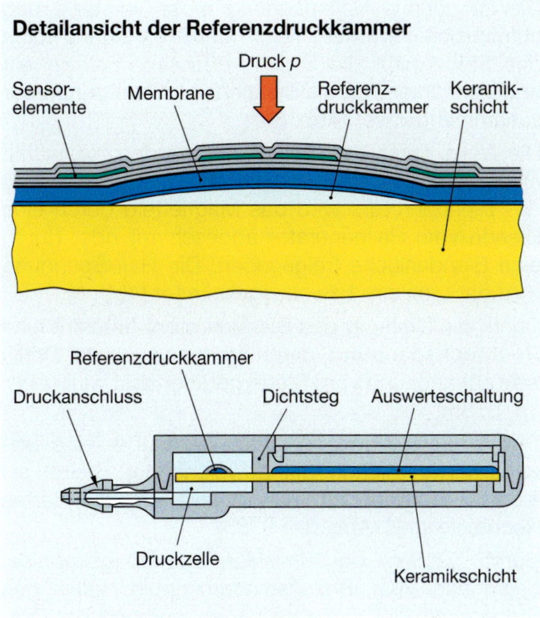

Abb. 1: Aufbau eines Drucksensors

7.5.2.4 Drehzahl- und Drehwinkelsensoren

Drehzahlsensoren haben die Aufgabe **Drehzahlen, Wegstrecken** und **Drehwinkel** zu erfassen.

Es werden unterschieden:

- **Induktive Drehzahlsensoren,**
- **Hall-Drehzahlsensoren.**

Induktiver Drehzahlsensor (Induktivgeber)

Der Induktivgeber arbeitet nach dem Prinzip der **elektromagnetischen Induktion** (s. Kap. 7.2.2).

Er besteht aus einem **Dauermagneten**, dessen **Magnetfeld** von einem **Weicheisenkern** gebündelt wird und eine **Spule** durchdringt (Abb. 2).

Ein mit **Zähnen** versehenes **Impulsgeberrad** rotiert mit der Welle (z. B. Kurbelwelle), deren Drehzahl erfasst werden soll. Die Zähne bewegen sich durch das Magnetfeld des Dauermagneten. Dadurch wird das Magnetfeld verändert und in der Spule eine **Wechselspannung** erzeugt. Die Frequenz der Wechselspannung wird als Maß für die Drehzahl vom Steuergerät erfasst (Abb. 3a).

Das Erfassen der **Winkelstellung** der Welle erfolgt durch eine **Bezugsmarke** (Zahnlücke) auf dem Impulsgeberrad. Die Zahnlücke bewirkt an dieser Stelle ein verändertes Wechselspannungssignal. Durch „Zählen" der einzelnen Wechselspannungsimpulse, beginnend vom Bezugsmarkenimpuls, kann das Steuergerät die Winkelstellungen während der Drehung berechnen (Abb. 2 und 3a).

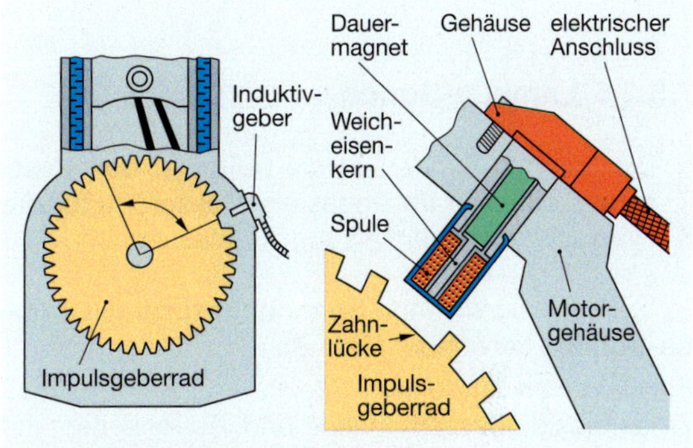

Abb. 2: Induktiver Drehzahlsensor

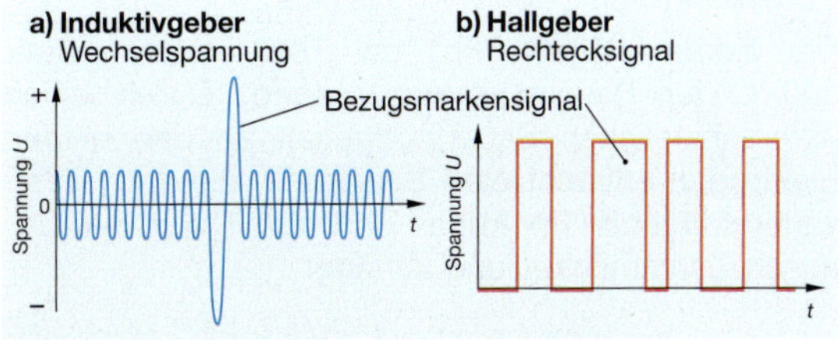

Abb. 3: Sensorsignale von Drehzahlsensoren

Hall-Drehzahlsensor (Hall-Geber)

Der Hall-Drehzahlsensor arbeitet nach folgendem Prinzip:

An den Stirnflächen eines stromdurchflossenen Halbleiters entsteht eine geringe Spannung, wenn der Halbleiter gleichzeitig einem Magnetfeld ausgesetzt wird (Abb. 4).

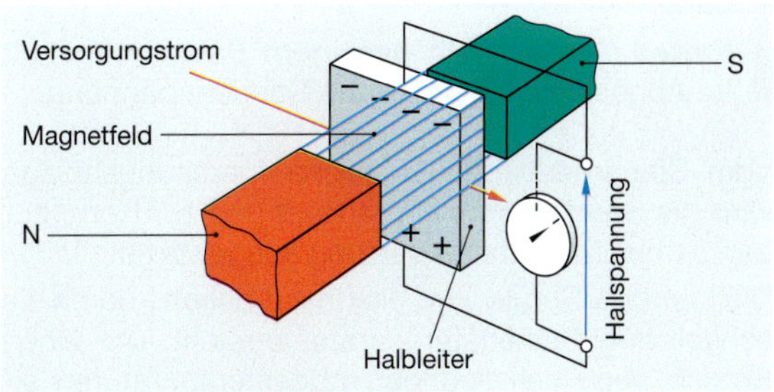

Abb. 4: Prinzip des Hall-Drehzahlsensors

Die zu geringe Hallspannung muss verstärkt und aufgearbeitet werden. Nach diesem Vorgang kann das Steuergerät die Signale erfassen. Hall-Sensor und Verstärker sind als Baueinheit im **Hallgenerator** zusammengefasst (Abb. 5).

Die Welle, deren Drehzahl erfasst werden soll, ist mit einem **Blendenrotor** verbunden. Je nach Stellung des Blendenrotors wird das Magnetfeld durch eine Blende vom Hallgenerator abgeschirmt oder durch eine Blendenlücke freigegeben. Die Hall-Spannung wird dadurch ein- bzw. ausgeschaltet (Abb. 6).

Durch die Drehung des Blendenrotors entsteht eine **Rechteckspannung**, deren Frequenz von der Drehzahl abhängt und vom Steuergerät erfasst wird (Abb. 3b, S. 85).

Die **Winkelstellung** der Welle wird über eine **Bezugsmarke** (Blende mit abweichender Breite) erfasst. Sie bewirkt an dieser Stelle ein verändertes Rechtecksignal (Abb. 3b, S. 85).

Durch „Zählen“ der einzelnen Spannungsimpulse, beginnend vom Bezugsmarkenimpuls, kann das Steuergerät die Winkelstellungen während der Drehung berechnen.

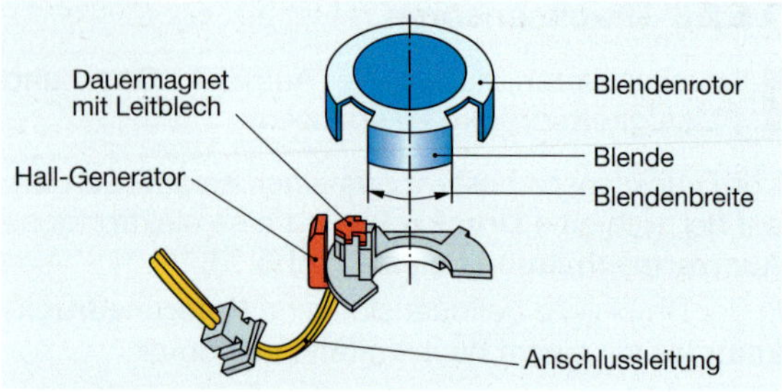

Abb. 5: Aufbau eines Hall-Drehzahlsensors

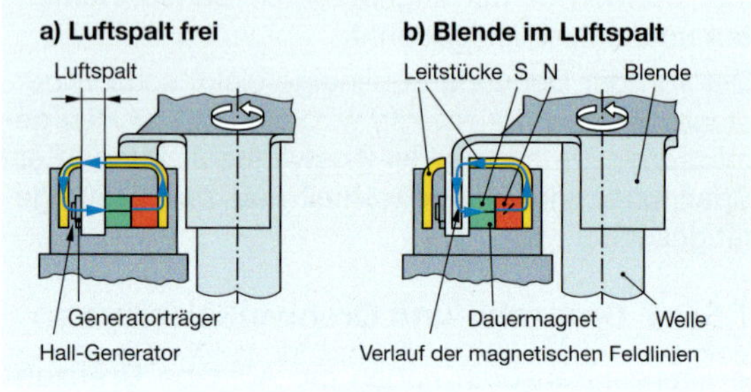

Abb. 6: Hall-Drehzahlsensor mit Blendenrotor

7.5.2.5 Lambda-Sonde

Die Lambda-Sonde hat die Aufgabe, den Restsauerstoffgehalt im Abgas als Messgröße für die Gemischzusammensetzung zu erfassen.

Es werden überwiegend **Spannungssprung-Lambda-Sonden** verwendet (Abb. 8).

Sie bestehen aus einem Spezialkeramikkörper aus Zirkondioxid, dessen Innen- und Außenseiten mit gasdurchlässigen Platinelektroden versehen sind. An der Innenelektrode strömt Außenluft, an die Außenelektrode gelangt Abgas (Abb. 7 und 8).

Der Keramikkörper wird bei Temperaturen über 300 °C für Sauerstoffionen leitend. Durch einen unterschiedlichen Sauerstoffgehalt an den beiden Elektroden entsteht eine Spannung, die vom Restsauerstoffgehalt im Abgas und damit von der Gemischzusammensetzung abhängt.

Mageres Gemisch mit **hohem** Sauerstoffgehalt im Abgas bewirkt eine **geringe** Sondenspannung.

Fettes Gemisch mit **geringem** Sauerstoffgehalt im Abgas bewirkt eine **hohe** Sondenspannung.

Vom Steuergerät der Gemischaufbereitungsanlage wird die Sondenspannung erfasst und zur Korrektur der Gemischzusammensetzung ausgewertet.

Die Lambda-Sonde wird elektrisch beheizt damit sie schnell ihre Betriebstemperatur erreicht, um einen Betrieb auch bei niedrigen Abgastemperaturen sicherzustellen.

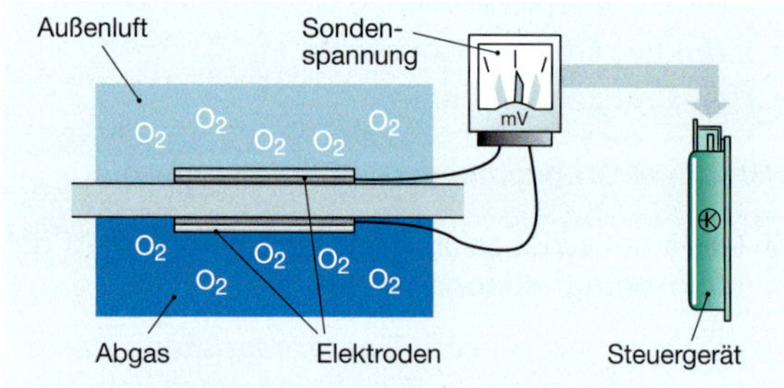

Abb. 7: Wirkungsweise der Lambda-Sonde

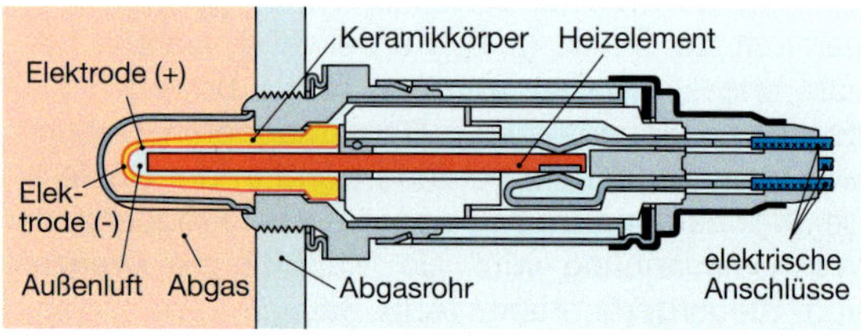

Abb. 8: Lambda-Sonde

Aufgaben:

1. Erläutern Sie das EVA-Prinzip.
2. Erläutern Sie den Unterschied zwischen Steuerungs- und Regelungssystemen.
3. Erstellen Sie eine Tabelle mit Sensoren, die überwiegend in elektronischen Systemen verwendet werden mit ihren Aufgaben und Anwendungsbeispielen.
4. Beschreiben Sie die Wirkungsweise des induktiven Drehzahlsensors.

7.5.3 Aktoren in elektronischen Systemen

In elektronischen Systemen von Kraftfahrzeugen werden überwiegend folgende Aktoren verwendet (Tab. 1):

- **Magnetventile,**
- **Relais** (s. Kap. 7.1.7),
- **Elektromotoren,**
- **Transformatoren,**
- **Leuchtdioden** bzw. **Glühlampen.**

7.5.3.1 Magnetventile

Magnetventile haben die Aufgabe, die Steuerung und Regelung von Gas- und Flüssigkeitsmengen entsprechend der elektrischen Signale des Steuergerätes zu ermöglichen.

Magnetventile bestehen aus einem **Elektromagneten** dessen Magnetanker mit einem **Ventil** verbunden ist (Abb. 1).

Wird vom Steuergerät der Strom durch die Spule des Elektromagneten eingeschaltet, entsteht ein magnetisches Feld. Der Magnetanker wird gegen die Kraft der Feder angezogen, und öffnet dadurch das Ventil.

Wird der Strom vom Steuergerät abgeschaltet schließt das Ventil, indem die Feder den Magnetanker in seine Ausgangsposition drückt.

7.5.3.2 Elektromotoren

Elektromotoren haben die Aufgabe, mechanische Systeme anzutreiben.

Es werden überwiegend **Gleichstrommotoren** (s. Kap. 7.3) mit Erregung durch **Dauermagnete** verwendet (Permanentmotoren (Abb. 2).

Eine Drehrichtungsumkehr erfolgt durch Umkehrung der Stromrichtung.

Bei Verwendung von Elektromotoren als Stellmotoren (z. B. für Lüftungsklappen) werden diese häufig mit einem **Rückmeldepotenziometer** versehen, um dem Steuergerät die Lage des angetriebenen Bauteils durch ein entsprechendes Spannungssignal anzuzeigen.

Aufgaben:

1. Erstellen Sie eine Tabelle mit Aktoren, die überwiegend in elektronischen Systemen der Kfz-Technik verwendet werden. Nennen Sie ihre Aufgabe und geben Sie Anwendungspeispiele dafür.
2. Beschreiben Sie die Wirkungsweise von Magnetventilen.
3. Welche Aufgabe haben Rückmeldepotenziometer?

Aktoren	Anwendung
Steuerung von Gas- und Flüssigkeitsströmen: Magnetventile	**Flüssigkeiten:** Einspritzmenge bei Benzin- und Dieselmotoren, Druckregelung Hydraulik-ABS, Gangschaltung Automatikgetriebe **Gase:** Tankentlüftung, Abgasrückführung, Druckregelung, Pneumatik-ABS
Antrieb von mechanischen Systemen: Elektromotoren	**Kraftstoffpumpe:** Einspritzanlagen für Otto- und Dieselmotoren **Stellmotoren:** Fensterheber, Sitzverstellung, Schiebedach, Drosselklappe, Klimaanlage
optische Signalisierung: Glühlampen, Leuchtdioden, Displays	**Kontrollleuchten:** z. B. ABS, Einspritzanlagen, Automatikgetriebe, Airbag **Display:** Bordcomputer, Navigationssystem
Erzeugung von Hochspannung Transformatoren	**Zündanlage:** Erzeugung der Zündspannung durch die Zündspule **Xenonscheinwerfer:** Erzeugung der Zünd- und Betriebsspannung

Tab. 1: Beispiele für die Signalausgabe durch Aktoren

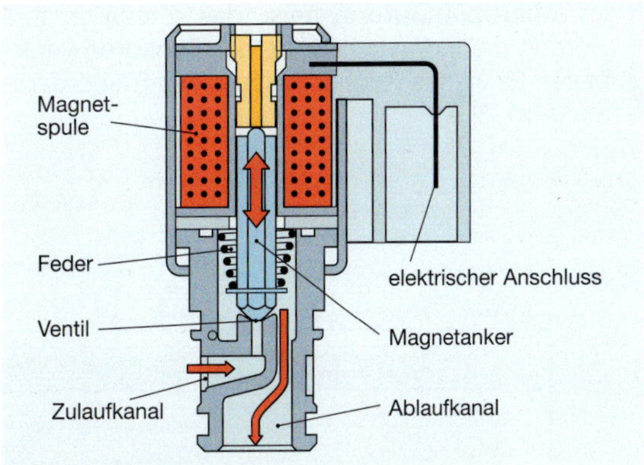

Abb. 1: Magnetventil

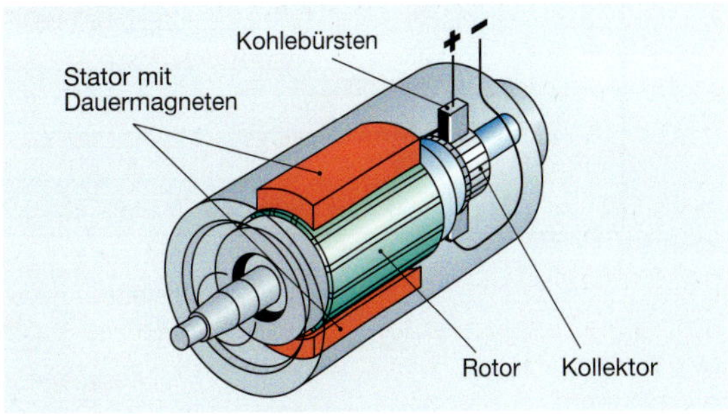

Abb. 2: Elektromotor (Permanentmotor)

7.5.4 Steuergeräte

Steuergeräte haben die Aufgabe, aus den Eingangssignalen der Sensoren mit Hilfe gespeicherter Kennfelder und Rechenverfahren die Ansteuersignale für die Aktoren zu berechnen.

Steuergeräte für den Einsatz in Kraftfahrzeugen bestehen aus folgenden Bauelementen (Abb. 3):

- **Impulsformer (IF),**
- **Analog-Digital Wandler (A/D-Wandler),**
- **Mikrocomputersystem,**
- **Endstufen.**

7.5.4.1 Signaleingabe

Der Mikrocomputer des Steuergerätes kann nur digitale Signale verarbeiten. Analoge Signale, z. B. von Potenziometern, müssen deshalb von einem vorgeschalteten **Analog-Digital-Wandler** in digitale Signale umgewandelt werden. Pulsierende Signale, z. B. von induktiven Drehzahlsensoren, werden durch einen **Impulsformer** umgewandelt.

Digitale Signale, z. B. von Schaltern oder Hall-Drehzahlsensoren, können direkt vom Mikroprozessor verarbeitet werden.

7.5.4.2 Signalverarbeitung

Im **Mikrocomputersystem** des Steuergerätes werden die Eingangssignale der Sensoren verarbeitet. Es ist das Rechenzentrum des Steuergerätes (Abb. 3).

Die **Ein-Ausgabeeinheit (E/A)** ruft die Eingangssignale in der benötigten Häufigkeit ab. Die Ausgangssignale werden in korrekter Reihenfolge und Geschwindigkeit ausgegeben bzw. bis zum Abruf zwischengespeichert.

Der **Taktgeber** bestimmt die zeitliche Steuerung des Rechenablaufs.

Für den Datenaustausch innerhalb des Mikrocomputers verbindet der **Bus** als Datensammelschiene die einzelnen Komponenten.

Der **Mikroprozessor (CPU)** verarbeitet die vom **Betriebsdatenspeicher (RAM)** zwischengespeicherten Eingangssignale (Istwerte).

Die dafür erforderlichen Programme, Kennlinien, Kenndaten Sollwerte sind im **Festwertspeicher (ROM)** abgelegt.

Im **nichtflüchtigen Schreib-/Lesespeicher (EEPROM)** bleiben Daten auch nach Unterbrechung der Spannungsversorgung erhalten. Es werden z. B. Daten für die Wegfahrsicherung (s. Kap. 7.5.6.1) und im Betrieb auftretende Fehler gespeichert.

7.5.4.3 Signalausgabe

Die Betätigung der Aktoren (z. B. Magnetventile oder Elektromotoren) erfordert eine höhere elektrische Leistung als sie vom Mikroprozessor zur Verfügung gestellt werden kann.

Die schwachen Signale des Mikroprozessors werden deshalb dazu verwendet, **Transistoren** (Endstufen) anzusteuern, deren Arbeitsstrom ausreicht, um die erforderlichen elektrischen Leistungen bereitzustellen (s. Kap. 7.1.7).

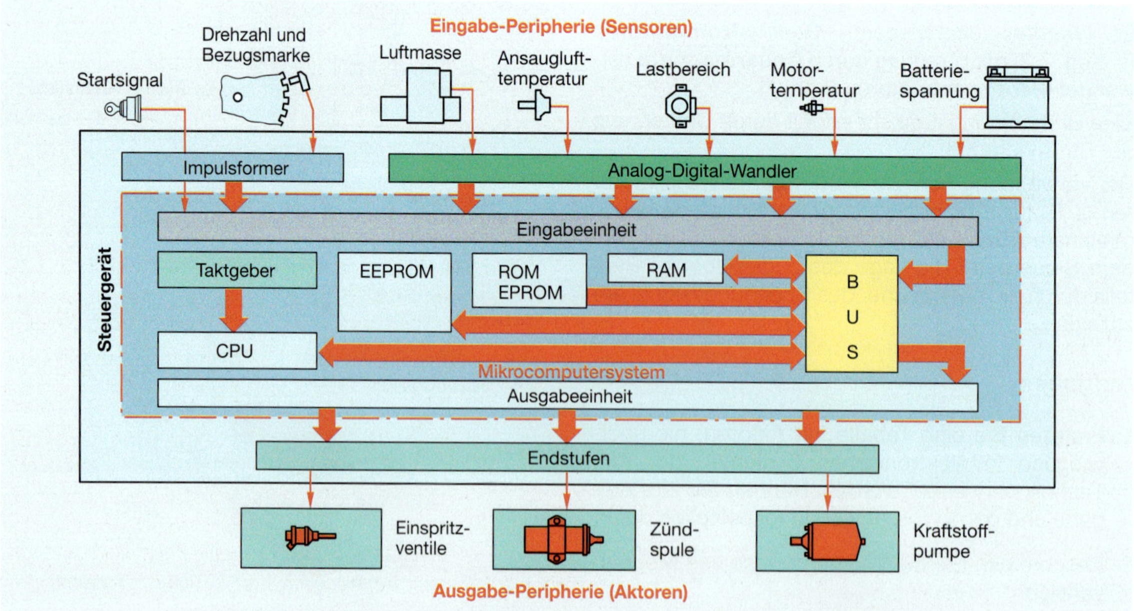

Abb. 3: Aufbau eines elektronischen Steuergerätes am Beispiel eines elektronischen Benzineinspritzsystems

7.5.4.4 Vernetzung von Steuergeräten

Die Steuergeräte der elektronischen Systeme sind überwiegend durch Datenleitungen miteinander vernetzt, um einen Informationsaustausch zwischen den Steuergeräten zu ermöglichen. Dadurch wird

- die Ausnutzung der Einzelsysteme verbessert und
- die Anzahl der Sensoren und damit der Umfang der Verkabelung begrenzt.

So benötigt z. B. das Steuergerät des Automatikgetriebes zur Berechnung der Schaltpunkte ein Signal über die Drosselklappenstellung. Da dieses bereits vom Motorsteuergerät über ein Drosselklappenpotenziometer erfasst wird, können die entsprechenden Daten durch Vernetzung der beiden Steuergeräte zum Getriebesteuergerät übertragen werden. Der Datenaustausch zwischen Steuergeräten kann erfolgen durch:

- **konventionelle Datenübertragung** oder
- **serielle Datenübertragung** z. B. durch **CAN-, LIN- oder MOST-Bussystem.**

Konventionelle Datenübertragung

Für die konventionelle Datenübertragung ist für den Datenaustausch zwischen den Steuergeräten für jedes Signal eine separate Leitung erforderlich (Abb. 1a). Die Daten werden durch Spannungssignale übertragen.

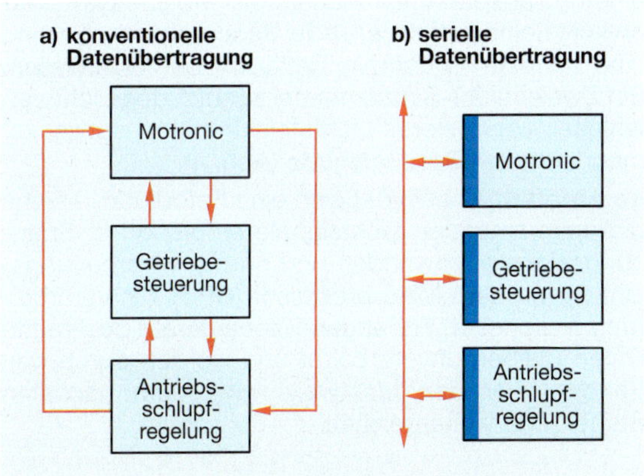

Abb. 1: Vernetzung von Steuergeräten

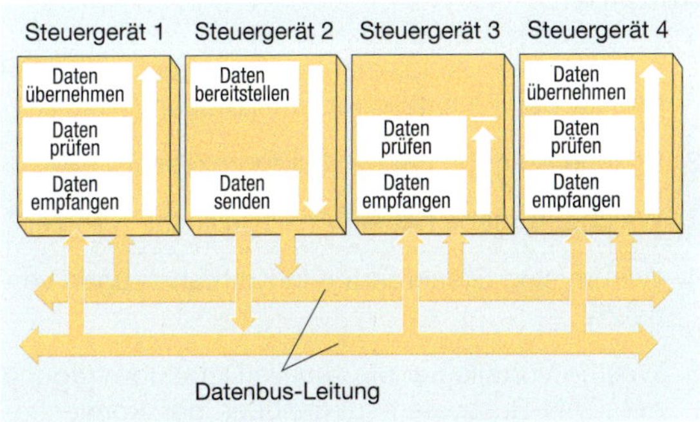

Abb. 2: Serielle Datenübertragung mit CAN-Bus

CAN-Bussystem

Die serielle Datenübertragung mit **CAN-Bus-System** (**CAN: C**ontroller **A**rea **N**etwork) ermöglicht gegenüber der konventionellen Datenübertragung einen Datenaustausch mit höherer Geschwindigkeit bei gleichzeitiger Reduzierung der Anzahl von Leitungen und Steckverbindungen.

Alle angeschlossenen Steuergeräte sind bei diesem System durch max. zwei parallele Datenleitungen miteinander verbunden (Abb. 1b und 2). Jedes angeschlossene Steuergerät besitzt einen **CAN-Baustein**, der Daten senden und empfangen kann. Von den einzelnen Steuergeräten werden die Daten nacheinander auf die Leitung übertragen. Durch ein festgelegtes Protokoll wird der Datenaustausch organisiert. CAN ist der Name des Protokolls, das für die Kraftfahrzeugtechnik entwickelt wurde.

Es werden unterschieden:

- **High-Speed-CAN-Bus** mit einer Datenübertragungsgeschwindigkeit von 125 kBits/s bis 1 Mbits/s für Echtzeitdatenübertragungen zwischen den Steuergeräten von z. B. Motronic, ABS, Getriebesteuerung, Fahrdynamikregelung,
- **Low-Speed-CAN-Bus** mit einer Datenübertragungsgeschwindigkeit von 10 bis 125 kBits/s für Anwendungen in der Karosserie- und Komfortelektronik (z. B. Klimasteuerung, Zentralverriegelung).

Beispiel für die Organisation der Datenübertragung mit einem CAN-Bus (Abb. 2):

Steuergerät 2 sendet Daten. Von allen weiteren Steuergeräten (1, 3 und 4) werden diese empfangen. Nur die Steuergeräte 1 und 4 benötigen die Daten und legen sie in ihren Speichern ab.

Wollen mehrere Steuergeräte gleichzeitig Daten senden, darf das Steuergerät mit den „wichtigeren" Daten zuerst senden. So hat z. B. das ABS-Steuergerät Vorrang vor dem Getriebesteuergerät.

LIN-Bussystem

Das **LIN-Bussystem** ist als Subsystem dem CAN-Bussystem untergeordnet. Es wird überwiegend für die Datenübertragung zwischen Komponenten eingesetzt, welche die Vielseitigkeit und Übertragungsgeschwindigkeit des CAN-Bussystems nicht benötigen und sich innerhalb eines begrenzten Bauraums (z. B. Dach oder Armaturentafel) befinden. Dazu gehören z. B. Sensoren und Aktoren der Klimaanlage oder des Schiebedachs (Abb. 2, S. 90).

Im Gegensatz zum CAN-Bussystem werden die Daten nur auf einer Leitung (Ein-Draht-Bus) übertragen. Es wird eine Datenübertragung von max. 20 KBit/s erreicht.

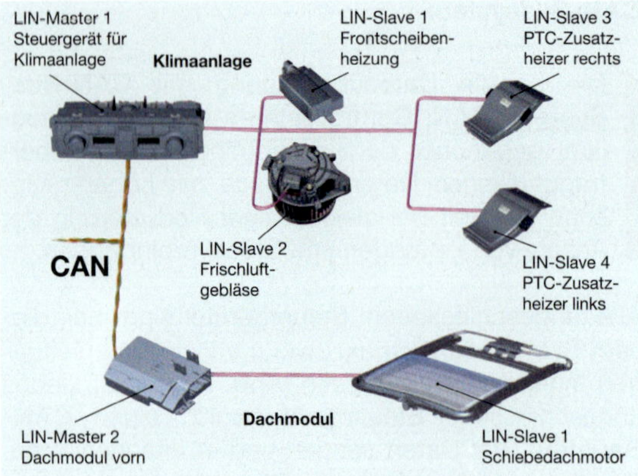

Abb. 3: Aufbau eines LIN-Bussystems (Beispiel)

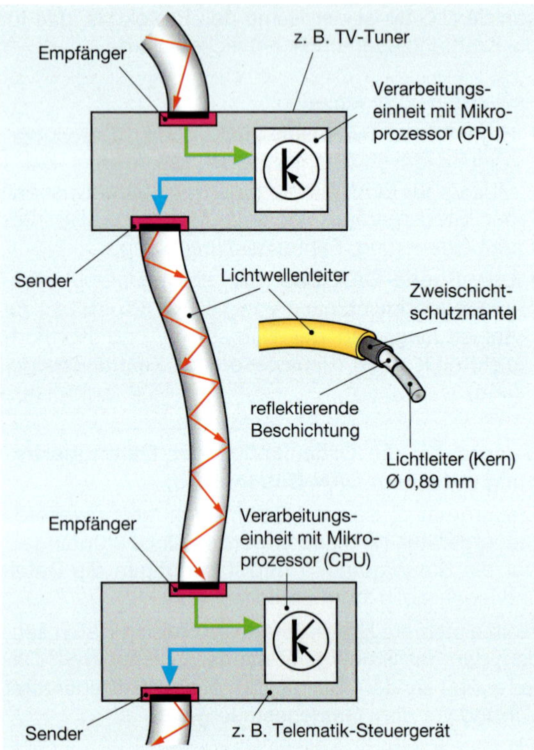

Abb. 4: Aufbau eines MOST-Bussystems

Ein LIN-Bussystem besteht aus

- einem **LIN-Master- Steuergerät** und
- bis zu 16 **LIN-Slave-Steuergeräten.**

Jedes Slave-Steuergerät kann nur senden, wenn es vom Master-Steuergerät dazu aufgefordert wird. Dadurch können Bauaufwand und Kosten gering gehalten werden.

Das **LIN-Master-Steuergerät** ist als einziges Steuergerät am CAN-Bus angeschlossen (Abb. 3). Es verknüpft das CAN-Bussysten mit dem LIN-Bussystem und ermöglicht die Datenübertragung zwischen den beiden Datennetzen. Das LIN-Master-Steuergerät ist über die Datenleitung mit den LIN-Slave-Steuergeräten verbunden (Abb. 3).

LIN-Slave-Steuergeräte sind Sensoren (z.B. Temperaturfühler) oder Aktoren (z.B. Lüftermotor) mit integrierter Elektronik zur Auswertung der Sensorsignale bzw. Ansteuerung der Aktoren. Ein Datenaustausch der einzelnen LIN-Slave Steuergeräte erfolgt überwiegend mit dem LIN-Master-Steuergerät (Abb. 3).

MOST-Bussystem

Im Gegensatz zum CAN- und LIN-Bussystem werden beim MOST-Bussystem nicht Spannungssignale für die Datenübertragung genutzt, sondern **Lichtwellen**. Dadurch werden Datenübertragungsgeschwindigkeiten von bis zu 24,8 Mbit/s erreicht, was die Vernetzung von Infotainment-Systemen wie z. B. TV-Empfang, DVD-Video, Telefon, Telematik und Internet ermöglicht. Alle angeschlossenen Steuergeräte sind durch einen **Lichtwellenleiter** ringförmig miteinander verbunden und besitzen jeweils einen **Sender** und einen **Empfänger** (Abb. 4).

Der Sender besteht aus einer **Leuchtdiode** (s. Kap. 7.1.7), welche die Spannungssignale der Verarbeitungseinheit in Lichtsignale umwandelt und über den Lichtwellenleiter zum nächsten Steuergerät überträgt. Die erzeugten Lichtwellen haben eine Wellenlänge von 650 nm und sind als rotes Licht sichtbar.

Der Lichtwellenleiter besteht in seinem Kern aus einem transparenten Kunststoff (Polymetylmethacrylat). Seine **reflektierende Beschichtung** bewirkt eine nahezu verlustfreie Reflexion der Lichtwellen. Ein Zweischicht-Schutzmantel schützt den Lichtwellenleiter vor äußerer Lichtsteinstrahlung sowie vor mechanischer Beschädigung (Abb. 4).

Im Empfänger befindet sich eine Fotodiode, welche die ankommenden Lichtsignale empfängt, in Spannungssignale umwandelt und an die Verarbeitungseinheit mit dem Mikroprozessor (CPU) zur Verarbeitung weiterleitet. Für andere Steuergeräte bestimmte Daten bleiben unverarbeitet und werden durch den Sender über den Lichtwellenleiter zum nächsten Steuergerät weitergeleitet.

Aufgaben:

1. Aus welchen Bauelementen bestehen Steuergeräte für den Einsatz in Kraftfahrzeugen?
2. Welche Aufgabe hat der Mikroprozessor?
3. Welche Aufgabe hat ein Analog-Digital-Wandler?
4. Warum sind Steuergeräte in Kraftfahrzeugen vernetzt?
5. Welche Vorteile hat die serielle Datenübertragung mit CAN-Bussystem gegenüber der konventionellen Datenübertragung?

7.5.5 Komfortsysteme

7.5.5.1 Klimatisierung von Fahrzeugen

Ein **behagliches Innenraumklima** steigert wesentlich das Wohlbefinden und damit die Leistungsfähigkeit des Fahrers und dient somit der **aktiven Verkehrssicherheit**. Das Innenraumklima ist im Wesentlichen abhängig:

- vom **Luftdurchsatz**,
- von der **Innenraumtemperatur**,
- von der **Luftfeuchtigkeit** und
- von der **Luftqualität**.

Ein behagliches Innenraumklima erfordert, in Abhängigkeit von der **Außentemperatur**, einen unterschiedlichen **Luftdurchsatz** und eine unterschiedliche **Innenraumtemperatur**.

Für ein behagliches Innenraumklima bei z. B. 0 °C Außentemperatur ist eine Innenraumtemperatur von etwa 23 °C bei einem Luftdurchsatz von 5 kg/min erforderlich (Abb. 3).

Die **Luftqualität** wird hauptsächlich durch die

- **Luftfeuchtigkeit** und die
- **Luftverschmutzung** beeinflusst.

Eine zu hohe Luftfeuchtigkeit und Luftverschmutzung erhöhen die körperliche Belastung des Fahrers. **Konzentration** und **Reaktionsfähigkeit** werden dadurch verringert.

An eine **Klimatisierung** des Fahrzeuginnenraums werden deshalb folgende Aufgaben gestellt:

- **Be- und Entlüftung** des Innenraums,
- **Innenraumheizung** bzw. **Innenraumkühlung,**
- **Luftentfeuchtung** und **Luftreinigung.**

Be- und Entlüftung des Innenraums

Die Belüftung des Innenraums erfolgt überwiegend an der Stirnseite des Fahrzeugs (Abb. 4).

Die Frischluft wird beim

- **Heizungsbetrieb** von einem **Wärmetauscher** erwärmt (Abb. 2, S. 92) oder beim
- **Kühlbetrieb** vom **Verdampfer** der Klimaanlage abgekühlt (Abb. 2, S. 92).

Im Stand oder bei geringer Geschwindigkeit wird die Frischluft von außen durch ein mehrstufiges oder stufenloses **Gebläse** angesaugt (Abb. 2, S. 92).

Die Luft wird durch Klappen verteilt. Sie können, je nach Bedarf den Luftstrom z. B. in den Fußraum oder an die Scheiben lenken.

Im **Umluftbetrieb** wird vom Gebläse keine Luft von außen angesaugt, sondern die vorhandene Innenraumluft wird **umgewälzt**.

Die Abkühlung bzw. Erwärmung der Innenraumluft wird dadurch beschleunigt. Außerdem können die Insassen vor Geruchsbelästigungen bzw. Schadstoffen von außen geschützt werden.

Der Umluftbetrieb ist nur kurzzeitig möglich, weil sich die Luft schnell verbraucht und die Luftfeuchtigkeit ständig steigt. Bei abgeschalteter Klimaanlage führt das zum Beschlagen der Scheiben.

Die **Betätigung** der Luftklappen zur Steuerung der Luftströmung bzw. des Umluftbetriebs erfolgt, je nach Ausstattung, **manuell** (z. B. Seilzüge, Gestänge) oder durch **Elektromotoren**. Bei elektronisch geregelten Heiz- bzw. Klimaanlagen werden die Stellmotoren der Luftklappen programmgesteuert durch ein Steuergerät betätigt.

Eine **Entlüftung** nach außen erfolgt durch Öffnungen am Fahrzeugheck.

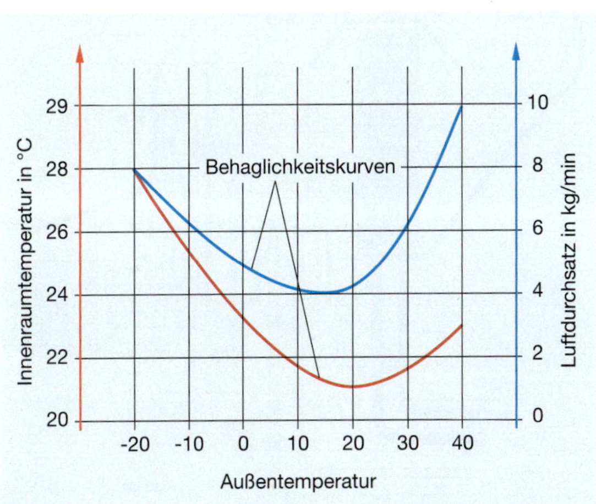

Abb. 3: Behaglichkeitskurven

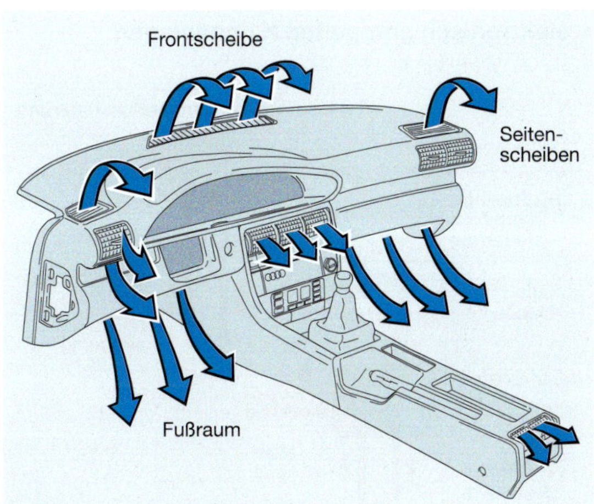

Abb. 4: Luftverteilung im Innenraum

Innenraumheizung

Für die Heizung des Innenraums wird die erwärmte Kühlflüssigkeit des Motors genutzt.

Die Kühlflüssigkeit wird durch einen **Wärmetauscher** (Heizkörper) geleitet, der seine Wärme an die in den Innenraum strömende Luft abgibt.

Die **Temperatur** der Heizungsluft wird
- **luftseitig** oder
- **kühlmittelseitig** gesteuert.

Die **luftseitige Temperatursteuerung** (Abb. 1a und Abb. 2) erfolgt durch eine stufenlos verstellbare **Luftklappe**, die eine **Aufteilung** des Luftstroms bewirkt. Ein Teil der Luft strömt durch den Wärmetauscher und wird anschließend wieder mit dem anderen Teil der Luft vermischt. Je größer der Anteil der Luftmenge ist, die durch den Wärmetauscher strömt, um so höher ist die Temperatur am Luftaustritt. Die durch den Wärmetauscher fließende Kühlmittelmenge bleibt unverändert.

Bei der **kühlmittelseitigen Temperatursteuerung** (Abb. 1b und 2) strömt die gesamte Luftmenge durch den Wärmetauscher. Die Temperatureinstellung erfolgt durch ein Ventil. Dadurch wird die Kühlflüssigkeitsmenge, die durch den Wärmetauscher fließt, verändert. Je mehr Kühlmittel durch den Wärmetauscher strömt, desto mehr Wärme wird an die vorbeiströmende Luft abgegeben.

Klimaanlage (Innenraumkühlung)

Klimaanlagen ermöglichen neben der Be- und Entlüftung und der Heizung auch die **Abkühlung** der Innenraumluft.

Es wird unterschieden zwischen
- **gesteuerten Klimaanlagen** und
- **elektronisch geregelten Klimaanlagen.**

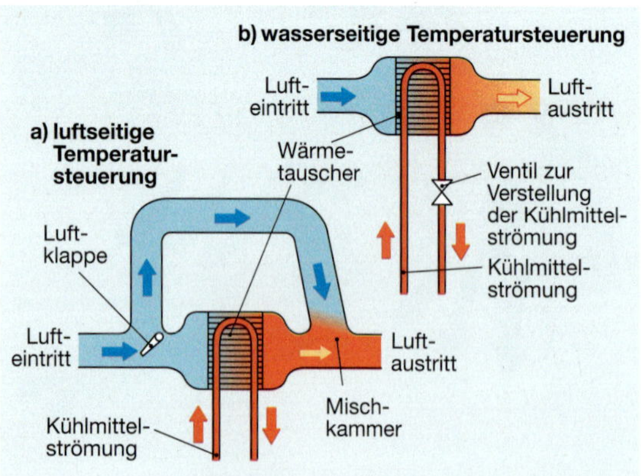

Abb. 1: Temperatursteuerung

Temperatur, Luftverteilung und Gebläseeinstellung werden bei **gesteuerten Klimaanlagen** durch den Fahrer von Hand eingestellt bzw. verändert.

Elektronisch geregelte Klimaanlagen (Abb. 2) erfordern weniger Bedienungsaufwand. Je nach Ausstattung des elektronischen Regelungssystems muss vom Fahrer meist nur die gewünschte **Innenraumtemperatur** mit dem Sollwertsteller vorgewählt werden.

Neben Gebläsedrehzahl und Lufttemperatur werden vom **elektronischen Steuergerät** die Luftklappen für Luftverteilung, Frischluft- bzw. Umluftbetrieb durch **Elektromotoren** verstellt.

Vom Steuergerät können folgende Sensorsignale erfasst und ausgewertet werden:
- Außentemperatur (NTC, s. Kap. 7.5.2.1),
- Luftqualität (Luftgütesensor),
- Luftklappenposition (Potenziometer, s. Kap. 7.5.2.1),
- Temperatur des Innenraums (7, NTC s. Kap. 7.5.2.1),
- Ausströmtemperatur (5, NTC, s. Kap. 7.5.2.1),
- Sensor für Sonneneinstrahlung (Photosensor).

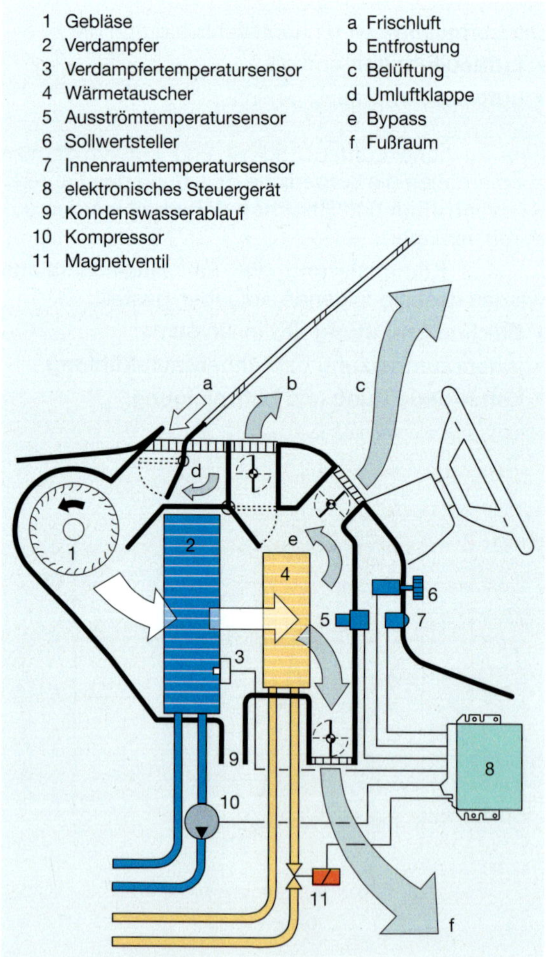

Abb. 2: Elektronisch wasserseitig geregelte Klimaanlage

Grundprinzip des Kühlsystems von Klimaanlagen

Das **Kühlsystem** von Klimaanlagen im Kraftfahrzeug besteht aus einem geschlossenen Kreislauf, in dem ein **Kältemittel** zirkuliert.

Das Kältemittel wechselt ständig zwischen dem **flüssigen** und dem **gasförmigen** Zustand. Während des Übergangs vom flüssigen in den gasförmigen Zustand wird der Umgebungsluft Wärme entzogen, die dadurch abgekühlte Umgebungsluft wird dann zur Kühlung des Innenraums verwendet (Kältemittelkreislauf s. Abb. 3).

Der **Kompressor** saugt kaltes, gasförmiges Kältemittel mit niedrigem Druck an und verdichtet es auf einen Druck von etwa 16 bar, wodurch sich das Kältemittel auf etwa 60 °C bis 100 °C erwärmt. Das warme Kältemittelgas gelangt anschließend in den Kondensator.

Der **Kondensator** ist ein Wärmetauscher, in dem das warme Kältemittelgas von der durchströmenden Luft (Fahrtwind bzw. Gebläse) stark abgekühlt wird und dadurch kondensiert.

Das nun flüssige Kältemittel fließt durch den **Flüssigkeitsbehälter** (Abb. 4). Er dient als **Ausgleichs-** und **Vorratsbehälter**. Im Behälter befindet sich ein **Trockner** mit Filtersieb, der Verunreinigungen und Wasserreste zurückhält. Das flüssige und unter hohem Druck stehende Kältemittel wird anschließend vom **Expansionsventil** (Expansion, lat.: Volumenvergrößerung) in den Verdampfer gesprüht.

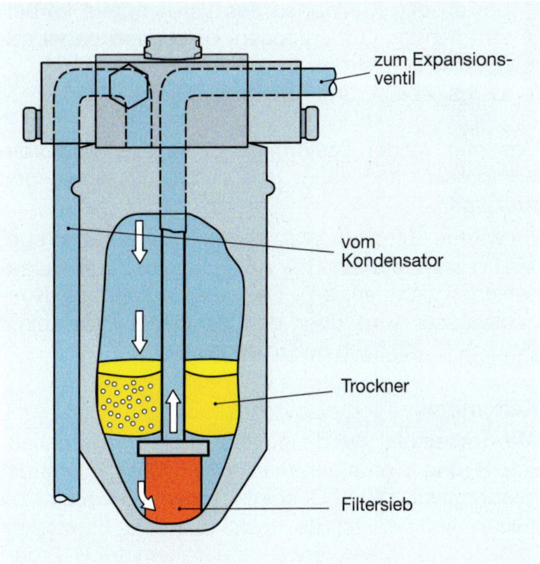

Abb. 4: Flüssigkeitsbehälter

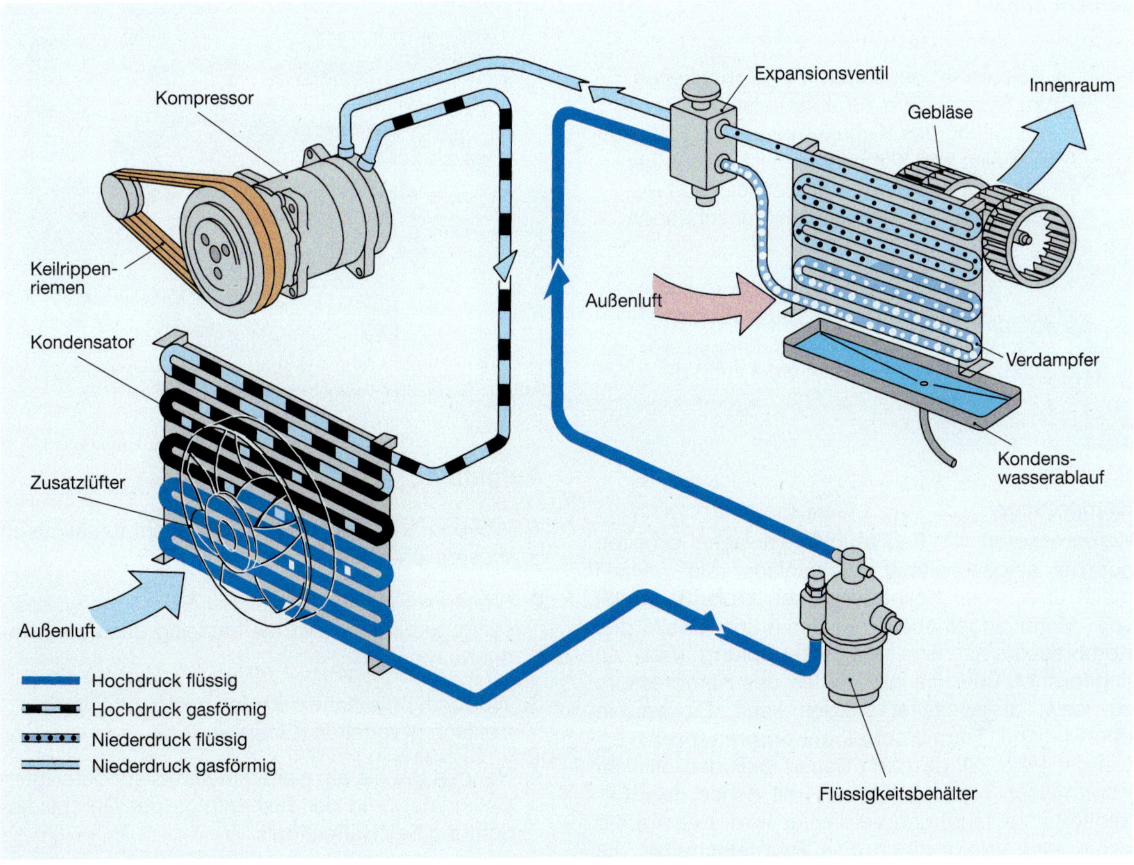

Abb. 3: Kältemittelkreislauf

Im **Verdampfer** (Abb. 1 und Abb. 3, S. 93) herrscht geringer Druck (etwa 1,2 bar). Dadurch sinkt der Siedepunkt des Kältemittels und es verdampft.

Die für die Umwandlung vom flüssigen in den gasförmigen Zustand erforderliche Wärme wird der an den Kühlrippen des Verdampfers vorbeiströmenden Luft entzogen. Diese wird dabei abgekühlt und strömt in den Innenraum des Fahrzeugs (Abb. 1, und Abb. 3, S. 93).

Das nun wieder gasförmige Kältemittel wird vom Kompressor angesaugt und durchläuft erneut den Kreislauf.

Da warme Luft mehr Wasser aufnimmt als kalte Luft, wird Wasser während der Abkühlung der Luft ausgeschieden (kondensiert). Das ausgeschiedene Kondenswasser wird über den Kondenswasserablauf (Abb. 3, S. 93) nach außen abgeleitet.

Kältemittel

Als Kältemittel wird in Fahrzeugen ausschließlich **R134a** (Tetraflourethan, $CH_2F\text{-}CF_3$) verwendet (Siedepunkt: –29,8 °C beim Umgebungsdruck von 1 bar). Als Gas ist es unsichtbar, als Flüssigkeit farblos. Das früher verwendete Kältemittel R12 darf nicht mehr eingefüllt werden, weil es in erheblichem Umfang den **Treibhauseffekt** fördert und die **Ozonschicht** abbaut.

Kältemittelverlust durch Undichtigkeiten im System führt zur automatischen Abschaltung des Klimakompressors. Für das Befüllen von Klimaanlagen ist die Verwendung einer besonderen Service- und Recyclingstation gesetzlich vorgeschrieben.

Abgesaugtes Kältemittel wird in der Service- und Recyclingstation gereinigt und getrocknet. Mit dem so aufbereiteten Kältemittel kann die Klimaanlage des Fahrzeugs wieder befüllt werden.

Kompressor

Kompressoren für Fahrzeugklimaanlagen arbeiten nur bei eingeschalteter Klimaanlage. Sie werden meist über einen Keilrippenriemen (Abb. 3, S. 93) vom Motor angetrieben. Auf der Antriebswelle des Kompressors ist eine **Magnetkupplung** (Abb. 2) angeordnet, über die der Antrieb des Kompressors zu- bzw. abgeschaltet werden kann. Es werden überwiegend **Taumelscheibenkompressoren** verwendet (Abb. 3). Je nach Bauart befinden sich im Kompressor 3 bis 10 **Kolben**, mit denen das Kältemittel angesaugt und verdichtet wird. Der Antrieb der Kolben erfolgt durch eine **Taumelscheibe**, die mit der Antriebswelle verbunden ist.

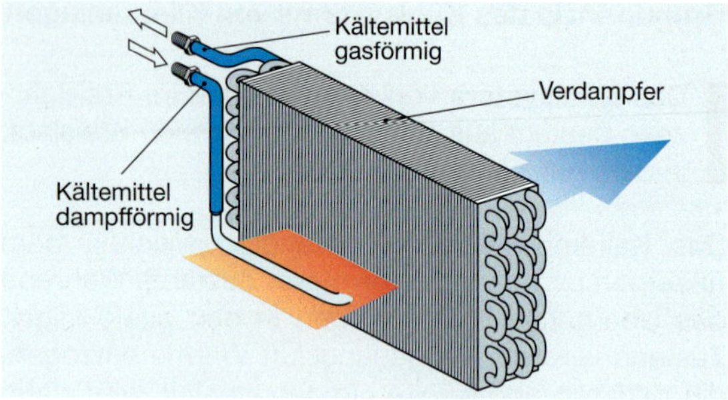

Abb. 1: Verdampfer

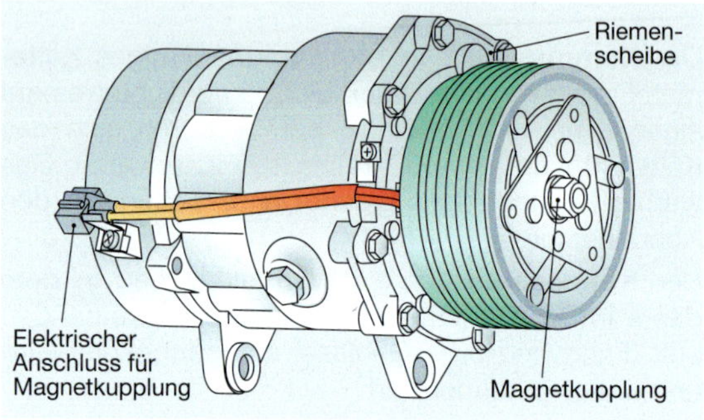

Abb. 2: Kompressor für Fahrzeugklimaanlagen

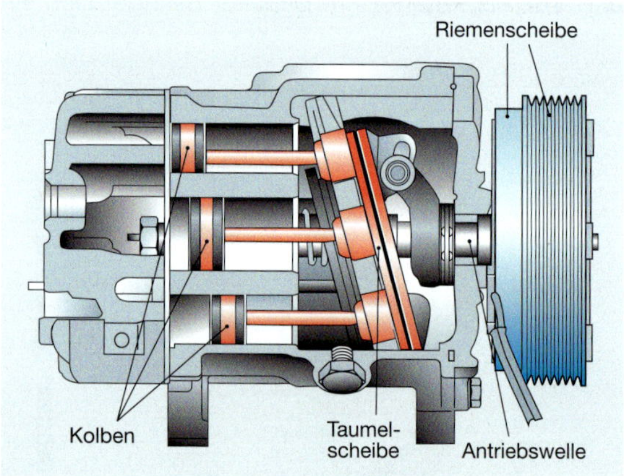

Abb. 3: Geregelter Taumelscheibenkompressor

Aufgaben:

1. Wovon hängt ein behagliches Innenraumklima im Wesentlichen ab?
2. Erläutern Sie jeweils mit einer Skizze die wasserseitig gesteuerte und die luftseitig gesteuerte Innenraumheizung.
3. Wodurch unterscheiden sich gesteuerte von elektronisch geregelten Klimaanlagen?
4. Nennen Sie die am Kältemittelkreislauf beteiligten Bauelemente in der Reihenfolge der Durchflussrichtung des Kältemittels.
5. Nennen Sie die Eigenschaften des Kältemittels.

7.5.5.2 Elektrische Fensterheber

Elektrische Fensterantriebe ermöglichen ein Öffnen und Schließen der Fenster durch Betätigung eines Tastschalters.

Der Antrieb erfolgt durch einen **Elektromotor** (s. Kap. 7.5.3.2) mit **Schneckengetriebe** (Abb. 6), dessen Drehzahl über ein **Seilzuggetriebe** (Abb. 4),

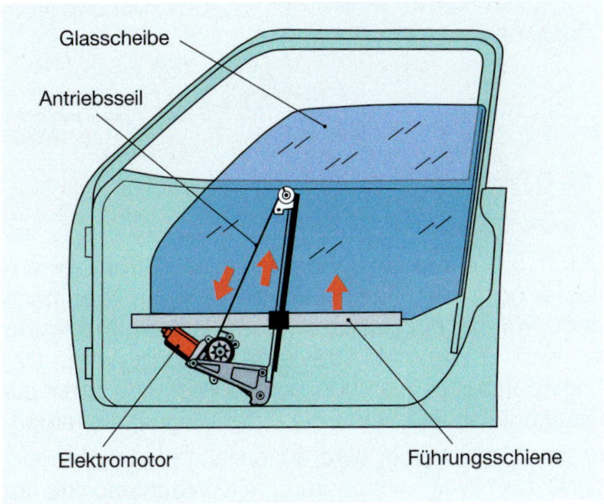

Abb. 4: Fensterheber mit Seilzuggetriebe

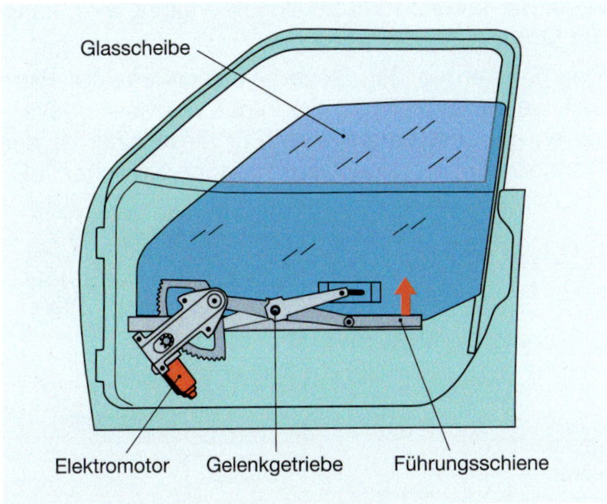

Abb. 5: Fensterheber mit Gelenkgetriebe

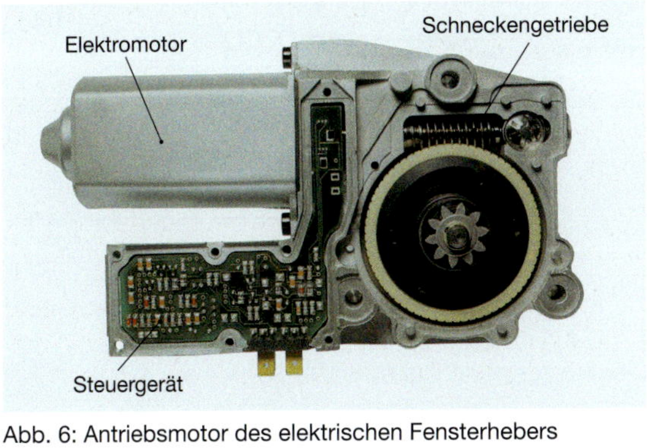

Abb. 6: Antriebsmotor des elektrischen Fensterhebers

oder ein **Gelenkgetriebe** (Abb. 5) auf die Führungsschiene des Fensters übertragen wird. Durch **Drehrichtungsumkehr** des Elektromotors wird das Fenster geöffnet oder geschlossen.

Ein Öffnen des Fensters von außen wird durch die selbsthemmende Wirkung des Schneckengetriebes verhindert.

Einklemmschutz

Nach § 30 StVZO müssen zur Vermeidung von Unfällen elektrische Fensterheber während des Schließens mit einem **Einklemmschutz** (Überschusskraftbegrenzer) ausgerüstet sein.

Der Einklemmschutz muss im Bereich von 200 bis 4 mm, vom oberen Fensterrahmen aus gemessen, wirksam sein.

Der Schutz wird durch eine elektronische Steuerung erreicht. Auf der Ankerwelle des Elektromotors ist ein **Hallsensor** (s. Kap. 7.5.2.4) angeordnet, der die **Position** und die **Drehzahl** der Welle an das **elektronische Steuergerät** meldet. Wird während des Schließens des Fensters ein Absinken der Motordrehzahl erkannt (z. B. durch ein eingeklemmtes Körperteil), wird die Drehrichtung des Motors umgekehrt, um das Fenster wieder zu öffnen. Damit das Fenster schließen kann, wird vor dem Einfahren in die Fensterdichtung der Einklemmschutz **automatisch abgeschaltet**. Hierzu wird vom Steuergerät die Position des Fensters über die Anzahl der abgegebenen Impulse des Hallsensors ermittelt.

Tür-Steuergeräte

Fahrzeuge, die mit vernetzten Komfortsystemen ausgestattet sind, besitzen **Türsteuergeräte**, die neben der Steuerung des Fensterhebers die Aufgaben der **Zentralverriegelung** und der **Außenspiegelverstellung** übernehmen. Die Türsteuergeräte sind über das **CAN-Bussystem** untereinander und mit dem Steuergerät der Zentralverriegelung verbunden.

Aufgaben:

1. Nennen Sie die zwei Systeme der elektrischen Fensterheber.
2. Skizzieren Sie ein Seitenfenster und kennzeichnen Sie den Bereich, in dem ein Einklemmschutz nach StVZO wirksam sein muss.
3. Beschreiben Sie die Wirkungsweise des Einklemmschutzes.
4. Welche Aufgabe haben Türsteuergeräte?

7.5.6 Diebstahlschutzsysteme

7.5.6.1 Elektronische Wegfahrsicherungen

Elektronische Wegfahrsicherungen haben die **Aufgabe**, ein unbefugtes Benutzen des Fahrzeugs zu verhindern.

Sie sind seit Januar 1995 für neuzugelassene Personenwagen gesetzlich vorgeschrieben.

Abb. 1 zeigt eine Systemübersicht der elektronischen Wegfahrsicherung. Sie besteht aus einem **Steuergerät**, welches mit dem **Motorsteuergerät** (Motronic, EDC) verbunden ist. Durch einen **elektronisch kodierten Eingriff** wird das Motorsteuergerät blockiert. Darüber hinaus können auch zusätzliche Bauelemente, die den Motorstart verhindern (z. B. Starter, Kraftstoffpumpe), einbezogen werden.

Zur Aktivierung der Wegfahrsicherung gibt es unterschiedliche Systeme:

- **Transponder**,
- **Handsender**,
- **Codetastatur** oder
- **Chipkarte**.

Transpondersysteme (Abb. 2) werden aufgrund ihrer einfachen Handhabung überwiegend verwendet.

Der Transponder (lat.-engl.: **Trans**mitter: Sender und Res**ponder**: Antwortgeber) ist ein im Zündschlüssel integrierter **Mikrochip**, der als **Sende- und Empfangseinheit** arbeitet. Jeder Zündschlüssel unterscheidet sich durch einen im Transponder gespeicherten **Festcode**. Während des Einschaltens der Zündung wird der Transponder aktiviert, indem er

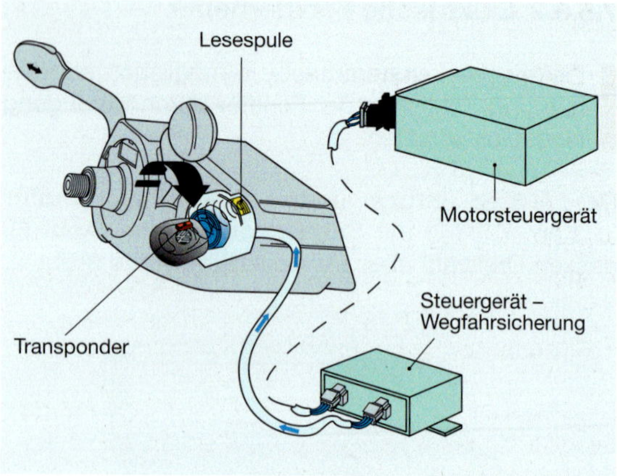

Abb. 2: Wegfahrsicherung mit Transponder

durch die Magnetfeldänderung einer Strom durchflossenen **Spule** (Lesespule) im Zündschloss nach dem Prinzip **der elektromagnetischen Induktion** (s. Kap. 7.2.2) mit Spannung versorgt wird. Der Transponder sendet nun seinen Festcode über die Lesespule an das Steuergerät der Wegfahrsicherung.

Ist der Code gültig, wird anschließend vom Steuergerät der Wegfahrsicherung ein **Wechselcode** im **Motorsteuergerät** abgefragt, der nach dem Zufallsprinzip bei jedem Motorstart neu festgelegt wird. Nur wenn der korrekte Wechselcode erkannt wird, kann der Motor gestartet werden.

Eine Steigerung der Sicherheit kann erreicht werden, wenn der Transponder in das Wechselcodeverfahren mit einbezogen wird. Für diesen Fall ist der Transponder mit einem zusätzlichen Speicher (EEPROM) ausgestattet.

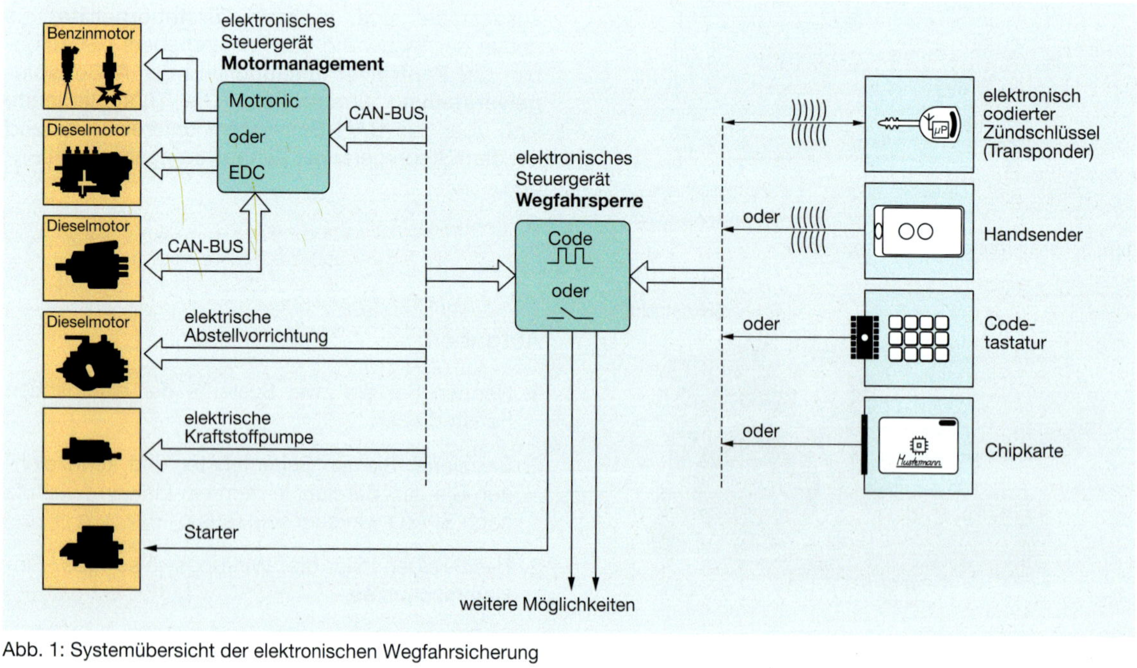

Abb. 1: Systemübersicht der elektronischen Wegfahrsicherung

7.5.6.2 Diebstahlwarnanlagen

Diebstahlwarnanlagen haben die Aufgabe, bei unbefugtem Zugriff auf das Fahrzeug Warnsignale abzugeben.

Es sind folgende Warnsignale zulässig:

- **getaktete Schallsignale von max. 30 s,**
- **Blinksignale der Fahrtrichtungsanzeiger von max. 5 min** oder
- **Blinken des Abblendlichts von max. 30 s.**

Die Überwachung des Fahrzeugs erfolgt durch unterschiedliche **Sensoren**. Ein **Steuergerät** wertet die Sensorsignale aus und schaltet bei Bedarf die **Warneinrichtungen** ein (Abb. 3).

Die Anlage wird mit einer Fernbedienung eingeschaltet. Dies ist nur bei ausgeschalteter Zündung möglich. Eine Leuchtdiode im Innenraum zeigt den Status (ein- oder ausgeschaltet) des Systems an. Alle Sensoreingänge können den Alarm unabhängig voneinander auslösen.

Je nach Systemumfang können folgende Bereiche vom System überwacht werden:

- **Türen, Motorhaube, Kofferraum,**
- **Innenraum,**
- **Radio,**
- **Rad- und Abschleppschutz** und
- **Zündung, Startsperre.**

Die Überwachung von Türen, Motorhaube und Kofferraum erfolgt durch **Kontaktschalter**. Das Schließen eines Kontaktschalters, die Unterbrechung der Leiterschleife zum Radio sowie das Betätigen des Zündschalters, führt zum Auslösen des Alarms. Zusätzlich verhindert die Unterbrechung der Zündung das Anspringen des Motors.

Der Innenraum des Fahrzeugs kann durch einen **Ultraschall-Innenraumschutz** überwacht werden (Abb. 4). Ein Ultraschallsender sendet Ultraschallwellen mit einer Frequenz von 20 kHz durch den Innenraum des Fahrzeugs. Diese werden von einem Detektor (lat. detegere, „aufdecken") empfangen und ausgewertet.

Durch Bewegungen im Innenraum (z. B. Hineingreifen oder Bruch einer Scheibe) verändern sich die vom Detektor empfangenen Ultraschallwellen, was zur Alarmauslösung führt. Die Empfindlichkeit ist einstellbar, um einen Fehlalarm auszuschließen.

Ein **Rad- und Abschleppschutz** löst Alarm aus, wenn das Fahrzeug bewegt wird (z. B. während des Anhebens oder Abschleppens). Ein Lagesensor mit Auswertelektronik erfasst und speichert die Lage des Fahrzeugs nach dem Abstellen. Alarm wird ausgelöst, wenn der Sensor Änderungen seiner gespeicherten Werte durch eine Längs- oder Querneigung des Fahrzeugs erfasst.

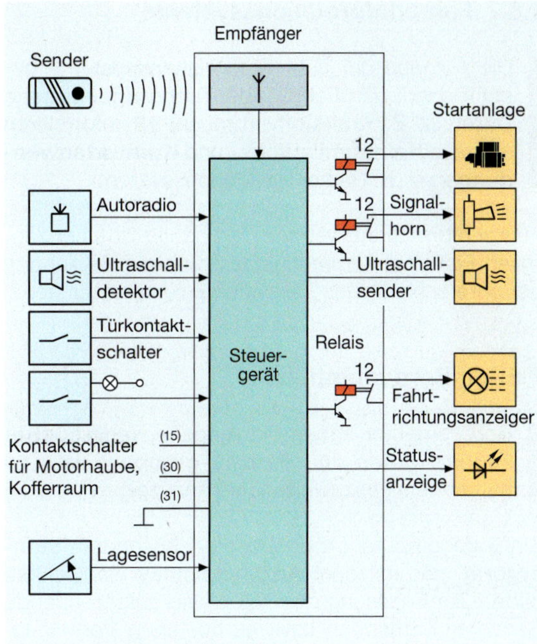

Abb. 3: Systemübersicht Diebstahlwarnanlage

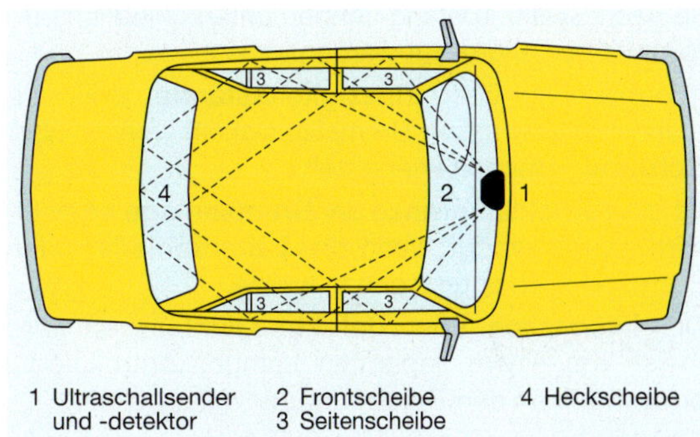

Abb. 4: Ultraschall-Innenraumüberwachung

Aufgaben:

1. Beschreiben Sie die grundsätzliche Wirkungsweise einer elektronischen Wegfahrsicherung.
2. Mit welchen Systemen können Wegfahrsicherungen aktiviert werden?
3. Welche Warnsignale von Diebstahlwarnanlagen sind zulässig?
4. Welche Bereiche können von einer Diebstahlwarnanlage überwacht werden?
5. Wodurch wird das Warnsignal beim Öffnen einer Tür ausgelöst?
6. Beschreiben Sie die Wirkungsweise des Ultraschall-Innenraumschutzes.

7.5.7 Fahrerinformationssysteme

Die Aufgabe der Fahrerinformationssysteme besteht darin, den Fahrer über **fahrzeugbezogene Daten** (z. B. Kraftstoffverbrauch) zu informieren sowie in **Kommunikations-** und **Komfortanwendungen** (z. B. Radio, Navigationssystem).

Fahrerinformationssysteme sind häufig zu einer zentralen Einheit zusammengefasst, um die Bedienung der unterschiedlichen Teilsysteme zu vereinfachen.

7.5.7.1 Bordcomputer

Bordcomputer haben die Aufgabe, **fahrzeugbezogene Daten** zu erfassen, gegebenenfalls zu berechnen, auszuwerten und anzuzeigen.

Ein Bordcomputer (Abb. 1) besteht aus einem **Steuergerät**, das mit dem **Anzeigedisplay** eine Einheit bildet. Zur Erfassung der Daten sind entsprechende Sensoren vorhanden bzw. es bestehen Vernetzungen mit anderen Steuergeräten (z. B. ABS, Motronic) im Fahrzeug.

Je nach Systemumfang können unterschiedliche Informationen angezeigt werden.

Informationen über **Flüssigkeitsstände** (z. B. Ölstand, Waschwasser, Bremsflüssigkeit) werden über **Schwimmerschalter** ermittelt.

Ist die **Verschleißgrenze** der **Bremsbeläge** erreicht, wird dies angezeigt, wenn eine **Leiterschleife** in den Bremsbelägen unterbrochen wurde.

Die Information über **defekte Glühlampen** wird meist von einem separaten Lampenkontrollmodul erfasst und an den Bordcomputer weitergeleitet.

Für die Berechnung des **momentanen** und **durchschnittlichen** Kraftstoffverbrauchs werden vom Bordcomputer Daten über die **Wegstrecke** und die **eingespritzte Kraftstoffmenge** ausgewertet. Diese Informationen erhält der Bordcomputer vom ABS (Wegstrecke) und von der **Motronic** (Öffnungszeit der Einspritzventile). Zur Berechnung der Reichweite wird als zusätzliche Information das Signal des Tankgebers ausgewertet.

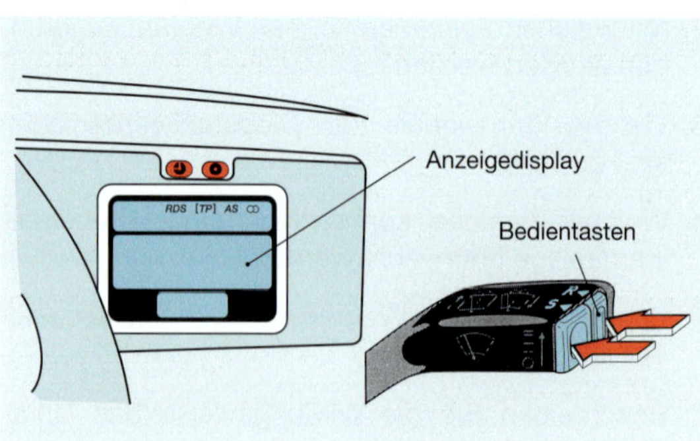

Abb. 1: Bordcomputer mit Bedientasten

7.5.7.2 Navigationssystem

Durch Navigationssysteme kann die Fahrsicherheit gesteigert werden. Das Studium von Straßenkarten während der Fahrt entfällt.

Navigationssysteme bestehen aus folgenden Komponenten (Abb. 2):

- GPS-Antenne,
- Radio-Lautsprecher,
- Schalter für Rückfahrleuchten,
- ABS-Raddrehzahlsensoren,
- Navigationscomputer mit integrierten Bedientasten, Display, GPS-Empfänger, CD-ROM Laufwerk und Drehwinkelsensor.

Die Komponenten des Navigationscomputers können auch getrennt angeordnet sein.

Satellitenortungssystem GPS

Das Satellitenortungssystem **GPS** (**G**lobal-**P**ositioning-**S**ystem) ermöglicht die Satellitennavigation in Fahrzeugen. GPS besteht aus 24 Satelliten, die in etwa 20 000 km Höhe die Erde auf unterschiedlichen Laufbahnen umkreisen (Abb. 4, S. 99). Jede Position auf der Erde kann dadurch von mehreren Satelliten gleichzeitig durch Funkkontakt erreicht werden. Die Satelliten funken im Millisekundentakt

- ihren **Identifizierungscode,**
- ihre **Position** und die
- **Uhrzeit.**

Der Navigationscomputer empfängt die Signale über die **GPS-Antenne** und den **GPS-Empfänger**.

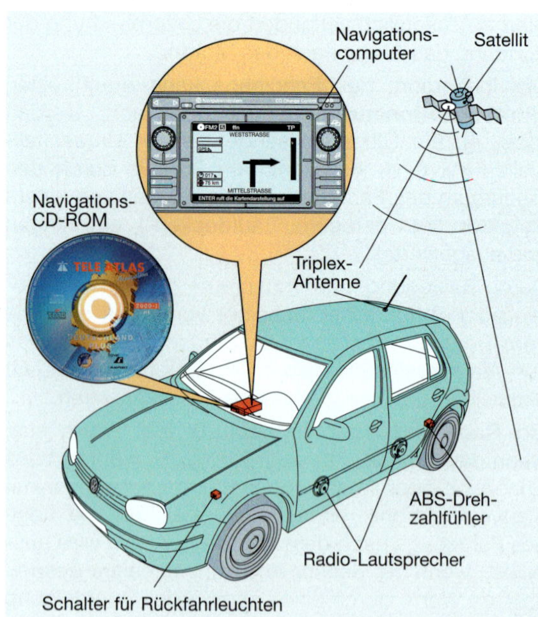

Abb. 2: Übersicht Navigationssystem

Aus der Übertragungszeit der Daten bis zur Erde kann der Navigationscomputer die Entfernung zu den Satelliten und damit seine Position auf der Erde berechnen. Für die Positionsbestimmung werden vom Navigationscomputer die Daten von mindestens 3 Satelliten (Abb. 4) benötigt.

Zu Empfangsstörungen bzw. Empfangsausfall kommt es, wenn das Satellitensignal reflektiert wird (z. B. in Tälern, Tunneln, Parkhäusern).

Die Störanfälligkeit des GPS-Signals erfordert die Einbeziehung zusätzlicher Systemkomponenten (ABS, Drehwinkelsensor, CD-ROM) in die Berechnung der Streckenführung.

Streckenführung

Nachdem über die Bedientasten das Fahrtziel eingegeben wurde, wird vom Computer die Position des Fahrtziels mit Hilfe der Straßenkarte auf der CD-ROM bestimmt.

Durch Vergleich von empfangenen Satellitendaten mit den Daten der Straßenkarte auf der CD-ROM wird vom Navigationscomputer zunächst die Position des Fahrzeugs mit einer Genauigkeit von etwa ± 5 m ermittelt. Das anschließend errechnete Streckenprofil (Wegstrecke und Fahrtrichtung) wird auf dem Display (Abb. 3) angezeigt.

Während der Fahrt werden die **Wegstrecke** und der Kurvenradius von den ABS-Sensoren erfasst und über das ABS-Steuergerät dem Navigationscomputer übermittelt. Der **Kurvenradius** ergibt sich aus den Drehzahlunterschieden der kurveninneren und der kurvenäußeren Räder. Vom **Drehwinkelsensor** werden die **Fahrtrichtungsänderungen** (Drehung des Fahrzeugs um die Hochachse) und vom **Schalter** für die **Rückfahrscheinwerfer** ggf. die Rückwärtsfahrt erfasst. Durch ständigen Vergleich der Sensordaten und der Satellitendaten mit der Straßenkarte auf der CD-ROM werden die Position des Fahrzeugs und der Streckenverlauf vom Navigationscomputer ständig aktualisiert.

Fahrempfehlungen werden dem Fahrer optisch (Display) und akustisch (Radiolautsprecher) mitgeteilt.

Durch Verknüpfung mit anderen Kommunikationssystemen wie **RDS** (**R**adio-**D**ata-**S**ystem) oder **TMC** (**T**raffic-**M**essage-**C**hannel) können z. B. Staumeldungen oder Verkehrsbeeinträchtigungen durch Baustellen in die Streckenberechnung des Navigationscomputers einfließen. Eine Verbindung mit dem Mobiltelefon ermöglicht eine automatische Verbindung mit der Rettungsstelle nach einem Unfall.

Durch Erweiterung der Funktionen kann das Display als zentrale Informationseinheit auch für andere Systeme genutzt werden, z. B. zur Anzeige von Bordcomputerfunktionen (s. Kap. 7.5.7.1), Statusanzeigen für Radio, CD-Wechsler oder TV-Empfang.

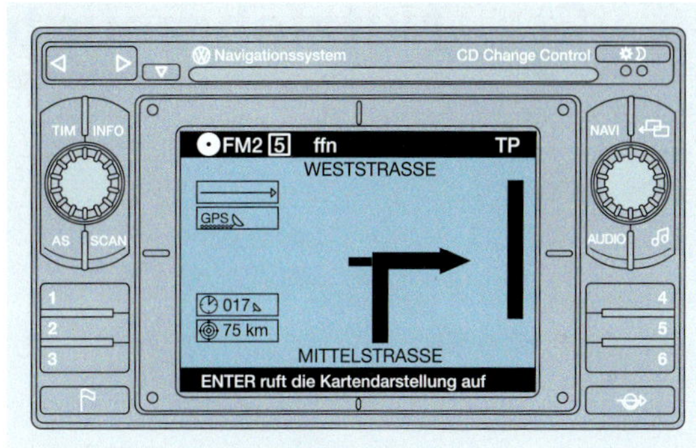

Abb. 3: Anzeigedisplay des Navigationssystems

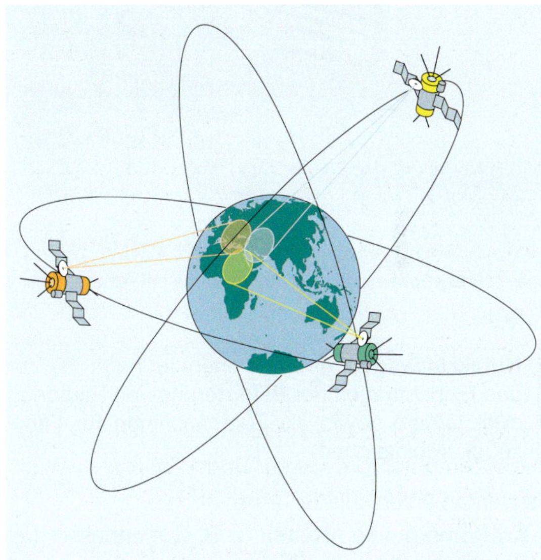

Abb. 4: Anordnung der Ortungssatelliten für das GPS

Aufgaben:

1. Welche Aufgaben haben Fahrerinformationssysteme?
2. Welche Daten benötigt der Bordcomputer für die Berechnung des Momentan-Kraftstoffverbrauchs?
3. Wodurch werden defekte Glühlampen vom Bordcomputer erfasst?
4. Aus welchen Komponenten besteht ein Navigationssystem?
5. Wie berechnet der Navigationscomputer seine Position auf der Erde?
6. Wie erfolgt die Berechnung der Streckenführung durch das Navigationssystem?

8 Nutzfahrzeugtechnik

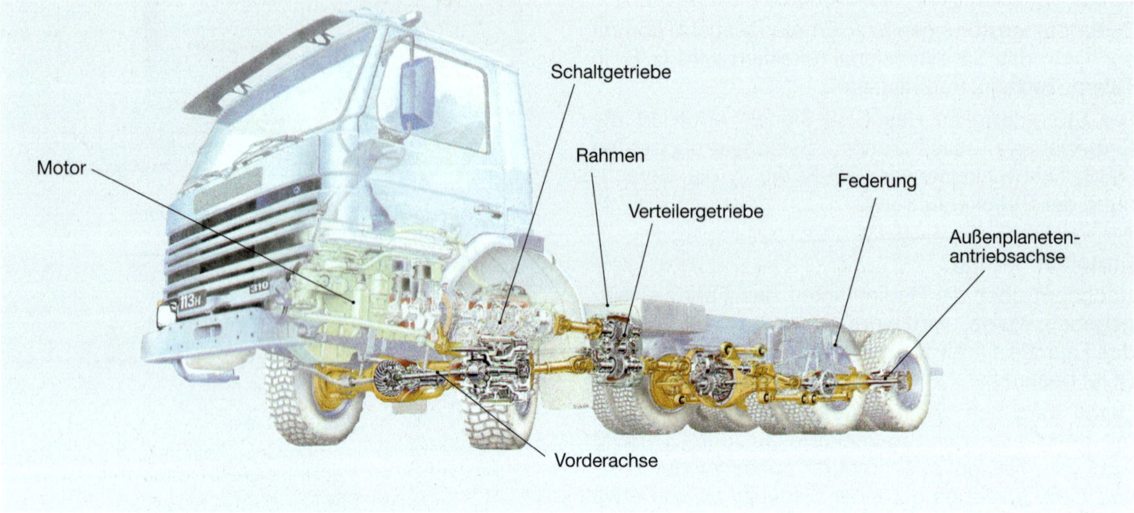

Abb. 1: Baugruppen eines Nutzkraftwagens mit Allradantrieb (ohne Aufbau)

Nutzkraftwagen (Nkw) dienen je nach Bauart und Einrichtungen der Beförderung von Personen oder Gütern sowie als Zugmaschinen für Fahrzeugkombinationen.

Es werden unterschieden (Abb. 3):

- **Kraftomnibusse (KOM):** z. B. Linienbusse (a), Reisebusse (b),
- **Lastkraftwagen (Lkw):** z. B. Vielzwecklastkraftwagen (c), Transporter (d), Speziallastkraftwagen (e, f),
- **Zugmaschinen:** Anhängerzugmaschinen (g), Sattelzugmaschinen (h), Traktoren.

Anhängefahrzeuge sind nicht selbstfahrende Straßenfahrzeuge, die von Kraftfahrzeugen mitgeführt werden.

Für den Straßengüterverkehr werden die in Abb. 2 dargestellten Anhängefahrzeuge verwendet.

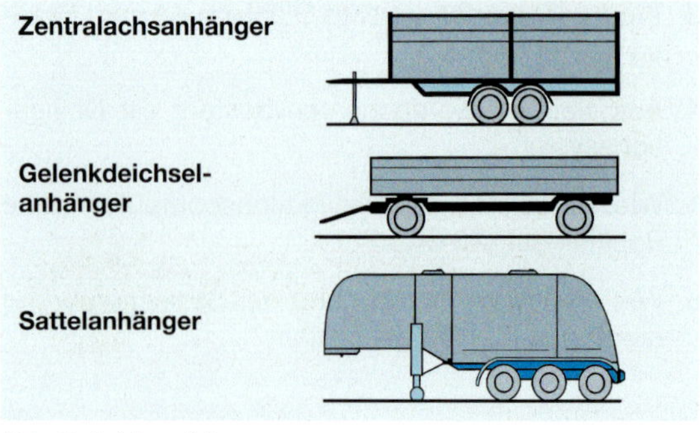

Abb. 2: Anhängefahrzeuge

Nutzkraftwagen bestehen aus den folgenden Baugruppen (Abb. 1):

- **Aufbau,**
- **Motor,**
- **Kraftübertragung,**
- **Fahrwerk,**
- **Elektrische Anlage.**

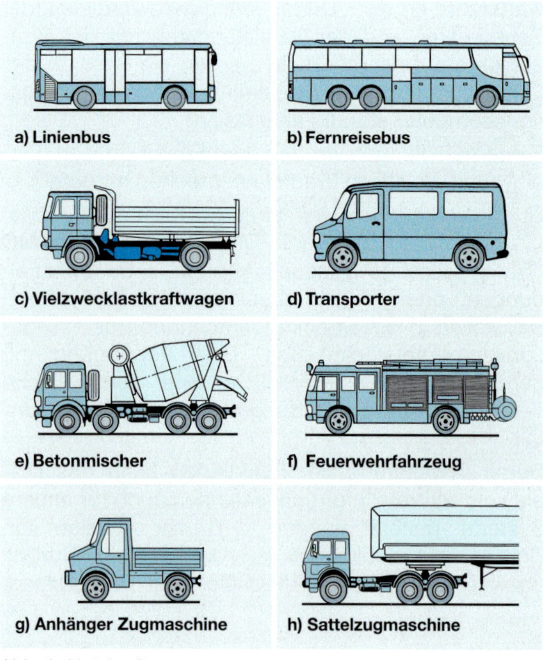

Abb. 3: Nutzkraftwagen

8.1 Aufbau

Nutzfahrzeuge können auf Grund ihrer Rahmenbauweise (s. Kap. 8.4.1) mit unterschiedlichen Fahrerhäusern und Aufbauten zur Aufnahme der Ladung ausgestattet sein. Die Konstruktion des Aufbaus richtet sich nach der Transportaufgabe des Fahrzeugs.

Normalaufbau

Kraftfahrzeuge und Anhänger mit Normalaufbau werden überwiegend für den Transport von **verpackter** und **palettierter Ware** verwendet (Abb. 1). Der Aufbau besteht aus einer **Ladepritsche** mit **Bordwänden** und einer **Plane**. Die Bordwände sind klappbar, um Be- und Entladungen von allen Seiten zu ermöglichen.

Die Breite der Ladepritsche von etwa 2,44 m ermöglicht die Beladung mit Transportgütern auf genormten **Europaletten** (0,8 m · 1,2 m) in Längs- oder Querrichtung.

Spezialaufbauten

Spezialaufbauten werden für den Transport von Gütern verwendet, für die ein Normalaufbau ungeeignet ist (Abb. 3e und 3f, S. 100) z. B. für

Schüttgut: Kipperfahrzeuge,
Flüssigkeiten: Tankfahrzeuge,
Staub- und Rieselgüter: Silofahrzeuge,
Beton: Betontransportmischer.

Wechselaufbauten

Normal- oder Spezialaufbauten sind entweder fest mit dem Rahmen verbunden oder als **Wechselaufbau (WAB)** mit bordeigenen Hilfsmitteln in kurzer Zeit vom Rahmen zu trennen (Abb. 2). Ein Umladen auf andere Fahrzeuge, auch Schienenfahrzeuge oder Schiffe, wird dadurch vereinfacht.

Fahrerhaus

Der Aufbau und die Ausstattung des Fahrerhauses hängen vom Einsatzzweck des Fahrzeugs ab. Für den Einsatz im Fernverkehr werden in der Länge oder Höhe vergrößerte Fahrerhäuser verwendet, die mit Ruheliegen für Fahrer und ggf. Beifahrer ausgestattet sind (Abb. 4).

Fahrzeuge für Kurzstrecken (z. B. Baustellen- oder Verteilerverkehr) haben kürzere Fahrerhäuser. Der Laderaum kann dadurch vergrößert werden.

Zur Erhöhung des Fahrkomforts sind Fahrerhäuser mit einem eigenen Federungs- und Dämpfungssystem ausgestattet, das auf die Fahrzeugfederung abgestimmt ist (Abb. 3).

Die Motoren der überwiegend verwendeten **Frontlenker-Fahrzeuge** sind unter dem Fahrerhaus angeordnet. Für Wartungs- und Reparaturarbeiten kann das Fahrerhaus mit einer handbetätigten Hydraulikpumpe gekippt werden (Abb. 4).

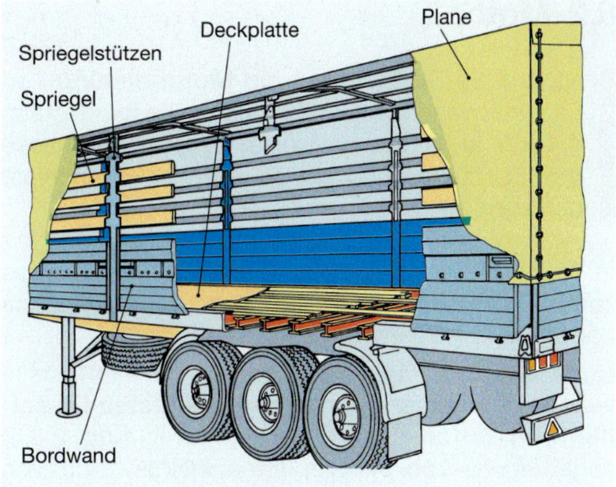

Abb. 1: Ladepritsche mit Plane

Abb. 2: Wechselaufbau

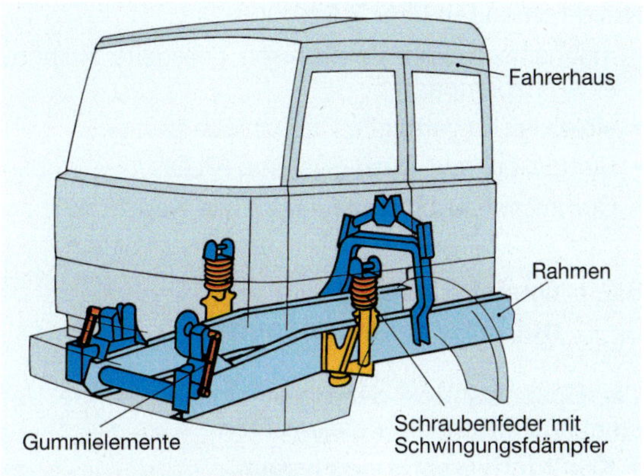

Abb. 3: Fahrerhaus-Federung

Abb. 4: Frontlenker-Sattelzugmaschine mit kippbarem Fahrerhaus

8.2 Motor

Nach § 35 StVZO muss die **Motorleistung** von Lastkraftwagen und Kraftomnibussen mindestens **4,4 kW je Tonne** der zulässigen Gesamtmasse des Fahrzeugs und der jeweiligen Anhängelast betragen.

In Nutzkraftwagen werden Dieselmotoren mit bis zu 18 l Hubraum, verteilt auf bis zu 16 Zylinder mit Leistungen bis zu etwa 400 kW, eingebaut.

Nutzkraftwagen über 5 t zulässiger Gesamtmasse werden überwiegend von **wassergekühlten Dieselmotoren** (s. Kap. 2.4) mit **Turbolader** (s. Kap. 2.8.4) angetrieben (Abb. 5). Sie unterscheiden sich von Dieselmotoren für kleinere Nutzkraftwagen oder Personenwagen im Wesentlichen durch die Diesel-Einspritzanlage.

In Nutzkraftwagen werden überwiegend folgende Einspritzsysteme verwendet:

Nutzkraftwagen bis 7,5 t:

- mechanisch oder elektronisch geregelte Verteilereinspritzpumpe (s. Kap. 2.5.4),
- Pumpe-Düse-Einheit (PDE, s. Kap. 2.5.3),
- Common-Rail-Einspritzung (CR, s. Kap. 2.5.2).

Nutzkraftwagen über 7,5 t:

- mechanisch oder elektronisch geregelte Reiheneinspritzpumpe,
- elektronisch geregelte Hubschieberpumpe,
- Pumpe-Leitung-Düse-Systeme (PLD),
- Common-Rail-Einspritzung (CR, s. Kap. 2.5.2).

8.2.1 Diesel-Einspritzanlage mit Reiheneinspritzpumpe

Die Einspritzanlage der Reiheneinspritzpumpe besteht aus folgenden Bauelementen:

- **Kraftstoffversorgungssystem,**
- **Reiheneinspritzpumpe mit Regler,**
- **Einspritzdüsen.**

8.2.1.1 Kraftstoffversorgungssystem

Das Kraftstoffversorgungssystem hat die Aufgabe, den Kraftstoff vom Kraftstoffbehälter zur Einspritzpumpe zu fördern und zu reinigen.

Die mechanische **Kraftstoffförderpumpe** saugt den Kraftstoff aus dem **Kraftstoffbehälter** an und fördert ihn durch die **Kraftstofffilter** zur Reiheneinspritzpumpe. Der überschüssige Kraftstoff fließt über die Rücklaufleitung zum Kraftstoffbehälter zurück (Abb. 6). Die **Kraftstoffförderpumpe** (Abb. 1, S. 103) wird von der Nockenwelle der Reiheneinspritzpumpe über eine **Exzenterscheibe** angetrie-

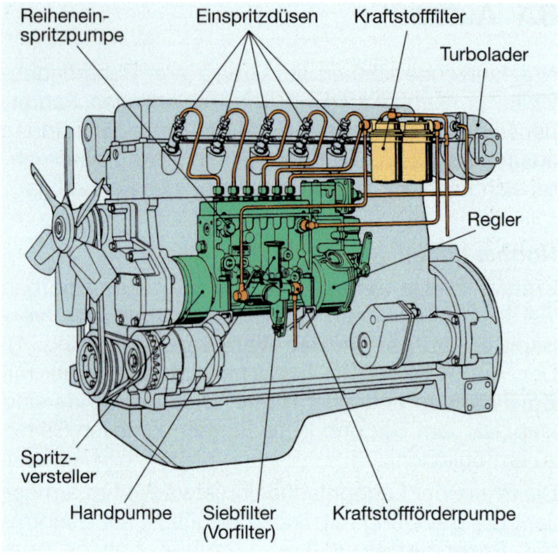

Abb. 5: Nutzkraftwagen-Dieselmotor mit Reiheneinspritzpumpe

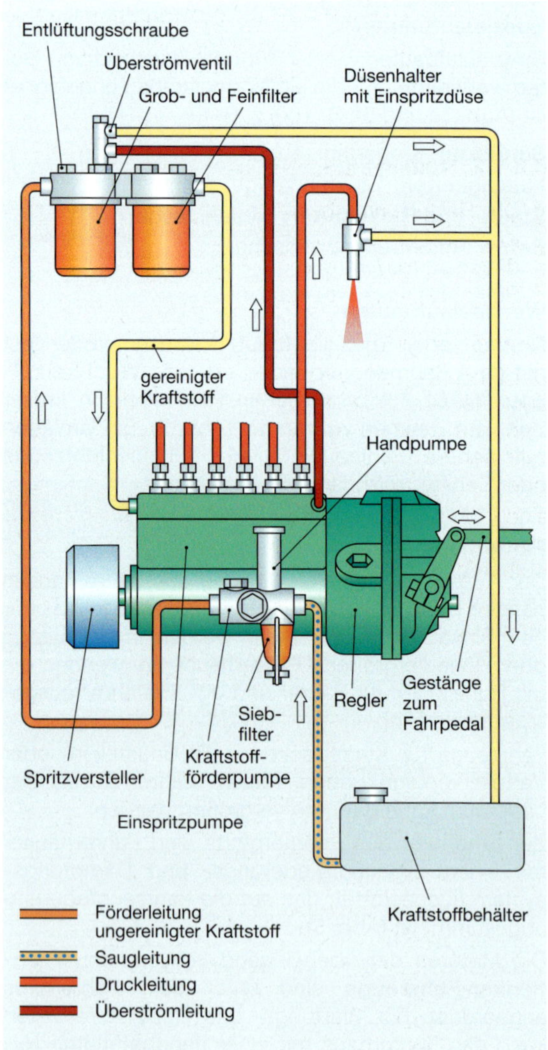

Abb. 6: Dieseleinspritzanlage mit Reiheneinspritzpumpe

ben. Die **Handpumpe** dient zum Füllen und zum Entlüften der Einspritzanlage, z. B. nach einem Filterwechsel oder wenn aus dem entleerten Kraftstoffbehälter Luft angesaugt wurde.

Der **Siebfilter** (Vorfilter) an der Kraftstoffförderpumpe und jeweils ein **Grob- und Feinfilter** (Hauptfilter) halten Verunreinigungen aus dem Kraftstoff zurück, welche die Funktion der Bauelemente des Einspritzsystems (z. B. Pumpenelemente, Einspritzdüsen) beeinträchtigen könnten (Abb. 1 sowie Abb. 5 und 6, S. 99).

Kraftstofffilter müssen in regelmäßigen Abständen gewechselt werden. Verschmutzte Kraftstofffilter behindern den Kraftstoffdurchfluss und verringern dadurch die Motorleistung.

Kraftstoffreste dürfen nicht in die Kanalisation oder ins Erdreich gelangen. Sie müssen als Sondermüll entsorgt werden. Die Lagerung darf nur in besonderen Räumen und gekennzeichneten Behältern erfolgen.

8.2.1.2 Reiheneinspritzpumpe

Die Reiheneinspritzpumpe hat die Aufgabe, den Kraftstoff unter hohem Druck zu den Einspritzdüsen zu fördern und die Einspritzmenge, je nach Betriebszustand, zu dosieren.

Druckerzeugung

Der Einspritzdruck wird für jeden einzelnen Zylinder durch jeweils ein **Pumpenelement** erzeugt. Es besteht aus dem **Pumpenkolben** und dem **Pumpenzylinder** (Abb. 2 und 3).

Der Pumpenkolben wird von der Nockenwelle über einen Rollenstößel vom unteren Totpunkt (UT) zum oberen Totpunkt (OT) bewegt und danach von der Kolbenfeder zurückgedrückt (Abb. 2).

Im UT wird der Hochdruckraum über die Zulaufbohrung mit Kraftstoff gefüllt. Auf dem Weg zum OT wird die Zulaufbohrung durch den Pumpenkolben verschlossen (Abb. 3) und der Kraftstoff durch die Druckleitung zur Einspritzdüse gedrückt.

Kraftstoffzumessung

Die Zumessung der eingespritzten Kraftstoffmenge erfolgt durch **Verdrehen des Pumpenkolbens** mit der Regelstange, die über den Regler mit dem Fahrpedal verbunden ist (Abb. 3).

Der Einspritzvorgang wird vor dem OT des Pumpenkolbens unterbrochen, wenn die schräge Steuerkante die Steuerbohrung erreicht. Es entsteht über die Längsnut und die Ringnut eine Verbindung zwischen Hochdruckraum und Steuerbohrung. Der Druck fällt ab.

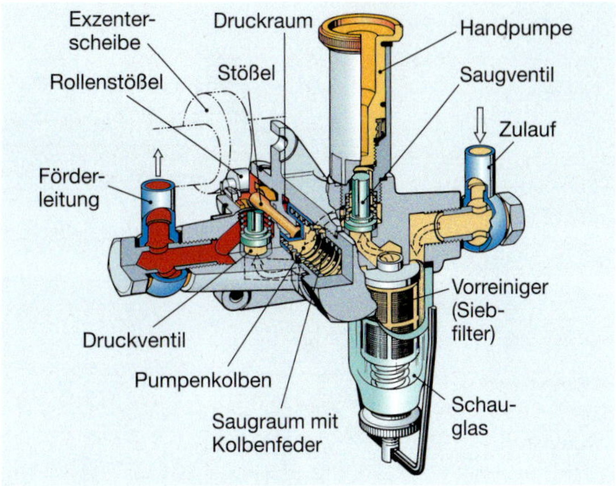

Abb. 1: Kraftstoffförderpumpe

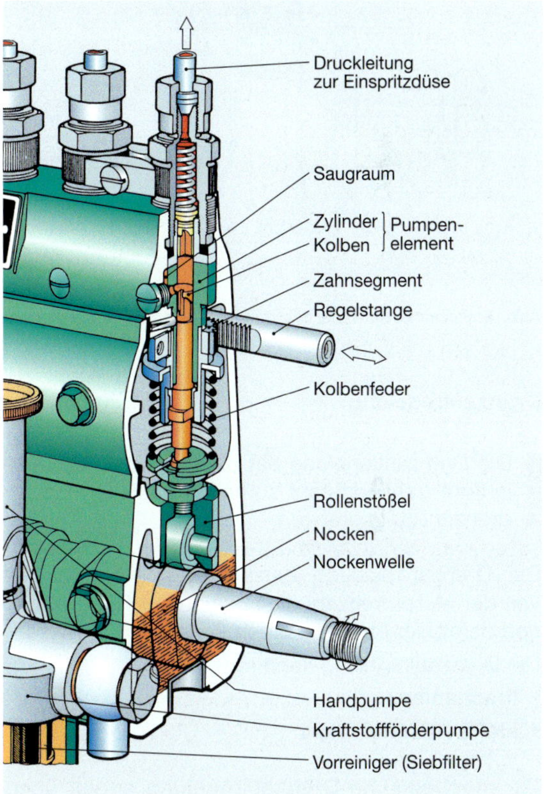

Abb. 2: Reiheneinspritzpumpe (geschnitten)

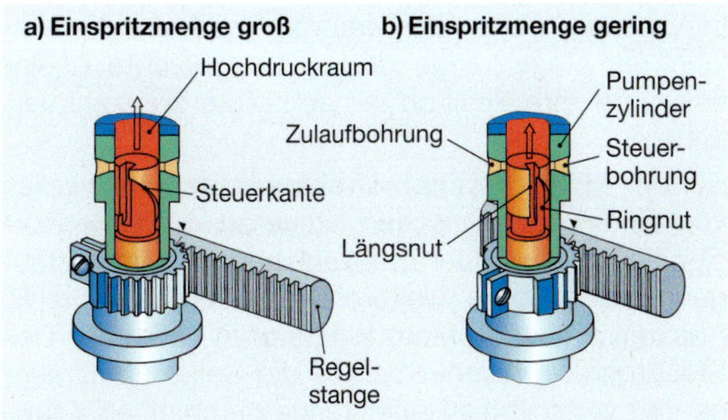

Abb. 3: Pumpenelement im Förderbeginn

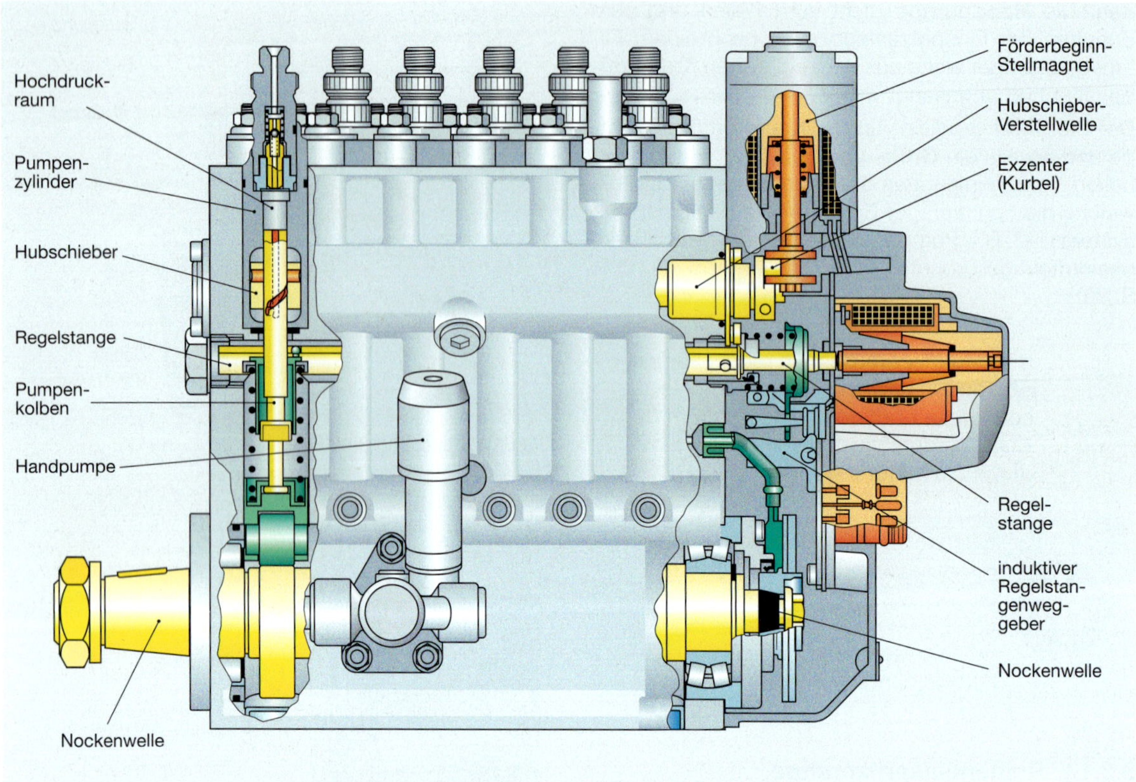

Abb. 4: Reiheneinspritzpumpe mit elektronischer Regelung und Spritzverstellung (Hubschieberpumpe)

Drehzahlregelung

Die Drehzahlregelung hat die Aufgabe, die Leerlaufdrehzahl konstant zu halten und die Höchstdrehzahl zu begrenzen.

Die Drehzahlregelung beeinflusst in Abhängigkeit von der Motordrehzahl die Position der Regelstange und damit der Pumpenkolben.

Die Drehzahlregelung kann

- **mechanisch** oder
- **elektronisch** erfolgen.

Die **mechanische Drehzahlregelung** erfolgt überwiegend durch einen **mechanischen Fliehkraftregler** (Abb. 5 und 6, S. 102).

In Abhängigkeit von der Motordrehzahl wird die Stellung der Regelstange durch Fliehgewichte beeinflusst, die ihre Position je nach Motordrehzahl verändern.

Bei der **elektronischen Drehzahlregelung** werden von einem elektronischen Steuergerät die Sensorsignale für die Motordrehzahl und die Regelstangenposition sowie weiterer Korrekturgrößen (z. B. Ansaugluft- und Motortemperatur) erfasst. Das Steuergerät errechnet daraus die Solleinspritzmenge und verstellt die Regelstange durch einen **Kraftstoffmengenstellmagneten** (Abb. 4).

Spritzverstellung

Die Spritzverstellung hat die Aufgabe den Einspritzzeitpunkt mit steigender Motordrehzahl nach „früh" zu verstellen.

Durch die Verstellung des Einspritzzeitpunktes wird erreicht, dass der Verbrennungshöchstdruck unabhängig von der Motordrehzahl immer kurz nach dem OT erreicht wird, um den Kolben mit größtmöglicher Kraft in Richtung des UT zu bewegen.

Die Verstellung des Einspritzbeginns kann

- **mechanisch** oder
- **elektronisch** erfolgen.

Die **mechanische Spritzverstellung** erfolgt durch einen Fliehkraft-Spritzversteller (Abb. 5 und 6, S. 102).

Bei der **elektronischen Spritzverstellung** wird der Einspritzbeginn nach Auswertung der Sensorsignale (z. B. Motordrehzahl und Motortemperatur) von einem elektronischen Steuergerät errechnet.

Der Einspritzzeitpunkt wird durch **Hubschieber** verändert, die auf den einzelnen Pumpenelementen beweglich angeordnet sind und gemeinsam über den **Förderbeginn-Stellmagneten** (Abb. 4) verstellt werden. Je nach Stellung der Hubschieber (oben oder unten) beginnt die Kraftstoffförderung und damit der Einspritzbeginn früher oder später.

8.2.2 Pumpe-Leitung-Düse-System (PLD)

Das Pumpe-Leitung-Düse-System (PLD) unterscheidet sich vom kompakten Pumpe-Düse-Einspritzsystem (PDE, s. Kap. 2.5.3) durch eine kurze Verbindungsleitung zwischen der Einspritzeinheit und der Einspritzdüse (Abb. 1).

Dadurch wird eine Verwendung des PLD-Systems in Motoren mit seitlich angeordneter Nockenwelle, wie sie häufig in Nutzkraftwagen verwendet werden, ermöglicht.

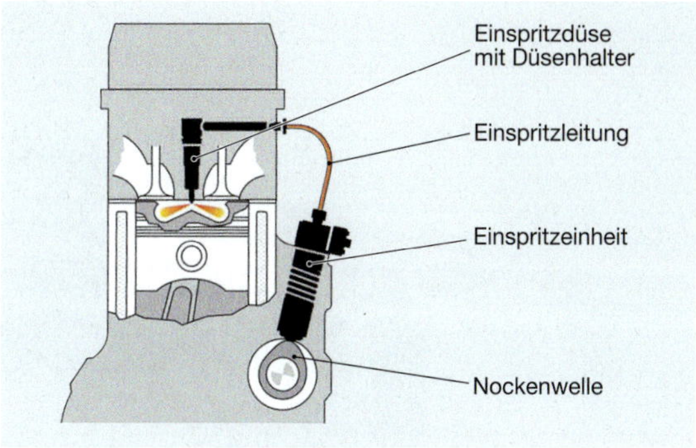

Abb. 1: Pumpe-Leitung-Düse-System (PLD)

8.2.3 Einspritzdüsen

Einspritzdüsen werden für Einspritzanlagen mit **Reiheneinspritzpumpen, Verteilereinspritzpumpen** und **PLD-Systemen** verwendet.

Einspritzdüsen haben die Aufgabe, den Kraftstoff fein zerstäubt, mit der richtigen Strahlform in den Verbrennungsraum zu spritzen.

Für Dieselmotoren in Personen- und Nutzkraftwagen mit direkter Einspritzung werden **Lochdüsen** verwendet (Abb. 2 und 3).

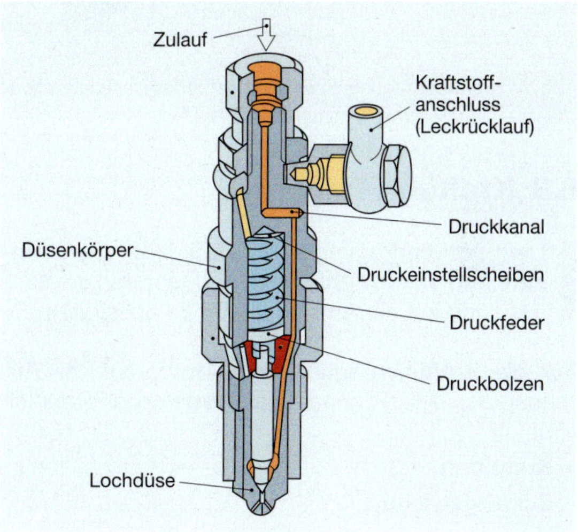

Abb. 2: Düsenhalter mit Lochdüse

Lochdüsen

Die Einspritzdüse besteht im Wesentlichen aus der **Düsennadel**, die durch eine **Druckfeder** gegen den **Düsenkörper** gedrückt wird.

Der von der Einspritzpumpe erzeugte Kraftstoffdruck gelangt durch den Zulaufkanal in die Druckkammer der Einspritzdüse. Durch den Kraftstoffdruck wird die Düsennadel an der Druckschulter gegen die Kraft der Druckfeder angehoben. Die Einspritzdüse öffnet und der Kraftstoff gelangt durch die Spritzlöcher fein zerstäubt in den Verbrennungsraum.

Es werden Lochdüsen mit bis zu 12 Spritzlöchern und unterschiedlichen Strahlwinkeln verwendet. Der Düsenöffnungsdruck wird durch die Vorspannung der Druckfeder bestimmt und kann durch Verwendung von Druckeinstellscheiben mit unterschiedlicher Höhe verstellt werden.

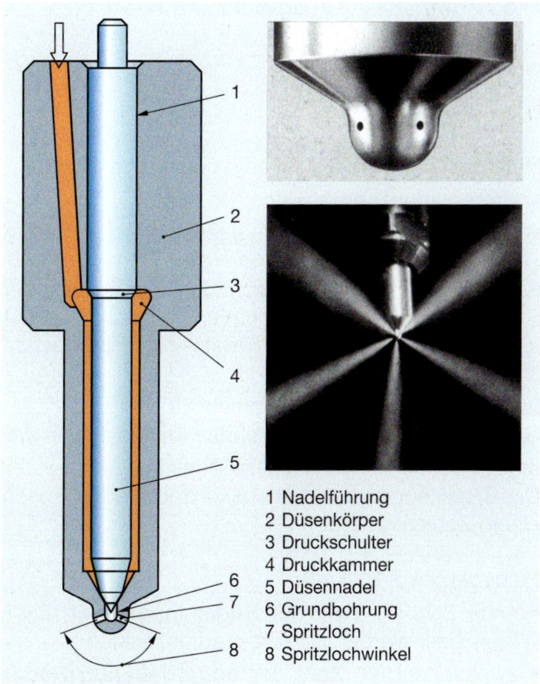

Abb. 3: Mehrlochdüse

Aufgaben:

1. Welche Nutzkraftwagen und Anhängefahrzeuge werden unterschieden?
2. Für welche Transporte werden Normalaufbauten überwiegend verwendet?
3. Wie erfolgt bei der Reiheneinspritzpumpe die Druckerzeugung und die Kraftstoffzumessung?
4. Welche Aufgabe hat die Handpumpe?
5. Welche Aufgaben haben die Drehzahlregelung und die Spritzverstellung?
6. Beschreiben Sie die Wirkungsweise einer Einspritzdüse (Lochdüse).

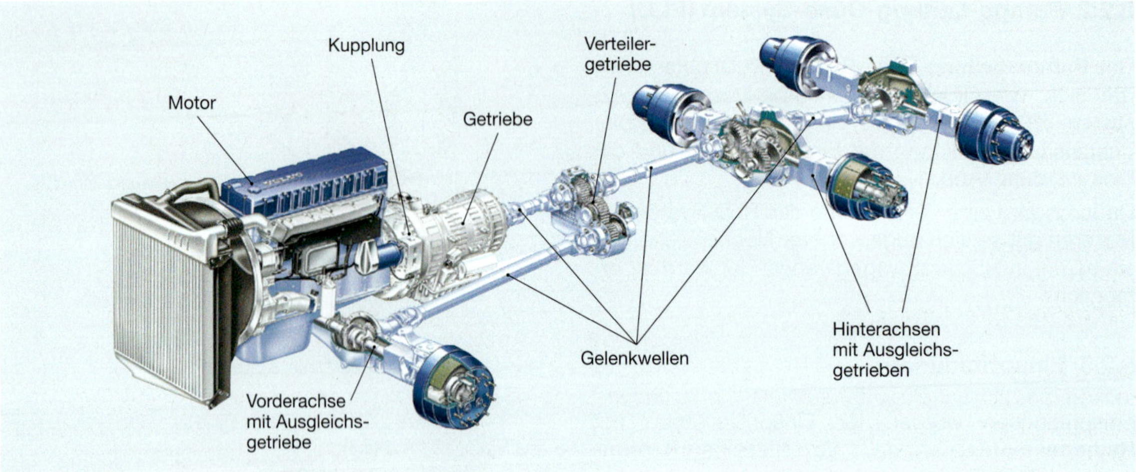

Abb. 4: Kraftübertragung eines allradgetriebenen Nutzfahrzeugs

8.3 Kraftübertragung

Die Kraftübertragung hat die Aufgabe, die **Drehzahl** und das **Drehmoment** des Motors zu verändern und auf die **Antriebsräder** zu übertragen.

Für die Kraftübertragung vom Motor auf die Antriebsräder sind folgende Bauelemente erforderlich (Abb. 4):

- **Kupplung,**
- **Schaltgetriebe,**
- **Verteilergetriebe** (bei Allradantrieb),
- **Gelenkwellen** (s. Kap. 3.7),
- **Achsgetriebe** mit **Ausgleichsgetriebe** (s. Kap. 3.4 und 3.5).

8.3.1 Antriebsarten

Nutzkraftwagen über 3,5 t sind überwiegend mit

- **Hinterradantrieb** (s. Kap. 3.1) oder
- **Allradantrieb** (s. Kap. 3.1) ausgestattet.

Fahrzeuge für den überwiegenden Einsatz auf der Straße (z. B. Fernverkehr) haben je nach Nutzlast 2 oder 3 Achsen, von denen jeweils eine Hinterachse als Antriebsachse dient.

Lastkraftwagen mit Allradantrieb für den Einsatz im Gelände (z. B. Baustellen) können mit bis zu vier angetriebenen Achsen ausgestattet sein.

Die Bezeichnung der Antriebskonzepte erfolgt nach einem Zahlensystem.

Es bedeuten z. B. **4 x 2**:

- erste Zahl (**4**): **Zahl der Räder insgesamt** (Zwillingsräder werden als Einzelrad gezählt),
- zweite Zahl (**2**): **Zahl der angetriebenen Räder** (Zwillingsräder werden als Einzelrad gezählt).

8.3.2 Kupplung

Für Nutzkraftwagen werden überwiegend **Membranfederkupplungen** verwendet (Abb. 5).

In Fahrzeuge mit Motorleistungen ab etwa 300 kW werden häufig **Zweischeiben-Trockenkupplungen** mit Schraubenfedern eingebaut (Abb. 5).

Die Kühlrippen im Gehäuse der Druckplatten haben die Aufgabe, die Wärme der stark beanspruchten Druckplatte besser abzuleiten.

Die Kupplungsbetätigung erfolgt überwiegend

- **hydraulisch** (Abb. 6, S. 37) oder
- **mechanisch** mit hydraulischer oder pneumatischer Unterstützung.

Nutzfahrzeuge mit automatisierten Schaltgetrieben können auch mit einer elektropneumatisch betätigten Kupplung ausgerüstet sein (Abb. 5, S. 108).

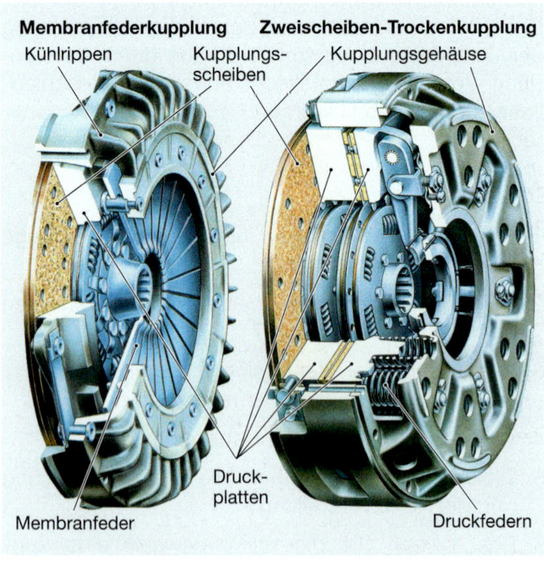

Abb. 5: Membranfeder- und Zweischeiben-Trockenkupplung

8.3.3 Schaltgetriebe

Nutzkraftwagen bis 7,5 t sind meist mit einem 5- oder 6-Gang-Getriebe ausgerüstet.

Fahrzeuge mit einer höheren zulässigen Gesamtmasse benötigen eine feinere Getriebeabstufung. Die höhere Anzahl der Fahrstufen ergibt sich aus der Kombination von einem

- **Grundgetriebe** mit einem
- **Nachschaltgetriebe** und ggf. einem zusätzlichen
- **Vorschaltgetriebe** (Abb. 1).

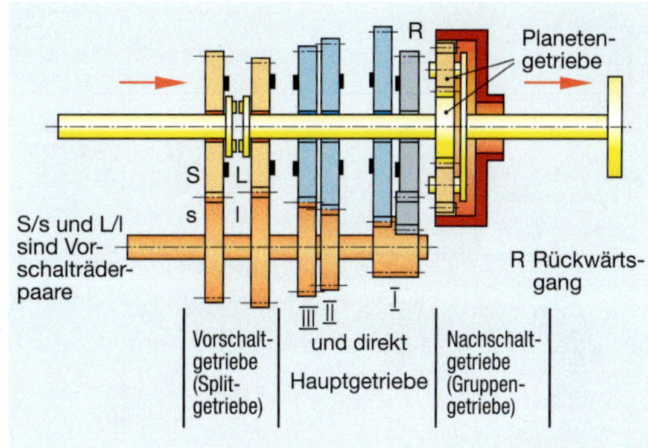

Abb. 1: Nutzfahrzeuggetriebe mit Vor- und Nachschaltgetriebe

Das **Grundgetriebe** hat 4 bis 6 Gänge und ist ein konventionelles Schaltmuffengetriebe mit Sperrsynchronisierung (s. Kap. 3.3). Durch das Nachschalten eines **Planetengetriebes** wird die Gangzahl des Grundgetriebes verdoppelt (Abb. 2).

Die zusätzlichen Fahrstufen entstehen, indem alle Gänge des Grundgetriebes jeweils mit **geschaltetem** oder mit **überbrücktem Nachschaltgetriebe** genutzt werden können. Das Schalten des Planetengetriebes (Gruppengetriebe) bewirkt eine Übersetzung ins Langsame. Durch Überbrücken des Planetengetriebes bleibt die Ausgangsdrehzahl des Grundgetriebes unverändert.

Durch ein zusätzliches **Vorschaltgetriebe** (Splitgetriebe) wird eine weitere Verdoppelung der Gangzahl erreicht. Es besteht aus einem zusätzlich schaltbaren Zahnräderpaar am Getriebeeingang (Abb. 1 und 2).

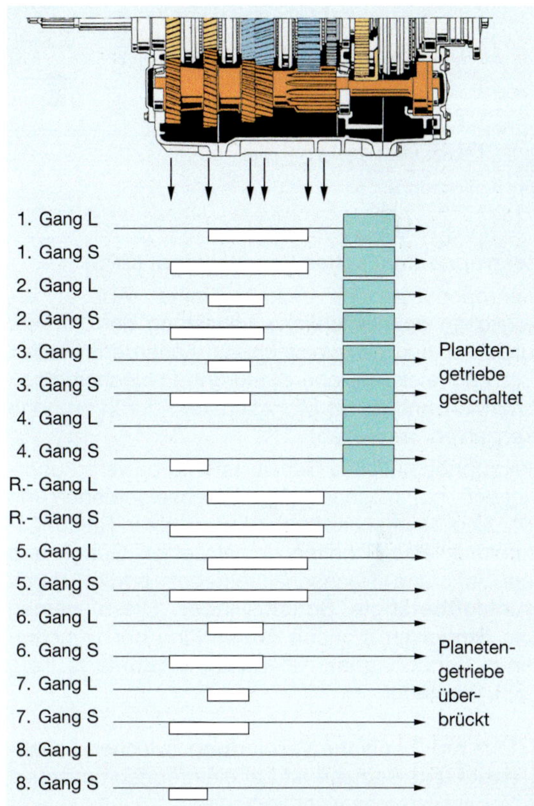

Abb. 2: Schaltschema eines 16-Gang-Getriebes

8.3.3.1 Schaltbetätigung

Die Schaltgetriebe für Nutzfahrzeuge können

- **mechanisch/pneumatisch** oder
- **elektropneumatisch** betätigt werden.

Mechanisch/pneumatische Schaltbetätigung

Das Schaltschema für ein 16-Gang-Getriebe ist meist als **Doppel-H** ausgeführt (Abb. 3).

Das Grundgetriebe wird vom Fahrer mit dem Schalthebel betätigt. Der Schaltvorgang wird pneumatisch unterstützt, um die Kräfte für die Betätigung des Schalthebels zu verringern.

Beim Übergang von Gang 1 bis 4 zu Gang 5 bis 8 wird das Nachschaltgetriebe pneumatisch geschaltet.

Mit dem kleinen Splithebel (Abb. 3) am Schalthebel wird eine der zwei Übersetzungen des Splitgetriebes vorgewählt. Der Schaltvorgang wird dann pneumatisch durch die anschließende Betätigung des Kupplungspedals ausgelöst.

Die mechanische Schaltbetätigung hat den Nachteil, dass es auf Grund der Vielzahl von Fahrstufen beim Zurückschalten zu Fehlschaltungen kommen kann. Wird z. B. ein zu kleiner Gang gewählt, kann es nach dem Einkuppeln zu Motorschäden durch zu hohe Drehzahlen kommen.

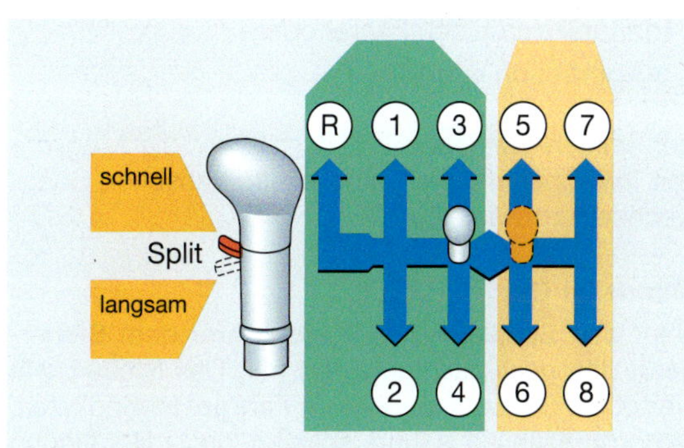

Abb. 3: Schaltbetätigung eines 16-Gang-Getriebes

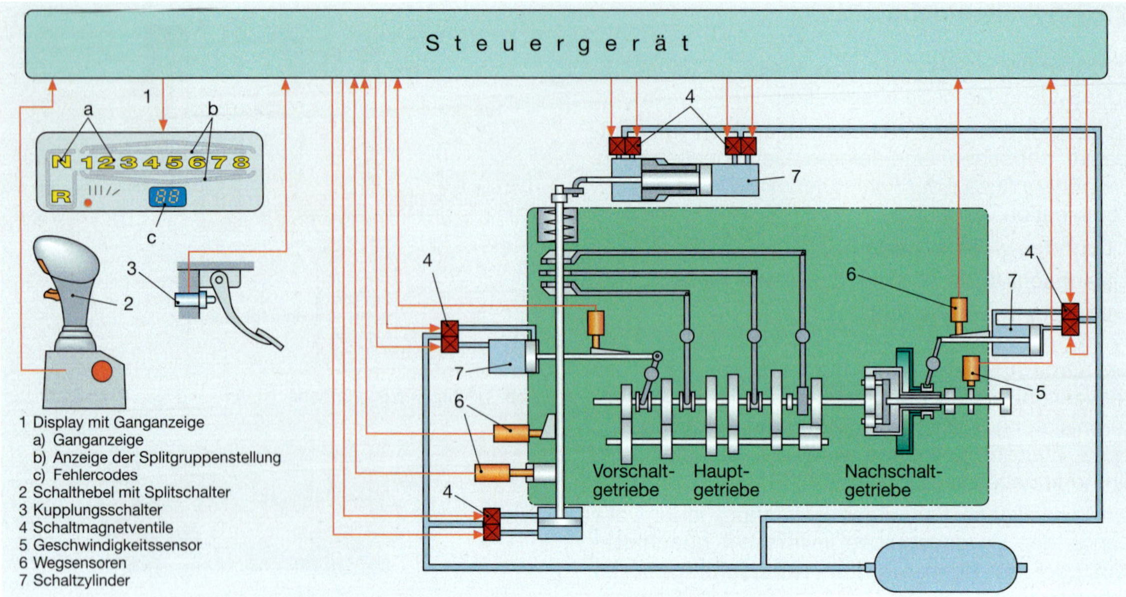

Abb. 4: Elektropneumatisches Schaltsystem (EPS)

Elektropneumatisches Schaltsystem (EPS)

Elektropneumatische Schaltsysteme (Abb. 4) ermöglichen eine erhebliche Entlastung des Fahrers durch Bedienungsvereinfachung. Außerdem werden durch die elektronische Steuerung Fehlschaltungen verhindert und damit Motorschäden durch zu hohe Drehzahlen vermieden.

Elektropneumatische Schaltsysteme basieren überwiegend auf mechanischen Wechselgetrieben mit Vor- und Nachschaltgetriebe und einer Reibungskupplung. Das Schalten der einzelnen Gänge und des Vor- und Nachschaltgetriebes erfolgt durch **druckluftbetätigte Schaltzylinder**. Diese werden vom **Steuergerät** nach Auswertung der verschiedenen **Sensorsignale** über **Magnetventile** (s. Kap. 7.5.3.1) betätigt.

Eine **mechanische Verbindung** zwischen Schalthebel und Getriebe ist bei elektropneumatischen Schaltsystemen nicht vorhanden.

Der Gangwechsel kann

- **manuell** durch den Fahrer oder
- **automatisch** erfolgen.

Bei einigen Getrieben hat der Fahrer die Möglichkeit, zwischen manuellen oder automatischen Gangwechseln zu wählen.

Manueller Gangwechsel:

Über den Schalthebel teilt der Fahrer dem Steuergerät den gewünschten Gang mit. Das Steuergerät wertet die Sensorsignale (z. B. Fahrgeschwindigkeit, Motordrehzahl) aus und schaltet nach Betätigung des Kupplungspedals durch den Fahrer bestimmte Magnetventile zur Be- bzw. Entlüftung der betreffenden **Schaltzylinder**. Der Schaltzylinder bewegt abschließend die Schaltmuffe und legt somit den Gang ein. Der Vollzug des Schaltvorgangs wird dem Steuergerät über die jeweiligen **Wegsensoren** gemeldet. Ein **Display** an der Instrumententafel zeigt dem Fahrer an, welcher Gang eingelegt ist und gleichzeitig die Stellung der Splitgruppe.

Wird bei einer Rückschaltung die zulässige Motordrehzahl überschritten, führt das Steuergerät den Schaltvorgang nicht aus. Es ertönt ein Warnsignal oder es wird ein der Fahrgeschwindigkeit entsprechender Gang geschaltet.

Automatischer Gangwechsel:

Bei Getrieben mit der Möglichkeit des automatischen Gangwechsels erfolgen die Gangwechsel vollautomatisch durch die elektronische Steuerung. Die Kupplung wird für diesen Fall vom Steuergerät über einen **elektropneumatischen Kupplungssteller** (Abb. 5) betätigt.

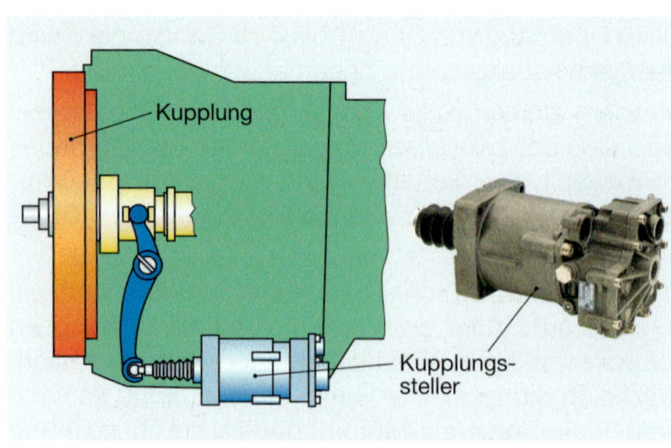

Abb. 5: Elektropneumatischer Kupplungssteller

7.3.4 Verteilergetriebe

Das Verteilergetriebe (Abb. 2) hat die Aufgabe, in Fahrzeugen mit **Allradantrieb** das vom Schaltgetriebe abgegebene Drehmoment auf die Hinterachse und die Vorderachse zu übertragen.

Für eine Steigerung der Zugkraft im Geländebetrieb (z. B. Baustellen) sind Verteilergetriebe häufig mit einem zuschaltbaren **Geländegang** ausgestattet. Er wirkt wie ein Nachschaltgetriebe und ermöglicht in allen Gängen eine Drehmomenterhöhung bei gleichzeitiger Drehzahlsenkung.

Der **Nebenantrieb** ist ein zusätzlicher Getriebeausgang, der den Antrieb von z. B. Seilwinden oder Hydraulikpumpen für Kipper ermöglicht.

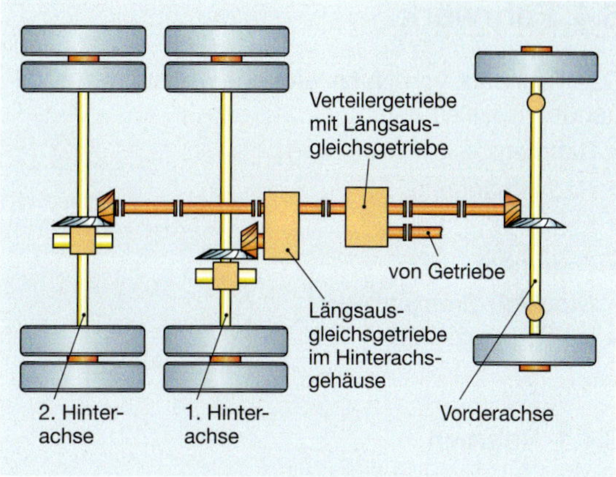

Abb. 1: Antriebsstrang mit drei angetriebenen Achsen

8.3.5 Achsgetriebe

Der Achsantrieb von Nutzfahrzeugen erfolgt auf Grund der hohen zu übertragenen Drehmomente überwiegend durch **Hypoidgetriebe** (s. Kap. 3.4).

Außenplaneten-Antriebsachsen werden für schwere Nutzfahrzeuge verwendet (Abb. 3). Durch die Lage des Planetengetriebes in Radnähe wird das hohe Antriebsmoment erst am Rad erzeugt. Das hat den Vorteil, dass die Belastung des Antriebsstrangs bis zum Planetengetriebe reduziert wird. Außerdem kann auf Grund der geringeren Drehmomentübersetzung im Achsantrieb ein kleineres Tellerrad und damit ein kleineres Hinterachsgehäuse verwendet werden. Der Platzbedarf der Hinterachse wird dadurch beim Einfedern verringert und die Bodenfreiheit vergrößert.

Neben den Ausgleichsgetrieben (s. Kap. 3.5) der einzelnen Antriebsachsen können Nutzfahrzeuge mit Allradantrieb auch mit zusätzlichen **Längsausgleichsgetrieben** ausgestattet sein, um einen Drehzahlunterschied zwischen den einzelnen Antriebsachsen zu ermöglichen.

Der Längsausgleich kann zu Gunsten einer besseren Geländegängigkeit sperrbar sein (Längssperre). Das Längsausgleichsgetriebe ist im Verteilergetriebe untergebracht (Abb. 2). Für zusätzliche Antriebsachsen befindet sich das Längsausgleichgetriebe jeweils im Hinterachsgehäuse (Abb. 1).

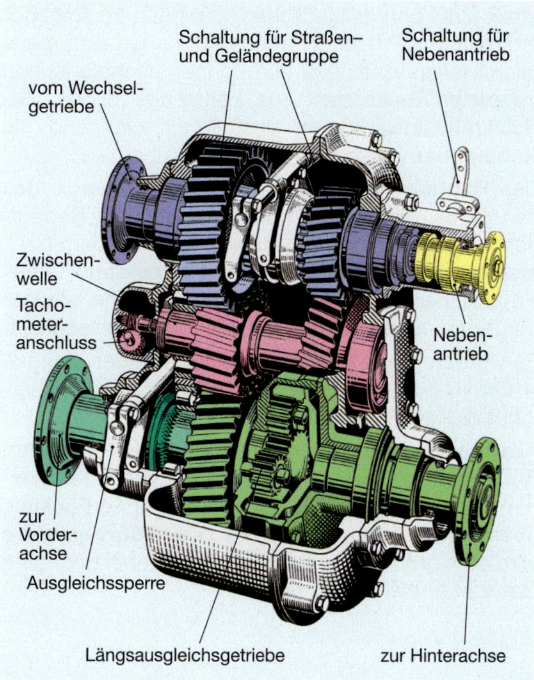

Abb. 2: Verteilergetriebe mit Ausgleichsgetriebe und Nebenantrieb

Aufgaben:

1. Erläutern Sie die Bezeichnung „6 x 4".
2. Welche Kupplungen werden in Nutzfahrzeuge überwiegend eingebaut?
3. Welche Aufgabe haben Vor- und Nachschaltgetriebe?
4. Beschreiben Sie den grundsätzlichen Unterschied zwischen einer mechanisch/pneumatischen und einer elektropneumatischen Schaltbetätigung.
5. Welche Aufgabe hat das Verteilergetriebe?
6. Welche Vorteile haben Außenplanetenachsen?

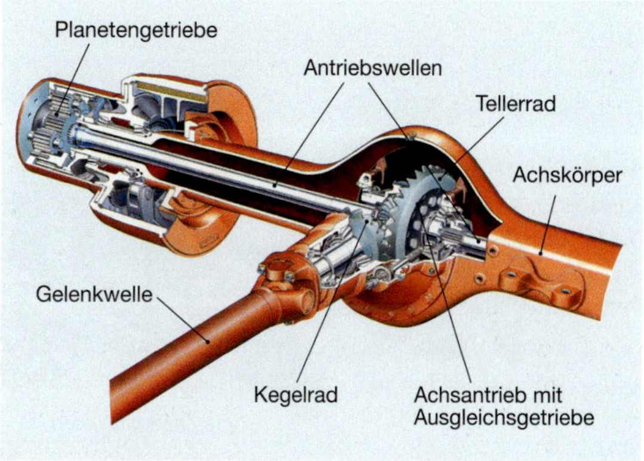

Abb. 3: Achsantrieb mit Außenplanetengetriebe

8.4 Fahrwerk

Das Fahrwerk von Nutzkraftwagen besteht aus folgenden Bauelementen:

- Rahmen,
- Radaufhängung,
- Lenkung,
- Federung,
- Druckluft-Bremsanlage,
- Räder mit Bereifung.

8.4.1 Rahmen

Für Nutzfahrzeuge und Anhänger sind zur Anpassung an den jeweiligen Verwendungszweck eine große Zahl unterschiedlicher Aufbauten im Angebot (z. B. Kipper, Pritschen). Diese Aufbauten sind meist reine Transportbehälter und können deshalb keinen tragenden Bestandteil des Fahrzeugs bilden. Bei Nutzkraftwagen kommt deshalb überwiegend die **Rahmenbauweise** zur Anwendung.

Der **Rahmen** ist das tragende Grundgerüst des Fahrzeugs. Alle weiteren Baugruppen, z. B. Radaufhängung, Federung und Aufbau, sind mit dem Rahmen verschraubt (Abb. 4). Die Verwendung unterschiedlicher Aufbauten wird dadurch ohne größere Veränderungen der übrigen Baugruppen ermöglicht.

Es werden meist **Leiterrahmen** verwendet, die aus U-förmigen Stahlprofilträgern (Längsträger) mit Querverbindungen bestehen (Abb. 4 und 5).

Kraftomnibusse haben geschlossene Aufbauten. Auf einen Rahmen kann hier häufig verzichtet werden, weil der Aufbau selbst eine tragende Funktion übernehmen kann. Durch die **Gitterrohrbauweise** wird eine große Verwindungssteifigkeit bei geringem Gewicht erreicht (Abb. 6).

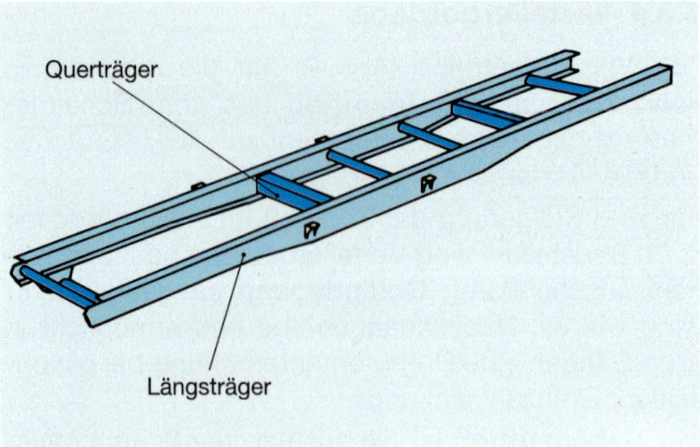

Abb. 5: Aufbau eines Leiterrahmens

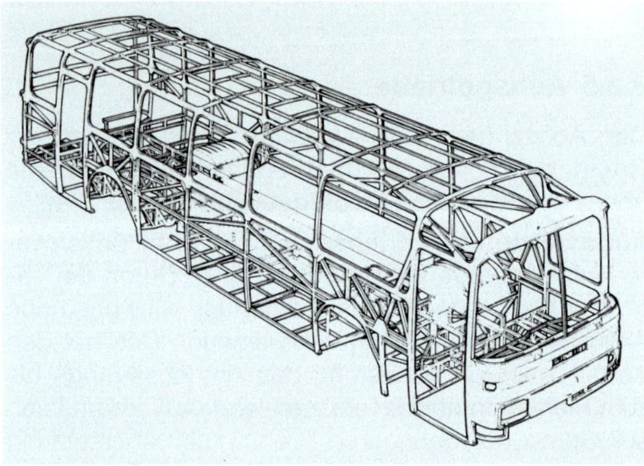

Abb. 6: Kraftomnibus in Gitterrohrbauweise

Aufgaben:

1. Warum werden Nutzkraftwagen meist in Rahmenbauweise gefertigt?
2. Welche Aufgabe hat der Rahmen?
3. Beschreiben Sie den Vorteil der Gitterrohrbauweise in Omnibussen.

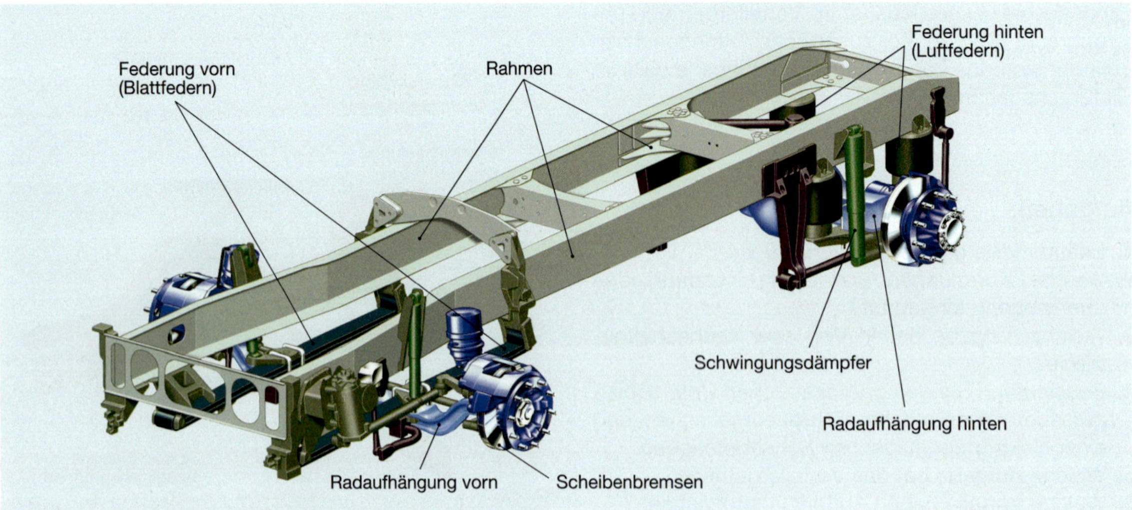

Abb. 4: Nutzfahrzeugrahmen mit Radaufhängung und Federung

8.4.2 Radaufhängung

Für Nutzkraftwagen werden an der Vorder- und Hinterachse überwiegend **Starrachsen** als Radaufhängung verwendet.

Einzelradaufhängungen (s. Kap. 5.1.1) werden meist in kleinere Nutzfahrzeuge und in Kraftomnibusse eingebaut.

8.4.2.1 Starrachsen

Starrachsen sind Radaufhängungen, bei denen die beiden Räder bzw. Achsschenkel einer Achse durch den Achskörper starr miteinander verbunden sind.

Starrachsen eignen sich auf Grund ihrer hohen Belastbarkeit besonders für den Einsatz in Nutzfahrzeugen. Gegenüber Einzelradaufhängungen haben sie den Vorteil, dass bei Federbewegungen des Fahrzeugaufbaus keine Spur- oder Sturzveränderungen auftreten können.

Nachteilig ist ihr **hohes Gewicht** und die damit verbundene unzureichende Bodenhaftung auf unebener Fahrbahn. Außerdem wird durch Ein- oder Ausfederbewegungen eines einzelnen Rades immer die Radstellung des gegenüberliegenden Rades beeinflusst.

Starrachsen können als vordere oder hintere Radaufhängung jeweils als

- **Antriebsachse** oder
- **antriebslose Achse** (Tragachse) vorhanden sein.

Antriebsachsen bestehen meist aus einem einteiligen Achskörper in dem Radantrieb, Ausgleichsgetriebe und die Antriebswellen untergebracht sind (Abb. 2, 3 und Abb. 3, S. 109).

Liftachsen sind antriebslose Hinterachsen, die bei unbeladenem Fahrzeug pneumatisch angehoben werden können, um den Rollwiderstand und den Reifenverschleiß zu reduzieren.

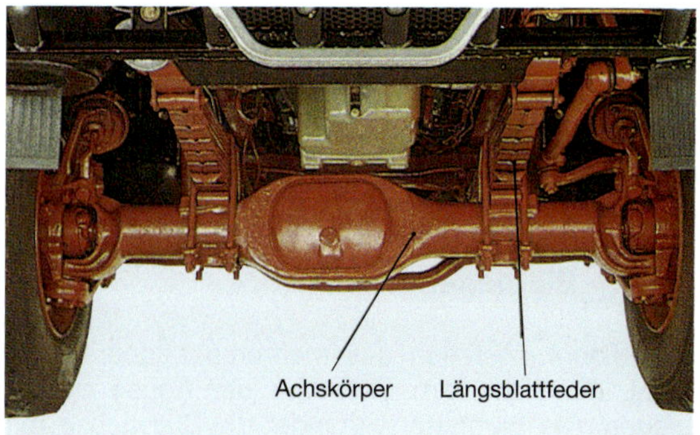

Abb. 1: Starrachse mit Längsblattfedern

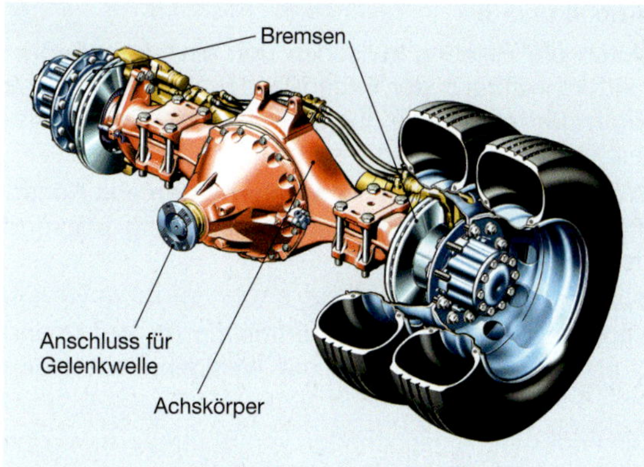

Abb. 2: Starre Antriebsachse

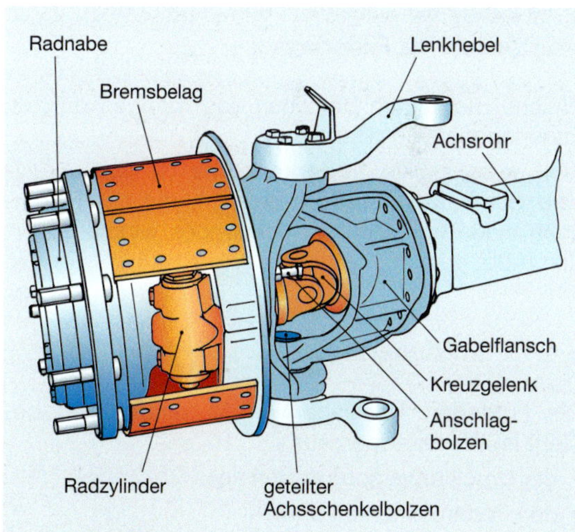

Abb. 3: Angetriebene und gelenkte Vorderachse

8.4.3 Lenkung

Nutzkraftwagen sind mit **Achsschenkellenkungen** ausgerüstet. Der Achsschenkel ist **gabelförmig** an der starren Vorderachse angeordnet, um die Schwenkbewegung der Vorderräder ausführen zu können (Abb. 3).

Eine **einteilige Spurstange** bildet mit dem Achskörper und den Spurstangenhebeln das Lenktrapez (Abb. 2, S. 54). Es werden als Lenkgetriebe überwiegend hydraulisch unterstützte **Kugelumlauflenkgetriebe** verwendet.

Aufgaben:

1. Beschreiben Sie die Vor- und Nachteile von Starrachsen.
2. Welche Aufgabe haben Liftachsen?
3. Beschreiben Sie den Aufbau einer Lenkung für einen Nutzkraftwagen.

8.4.4 Federung

Nutzkraftwagen werden überwiegend mit

- **Blattfedern** oder einem
- **Luftfederungssystem** ausgerüstet.

8.4.4.1 Blattfedern

Blattfedern bestehen aus mehreren Lagen Flachstahl, die sich beim Einfedern der Achse durchbiegen. Die Blattfeder verbindet die Starrachse mit dem Rahmen. Zusätzliche Verbindungselemente zum Rahmen sind deshalb meist nicht erforderlich (Abb. 4 und 5).

Durch die Reibung zwischen den einzelnen Federblättern während der Federbewegung entsteht eine **Eigendämpfung**, die das Schwingungsdämpfersystem des Fahrzeugs unterstützt.

Weitspaltfedern haben **Zwischenlagen** aus Kunststoff. Sie dienen der Geräuschminderung während der Federbewegung (Abb. 5b).

Parabelfedern verjüngen sich von der Mitte zu den Enden auf beiden Seiten parabelförmig. Auf Grund ihrer Form erreichen sie mit wenigen Federlagen eine hohe Federkraft (Abb. 5c).

Die Federungseigenschaften von Blattfedern werden bestimmt durch

- den **Querschnitt** der einzelnen Federblätter,
- die **Länge** der einzelnen Federblätter und
- die **Anzahl** der **Federlagen.**

Weiche Blattfedern bestehen aus wenigen dünnen Federlagen von großer Länge.

Eine **progressive Federkennlinie** (s. Kap. 5.2.2) wird durch **Zusatzfedern** erreicht, die nach Erreichen eines bestimmten Federweges wirksam werden (Abb. 4).

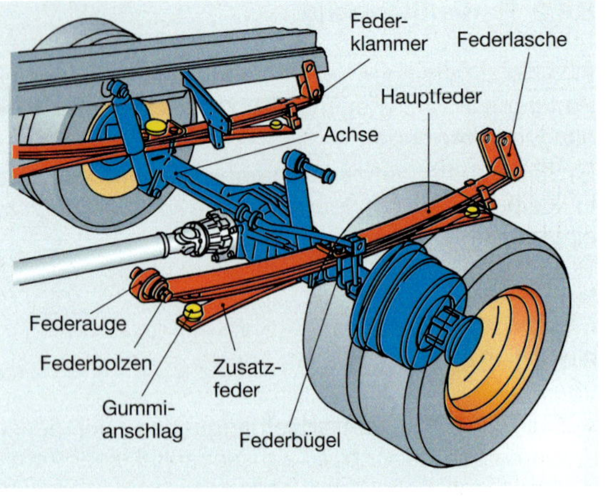

Abb. 4: Starrachse mit Blattfedern

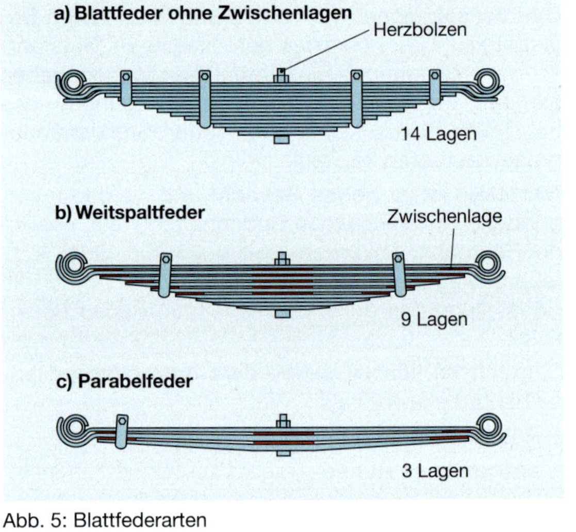

Abb. 5: Blattfederarten

8.4.4.2 Luftfederung

Die Luftfederungsanlage von Nutzkraftwagen besteht im Wesentlichen aus

- der Druckluftversorgungsanlage,
- den Federelementen und
- dem System der Niveauregulierung.

Bei Kraftomnibussen und Lastkraftwagen wird die Druckluft für die Federung und die Bremsanlage durch einen **Kompressor** erzeugt. Da die Betriebssicherheit der Bremsanlage durch die Luftfederung nicht beeinflusst werden darf, muss sie von der Bremsanlage getrennt sein. Die Trennung erreicht man dadurch, dass die Luftfederung über einen **gesonderten Vorratsbehälter** oder eine eigene Versorgungsleitung vom Vierkreisschutzventil versorgt wird. Die Federelemente der Luftfederung sind der

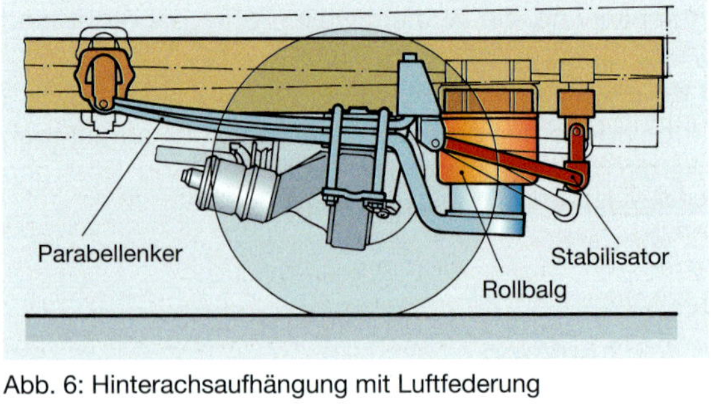

Abb. 6: Hinterachsaufhängung mit Luftfederung

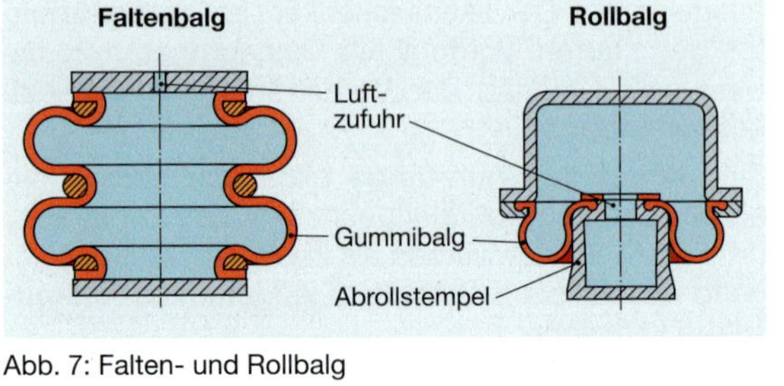

Abb. 7: Falten- und Rollbalg

Rollbalg oder der **Faltenbalg** (Abb. 7, S. 112). Sie bestehen aus Gummi mit verstärkenden Gewebeeinlagen.

Im Inneren der Federbälge wirkt eine **Gummifeder** als Anschlag zur Begrenzung des Federweges. Im Defektfall kann deshalb bei vollständigem Luftverlust das Fahrzeug noch mit geringer Geschwindigkeit bewegt werden.

Roll- und Faltenbälge können, wie die Schraubenfedern, keine **Rad-** bzw. **Achsführungskräfte** aufnehmen. Diese Aufgabe wird von Längs- und Querlenkern, Stabilisatoren oder zusätzlichen Blattfedern übernommen (Abb. 6, S. 112).

Auf Grund der **geringen Eigendämpfung** der Luftfederung muss dieses System immer durch Schwingungsdämpfer ergänzt werden.

Elektronische Niveauregelung

Die Niveauregulierung hat die Aufgabe, das Fahrzeugniveau unabhängig von der Beladung konstant zu halten.

Die Luftfederung mit Niveauregulierung hat für Nutzfahrzeuge folgende Vorteile:

- höherer Fahrkomfort,
- vergrößerte Laderaumhöhe möglich, weil durch die Nutzlast kein zusätzlicher Federweg entsteht,
- Handhabung von Wechselaufbauten (s. Abb. 2, S. 98), sowie
- vereinfachte Be- und Entladung an Laderampen.

Das System erfüllt folgende Aufgaben:

- automatische Niveauregelung,
- manuelle Niveauverstellung,
- Liftachsensteuerung,
- Anfahrhilfe.

Die **elektronische Niveauregelung** (Abb. 1) sorgt unabhängig von der Beladung für einen konstanten Abstand zwischen Fahrzeugachse und Aufbau. Der **Niveaugeber** (Potenziometer oder Wegsensor) erfasst diesen Abstand über ein Gestänge und gibt entsprechende Spannungssignale an das Steuergerät. Ändert sich der Abstand, z. B. durch Be- oder Entladen des Fahrzeugs, gibt das **Steuergerät** entsprechende Stellbefehle an die Magnetventile. Die Federbälge werden durch die **Magnetventile** solange be- bzw. entlüftet bis der Niveaugeber dem Steuergerät das Sollniveau meldet.

Der Umgang mit Wechselpritschen oder das Be-und Entladen an Rampen wird durch die **manuelle Niveauverstellung** über die **Bedieneinheit** oder über **Tastschalter** an der Armaturentafel vereinfacht. Auf Grund der Unfallgefahr, z. B. beim Durchfahren von Unterführungen mit zu geringer Höhe, wird der Fahrzeugaufbau beim Erreichen einer bestimmten (geringen) Geschwindigkeit **automatisch abgesenkt**.

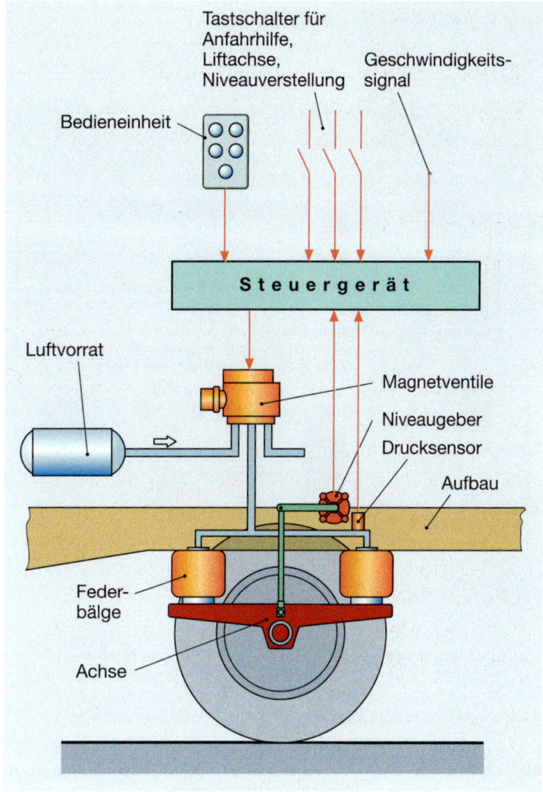

Abb. 1: Elektronische Niveauregulierung

Durch das Beladen des Fahrzeugs erhöht sich der Druck in den Federbälgen. Bei Erreichen eines bestimmten Drucks wird die **Liftachse automatisch abgesenkt**, um ein Überschreiten der zulässigen Achslast zu vermeiden.

Zur **Traktionsverbesserung** während des Anfahrens (Anfahrhilfe) auf glatter Fahrbahn kann die Liftachse über einen **Tastschalter** kurzzeitig angehoben werden, um die Anpresskraft der Antriebsachse beim Anfahren zu erhöhen.

Aufgaben:

1. Nennen Sie zwei Vorteile der Blattfeder gegenüber der Schraubenfeder.
2. Welche Aufgabe haben Zwischenlagen in Blattfedern?
3. Wodurch werden die Federungseigenschaften von Blattfedern bestimmt?
4. Aus welchen Bauelementen besteht ein Luftfederungssystem?
5. Welche Vorteile hat eine Luftfederung mit Niveauregulierung gegenüber Blattfedern?

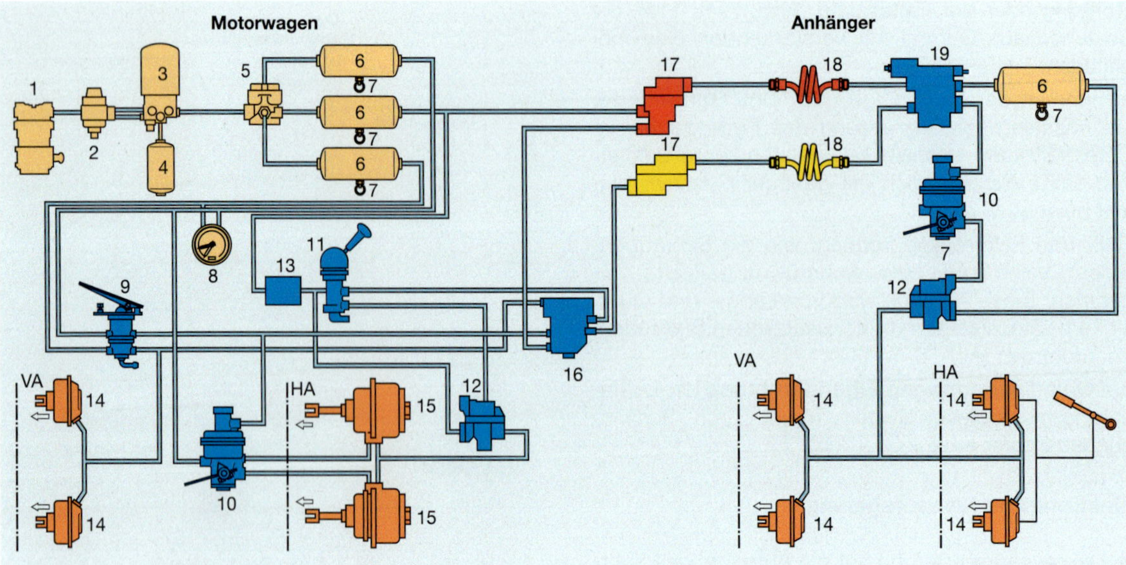

1 Luftpresser
2 Druckregler
3 Lufttrockner
4 Regenerationsbehälter
5 Mehrkreisschutzventil
6 Druckluftbehälter (Vorratsbehälter)
7 Entwässerungsventil
8 Druckmessgerät
9 Betriebsbremsventil
10 Bremskraftregler
11 Feststellbremsventil
12 Relaisventil
13 Rückschlagventil
14 Membranzylinder
15 Kombizylinder
16 Anhängersteuerventil
17 Kupplungsköpfe
18 Schlauchverbindungen
19 Anhängerbremsventil

Abb. 2: Aufbau einer Druckluftbremsanlage für Motorwagen und Anhänger

8.4.5 Druckluftbremsanlage

Nutzfahrzeuge über 7,5 t sind mit einer **Druckluftbremsanlage** ausgestattet (Abb. 2).

Die erforderlichen Spannkräfte an den Radbremsen werden hier nicht durch die Fußkraft des Fahrers mit Unterstützung eines Bremskraftverstärkers aufgebracht (Hilfskraftbremse), sondern durch gespeicherte Druckluft, die von einem Luftpresser erzeugt wird (Fremdkraftbremse).

8.4.5.1 Druckluftversorgung

Der **Luftpresser** ist ein Kolbenkompressor mit selbsttätig arbeitenden Einlass- und Auslassventilen (Abb. 3). Er wird vom Motor über Zahnräder oder einen Keilriemen angetrieben und hat die Aufgabe, Luft anzusaugen und zu verdichten. Die verdichtete Luft strömt zu den Druckluftbehältern, wo sie gespeichert wird.

Es ist jeweils ein **Druckluftbehälter** für jeden Bremskreis vorhanden. Zusätzliche Druckluftbehälter speichern Druckluft für die Betätigung der Feststellbremse und gegebenenfalls für die Versorgung der Luftfederung.

Zum Ablassen von Kondenswasser sind an den Druckluftbehältern **Entwässerungsventile** vorhanden, die manuell betätigt werden oder selbsttätig arbeiten.

Der **Druckregler** unterbricht ab etwa 10 bar die Luftzufuhr zu den Druckluftbehältern. Die vom Luftpresser erzeugte Druckluft strömt dann über einen Entlüftungsanschluss am Druckregler ins Freie. Ein **Reifenfüllanschluss** am Druckregler ermöglicht über eine zusätzliche Schlauchverbindung das Füllen der Reifen. Die Entnahme von Druckluft ist nur möglich während Luft in die Druckluftbehälter strömt.

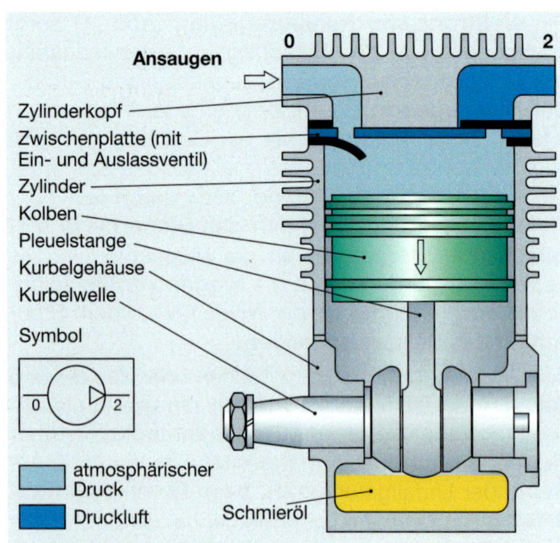

Abb. 3: Luftpresser

Der **Lufttrockner** hat die Aufgabe, die geförderte Luft zu reinigen und zu entwässern. Die Luft strömt durch ein Trockenmittel, das gemeinsam mit einem Filter in einer Filterpatrone untergebracht ist. Ein Teil der gereinigten und getrockneten Luft wird im Regenerationsbehälter gespeichert. Nach dem Abschalten des Druckreglers wird das mit Feuchtigkeit angereicherte Trockenmittel regeneriert, indem Luft aus dem Regenerationsbehälter durch das Trockenmittel geleitet wird, um ihm die Feuchtigkeit zu entziehen.

Das **Mehrkreisschutzventil** hat die Aufgabe, bei hohem Druckverlust eines Kreises, z. B. durch eine defekte Bremsleitung, den Druck in den anderen Kreisen zu erhalten. Es trennt den defekten Kreis von den intakten Bremskreisen und ermöglicht gleichzeitig die weitere Befüllung der Druckluftbehälter für die unbeschädigten Kreise.

8.4.5.2 Bremsvorgang

Der Bremsvorgang wird vom Fahrer durch das **Betriebsbremsventil** eingeleitet. Es stellt eine Verbindung zwischen den Druckluftbehältern und den Radbremsen her und ermöglicht eine feinfühlig abstufbare Steuerung des Bremsdruckes.

Der automatisch lastabhängige **Bremskraftregler (ALB)** passt den Bremsdruck selbsttätig dem Beladungszustand des Fahrzeugs an. Als Maß für die Beladung wird die Einfederung erfasst, die je nach Ladegewicht unterschiedlich groß ist.

Da sich bei Fahrzeugen mit Luftfederung die Einfederung infolge der Beladung nicht ändert, wird hier vom Bremskraftregler der Druck in den Federbälgen als Messgröße für das Ladegewicht erfasst.

8.4.5.3 Bremszylinder

Bremszylinder haben die Aufgabe, die Spannkraft für die Trommel- oder Scheibenbremse zu erzeugen. Es werden überwiegend **Membranzylinder** (Abb. 1) und **Kombizylinder** (Abb. 2) eingebaut.

Kombizylinder bestehen aus einem

- **Membranteil** für die Betriebsbremse und
- **Federspeicher** für die Feststellbremse (s. Kap. 8.4.5.4).

Sie sind überwiegend an der Hinterachse des Motorwagens eingebaut.

Die Druckluft strömt vom Betriebsbremsventil über den Anschluss 1 bzw. 11 in den **Membranzylinder** und bewegt die Kolbenstange zur Betätigung der Bremse. Beim Lösen der Bremse drückt die Rückholfeder die Kolbenstange zusammen mit der Membran zurück. Die verdrängte Luft strömt durch den Entlüftungsanschluss des Betriebsbremsventils ins Freie (Abb. 1 und 2).

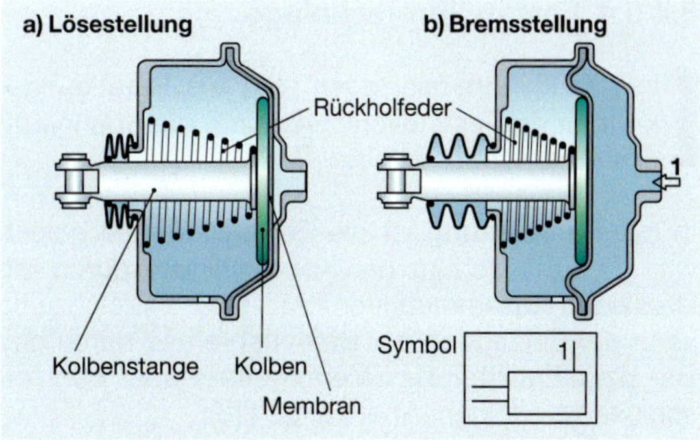

Abb. 1: Membranzylinder

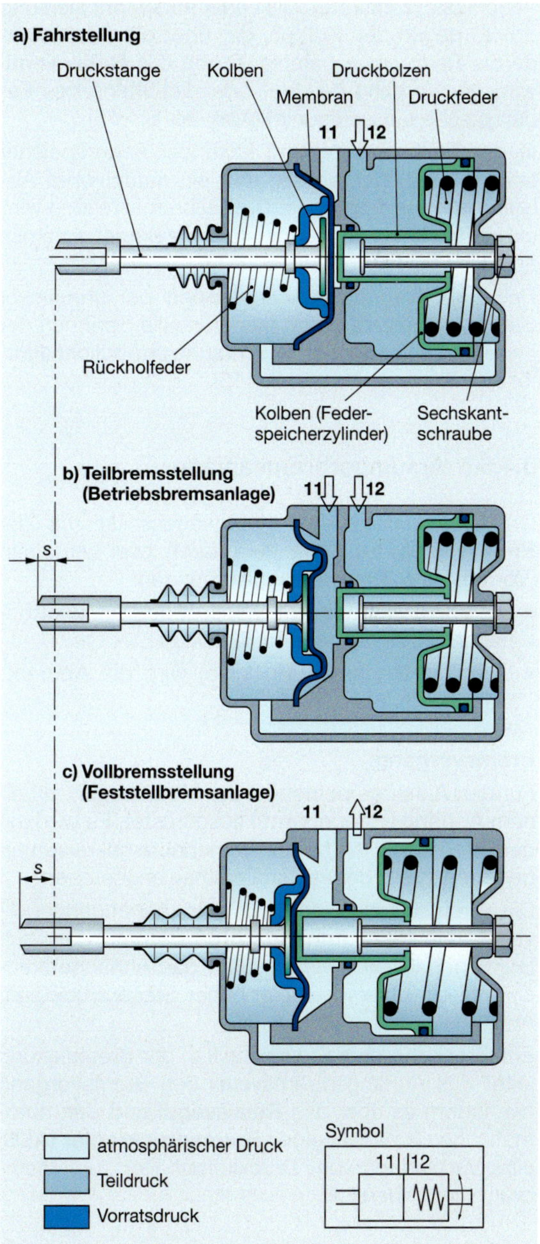

Abb. 2: Kombizylinder

8.4.5.4 Feststellbremsanlage

In Druckluftbremsanlagen wird die Betätigungskraft für die Feststellbremse durch die Spannkraft einer Druckfeder erzeugt.

In der **Fahrstellung** ist die Feststellbremse gelöst, weil die Druckfedern der Kombizylinder durch die Druckluft zusammengedrückt sind. Gleichzeitig kann die Betätigung der Betriebsbremse durch das Be- bzw. Entlüften des Membranteils über den Anschluss 11 erfolgen (Abb. 2a, S. 115).

In der **Vollbremsstellung** wird durch Betätigung des **Feststellbremsventils** der Federspeicher über den Anschluss 12 entlüftet. Die Feder entspannt sich und drückt gegen den Kolben, der über die Druckstange die Radbremse betätigt. Durch das **Relaisventil** wird der Vorgang des Be- oder Entlüftens des Federspeichers beschleunigt (Abb. 2c, S. 115).

In der **Teilbremsstellung** kann der Federspeicher teilweise entlüftet werden, um ein gefühlvolles Abbremsen zu ermöglichen. Die Teilbremsstellung wird als **Hilfsbremse** verwendet, falls die Betriebsbremse ausfallen sollte (Abb. 2b, S. 115).

Das Rangieren oder **Abschleppen** bei druckloser Bremsanlage wird durch das manuelle Spannen der Feder mit einer Sechskantschraube ermöglicht (Notlösevorrichtung, Abb. 2, S. 115).

8.4.5.5 Anhängerbremsanlage

Die Bremsanlage des Motorwagens ist mit der Bremsanlage des Anhängers durch zwei Leitungen (Vorrats- und Bremsleitung) verbunden.

- Die **Vorratsleitung** (rot) versorgt den Druckluftbehälter des Anhängers mit Druckluft.
- Über die **Bremsleitung** (gelb) wird die Abbremsung gesteuert.

Bremsvorgang

Für den Anhängerbetrieb ist der Motorwagen mit einem **Anhängersteuerventil** ausgerüstet. Es wird mit den Bremsdrücken beider Betriebsbremskreise und gegebenenfalls der Feststellbremse angesteuert.

Die Bremsleitung verbindet das Anhängersteuerventil mit dem **Anhängerbremsventil**. Je nach Bremspedalstellung wird durch das Anhängersteuerventil ein unterschiedlich hoher Steuerdruck zum Anhängerbremsventil geleitet.

Entsprechend dem Steuerdruck in der Bremsleitung leitet das Anhängerbremsventil den Bremsvorgang ein, indem es über das **Relaisventil** und den automatischen lastabhängigen **Bremsdruckregler (ALB)** eine Verbindung vom Druckluftbehälter zum Membranzylinder herstellt.

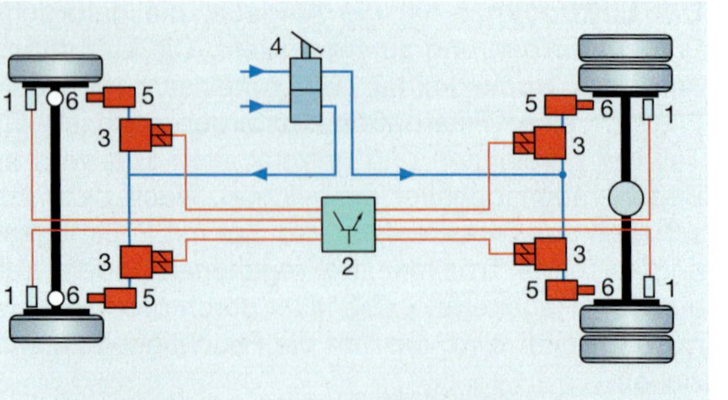

Abb. 3: Druckluft-ABS für 2-Achs-Nutzkraftwagen

Abkuppeln oder Abreißen

Durch Abkuppeln oder Abreißen der Vorratsleitung wird diese entlüftet und dadurch vom Anhängerbremsventil eine Vollbremsung des Anhängers eingeleitet.

Aus Sicherheitsgründen muss für das Lösen und Befestigen der Schlauchkupplungen folgende Reihenfolge eingehalten werden:

Ankuppeln: zuerst die gelbe Bremsleitung, dann die rote Vorratsleitung befestigen.

Abkuppeln: zuerst die rote Vorratsleitung, dann die gelbe Bremsleitung lösen.

8.4.5.6 Antiblockiersystem (ABS)

Das Antiblockiersystem (ABS) für Nutzkraftwagen mit Druckluftbremsanlage (Abb. 3) arbeitet nach dem gleichen Grundprinzip wie das ABS einer hydraulischen Bremsanlage (s. Kap. 5.5.1). Die Regelphasen **„Druckaufbau, Druckabbau, Druck halten"** werden durch die **Druckregelventile** (Magnetventile) ausgeführt. Eine Rückförderpumpe ist nicht erforderlich, da die Luft in der Regelphase „Druckabbau" durch das Drucksteuerventil ins Freie geleitet wird.

8.4.5.7 Elektronisch geregeltes Bremssystem (EBS)

Das elektronisch geregelte Bremssystem (Abb. 1, S. 117) hat gegenüber der herkömmlichen Druckluftbremsanlage folgende **Vorteile**:

- Die Funktionen von ABS und ASR sind im System integriert.
- Die Bremszylinder werden **schneller**, **gleichmäßiger** und **gleichzeitig** angesteuert. Das hat gleichmäßigen Verschleiß der Bremsbeläge und kürzere Bremswege zur Folge. Die Verringerung der Strömungszeiten für Druckaufbau und Druckabbau verkürzt die Reaktionszeiten des Bremssystems.

Aufbau des EBS

Als Basis für das EBS ist die herkömmliche Druckluftbremsanlage mit den Baugruppen

- **Druckluftversorgung**,
- **Feststellbremsanlage** und
- **Anhängersteuerung**

größtenteils unverändert vorhanden.

Die **Betriebsbremsanlage** besteht aus einem

- **pneumatischen** und
- **elektronischen** Anlagenteil.

Der zweikreisige pneumatische Anlagenteil entspricht im Wesentlichen der konventionellen Bremsanlage. Er wird nur bei Ausfall der elektronischen Regelung wirksam.

Der elektronische Teil regelt die Bremsvorgänge und übernimmt zusätzlich die Aufgaben von **ABS** und **ASR**. Für diese Systeme ist deshalb kein separates Steuergerät mehr vorhanden.

Wirkungsweise

Wird vom Fahrer das Bremspedal betätigt, leitet der im Betriebsbremsventil (8) vorhandene **Pedalwertgeber** (Potenziometer oder Wegsensor) ein entsprechendes Spannungssignal zum **EBS-Steuergerät** (12). Zur Berechnung des erforderlichen Bremsdrucks werden die Signale der Sensoren für

- **Raddrehzahl** (6),
- **Bremsbelagverschleiß** (11),
- **Bremsdruck** (9) und
- **Federbalgdruck** (10)

herangezogen.

Die Be- und Entlüftung der Bremszylinder erfolgt durch die **Druckregelmodule** (9). Diese übernehmen auch die Aufgabe der ABS- und der ASR-Magnetregelventile.

Zwischen den Druckregelmodulen und dem EBS-Steuergerät erfolgt der Datenaustausch über einen **CAN-Bus** (13) (s. Kap. 7.5.4.4).

Anhängersteuerung

Das EBS-Steuergerät ist über den CAN-Bus mit dem **Anhängersteuermodul** (7) verbunden. Es steuert den Bremsdruck des Anhängers entsprechend dem vom EBS-Steuergerät berechneten Druck.

Ausfall der elektronischen Steuerung

Fällt die elektronische Steuerung aus, findet kein Datenaustausch zwischen dem Steuergerät und den Druckregelmodulen statt. Für diesen Fall öffnet ein Magnetventil am Eingang der Module die (im Normalbetrieb verschlossene) pneumatische Verbindung zwischen Betriebsbremsventil und den Druckregelmodulen. Die Druckregelmodule werden nun vom Betriebsbremsventil pneumatisch angesteuert.

Konventioneller Teil des Bremssystems
1 Luftbehälter
2 Kupplungsköpfe
3 Membranzylinder
4 Kombibremszylinder

Luftfederung
5 Luftfederbalg

Elektronisch geregelter Teil des Bremssystems
6 Drehzahlsensor
7 Anhängersteuermodul
8 Betriebsbremsventil mit Pedalwertgeber
9 Druckregelmodul mit Bremsdrucksensor
10 Lastsensor
11 Sensoren zur Messung des Bremsbelagverschleißes
12 EBS-Steuergerät
13 CAN-Bus

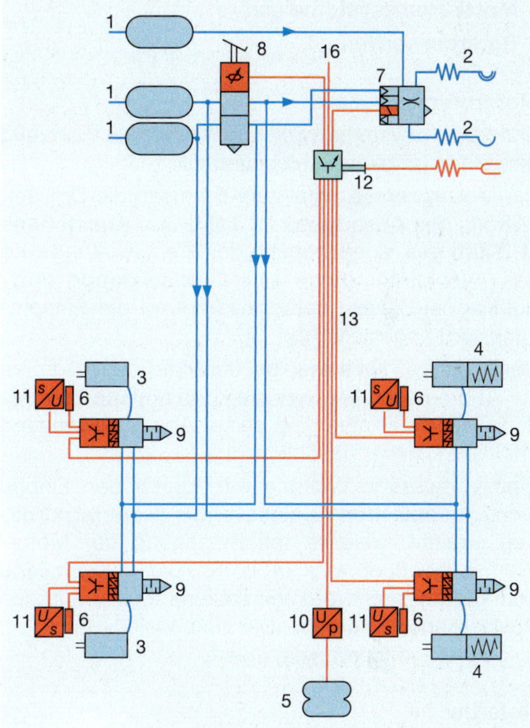

Abb. 1: Elektronisch geregeltes Bremssystem (EBS)

Aufgaben:

1. Erläutern Sie den Unterschied zwischen einer Hilfskraft- und einer Fremdkraftbremse.
2. Welche Aufgabe haben Luftpresser, Druckregler, Lufttrockner und Mehrkreisschutzventil?
3. Welche Aufgabe hat der automatisch lastabhängige Bremskraftregler?
4. Wodurch wird bei einer Feststellbremse mit Kombizylinder die Bremskraft erzeugt?
5. Welche Aufgabe hat das Anhängerbremsventil?
6. Welche Vorteile hat ein elektronisch geregeltes Bremssystem gegenüber einer herkömmlichen Druckluftbremsanlage?

8.4.6 Dauerbremsanlagen

Die Dauerbremse (dritte Bremse) ist eine verschleißfrei arbeitende Zusatzbremse zur Entlastung der Radbremsen.

Dauerbremsen sind vorgeschrieben für:

- **Kraftomnibusse** (außer Stadtbusse) über 5 t und mit mehr als 12 Sitplätzen.
- **Lastkraftwagen** über 12 t.

Als Dauerbremsen werden

- **Motorbremssysteme** und
- **Retarder** verwendet.

Motorbremssysteme

Motorbremssysteme wirken während das Fahrzeug den Motor antreibt (Schiebebetrieb).

Die **Motorbremse** nutzt zum Bremsen die Drosselwirkung des **Ansaugens (1. Takt)** und **Ausstoßens (4. Takt)** aus. Zur Erhöhung der Bremswirkung wird das Auspuffrohr durch eine **Drosselklappe** (Auspuffklappe) nahezu verschlossen und die Einspritzung wird abgestellt (Abb. 2).

Der 2. und 3. Takt tragen bei der Motorbremse kaum zur Abbremsung bei, weil die komprimierte Luft des 2. Taktes den Kolben bei seiner Abwärtsbewegung im 3. Takt wieder beschleunigt.

Eine verbesserte Wirkung wird durch den Einbau eines **zusätzlichen Auslassventils (Konstantdrossel)** erreicht, welches mit Betätigung der Motorbremse geöffnet wird (Abb. 3). Die komprimierte Luft kann während des Verdichtens teilweise in den Auslasskanal strömen. Der Expansionsdruck im 3. Takt wird dadurch vermindert.

Retarder

Es werden unterschieden:

- **hydrodynamische** Retarder,
- **elektrodynamische** Retarder.

Durch den Retarder werden die Getriebeausgangswelle und damit die Antriebsräder abgebremst.

Hydrodynamische Retarder nutzen zum Abbremsen die innere Reibungskraft von Öl aus (Abb. 4).

Elektrodynamische Retarder (Wirbelstrombremse) nutzen die Bremswirkung von gegeneinander wirkenden Magnetfeldern aus (Abb. 5).

Aufgaben:

1. Beschreiben Sie die Wirkungsweise der Motorbremse.
2. Wodurch kann die Wirkung der Motorbremse verstärkt werden?
3. Wie erfolgt die Abbremsung der Antriebsräder durch den Retarder?

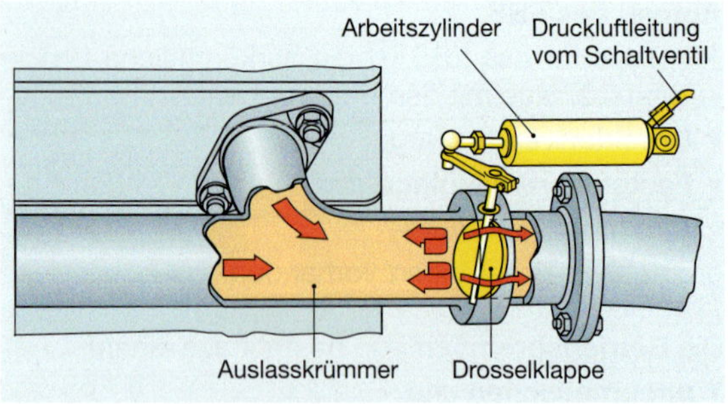

Abb. 2: Motorbremse mit Auspuffklappe

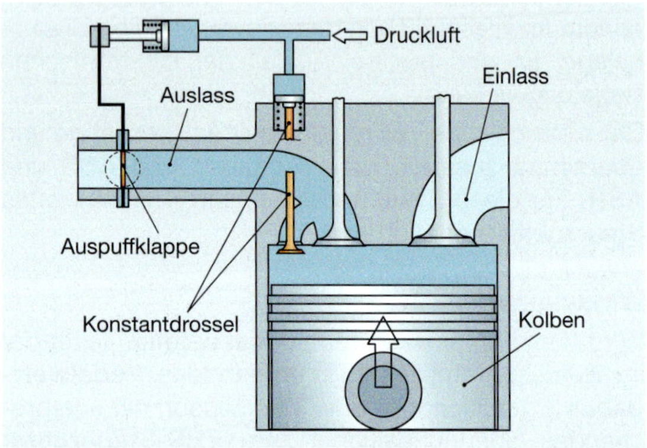

Abb. 3: Motorbremse mit Auspuffklappe und Konstantdrossel

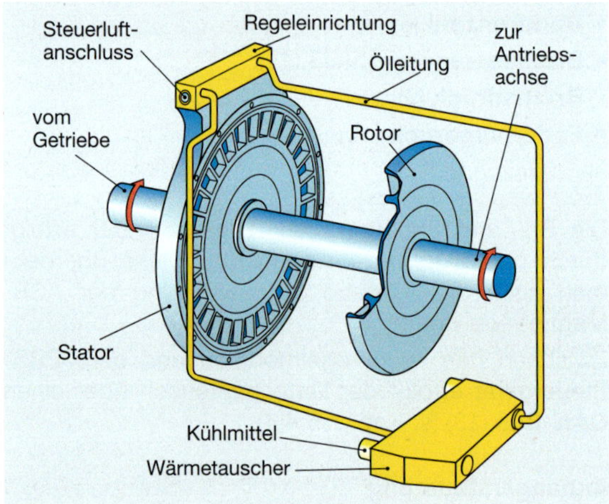

Abb. 4: Hydrodynamischer Retarder

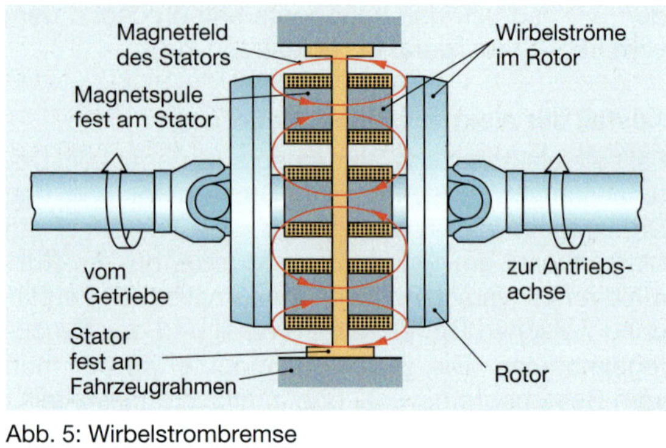

Abb. 5: Wirbelstrombremse

8.4.7 Radbremsen

In Nutzfahrzeugen werden überwiegend pneumatisch betätigte **Scheiben-** oder **Trommelbremsen** verwendet. Nutzfahrzeuge für den Einsatz im Gelände und auf Baustellen haben, wegen der geringeren Empfindlichkeit gegen Verschmutzung, meistens Trommelbremsen.

Trommelbremsen

Folgende Bauarten der pneumatisch betätigten Trommelbremse (s. Kap. 5.4.2.1) werden überwiegend eingesetzt:

- **Simplex-Bremse** (schwere Lkw),
- **Duo-Duplex-Bremse** (mittelschwere und schwere Lkw).

Die Bremsbacken werden über **S-Nocken** (Abb. 1) oder **Spreizkeile** (Abb. 2) betätigt.

S-Nockenbetätigte Trommelbremsen werden vom Membranzylinder über ein **Gestänge** betätigt. Die Nachstellung erfolgt manuell oder über eine im Bremsgestänge integrierte **automatische Nachstellung** (Abb. 1).

Spreizkeilbetätigte Trommelbremsen haben meist eine integrierte Nachstellvorrichtung (Abb. 2). Der Spreizkeil wird direkt vom Membranzylinder betätigt. Über die Rollen und Rollenstößel werden die Bremsbacken auseinandergedrückt.

Scheibenbremsen

Pneumatisch betätigte Scheibenbremsen (Abb. 3) werden in **Motorwagen** und **Anhängern** verwendet.

Die Vorteile der Scheibenbremse gegenüber der Trommelbremse sind:

- bessere Dosierbarkeit,
- höhere thermische Belastbarkeit,
- gleichmäßigere Bremswirkung,
- geringe Masse und
- einfacherer Belagwechsel.

Pneumatisch betätigte Scheibenbremsen arbeiten nach dem **Faustsattel-Prinzip** (s. Kap. 5.4.2.2). Es werden ausschließlich **innenbelüftete Bremsscheiben** (Abb. 3) verwendet.

Die fehlende Selbstverstärkung von Scheibenbremsen und der im Gegensatz zu hydraulischen Bremsen geringe Bremsdruck von etwa 10 bar erfordern eine zusätzliche innere Übersetzung der Bremskraft.

Die Betätigung der Bremse durch den direkt am Bremssattel angebrachten Membranzylinder erfolgt deshalb über einen **exzentrisch rollengelagerten Hebel.**

Eine **automatische Nachstellvorrichtung** gleicht das verschleißbedingte Lüftspiel am Bremsbelag aus.

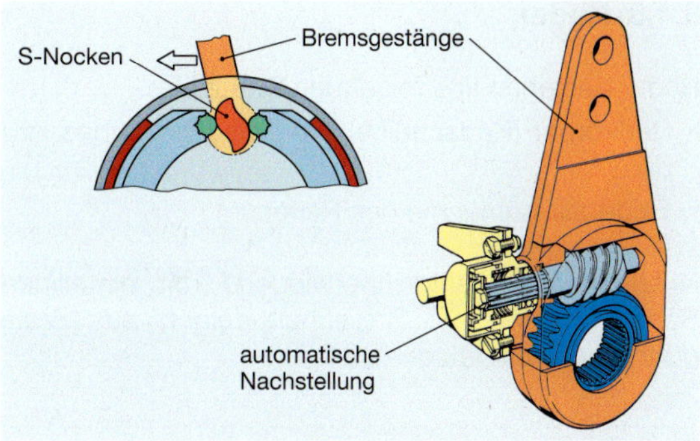

Abb. 1: Bremsbetätigung durch S-Nocken

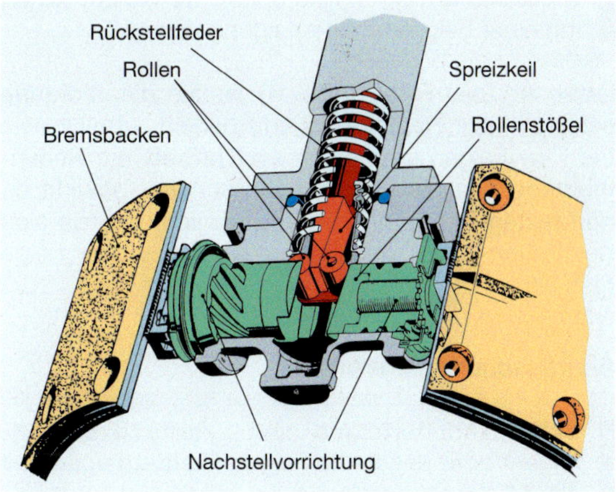

Abb. 2: Trommelbremse mit Betätigung durch Spreizkeil

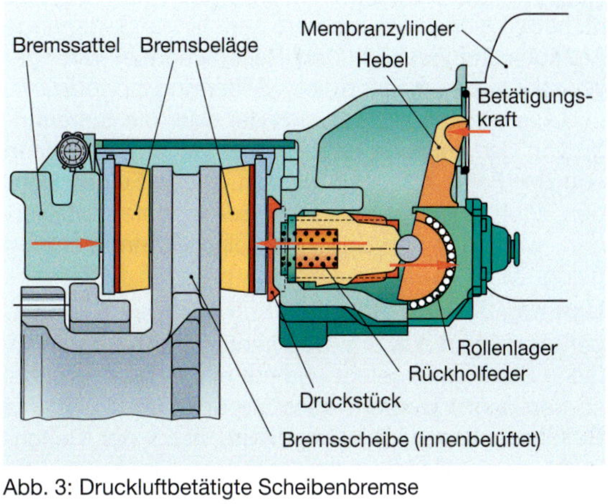

Abb. 3: Druckluftbetätigte Scheibenbremse

Aufgaben:

1. Beschreiben Sie die Betätigung von Trommelbremsen für Nutzkraftwagen.
2. Welche Vorteile haben Scheibenbremsen gegenüber Trommelbremsen?
3. Warum müssen pneumatisch betätigte Scheibenbremsen mit einer zusätzlichen inneren Übersetzung ausgestattet sein?

8.4.8 Räder

Räder bestehen aus folgenden Bauteilen:

- Radkörper (Radscheibe) zur Befestigung des Rades
- Felge zur Aufnahme des Reifens

Nutzkraftwagen sind überwiegend mit einteiligen Scheibenrädern mit Steilschulterfelgen aus Stahl oder Aluminium ausgerüstet.

Steilschulterfelgen

Steilschulterfelgen sind ungeteilte Tiefbettfelgen mit einer Felgenschulterneigung von 15°.

Diese Art der Felge (Abb. 4) ist für die Montage schlauchloser Radialreifen erforderlich. Ähnlich wie bei Pkw-Felgen ermöglicht ein **Tiefbett** die Reifenmontage. Die 15° geneigte Steilschulter bewirkt einen festen Sitz und eine gute Abdichtung, da sich der Reifen durch den Reifenfülldruck in der Felge festkeilt.

Schrägschulterfelgen

Schrägschulterfelgen sind geteilte (Flachbettfelgen) oder ungeteilte Felgen (Tiefbettfelgen) mit einer Felgenschulterneigung von 5°.

Ringgeteilte Schrägschulterfelgen (Abb. 5b und 6). haben einen oder mehrere geschlitzte Seitenringe (Verschlussringe). Für den Reifenwechsel wird der Wulstkern des Reifens vom Seitenring abgedrückt. In dieser Stellung lassen sich der oder die Seitenringe von der Felge abnehmen. Der Reifen kann dann von der Felge gezogen werden. Diese Felgen können auch mit schlauchlosen Reifen gefahren werden, wenn vor den Seitenring eine Gummidichtung gelegt wird.

Umfangsgeteilte Schrägschulterfelgen (Trilexfelgen) bestehen aus drei Segmenten (Abb. 5c und 7), die in den Reifen gelegt und mit einem Montierhebel so verspannt werden, dass sie an dem Wulst des Reifens anliegen. Die Felge wird nach der Reifenmontage am Radstern befestigt.

Felgenbezeichnungen

Beispiel: **8,5–20**

8,5: Felgenmaulweite in Inch

– : Kurzzeichen für die Form des Felgenbetts
Ein Strich (–) steht für geteilte Schrägschulterfelge (Flachbett). Ein X steht für Tiefbettfelge.

20: Felgendurchmesser in Inch
Wird die Angabe des Felgendurchmessers durch „.5“ ergänzt, (z. B. 19.5) so handelt es sich um eine Steilschulterfelge.

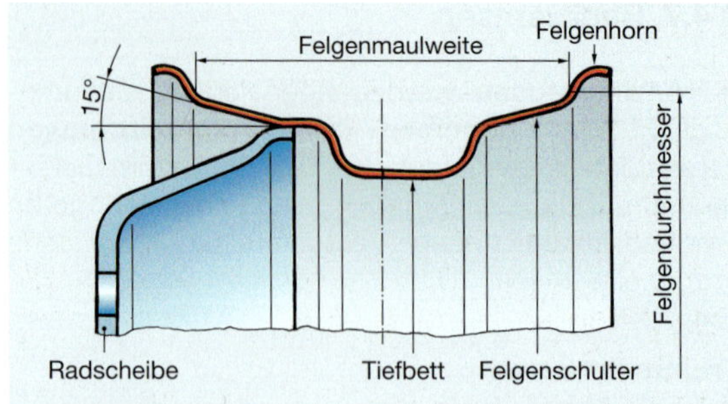

Abb. 4: Steilschulterfelge

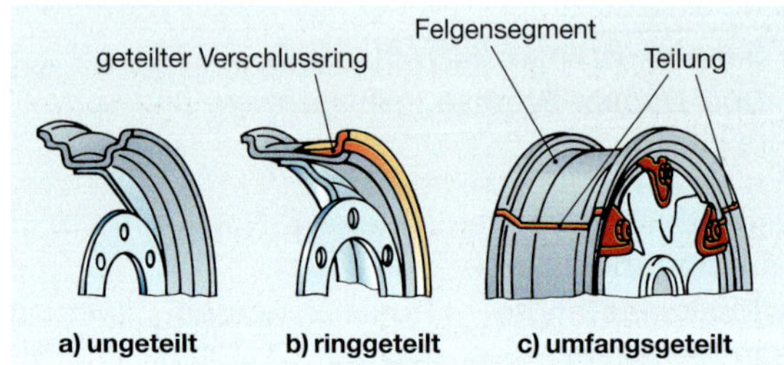

Abb. 5: Felgenarten mit unterschiedlicher Felgenteilung

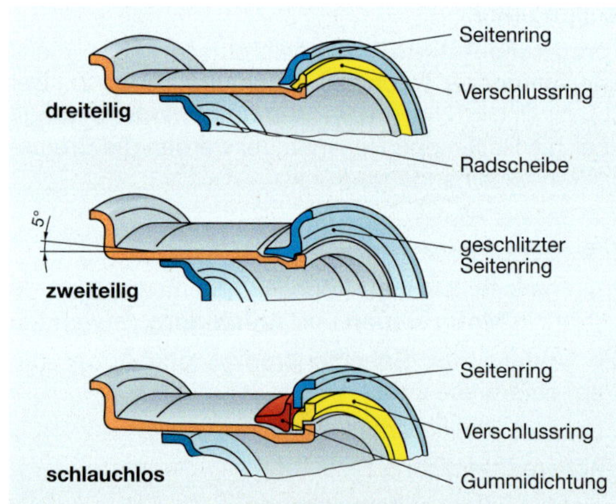

Abb. 6: Ringgeteilte Schrägschulterfelgen

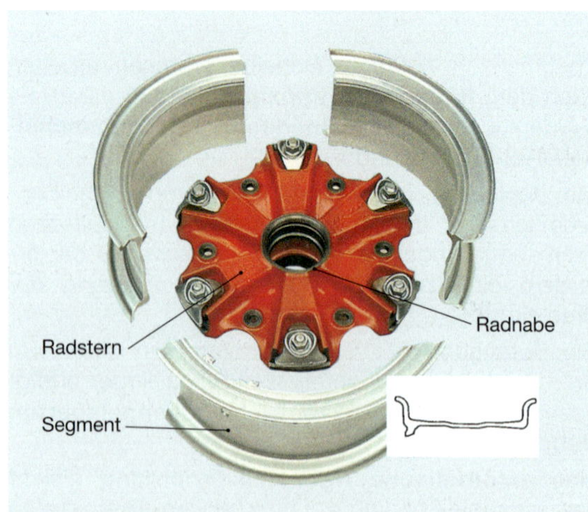

Abb. 7: Umfangsgeteilte Schrägschulterfelge (Trilexfelge)

8.4.9 Reifen

Für Nutzkraftwagen werden überwiegend schlauchlose **Stahlgürtelreifen** (Radialreifen) verwendet.

Bei Nkw-Radialreifen besteht nicht nur der Gürtel aus Stahlfäden, sondern auch die Karkasse. Man spricht dann vom **Ganzstahlreifen**. Seine Eigenschaften entsprechen denen der Pkw-Radialreifen (s. Kap. 5.6.2).

Diagonalreifen finden auf Grund ihrer guten Profilselbstreinigung noch Verwendung an Fahrzeugen im Geländeeinsatz. Durch die größere Flankensteifigkeit eignen sie sich außerdem für Fahrzeuge mit hohem Schwerpunkt zur Verringerung der Kippneigung (z. B. Kranwagen, Baumaschinen, Geländestapler).

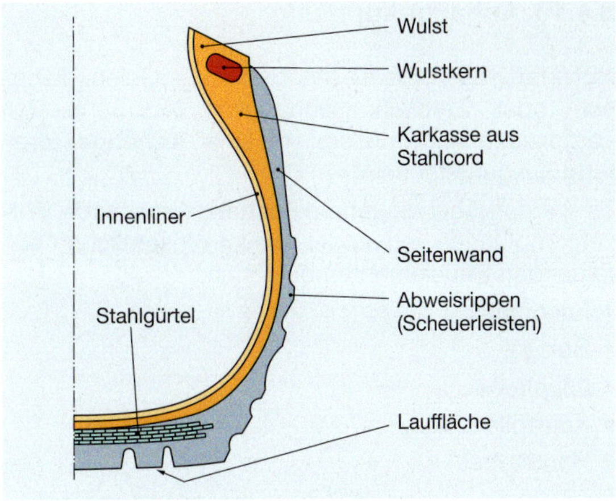

Abb. 1: Niederquerschnitts-Stahlgürtelreifen

8.4.9.1 Reifenbezeichnungen

Die Reifenbezeichnungen für Nutzkraftwagen sind nach ECE-R 54 (Europa-Norm) und nach FMVSS 119 (USA-Norm) festgelegt.

Beispiel entsprechend Abb. 2:

Angaben nach Europa-Norm (ECE):

315 Reifenbreite in mm

/80 Verhältnis von Reifenhöhe zur Breite in %

R Radialbauweise

22.5 Felgen-Nenndurchmesser der Steilschulterfelge (Code)

154 Lastindex für Einzelbereifung 3750 kg je Reifen (Tab. 1)

150 Lastindex für Zwillingsbereifung 3350 kg je Reifen (Tab. 1)

M Geschwindigkeitskennzeichnung bis 130 km/h (Tab. 2)

156/150L alternativ zulässige Tragfähigkeit für niedrigere Geschwindigkeiten (L)

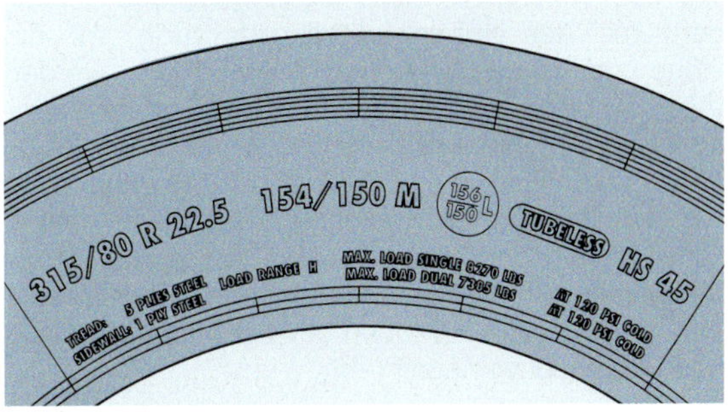

Abb. 2: Reifenbezeichnungen

Index	147	148	149	150	151	152	153	154	155	156
Tragfähigkeit (kg/Reifen)	3075	3150	3250	3350	3450	3550	3650	3750	3875	4000

Tab. 1: Tragfähigkeitskennzahlen (Load-Index)

Symbol	F	G	J	K	L	M	N
Geschwindigkeit (km/h)	80	90	100	110	120	130	140

Tab. 2: Geschwindigkeitskennzeichnung (Speed-Symbol)

Angaben nach USA-Norm (FMVSS):

TUBELESS: Schlauchlos

TREAD: Anzahl der Lagen Stahlcord unter der Lauffläche einschl. Karkasse (5 Lagen),

SIDEWALL: Anzahl der Lagen Stahlcord unter der Seitenwand (1 Karkassenlage),

LOAD RANGE H: Tragfähigkeitsklasse,

MAX. LOAD SINGLE: Lastkennzeichnung (LBS), für Einzelbereifung und max. Fülldruck (psi),

MAX. LOAD DUAL: Lastkennzeichnung (LBS) für Zwillingsbereifung und max. Fülldruck (psi)
(psi: engl.: **p**ounds per **s**quare **i**nch, 1 bar = 14,5 psi).

Aufgaben:

1. Aus welchen Bauteilen bestehen Räder?
2. Aus welchem Grund kann eine ungeteilte Felge nur als Tiefbettfelge ausgeführt sein?
3. Was ist eine Schrägschulterfelge?
4. Welche Bedeutung hat die Felgenbezeichnung 8 X 20?
5. Wodurch unterscheidet sich ein Nkw-Radialreifen von einem Pkw-Radialreifen?
6. Erklären Sie die Reifenbezeichnung 285/80 R 22.5 156 K.

8.4.10 Anhängekupplung

Nutzkraftwagen, die für das Ziehen von Gelenkdeichsel- oder Zentralachsanhängern (Abb. 2, S. 100) vorgesehen sind, müssen mit einer **Anhängekupplung** ausgerüstet sein.

Es werden überwiegend selbsttätig arbeitende Bolzenkupplungen verwendet, die im Wesentlichen aus folgenden Bauelementen bestehen:

- Fangmaul,
- Bolzen,
- Lösehebel,
- Kontrollanzeige,
- Handhebel.

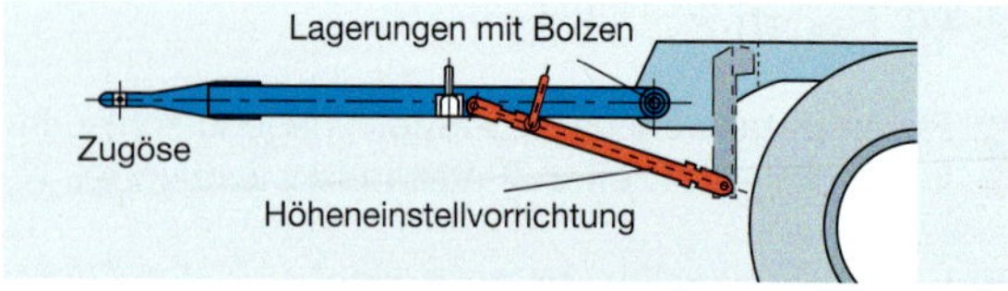

Abb. 3: Zugöse und Höheneinstellvorrichtung

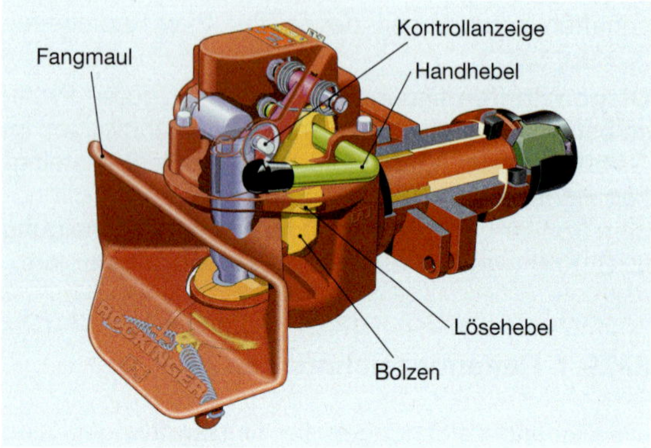

Abb. 4: Anhängekupplung

Ankuppeln

Vor dem Ankuppeln muss die **Zugöse** des Anhängers mit der **Höheneinstellvorrichtung** auf die Höhe der Anhängekupplung eingestellt werden (Abb. 4). Der Anhänger muss mit der Feststellbremse und mit Unterlegkeilen gegen Wegrollen gesichert sein. Durch das Entlüften der Membranzylinder bleibt die Zugdeichsel seitlich beweglich, um ein Hineingleiten der Zugöse in das **Fangmaul** zu ermöglichen. Mit dem Hochdrücken des **Handhebels** wird der **Bolzen** nach oben bewegt und gleichzeitig das Fangmaul verriegelt (Abb. 4 und 5).

Beim Heranfahren des Zugwagens gleitet die Zugöse in das Fangmaul und drückt gegen den **Lösehebel**. Dadurch wird der Bolzen aus seiner oberen Stellung gelöst und bewegt sich durch die Zugöse nach unten. Gleichzeitig wird das Fangmaul seitlich beweglich. Eine 2-fache Sicherung verhindert das Hochgehen des Bolzens während der Fahrt (Abb. 4 und 5).

Ein **Kontrollstift** an der Anhängekupplung (Abb. 4 und 5) oder eine **Kontrollleuchte** an der Armaturentafel zeigen dem Fahrer an, ob der Bolzen vollständig eingerastet ist.

Das Ankuppeln ist beendet, wenn die Feststellbremse des Anhängers gelöst, die Unterlegkeile entfernt, und die Verbindungen für Bremse und elektrische Anlage hergestellt sind. Abschließend muss die Funktion der Brems- und Beleuchtungsanlage überprüft werden.

> Aus **Sicherheitsgründen** dürfen sich während des Heranfahrens des Zugwagens an den Anhänger keine Personen zwischen den Fahrzeugen aufhalten.

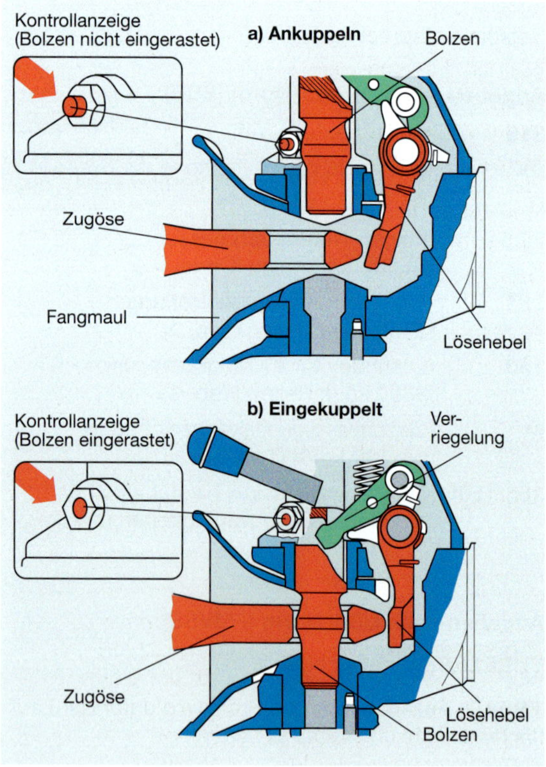

Abb. 5: Kuppelvorgang

Abkuppeln

Vor dem Abkuppeln muss der Anhänger gegen Wegrollen gesichert und die Höheneinstellvorrichtung des Anhängers festgestellt werden. Nach dem Hochdrücken des Handhebels und dem Abschließen der Verbindungsschläuche und Leitungen kann der Zugwagen vorgefahren werden.

Aufgaben:

1. Nennen Sie die Arbeitsschritte für das An- und Abkuppeln eines Anhängers.
2. Welche Sicherheitsregeln sind beim An- und Abkuppeln eines Anhängers zu beachten?

8.4.11 Sattelkupplung

Sattelkupplungen von Sattelzugmaschinen bestehen im Wesentlichen aus folgenden Bauelementen (Abb. 2):

- **Sattelkupplungsplatte,**
- **Verschlusskeil,**
- **Kupplungshaken,**
- **Entriegelungsgriff.**

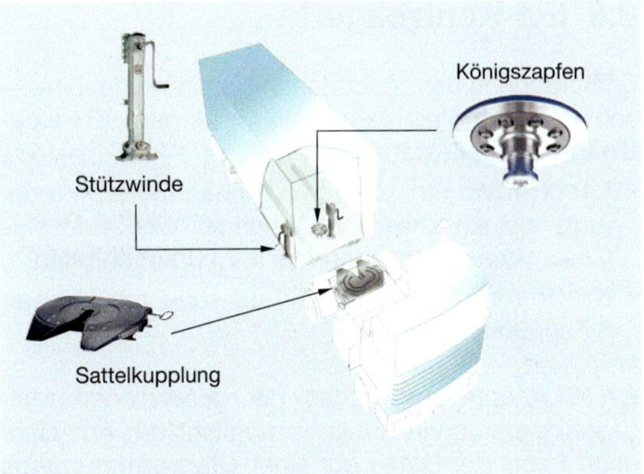

Abb. 1: Bauelemente einer Sattelzugeinrichtung

Ankuppeln

Vor dem Einfahren in die Sattelkupplung muss durch die Niveauregulierung der Luftfederung oder durch die **Stützwinde** des Sattelanhängers der Abstand zwischen Sattelplatte und Aufliegerplatte angeglichen werden (Aufliegerplatte etwa 5 cm tiefer als die Sattelkupplungsplatte). Der Sattelanhänger muss mit der Feststellbremse und mit den Unterlegkeilen gegen Wegrollen gesichert sein.

Durch Ziehen des **Entriegelungsgriffs** wird die Sattelkupplung geöffnet, indem der **Verschlusskeil** zurückgezogen und der **Kupplungshaken** gedreht wird (Abb. 3a).

Vor dem Heranfahren an den Sattelanhänger müssen alle Personen den Gefahrenbereich verlassen.

Beim Heranfahren des Zugwagens gleitet der **Königszapfen** (Abb. 1) des Sattelanhängers in die Sattelkupplung ein. Sie verriegelt automatisch, indem der Kupplungshaken den Königszapfen umschließt und der Verschlusskeil sich vor den Kupplungshaken legt (Abb. 3b).

Eine **Verschlusskontrolle** erfolgt durch das Einhängen eines **Karabinerhakens** oder durch das Einrasten einer **Sicherungsklappe** (Abb. 2 und 3b).

Das Ankuppeln ist beendet, wenn die Feststellbremse des Sattelanhängers gelöst, die Unterlegkeile entfernt und die Verbindungen für Bremse und elektrische Anlage hergestellt sind. Die Stützwinden müssen hochgefahren und abschließend die Funktion der Brems- und Beleuchtungsanlage überprüft werden.

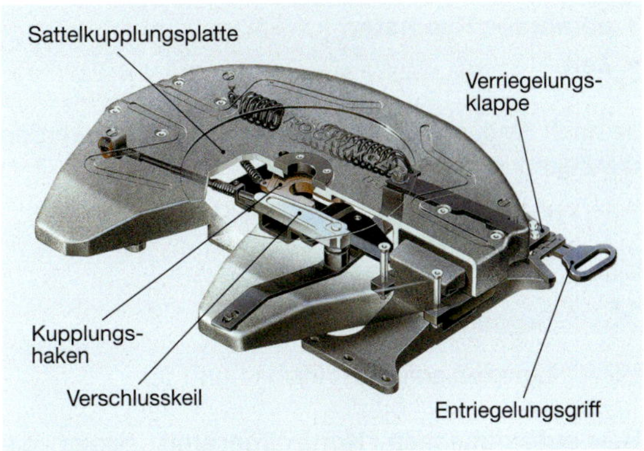

Abb. 2: Aufbau einer Sattelkupplung

Abkuppeln

Vor dem Abkuppeln müssen Sattelanhänger gegen Wegrollen gesichert und die Stützvorrichtungen ausgefahren sein. Nach dem Herausziehen des Entriegelungsgriffs (Abb. 3c) und dem Abschließen der Verbindungsschläuche und -leitungen kann die Sattelzugmaschine vorgefahren werden.

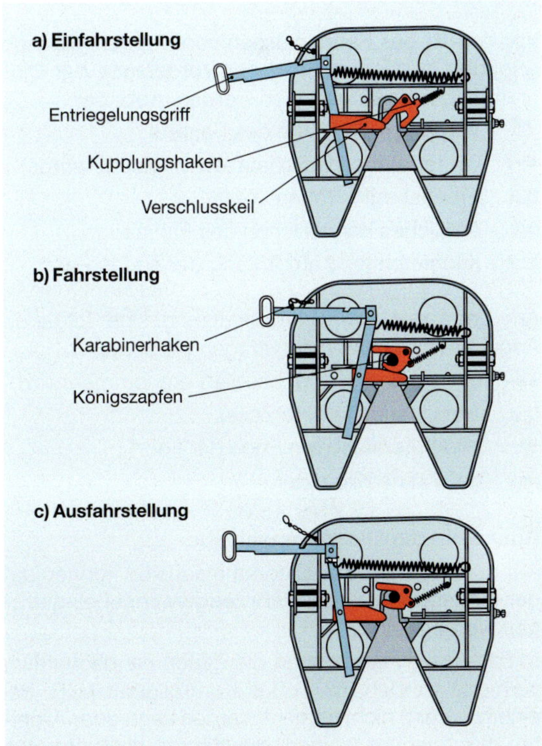

Abb. 3: Stellungen der Sattelkupplung

Aufgaben:

1. Nennen Sie die Arbeitsschritte für das An- und Abkuppeln eines Sattelanhängers.
2. Wodurch kann das sichere Verschließen der Sattelkupplung kontrolliert werden?

8.5 EU-Kontrollgerät

Entsprechend der gesetzlichen Bestimmungen müssen folgende Nutzkraftwagen mit einem **EU-Kontrollgerät** ausgestattet sein:

- **Lastkraftwagen** zur gewerblichen Güterbeförderung die einschließlich Anhänger eine zulässige Gesamtmasse von mehr als 3,5 t überschreiten,
- **Kraftomnibusse** für die Beförderung von mehr als 8 Fahrgästen.

Ein EU-Kontrollgerät, das die gesetzlichen Mindestanforderungen erfüllt, ermöglicht die Aufzeichnung folgender Daten auf einer **Diagrammscheibe** (Abb. 5):

- **Geschwindigkeit,**
- **gefahrene Kilometer,**
- **Zeit.**

Je nach Stellung des **Zeitgruppenschalters** werden die Zeiten in

- Pausen und Ruhezeiten,
- Bereitschaftszeiten,
- Sonstige Arbeitszeiten und
- Lenkzeit aufgeteilt (Abb. 4 und 5).

Bei **automatischen Kontrollgeräten** erfolgt die Zeitgruppenumstellung auf „Lenkzeit" selbsttätig, sobald das Fahrzeug fährt.

Vor Antritt der Fahrt müssen vom Fahrer folgende Angaben in das Innenfeld der Vorderseite der Diagrammscheibe eingetragen werden (Abb. 5a):

- Vorname und Name des Fahrers,
- Ort, an dem das Schaublatt eingelegt wurde,
- **Dat.** Arbeitsbeginn (obere Zeile),
- NO. Amtliches Kennzeichen des Fahrzeugs,
- Kilometerstand am Anfang der ersten Fahrt.

Am Ende der Schaublattbenutzung sind folgende Angaben vom Fahrer einzutragen (Abb. 5a):

- Ort, an dem das Schaublatt entnommen wird,
- **Dat.** Arbeitsende (untere Zeile),
- Kilometerstand am Ende der Fahrt,
- km gefahrene Kilometer.

Rückseite der Diagrammscheibe

Auf der Rückseite der Diagrammscheibe können auf der Innenseite bis zu 3 **Fahrzeugwechsel** eingetragen werden.

In das obere Feld können die Zeiten handschriftlich vermerkt werden, wenn das Kontrollgerät (z. B. bei einem Defekt) nicht bedient werden kann oder Arbeiten durchgeführt werden, die nicht in der Nähe des Fahrzeugs stattfinden (Abb. 5b).

Abb. 4: EU-Kontrollgerät

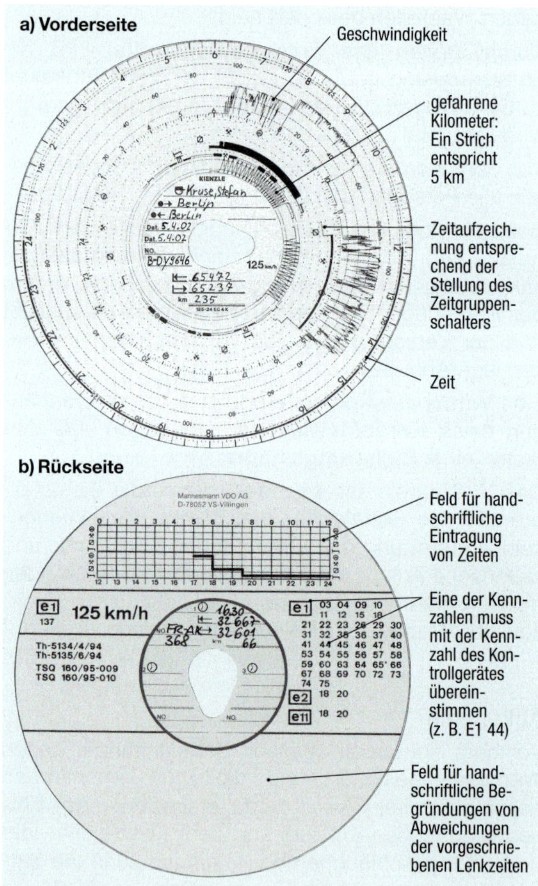

Abb. 5: Diagrammscheibe für EU-Kontrollgerät

Aufgaben:

1. Für welche Fahrzeuge sind EU-Kontrollgeräte vorgeschrieben?
2. Welche Daten werden vom EU-Kontrollgerät aufgezeichnet?

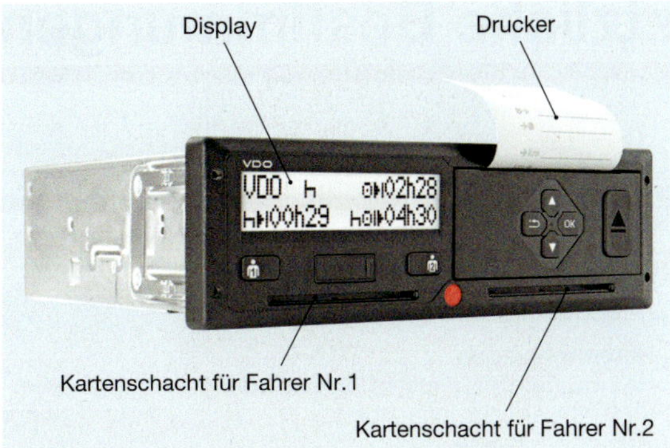

Abb. 1: Digitales EG-Kontrollgerät

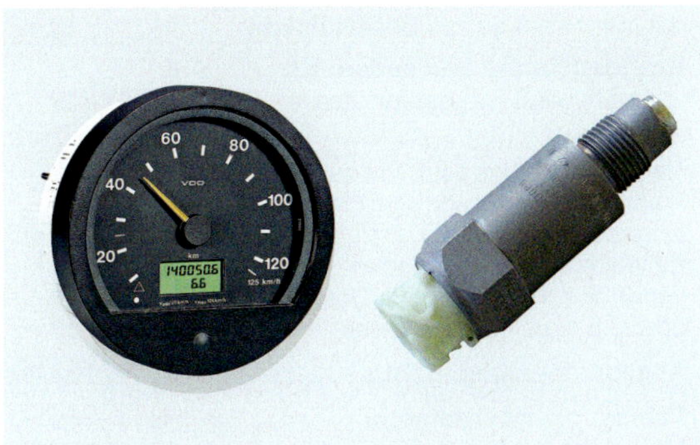

Abb. 2: Digitaltachometer und Geschwindigkeitssensor

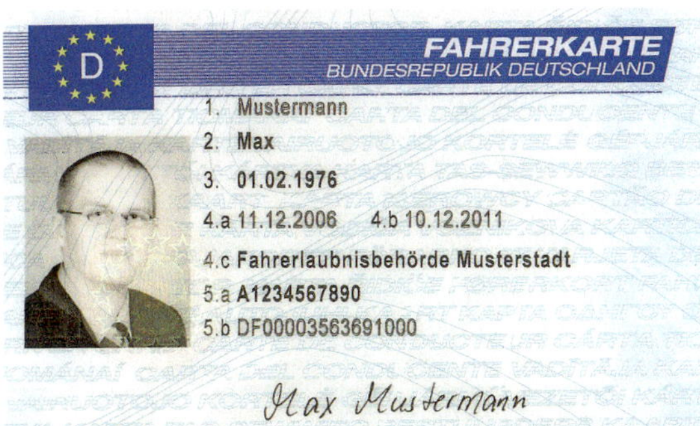

Abb. 3: Fahrerkarte Vorderseite

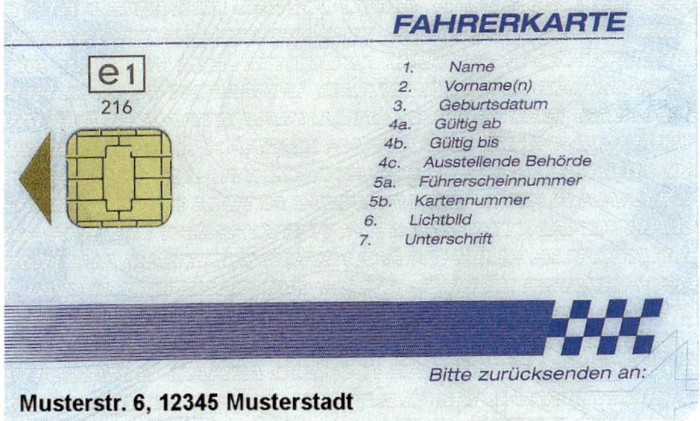

Abb. 4: Fahrerkarte Rückseite

8.6 Digitales EU-Kontrollgerät

Ab dem 01.05.2006 müssen alle neu zugelassenen Fahrzeuge mit einem digitalen EU-Kontrollgerät ausgerüstet sein.

Das digitale EU-Kontrollgerät löst das bisherige analoge Gerät ab. Dadurch sollen die Kontrollen der Lenk- und Ruhezeiten erleichtert und der Missbrauch erschwert werden.

Systemkomponenten des EU-Kontrollgerätes

Das digitale EU-Kontrollgerät arbeitet im Gegensatz zum analogen Kontrollgerät nicht als Einzelgerät sondern stellt ein System dar, welches im Wesentlichen aus folgenden Komponenten besteht.

- **Digitales Kontrollgerät**
- **Digitaler Tachometer**
- **Geschwindigkeitssensor**
- **Fahrerkarte**

Datenerfassung und -verarbeitung

Das **Digitale Kontrollgerät** bildet die Zentrale Steuereinheit und zeichnet unter anderem folgende Informationen auf:

- **Daten des Unternehmens**
- **Daten des Fahrers**
- **gefahrene Geschwindigkeit und Wegstrecke**
- **Kilometerstand bei Fahrtbeginn und -ende**
- **Kontrollen (zum Beispiel durch die Polizei)**
- **Störungen**

Die Signale zur Ermittlung der Geschwindigkeit und der Wegstrecke werden zum Schutz vor Manipulationen vom **Geschwindigkeitssensor** (Abb. 2) zum Kontrollgerät und zum **Digitaltachometer** (Abb. 2) verschlüsselt übertragen.

Im Datenspeicher des Kontrollgeräts werden die Daten für 365 Tage aufbewahrt und anschließend automatisch überschrieben.

Die **Fahrerkarte** (Abb.3) ist eine dem Fahrer persönlich zugeordnete Chipkarte, auf der neben dauerhaft gespeicherten Informationen, alle relevanten Daten wie z. B. Arbeits-, Lenk- und Ruhezeiten für mindestens 28 Tage (Abb.4) augezeichnet werden. Sie ist in allen zugelassenen digitalen Tachografen einsetzbar und wird pro Fahrer nur einmal ausgegeben.

Die Daten des Kontrollgerätes und der Fahrerkarte sind entsprechend gesetzlich geregelter Fristen regelmäßig vom Unternehmer auszulesen und zu archivieren.

9 Normen und gesetzliche Bestimmungen

9.1 Technische Überprüfungen von Fahrzeugen

Für Fahrzeuge sind in bestimmten Zeitabständen folgende technischen Überprüfungen gesetzlich vorgeschrieben:

- **Hauptuntersuchung (HU),**
- **Abgasuntersuchung (AU),**
- **Sicherheitsprüfung (SP).**

9.1.1 Hauptuntersuchung (HU)

Die Hauptuntersuchung erstreckt sich auf die Überprüfung der **Verkehrssicherheit** und der **Umweltverträglichkeit** des Fahrzeugs sowie die Einhaltung der **gesetzlichen Zulassungsbestimmungen**.

Die Prüfergebnisse werden durch einen Untersuchungsbericht und durch eine Prüfplakette (Abb. 1a) auf dem hinteren Kennzeichen dokumentiert.

9.1.2 Abgasuntersuchung (AU)

Der Umfang der Abgasuntersuchung hängt von der Motorbauart ab. Bei Ottomotoren mit geregeltem Katalysator wird u. a. neben der Zündeinstellung auch eine Funktionsprüfung des Lambda-Regelkreises durchgeführt. Bei Dieselmotoren wird z. B. die Abregeldrehzahl sowie die Trübung des Abgases mit Rußpartikeln überprüft.

Die Untersuchungsergebnisse werden durch eine Prüfbescheinigung dokumentiert.

9.1.3 Sicherheitsprüfung (SP)

Die Sicherheitsprüfung sieht eine Sicht-, Wirkungs- und Funktionsprüfung aller sicherheitsrelevanten Bauelemente (z. B. Bremsen, Lenkung) vor.

Die Durchführung der SP wird in einem Prüfprotokoll, in einem Prüfbuch sowie durch eine Prüfmarke auf einem separaten SP-Schild am Heck des Fahrzeugs dokumentiert (Abb. 1b).

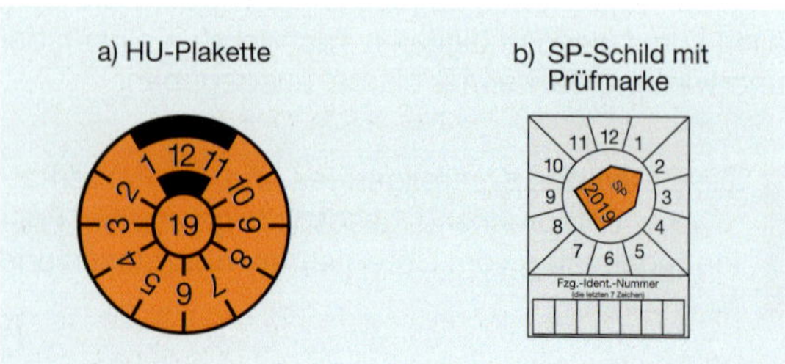

Abb. 1: Prüfplaketten

9.1.4 Fristen von Technischen Überprüfungen

Art der Fahrzeuge	Monate
Hauptuntersuchung (HU)	
Personenwagen Neuwagen bis zur ersten Untersuchung für weitere Untersuchungen Taxen, Krankenwagen	 36 24 12
Krafträder	24
Lastkraftwagen bis zu 3,5 t zul. Gesamtmasse mit mehr als 3,5 t zul. Gesamtmasse	 24 12
Kraftomnibusse und andere Kfz mit mehr als 8 Fahrgastplätzen	 12
Anhänger Neufahrzeuge bis zu 0,75 t zul. Gesamtmasse ohne Bremsanlage bis zur ersten Untersuchung für weitere Untersuchungen von 0,75 t bis zu 3,5 t zul. Gesamtmasse über 3,5 t zul. Gesamtmasse	 36 24 24 12
Abgasuntersuchung (AU)	
Fahrzeuge mit Ottomotor Neuwagen mit geregeltem Katalysator (G-Kat) bis zur ersten Untersuchung für weitere Untersuchungen mit ungeregeltem Katalysator ohne Katalysator	 36 24 12 12
mit zulässiger Gesamtmasse von weniger als 400 kg mit einer bauartbedingten Höchstgeschwindigkeit von weniger als 50 km/h Erstzulassung vor 1.7.1969	von der AU ausgenommen
Fahrzeuge mit Dieselmotor Neuwagen bis zu 3,5 t zul. Gesamtmasse bis zur ersten Untersuchung für weitere Untersuchungen mit mehr als 3,5 t zul. Gesamtmasse	 36 24 12
mit einer bauartbedingten Höchstgeschwindigkeit von weniger als 50 km/h Erstzulassung vor 1.1.1977	von der AU ausgenommen
Kraftomnibusse, Taxen, Mietwagen	12
Sicherheitsprüfung (SP)[1]	
Lastkraftwagen mit mehr als 3,5 t bis zu 12 t zul. Gesamtmasse erstmalig nach 36 Monaten mit mehr als 12 t zul. Gesamtmasse erstmalig nach 24 Monaten	 6 6
Kraftomnibusse und andere Kfz mit mehr als 8 Fahrgastplätzen erstmalig nach 12 Monaten bis 36 Monate für weitere Untersuchungen	 6 3/6/9
Anhänger über 10 t zul. Gesamtmasse erstmalig nach 24 Monaten	 6

[1] Die Zeitabstände für Sicherheitsprüfungen beziehen sich auf die zuletzt durchgeführte Hauptuntersuchung.

9.2 Fahrerlaubnisklassen

Nach der Fahrerlaubnis Verordnung (§ 6 FeV) gelten folgende Fahrerlaubnisklassen:

Kraftfahrzeuge (Kfz)		
Klasse	**Kraftfahrzeug**	**Anhänger**
	Zulässige Gesamtmasse	
B	bis zu 3 500 kg	bis 750 kg [1]
BE		über 750 kg
C1	bis zu 7 500 kg	bis 750 kg
C1E		über 750 kg [2]
C	über 7 500 kg	bis 750 kg
CE		über 750 kg
Sitzplätze: bis zu 8 [3]		
Mindestalter: 18 Jahre [4]		
Kraftomnibusse (KOM)		
Klasse	**Kraftomnibus**	**Anhänger**
	Sitzplätze [3]	**Zul. Gesamtmasse**
D1	bis zu 16	bis 750 kg
D1E		über 750 kg [2]
D	über 8	bis 750 kg
DE		über 750 kg
Mindestalter: 21 Jahre		
Krafträder		
Klasse		
A1	Leichtkrafträder bis 125 cm³, bis 11 kW bis 80 km/h, für 16- und 17-jährige Personen unbegrenzt ab 18 Jahre	
A	Krafträder über 50 cm³ Mindestalter 18 Jahre Für Personen unter 25 Jahre gilt eine Leistungsbeschränkung auf 25 kW für 2 Jahre	
M	Kleinkrafträder und Fahrräder mit Hilfsmotor bis 50 cm³ Höchstgeschwindigkeit bis 45 km/h Mindestalter: 16 Jahre	
S	dreirädrige Kleinkrafträder und vierrädrige Leichtkraftfahrzeuge bis zu 350 kg und bis zu 50 cm³ Höchstgeschwindigkeit 45 km/h Mindestalter 16 Jahre	
Sonstige Fahrzeuge		
Klasse		
L	Land- oder forstwirtschaftliche Zugmaschinen bis 32 km/h, mit Anhänger bis 25 km/h Flurförderfahrzeuge bis 25 km/h Mindestalter: 16 Jahre	
T	Land- oder forstwirtschaftliche Zug- und Arbeitsmaschinen bis 40 km/h: Mindestalter 16 Jahre bis 60 km/h: Mindestalter 18 Jahre	

1) Es dürfen auch Anhänger mit einer zul. Gesamtmasse bis zur Höhe der Leermasse des Zugfahrzeugs gezogen werden, sofern die Fahrzeugkombination die zul. Gesamtmasse von 3 500 kg nicht übersteigt.

2) Die zul. Gesamtmasse der Kombination darf 12 000 kg und die zul. Gesamtmasse des Anhängers die Leermasse des Zugfahrzeugs nicht übersteigen.

9.3 Fahrzeugabmessungen

Für Fahrzeuge gelten folgende maximal zulässige Abmessungen nach § 32 StVZO:

Fahrzeuglänge über alles	
Kraftfahrzeuge	12,00 m
Anhänger	12,00 m
Gelenkomnibusse	18,00 m
Sattelkraftfahrzeuge	15,50 m
Sattelkraftfahrzeuge, wenn der Abstand vom Königszapfen bis zur hinteren Begrenzung des Sattelanhängers kleiner als 12,00 m und der vordere Überhangradius kleiner als 2,04 m ist	16,50 m
Züge (Kraftfahrzeuge mit Anhänger)	18,00 m
Züge, wenn die Summe der Länge beider Ladeflächen kleiner als 15,65 m und der Abstand vom Führerhaus bis zum hinteren Ende des Anhängers kleiner als 16,40 m ist	18,75 m
Fahrzeugbreite über alles	
Kraftfahrzeuge und Anhänger	2,55 m
Land- und forstwirtschaftliche Arbeitsgeräte	3,00 m
Anhänger hinter Krafträdern	1,00 m
Bestimmte Kühlfahrzeuge mit einer Wärmedämmung der Seitenwände von mind. 45 mm	2,60 m
Fahrzeughöhe über alles	
Kraftfahrzeuge und Anhänger	4,00 m

9.4 Fahrzeugmassen

Für Fahrzeuge gelten folgende maximal zulässigen Gesamtmassen nach § 34 StVZO.

9.4.1 Einzelfahrzeuge

Zulässige Gesamtmassen	
Fahrzeuge mit bis zu 2 Achsen	
Kraftfahrzeuge und Anhänger jeweils	18 t
Fahrzeuge mit 3 Achsen	
Kraftfahrzeuge	25 t
Kraftfahrzeuge mit einer Doppelachslast	26 t
Anhänger	24 t
Gelenkomnibusse	28 t
Fahrzeuge mit mehr als 3 Achsen	
Kraftfahrzeuge mit zwei Doppelachsen (Abstand mind. 4 m)	32 t
Kraftfahrzeuge mit zwei gelenkten Achsen und zwei Doppelachsen	32 t
Fahrzeuge mit mehr als 4 Achsen	32 t

3) Anzahl der Sitzplätze außer Fahrersitz.

4) Der Einsatz von Fahrpersonal unter 21 Jahre in der gewerblichen Güterbeförderung ist nur mit Fahrzeugen bis 7,5 t zul. Gesamtmasse einschl. Anhänger zulässig.

9.4.2 Fahrzeugkombinationen

Zulässige Gesamtmasse	
Fahrzeugkombinationen mit weniger als 4 Achsen	28 t
zweiachsige Sattelzugmaschine mit zweiachsigem Sattelanhänger: Achsabstand des Sattelanhängers von 1,3 m bis 1,8 m mehr als 1,8 m (Antriebsachse mit Luftfederung und Doppelbereifung)	 36 t 38 t
Fahrzeugkombinationen mit 4 Achsen und Kraftfahrzeug mit nicht mehr als 2 Achsen mit einer Doppelachslast	 35 t 36 t
Fahrzeugkombinationen mit mehr als 4 Achsen	40 t
Sattelkraftfahrzeuge, bestehend aus 3-achsiger Sattelzugmaschine mit 2- oder 3-achsigem Sattelanhänger, für Transporte von ISO-Containern	44 t

9.5 Prüfungsfahrten, Probefahrten, Überführungsfahrten (§ 28 StVZO)

Für die Durchführung von Prüfungs-, Probe- oder Überführungsfahrten mit Fahrzeugen, die nicht zugelassen sind, werden von der Zulassungsstelle

- **Rote Kennzeichen** oder
- **Kurzzeitkennzeichen** ausgegeben.

Rote Kennzeichen

Rote Kennzeichen (Abb. 1) können zusammen mit besonderen Fahrzeugscheinheften an zuverlässige Kfz-Hersteller oder Händler befristet oder widerruflich ausgegeben werden. Rote Kennzeichen können für unterschiedliche Fahrzeuge verwendet werden.

Kurzzeitkennzeichen

Kurzzeitkennzeichen (Abb. 2) werden von der Zulassungsstelle zusammen mit einem besonderen Fahrzeugschein ausgegeben. Sie dürfen nur für den einmaligen Gebrauch bis zu dem auf dem Kennzeichen angegebenen Ablaufdatum (max. 5 Tage ab Zuteilung) verwendet werden.

Abb. 1: Rotes Kennzeichen

Abb. 2: Kurzzeitkennzeichen

9.6 Kraftfahrzeuge (nach DIN 70 010)

Kraftfahrzeuge sind selbstfahrende, maschinell angetriebene Landfahrzeuge, die nicht an Gleise gebunden sind.

9.6.1 Kraftwagen

Kraftwagen sind zwei- oder mehrspurige Kraftfahrzeuge.

Personenkraftwagen

Personenkraftwagen (Pkw) sind Kraftwagen, die hauptsächlich zum Transport von Personen, deren Gepäck und/oder von Gütern bestimmt sind und max. 9 Sitzplätze haben (einschließlich Fahrer).

Nutzkraftwagen

Nutzkraftwagen (Nkw) sind Kraftwagen, die zum Transport von Personen, Gütern oder zum Ziehen von Anhängerfahrzeugen bestimmt sind. Personenkraftwagen sind keine Nutzkraftwagen.

Lastkraftwagen (Lkw) sind Nutzkraftwagen, die zum Transport von Gütern bestimmt sind.

Kraftomnibusse (KOM) sind Nutzkraftwagen, die zur Beförderung von mehr als 9 Personen (einschließlich Fahrer) und ihres Reisegepäcks bestimmt sind.

9.7 Anhängefahrzeuge (nach DIN 70010)

Anhängefahrzeuge sind nicht selbstfahrende Straßenfahrzeuge, die dazu bestimmt sind, von einem Kraftfahrzeug mitgeführt zu werden.

Lastanhänger

Lastanhänger sind Anhängefahrzeuge, die zur Beförderung von Gütern bestimmt sind.

Gelenkdeichselanhänger sind Anhängefahrzeuge mit mindestens zwei Achsen, bei denen mindestens eine Achse lenkbar ist.

Starrdeichselanhänger sind Anhängefahrzeuge mit einer Achse oder Achsgruppe, bei denen die Deichsel fest mit dem Fahrgestell verbunden ist. Ein Teil seines Gesamtgewichts wird vom ziehenden Fahrzeug getragen.

Sattelanhänger sind Anhängerfahrzeuge, bei denen anstelle der bei den Gelenk-Deichselnhängern vorhandenen ersten Achse eine Sattelvorrichtung angeordnet ist und ein wesentlicher Teil des Gesamtgewichts auf eine Sattelzugmaschine übertragen wird.

9.8 Fahrzeugkombinationen (nach DIN 70010)

Fahrzeugkombinationen sind Zusammenstellungen aus einem Kraftfahrzeug und einem oder mehreren Anhängefahrzeugen.

Lastkraftwagenzüge sind Zusammenstellungen aus einem Lastkraftwagen und einem oder mehreren Gelenk- oder Starrdeichselanhängern.

Sattelkraftfahrzeuge sind Zusammenstellungen aus einer Sattelzugmaschine und einem winkelbeweglich aufgesattelten Sattelanhänger.

10 Abkürzungen und Fachbegriffe

16 V	Vierzylinder-Motor mit vier Ventilen je Zylinder
24 V	Sechszylinder-Motor mit vier Ventilen je Zylinder
4WD	Four Wheel Drive (4-Rad-Antrieb)
ABC	Automatic Body Control (Elektronisches Federungssystem, DC)
ABS	Anti-Blockier-System (Bosch)
ABV	Automatischer-Blockier-Verhinderer
AC	Air-Condition (Klimaanlage)
ACEA	Association des Constructeurs Europeéns d'Automobiles (Vereinigung europäischer Autokonstrukteure)
ADR	Europäisches Übereinkommen über die internationale Beförderung gefährlicher Güter auf der Straße
AHK	Anhängekupplung
ALB	automatisch lastabhängiger Bremskraftregler
API	American Petroleum Institute (Amerikanisches Erdöl-Institut)
ARF	Abgasrückführung
ASF	Audi Space Frame
ASG	Automatisiertes Schaltgetriebe
ASR	Antriebs-Schlupf-Regelung
AT	Automatic Transmission (Automatikgetriebe)
ATF	Automatic Transmission Fluid (Öl für Automatikgetriebe)
ATG	Austauschgetriebe
ATM	Austauschmotor
AU	Abgasuntersuchung
BAS	Bremsassistent
BBA	Betriebsbremsanlage
BC	Bordcomputer
BR	Breitreifen
CAN	Controller-Area-Network (Datenübertragungsprotokoll)
CARB	California Air Resources Board (Kalifornische Umweltbehörde)
CDI	Common-Rail Diesel Injection
CMR	Übereinkommen über den Beförderungsvertrag im internationalen Straßengüterverkehr
CTX	Continous-Variable-Transaxle (stufenloses Automatikgetriebe)
CVT	Continuos-Variable-Transmission, (stufenloses Automatikgetriebe)
DBA	Dauerbremsanlage
DC	Daimler Chrysler
DI	Direct Injection (Benzindirekteinspritzung)
Digifant	kombiniertes Einspritz- und Kennfeldzündsystem (VAG)
DKS	Drosselklappenschalter
DME	Digitale-Motor-Elektronik
DOHC	Double Overhead Camshaft (Zwei obenliegende Nockenwellen)
DOT	Department of Transportation (Amerikanisches Verkehrsministerium)
DWA	Diebstahlwarnanlage
DZM	Drehzahlmesser
EBS	Elektronisches Bremssystem (Bosch)
EBV	Elektronische Bremskraftverteilung
ECE	Economic Commision for Europe (Europäische Wirtschaftskommission)
EDC	Electronic Diesel Control (Elektronisch geregelte Dieseleinspritzung)
EDS	Elektronische Differenzialsperre
eFH	elektrisch verstellbare Fensterheber
EFI	Electronic Fuel Injection (Elektronische Benzineinspritzung)
E-Gas	Elektronische Drosselklappensteuerung
EGS	Elektronische Getriebesteuerung
EKP	Elektro-Kraftstoff-Pumpe
EKS	Elektronisches Kupplungssystem
EMS	Elektronische Motorleistungssteuerung
EPS	Electronic-Power-Shift (Elektropneumatisches Schaltsystem)
ESG	Einscheiben- Sicherheitsglas
ESP	Elektronisches Stabilitätsprogramm, (Fahrdynamikregelung, Bosch)
eSp	Elektrisch verstellbare Spiegel
eSSD	Elektrisch verstellbares Stahlschiebedach
EZ	Elektronische Zündanlage
FBA	Feststellbremsanlage
FDR	Fahrdynamikregelung
FIS	Fahrer-Informationssystem
GDI	Gasoline Direct Injection (Benzindirekteinspritzung)
GGVS	Gefahrgutverordnung Straße
GHD	Glashubdach
GPS	Global Positioning System (Satellitennavigationssystem)
GRA	Geschwindigkeitsregelanlage
GüKG	Güterkraftverkehrsgesetz
HA	Hinterachse
HBA	Hilfsbremsanlage
HFM	Heißfilmluftmassenmesser
HGB	Handelsgesetzbuch
HKZ	Hochspannungs-Kondensator-Zündanlage
HLM	Hitzdrahtluftmassenmesser
HU	Hauptuntersuchung
IR	Infrarot
JW	Jahreswagen

KBA Kraftfahrtbundesamt
KE-Jetronic Mechanisches Einzeleinspritzsystem mit kontinuierlicher Kraftstoffzumessung und elektronischer Steuerung (Bosch)
K-Jetronik Mechanisches Einzeleinspritzsystem mit kontinuierlicher Kraftstoffzumessung (Bosch)
KOM Kraftomnibus
LDQ-Achse Längsdoppelquerlenker-Achse
LED Light Emitting Diode (Leuchtdiode)
LHD Left Hand Driver (Linkssteuerung)
LH-Jetronic Elektronisches Einzeleinspritzsystem mit Luftmassenmesser (Bosch)
LIN Local-Interconnect-Network
L-Jetronic Elektronisches Einzeleinspritzsystem mit Luftmengenmesser (Bosch)
Lkw Lastkraftwagen
LMF Leichtmetallfelgen
LRA Laderaumabdeckung
MAL Mittelarmlehne
MFI Multipoint-Fuel-Injection (Einzeleinspritzung)
MID Multi-Info-Display
MODIC Mobiler Diagnosecomputer (BMW)
Mono-Jetronic Zentraleinspritzsystem mit Lasterfassung durch Drosselklappengeber (Bosch)
MOST Media-Oriented-Systems-Transport
Mono-Motronic Zentraleinspritzsystem mit Lasterfassung durch Drosselklappengeber und Kennfeldzündung (Bosch)
Motronic kombiniertes Einspritz- und Kennfeldzündsystem (Bosch)
MP Multipoint Einspritzanlage (Einzeleinspritzung)
MPI Multipoint Injection (Einzeleinspritzung)
MSR Motor-Schleppmoment-Regelung
MT Manual Transmission (Schaltgetriebe)
Nkw Nutzkraftwagen
NR Nichtraucherfahrzeug
NSL Nebelschlussleuchte
NSW Nebelscheinwerfer
NTC Negativ Temperatur Coeffizient (Temperaturabhängiger Widerstand)
OHC Overhead Camshaft (obenliegende Nockenwelle)
OHV Overhead Valves (hängende Ventile Nockenwelle im Motorblock)
PDE Pumpe-Düse-Einheit (Elektronisches Diesel-Einspritzsystem)
Pkw Personenkraftwagen
PLD Pumpe-Leitung-Düse (Elektronisches Diesel-Einspritzsystem)
R134a Kältemittel für Klimaanlage
RB Rückbank
RC Radio mit Kassettenteil
RDS Radio Data System
RDKS Reifendruck-Kontrollsystem
RHD Right Hand Driver (Rechtssteuerung)
ROV Rotierende Hochspannungsverteilung (Zündanlage mit Zündverteiler)
RUV Ruhende Hochspannungsverteilung (Zündanlage ohne Zündverteiler)
SAE Society of Automotive Engineers (Vereinigung von Automobilingenieuren)
SD Schiebedach
SDI Saugdiesel Injection (Dieseleinspritzung ohne Turbolader)
Servo-comtronic Geschwindigkeitsabhängige Servolenkung für Nutzfahrzeuge (ZF)
Servotronic Geschwindigkeitabhängige Servolenkung (ZF)
SP Sicherheitsprüfung
SP Singlepoint Injection (Zentraleinspritzanlage)
SPI Single-Point-Injection (Zentraleinspritzung)
SRS Supplement Restrained System (Sicherheits-Rückhaltesystem)
SSD Stahlschiebedach
StVG Straßenverkehrsgesetz
StVO Straßenverkehrsordnung
StVZO Straßenverkehrs-Zulassungs-Ordnung
SZ konventionelle Spulenzündanlage mit Unterbrecherkontakt
TC Traction-Control (Traktionskontrolle)
TDI Turbodiesel Injection
TRG Transportrechtsreform-Gesetz
TSZ-h Transistorspulenzündung; hallgebergesteuert
TSZ-i Transistorspulenzündung; induktivgebergesteuert
TSZ-k Transistorspulenzündung; kontaktgesteuert
U-KAT ungeregelter Katalysator
V6 Sechszylindermotor in V-Anordnung
V8 Achtzylindermotor in V-Anordnung
VA Vorderachse
VANOS variable Nockenwellensteuerung
VSG Verbundsicherheitsglas
VTG Turbolader mit variabler Turbinengeometrie
VZ Vollelektronische Zündanlage
WAB Wechselaufbau
WFS Wegfahrsperre
ZF Zahnradfabrik Friedrichshafen
ZV Zentralverriegelung

Sachwortverzeichnis

Übersetzungen: Erika Prömel, Berlin

Bildquellenverzeichnis

Verlag und Autoren danken den Kraftfahrzeugherstellern, Zulieferfirmen und sonstigen Einrichtungen für die freundliche und großzügige Unterstützung durch Hinweise, Anregungen sowie durch Bereitstellen von Fotos, Zeichnungsvorlagen und digitalisierten Medien.

3-K-Warner Turbosystems GmbH, Kirchheimbolanden (30.2)
AS Autoteile-Service GmbH & Co., Langen (36.3)
Autoliv GmbH, Dachau (69.4, 70.2)
Behr GmbH & Co., Stuttgart (34.2)
Continental AG, Hannover (66.2, 124.4, 124.5, 125.1, 125.2)
Daimler AG, Stuttgart (4, 5, 41.4, 46.1, 68.3, 87.3, 97, 108.2)
Fichtel und Sachs AG, Schweinfurt (36.2, 106.5)
Gerigk, Peter, Berlin (73.2, 75.2)
JOST Werke GmbH, Neu-Isenburg (123.1)
Löhr & Bromkamp GmbH, Offenbach (45.6)
Opel · Adam Opel AG, Rüsselsheim (31.4, 38.1, 38.2, 38.3, 39.5, 68.3)
Porsche · Dr. Ing. h.c. F. Porsche AG, Stuttgart (57.4)
Robert Bosch GmbH, Stuttgart (7.8, 10.1, 12.1 14.3, 15.4, 15.5, 15.6, 18.5, 20.1, 62.3, 76.3, 77.3, 78.6, 81.1, 83.1, 94.4, 94.5, 94.6)
Rockinger · Spezialfabrik für Anhängerkupplungen GmbH & Co, München (122.4, 122.5, 123.2)
Scania Deutschland GmbH, Koblenz (101.4, 109.3)
Volkswagen AG, Wolfsburg (Titelbild, 23.2, 26.1, 26.2, 31.5, 40.3, 65.6, 68.1. 68.2, 93.1, 93.2, 93.3)
Volvo Deutschland GmbH, Köln (106.4, 110.4)
ZF Friedrichshafen AG, Friedrichshafen (55.5, 55.6, 55.7, 108.5)

Illustrationen:
Jürgen Brohm, Grafik Design-Studio Westermann, Braunschweig (Umschlagsgestaltung)
Wolfgang Seipelt, Technisch-Grafische Abteilung Westermann, Braunschweig
deckermedia GbR, Vechelde